I N V E S T I G A Ç Ã O

IMPRENSA DA UNIVERSIDADE DE COIMBRA
COIMBRA UNIVERSITY PRESS

EDIÇÃO
Imprensa da Universidade de Coimbra
Email: imprensa@uc.pt
URL: http//www.uc.pt/imprensa_uc
Vendas online: http://livrariadaimprensa.uc.pt

COORDENAÇÃO EDITORIAL
Imprensa da Universidade de Coimbra

CONCEÇÃO GRÁFICA
António Barros

IMAGEM DA CAPA
Photo by Suvan Chowdhury
via https://stocksnap.io/

INFOGRAFIA
Mickael Silva

PRINT BY
CreateSpace

ISBN
978-989-26-1227-0

ISBN DIGITAL
978-989-26-1228-7

DOI
https://doi.org/10.14195/978-989-26-1228-7

DEPÓSITO LEGAL
421219/17

© FEVEREIRO 2017, IMPRENSA DA UNIVERSIDADE DE COIMBRA

A ESPERANÇA, UTOPIA IMPOSSÍVEL?

DA INSATISFAÇÃO COMO VIA DO
(QUE PODEMOS) CONHECER, E ESPERAR, E DEVIR

SEBASTIÃO J. FORMOSINHO
J. OLIVEIRA BRANCO

IMPRENSA DA
UNIVERSIDADE
DE COIMBRA
**COIMBRA
UNIVERSITY
PRESS**

SUMÁRIO

Prefácio. Estranho espinho o da insatisfação 15

Parte I • Um caminho de paradigmas 25
Sebastião J. Formosinho

Prólogo I. Uma gramática da crença 27

Cap.1. O conhecimento num regresso ao Romantismo 35
   O pensamento de Goethe e a ciência Newtoniana 37
   Os desenhos anatómicos de Leonardo da Vinci 41
   As "escolas de investigação" e o Romantismo 44
   No trilho de uma filosofia integrativa 45
   A estrutura do conhecimento tácito 48
   A teoria do conhecimento tácito
      como uma reformulação civilizacional 50
   Marcas culturais na Ciência 53
   A vertente religiosa da teoria do conhecimento tácito 54
   Atributos do conhecimento tácito 57
   A teoria do conhecimento tácito
      não se enquadra no relativismo pós-moderno 59

Cap. 2. A vocação de transcendência da humanidade 69
   O papel da comunidade científica e os seus valores 69
   O significado da simetria na arte 73

A simetria e a arte religiosa 75
Os três "mundos" de Popper 77
O processo de criação 82
Perspectivas teológicas 84
As funções da linguagem humana 90
Níveis de consciência 95
O conhecimento tácito e a apreciação estética 103

Cap. 3. A espiral para o conhecimento 109
Centralidade do conhecimento tácito
   nas empresas de conhecimento 110
O conhecimento tácito como motor da inovação 114
O papel da linguagem figurada 119
O mito da criação 121
As parábolas de Jesus 127
Os discípulos de Jesus e S. Paulo 131
Os projectos do Evangelho e da Igreja 137

Cap. 4. A objectividade no conhecimento religioso 147
Choques culturais no nascimento do cristianismo 148
A conquista da objectividade 151
Parábola do bom samaritano 153
O encontro de Jesus com a samaritana junto ao poço de Jacob 155
Cura do servo do centurião 158
O judaísmo no mundo grego 159
Um primeiro caso de censura eclesiástica 162
O "recordar-se" no Evangelho de João 163
Os começos da perda de objectividade na Igreja 164
Língua e valores culturais 166

Cap. 5. A emergência do "paradigma imperial" no Cristianismo ... 173
Paradigmas religiosos e Análise de Componentes Principais 175

O paradigma judeo-cristão apocalíptico 180

Do paradigma apocalíptico ao paradigma helenístico 184

Viragem teológica, viragem cultural, viragem política 193

A entrada do poder imperial na Igreja 195

**Cap. 6. O paradigma helenístico e
a emergência do paradigma católico-romano 203**

Da tolerância à perseguição da heresia 204

O judaísmo perseguido 206

Os debates cristológicos 210

O Império da Igreja Ortodoxa 211

Querelas das Imagens 214

Igreja e Estado no Império Bizantino: sinfonia ou sintonia? 217

Os primórdios do paradigma católico romano medieval 220

A soberania do bispo de Roma 223

Cap. 7. O paradigma católico-romano 227

Os fundamentos do paradigma católico romano 228

A marcha triunfal do Islão 230

A Igreja vê-se dotada de um Estado 234

Carlos Magno o imperador cristão do Ocidente 238

A busca do poder pela Igreja 241

A invisibilidade dos paradigmas 244

A reforma do papado 246

Politização e militarização da Igreja Católica 249

Clericalização: uma marca do paradigma medieval católico 252

A Inquisição 254

Movimentos de pobreza 255

Cap. 8. A Contra-Reforma e a crise do paradigma católico-romano 261

A síntese teológica de Tomás de Aquino e a universidade medieval 261

Luzes e sombras na Igreja da Idade Média 265

A piedade mariana 271
O cisma do Ocidente 277
O Renascimento e a Igreja católica 281
O concílio de Trento 284
A Guerra dos Trinta Anos e a Paz de Vestefália 288
As percepções sociais em mudança 290
A crise do paradigma católico romano 292

Cap. 9. O Paradigma Protestante Reformador 299
"Desadaptar a Igreja" 300
Lutero e a questão fundamental 302
O paradigma reformador protestante 307
Fraquezas da Reforma 311
O protestantismo de Calvino 314
As "Duas Espadas" 321

Cap.10. O Anglicanismo: uma via entre dois paradigmas 329
O anglicanismo associa dois paradigmas religiosos 331
Os desafios colocados pelo anglicanismo 334
A caminho da modernidade 337
Os fundamentalismos 340
Em busca de um holismo enriquecido 343

Cap.11. O paradigma da modernidade 353
O equilíbrio político dos poderes 353
A Revolução Científica 356
Teologia contextual 358
A Teologia na modernidade 364
As Luzes e o Absolutismo 368
A Revolução da Indústria e da Técnica 372
A Revolução Social e a Secularização 377

Cap.12. Da crise da modernidade a um paradigma ecuménico 385

   As forças da modernidade e os modos erróneos de a combater 385

   Problemas globais suscitados pela modernidade 387

   Choque de civilizações 389

   O primado do Direito:
   uma função social da religião na Idade Média 393

   O capitalismo da mundialização e os desequilíbrios da riqueza 398

   A contradição fundamental do capitalismo 406

   Uma encíclica para uma ecologia integral 411

   Doenças curiais e os paradigmas socioculturais da Igreja 416

   Um percurso de misericórida 419

   Em ordem a uma teologia ecuménica 421

   O caminho da esperança 430

Parte II • O Dilema de Prometeu 435
J. Oliveira Branco

Prólogo II – À volta dos muros de Jericó 437

Cap. 1 – Um mito que diz muito (i) 445

   1.1 Uma tipificação 449

   1.2 O limite insanável 451

   1.3 Quem procura, confia 456

   1.4 A condição de 'morrentes' 460

   1.5 Meandros de um mito 464

   1.6 O efeito Prometeu 469

   1.7 Apertos, e Anseio 474

Cap. 2 – Um mito que diz muito (II) 483

   2.1 Nos desfiladeiros do concreto 484

   2.2 Perenidade do mito e secularização 489

2.3 A existência trágica 493
2.4 Pandora e o começo dos males 497
2.5 Tragédia e religião 500
2.6 Prometeísmo e verdade 507

Cap. 3 – O pesadelo de Nabuco **521**
3.1 Suficiência pés-de-barro 525
3.2 Desafios do trágico 530
3.3 Onde há sentir, há o 'sentido' 534
3.4 Ruinável, ou (já) arruinado? 539
3.5 O terror de Nabuco 545
3.6 "Cá se fazem, cá se pagam"? 549

Cap. 4 – A 'fé' de um materialista **559**
4.1 As utopias não são a Utopia 563
4.2 Que é que late na latência? 569
4.3 A força do *esperar* 574
4.4 Que é que irrompe no 'agora'? 578
4.5 Se a cabeça não vê, de que valem os olhos? 585

Cap. 5 – A questão viva **597**
5.1 Da questão vital 599
5.2 Um debate decisivo 603
5.3 Esperança, efémera? 608
5.4 O essencial e o acessório 615
5.5 Mirrar e morrer? 621

Cap. 6 – A Missão de Moisés **635**
6.1 Moisés – o símbolo e o fôlego 638
6.2 Na prova, o rasgar de horizontes 644
6.3 Cultura profética, e Esperança 647

6.4 Interrogar, é preciso 652
6.5 Utopia, fé e in*carn*ação 656
6.6 Moisés, um símbolo para o mundo de agora 660
6.7 Lições – pendentes 664

Cap. 7 – O im-possível *in*dispensável 673
7.1 Em Prometeu, não há esperança 676
7.2 Sem esperança, não há viver 680
7.3 Humanismo ou demissão 685
7.4 Contra os deuses, ou contra o homem? 691
7.5 Questão de ou tudo ou nada 697

Cap. 8 – A morte, antítese do Sentido? 707
8.1 A morte, ponto final? 709
8.2 Conaturalidade e repugnância da morte 714
8.3 A morte e o espírito 718
8.4 A negatividade como razão-de-ser última? 721
8.5 Direito à esperança 725
8.6 Evasivas do 'medo último' 729
8.7 O dilema de E. Bloch – e de todos 734

Cap. 9 – Do *Êxodo* todos-os-êxodos 745
9.1 «Deixa partir o meu povo» 748
9.2 Um paradigma eloquente 755
9.3 À descoberta do deserto 762
9.4 A dinâmica do espírito em contexto(s) de 'deserto' 767
9.5 No deserto, a voz dos 'nómadas' 771

Cap. 10 – A Utopia, e as distopias 781
10.1 A estrutura utópica 783
10.2 Humanismo e utopia 787

10.3 Sentido, e disfunções 791
10.4 *Eldorado* a preço de saldo? 798
10.5 No agora da distopia 803
10.6 O testemunho do Papa Francisco 807
10.7 Em demanda da integridade do *humano* 812

Cap. 11 – Sonhos, de pesadelo 821
11.1 Utopia e Transcendência 822
11.2 Inconsistências à vista... 828
11.3 Um 'modelo'... pouco modelar 832
11.4 Do protótipo às adaptações 837
11.5 Um salto cultural 841
11.6 As 'utopias' modernas 845

Cap. 12 – Não há Utopia sem visão – de rasgo 857
12.1 Realismo e utopia 859
12.2 Idolatrias, ou ecologia do espírito 864
12.3 Massificação e Utopia 870
12.4 Utopias do séc. xx 876
12.5 O homem do vazio 882
12.6 As 'utopias' e a lei da entropia 886

Cap. 13 – Utopia: Saudade do Encontro 897
13.1 Autopoiese em 'sistema fechado'? 900
13.2 Há mais para ver do que parece 906
13.3 O peso do dilema 911
13.4 Transcendência e humanismo 916
13.5 Da *sede* como símbolo 921
13.6 Saudade de Deus 926

Cap. 14 – A Esperança: porta aberta, de Encontro 935
14.1 A grande crise do vazio 938

14.2 Confiança e esperança *em acção* 941

14.3 Em todas as sedes, a *Sede* 946

14.4 A Esperança e a pessoalidade 952

14.5 O desafio da 'Ultimacidade' pessoal 955

14.6 Centração Focal, ou dispersão periférica? 959

14.7 O coro da grande sinfonia 963

Cap. 15 – O amor: mais forte que a morte 973

15.1 A Liberdade, Mistério do Espírito 976

15.2 A Liberdade e o Amor 980

15.3 O Amor, a morte e a Ressurreição 983

15.4 A Luz da Decisão Última 989

15.5 «Nenhum bem é completo se não for partilhado» 994

15.6 O homem todo e todos os homens 999

15.7 A Fé é *con*-vocação para ser 'um Povo' 1004

Cap. 16 – Com-partilhar em plenitude 1011

16.1 Apelo do Além e missão no aquém 1015

16.2 A incarnação do Amor: condição do Reino 1018

16.3 Reino de Deus: Senhorialidade e Convite 1023

16.4 Reino de Deus: Presença e Missão 1027

16.5 Do empenhamento no Reino 1031

16.6 Do Reino Messiânico 1038

16.7 A Referência em Absoluto 1041

Indice Remissivo 1051

PREFÁCIO
ESTRANHO ESPINHO O DA INSATISFAÇÃO

> «*Deus imortal. Que século*
> *eu vejo abrir-se diante de nós!*
> *Como eu gostava de tornar a jovem.*»
> ERASMO

Este livro nasce da insatisfação. E nasce para interrogar esta nossa condição, de todos. A atenção que (também) lhe prestamos não é 'muro de lamentações': tenta entender algo mais do humano. Que, justamente, não se contenta com o factual empírico. Que o homem se acomode ao que lhe dá gosto e ao que é fácil, parece... demasiado natural. O que surpreende, e 'faz questão', e desperta interesse, é o afã da *in*-quietação que sempre nos impele mais e mais. É como se o nosso centro de gravidade não coincidisse com o que já somos. Porquê esta centração no *ainda-não*? E a ambi-valência que a caracteriza?

É uma questão que preside ao próprio homem: é-nos anterior. Será inerente à consciência como 'instância de opções'; mas é um modo-de-ser sobre o qual não temos opção. Estranho espinho o da insatisfação! Qual pode ser o significado de sermos assim? Podíamos falar da insatisfação como *facto* existencial – e histórico. E como *paradoxo*. Ou como *risco*. Da consciência, e da sociedade. A insatisfação que dá asas, pode também precipitar no "desastre" do ser. E pode ser *estímulo*: Também o 'espinho' desperta. Alerta para um (imenso) leque de possibilidades. E por tornar fecundas as lições do passado e as demandas do presente, é pertinente falar da insatisfação como *atitude*.

Será que poderíamos humanizar-nos sem ela? Mas por outro lado, será que – com ela – podemos ser felizes, e realizados? E porque a questão se põe assim, é forçoso perguntar: Será que a esperança 'faz sentido'? E como – em que base – é que a esperança *pode* ser consistente?

É todo um encadeamento de *boas* razões para os dois autores sentirmos a interpelação desta problemática. Estamos, é claro, com aqueles que são sensíveis ao desafio de uma temática séria e consistente. E densa de significado para a vida e a cultura. Apesar de, nestas questões, o perguntar jamais se esgotar, é necessário – e vale sempre a pena – interrogar(-se). Por mais que viva, o homem é ser 'de procura'. Todo o afã da existência pessoal, e das sociedades, e da história, se deve a este singular *des*acerto que não nos deixa estagnar. *Des*acerto que é inerente ao conhecimento humano, "o que conhecer", e ao modo pessoal de "como conhecer". Como Michael Polanyi nos revela, em consonância com o pensamento de Santo Agostinho e de Santo Anselmo; a crença precede o saber.

É o impulso para voar que lança a ave pelos ares. Embora não saiba nada do ar, voa. As asas são um meio. O estímulo tem-no a ave em si mesma. É-lhe intrínseco. Estranhas são as aves (domésticas ou não) que, apesar de terem asas, desistiram de as usar. Outras há, que aprenderam a nadar: pescam em águas mais fundas. E outras que, para se alimentar, debicam no lodo. Trocaram a largueza do alto pela viscosidade escura. Esquecidas as alturas, já lhes perderam o horizonte. Porque este já não lhes fala, não se desprendem do chão. A imagem não pretende senão sublinhar isto: O impulso da esperança precisa de ser cultivado. O que na sobrevivência das aves é diversificação bem sucedida, no homem pode ser demissão.

Posto que tem 'asas' para *mais*, não é justo – não está à sua altura – remeter-se ao menos. No homem, ficar só pelo que é 'natural' pode levar à abdicação de si.

Aliás quanto mais avança a história, mais envolvente é o desafio que se levanta. Viver como *humanos* no séc. XXI requer muito mais maturidade cultural do que no tempo dos gregos, cartagineses ou romanos. À medida que vivemos, o horizonte dilata-se. E ninguém o esgotará nunca. De (tão) insatisfeitos que somos por constituição, sempre tendemos a *mais*. Sempre descontentes do já havido. Não há quem não tenha que lamentar. Cada um acerca de si mesmo. E de todos. E da história que o passado nos legou.

Ora, se o homem está sempre em desfasamento com tudo o que vamos sendo e sonhando, aceitemos indagar o que isto significa. O homem aspira a *ser mais* si-próprio. E se em algum aspecto, então é porque precisamos de o ser *por inteiro*. Quem se *fixa* no já-sido, estará a ver de modo deformado. Precisa que o ajudem a libertar-se. O que nos torna livres é a Verdade (Jo. 8, 32). Palavra profunda. Com muito mais alcance e força de aplicação do que se supõe numa visão estática, ou acomodada.

E isto não pode ser tomado a nível apenas individual. A Verdade é dinâmica. Abarca toda a ordem do Ser. E toda a história. Também a das culturas e das religiões. Não há Verdade onde a vida e a história é idílica para uns e trágica para os outros todos. Enquanto houver quem o não perceba e respeite, continuamos na *pré*-história. Na sua crueza, e injustiça, é esta a questão da humanidade. Por muito que as ideologias e as regras da civilização dita 'global' andem a convencer o mundo do oposto. E esta busca de verdade começa em muito a nível individual, mas só se torna eficaz quando a constelação de convicções que gera se volve em crença de uma comunidade, em paradigma, motor de adaptação e evolução.

É certo que o homem *se* faz (e é feito) de 'sim e não'. Em des--equilíbrio dinâmico. Dialéctico. Somos, na medida em que animados por um 'princípio de insatisfação' e um 'princípio de adaptação'. Ou de acomodamento. «Se me deito, digo: 'Quando chegará o dia? Se me levanto: 'Quando virá a tarde?' E encho-me de angústia até chegar a noite» (Job 7, 4). É o nosso modo-de-ser, neste mundo. E o de tudo aquilo de que se compõe o humano. A experiência e o sonho, a sociedade e a história, a criatividade e o crescimento, a cultura e o dever dela, a vida e a morte. A existência e a história ensinam muito. E exigem também muito. Naquilo que se faz, e naquilo que *é preciso* seja feito. Justamente porque a história *não* é só um movimento factual, dominado pela 'lei' dos mais fortes. É também – e *precisa* de ser – *rumo de dever-ser*. Em ordem à humanização de todos. E isto, *é preciso* que valha em todas as frentes. No direito, na economia, política, nas ciências, artes, e nas religiões também. Na presente obra dedicamos especial atenção a duas frentes que muito moldaram a humanidade ao longo da história – a religião e a ciência –, nos contextos de diversas culturas, e através dos seus conflitos desequilibradores mas também dos seus diálogos conciliadores, e da insatisfação que sempre geraram.

Quanto mais ameaçado, e ameaçador!, seja o des-equilíbrio, dinâmico!, mais reflectida (e competente) tem de ser a insatisfação cultural e social. E mais apurada a utopia. Mas será que os agentes da história actual cultivam a Utopia? E a *qualidade* das utopias? Quanto mais abrasiva a crise da esperança, mais aguda se torna esta pergunta. A questão vale para todos os tempos; mas hoje tornou-se muito mais inquietante. O que formos ou deixarmos de ser – na cultura, na ecologia, na economia, na percepção de horizontes – terá consequências *graves* para todos os vindouros. Nos tempos de hoje tal revela-se particularmente pertinente na ciência e nas religiões.

As épocas da História não obedecem a um ritmo homogéneo. E em todas coexistem sensibilidades e tentativas diversas, em face das solicitações pendentes. Erasmo (1466-1536) vibra com o seu tempo. No mote em epígrafe pulsa a euforia do Renascimento. Porém Erasmo escrevia-o no início de 1517: o ano em que ia dar-se o rompimento de Lutero com Roma que faz agora cinco séculos. Não era um tempo fácil. São os grandes desafios que despertam as atitudes que marcam a História, e no caso de Lutero e Erasmo marcou e ainda hoje marca toda a Europa e as suas culturas. Tem pertinência evocá-lo a propósito do tempo que vivemos agora. E contudo, é duvidoso que o sentir de Erasmo ocorra à grande maioria dos homens. Pelo menos na perspectiva de um desafio total. Abundam os entusiasmos ligeiros. A *leveza* tornou-se atitude comum, modo de vida, e sistema geral da sociedade[1]. Mas não é a transição do tempo que *faz* o porvir. Só pode abrir Futuro quem souber antecipar-lhe Valores que respondam, realmente, às carências de cada tempo. Entre o rasgo de homens como Erasmo e as euforias e desenganos do imediato, ou cabe 'o repto da Esperança' ou não cabe. E valores que carecem de alicerces, e estes apelam também a crenças.

Como é que esta dinâmica pode ser entendível? Já por aí sondámos no volume anterior. Estas coisas têm o seu nexo. Conforme o objecto (pre)tendido na ambi-valência, assim será positiva ou negativa a dinâmica. E o(s) sujeito(s) que se rege(m) por ela. Ajude-nos uma figura – aliás de ordem diferente: Veja-se, por exemplo, uma 'massa gravitacional'. Se é uma grandeza pequena, será arrastada (atraída, dizia-se na física newtoniana). Mas quanto maior a sua grandeza-energia, mais ela arrastará (atrairá). Na física de Einstein, a "atracção" é entendida como efeito da curvatura do espaço. Resultado da massa dos corpos em presença. É por força da sua com-posição que os corpos seguem a respectiva trajectória.

---

[1] O mesmo Erasmo, no justamente célebre *Elogio da loucura* (1508), põe a Loucura a fazer o seu auto-elogio. Retratando quase todos os aspectos da sociedade civil, e religiosa. Um 'espelho', ainda de muita actualidade. «A minha opinião é que quanto mais louco se é, mais feliz se consegue ser» (*ob. cit.*, 39). E «se os actores estão em cena no desempenho do seu papel e um deles tenta arrancar as máscaras [...], apenas consegue perturbar toda a representação. [...] O mesmo se passa na vida, [...] cada um faz o seu papel conforme a máscara que usa» (29). É a loucura que é seguida, não a Sabedoria: «Os mortais rezam para se livrar de tudo menos de mim» (41).

Até aqui, o símile. Aludimos à *ordem do Ser*. A 'força da esperança' é positiva. Gera crescimento. Mais-ser. A da *des*-esperança, negativa. Só pode acarretar arrastamento. E alienação. Conformismo. Descalabro (em aceleração: espiral dispersiva). Onde o 'vazio' seja reconhecido como *vazio*, pode ainda caber abertura à positividade. É isto que está pendente quando se fala da 'humanidade'.

Eis a *nossa* questão. Considerar a Insatisfação como 'forma' (o constitutivo) do humano é despertar para as possibilidades de uma Humanização realmente renovada. Utopia? Também indagamos sobre o que distingue a Utopia genuína das utopias ilusórias. E se *importa* à humanidade – e se é preciso – *construir o porvir*! Não só de homem-a-homem, mas em relação a todos. E em favor também dos vindouros. Também em relação a eles há deveres de justiça e de humanidade. Não é de fiar a cultura ou a religião que o ignore ou menospreze. E esta é uma outra vertente. O *horizonte* não o poderia ser 'por inteiro' se houver *deficit* na *Humanização* que somos chamados a prosseguir. Entre todos e com todos. E quantos acertos de justiça, caridade e amor e desacertos de poder, vaidades e invejas encontramos ao longo da história nas Igrejas e na própria ciência, e que vão moldando a nossa insatisfação.

É inegável que sempre aspiramos a *mais*. Quer dizer: As modalidades de qualquer horizonte parcelar que os homens possam alguma vez experimentar serão sempre aquém da Aspiração do *Humano*. O que (confusamente embora) deixa entender que é *outra* a 'medida' para a qual nos sentimos em tensão. Eis o ponto. Este Horizonte *outro* não pode ser equacionado em termos de referência concreta (categorial). Deixa-se entrever nele como que um 'Fôlego' que excede todo o individualizável. O mais árduo – e desafiante – da *forma* do Humano é esta 'condição' nossa: A vocação para viver no *já* (do concreto) o Horizonte de um *Ainda-não* – que *não* se deixa resumir às modalidades do particular. E é isto, justamente, que nos anima e entusiasma. Será impossível a Utopia – e a Esperança?

A nossa reflexão situa-se na sequência da tetralogia que publicámos antes – 1. *O brotar da Criação. Um olhar dinâmico pela ciência, a filosofia e a teologia*; 2. *A Pergunta de Job. O homem e o mistério do mal*; 3. *O Deus que não temos. Uma história de grandes intuições e mal-entendidos*; 4. *A Dinâmica da Espiral. Uma aproximação ao mistério de tudo*. Faltava esta temática. E se ela é actual! Com a seriedade intelectual e o método já conhecidos, os dois autores temos o gosto de partilhar a nossa análise. Não a quisemos excessivamente sistemática (ou académica), mas entendemos que deve oferecer coesão bem estruturada. Para que possa dialogar com leitores/as de cultura sólida e exigência de pensamento.

O livro quer ser uma homenagem a todos quantos, apesar dos contratempos da vida, continuam a acreditar na Esperança. Os obstáculos, e os espinhos, não são realmente *tudo*. Mais forte que todas as dificuldades que se atravessam na vida das pessoas, e na história dos povos, dos países, e das religiões – muito mais forte do que isso, é a força da Esperança. Levar tudo isso à conta de evasão, resignação, ou derivação de utopia ultimamente ilusória – *não* faz justiça à pessoa de cada um. A que se deve esta *Força*? Mesmo contra evidências que parecem invencíveis. Que é o homem, no mais fundo de si, para teimar em olhar para *além* das piores adversidades? Grande Mistério o do homem, também nisto.

Os autores desejam agradecer ao Director da Imprensa da Universidade de Coimbra, Prof. Delfim Leão, e à Directora-adjunta, Dr.ª Maria João Padez de Castro, por todo o empenho que colocaram na publicação de mais esta obra, e à Direcção da Bluepharma SA por mais uma vez ter prestado apoio financeiro à impressão de mais livro destes autores.

Sebastião J. Formosinho
J. Oliveira Branco

POST-SCRIPTUM

O Prof. Sebastião Formosinho faleceu, inesperadamente, em 19. Dez. 2016. Viu a edição digital, já não pôde ver o volume impresso. Trabalhou incansavelmente, na elaboração da sua PARTE I, na revisão de provas, nos Índices e pormenores finais desta edição. O texto estava pronto, e ele... também.

Presto homenagem à sua integridade de Homem, de Cientista, de Cristão. À sua bondade e amizade, saber e sabedoria. De notável largueza de horizontes e perspectivas. Sublinho a qualidade da sua análise e a síntese, prometedora, que nos legou em termos de filosofia da cultura, das ciências, da história e das religiões. *Nada do Humano lhe era estranho*. Comentei o dito célebre do poeta latino Terêncio, por ocasião da sua Última Lição e Jubilação. Mas as suas lições continuam, como os leitores/as irão ver nas páginas a seguir.

Para ele, a *Esperança* já não é só atitude vivencial. No Mistério da Morte foi-lhe já dado (pela Fé em Cristo, assim creio) aceder à sua Realização consumada. Da *in*satisfação deste mundo passou ('Páscoa' = Passagem) à Contemplação de Deus, o *Tu Absoluto* de todos. À sua Esposa e Família reafirmo a firmeza desta Esperança.

J. Oliveira Branco

PARTE I
UM CAMINHO DE PARADIGMAS

SEBASTIÃO J. FORMOSINHO

PRÓLOGO I
UMA GRAMÁTICA DA CRENÇA

"Sabemos mais do que conseguimos dizer"
Michael Polanyi

Na exortação apostólica *"A Alegria do Evangelho"* o papa Francisco proclama: «Este Povo de Deus encarna-se nos povos da Terra, cada um dos quais tem a sua cultura própria. A noção de *cultura* é um instrumento precioso para compreender as diversas expressões da vida cristã que existem no povo de Deus. Trata-se do estilo de vida que uma determinada sociedade possui, da forma peculiar que têm os seus membros de se relacionar entre si, com as outras criaturas e com Deus. Assim entendida, a cultura abrange a totalidade da vida dum povo. Cada povo, na sua evolução histórica, desenvolve a própria cultura com legítima autonomia. Isso fica-se a dever ao facto de que a pessoa humana, "por sua natureza, necessita absolutamente da vida social" e mantém contínua referência à sociedade, na qual vive uma maneira concreta de se relacionar com a realidade. O ser humano está sempre culturalmente situado: "natureza e cultura encontram-se intimamente ligadas". A graça [divina] supõe a cultura, e o dom de Deus encarna-se na cultura de quem o recebe».

Nas convicções mais profundas da pessoa humana, nas suas *estruturas subterrâneas*, encontramos as *crenças religiosas*. Mas o homem não possui apenas crenças religiosas; dispõe de outro tipo de crenças, mesmo no conhecimento onde é mais elevada a objectividade científica. Michael Polanyi, na magna obra *Personal Knowledge* (1958), mostrou com grande coerência que uma objectividade impessoal e plena atribuída às ciências exactas é uma ilusão e um falso ideal. Alcança esta visão ao examinar criteriosamente o modo como os praticantes da ciência, em que ele foi exímio cultor em química, adquirem o seu conhecimento, e argumenta que um tal conhecimento é altamente *pessoal* e é fruto de os cientistas prosseguirem com *paixão* as suas ideias e com um intento de *persuasão* de outros cientistas. E uma tal componente emocional não é uma mera imperfeição do cientista, mas uma componente vital a toda a forma de *conhecer*.

Daí, como argumenta Kenneth Grant, Polanyi falar mais de como "conhecer" e não tanto de "conhecimento", e enraíza os seus argumentos no papel que a *linguagem* assume na comunicação desse conhecimento. Embora reconhecendo que a linguagem é uma ferramenta vital para compartilharmos conhecimento, também enfatiza que muitas vezes podemos saber como fazer coisas sem mesmo conhecermos que dispomos de uma tal capacidade, ou mesmo sem sermos capazes de verbalizar para outros como o fazemos.

Michael Polanyi enfatiza que «as nossas *crenças* estão ancoradas em nós mesmos» ou, noutra perspectiva, quais amarras nós estamos presos pelas nossas próprias crenças. Temos todo um conjunto de pressupostos, mas deles não possuímos uma compreensão clara, e temos mesmo dificuldade em os verbalizar. Formamos em nós tais crenças através da aprendizagem e recorrendo a linguagens específicas, bem como por fazermos parte de certos grupos sociais. Outras crenças formamo-las através de competências técnicas corporais, outras mediante o uso da linguagem ou até fruto de experiências adquiridas em determinadas situações.

Mas mesmo o uso da linguagem, comporta limitações. Atente-se a que o recurso a uma dada palavra cujo uso nos mereça confiança, pressupõe que o seu significado é o mesmo para nós e para os nossos ouvintes. Assim, em última análise, não são as palavras que possuem um significado, mas o orador e os ouvintes que lhe conferem esse significado. Para Polanyi são pois as crenças que são a fonte do conhecimento, o que requer um assentimento tácito, uma paixão intelectual, a partilha de um idioma e de um património cultural comuns e a pertença a uma *comunidade* que pensa do mesmo modo.

Muitas convicções são pessoais, mas como vivemos em relação uns com os outros, assumem invariavelmente também um carácter colectivo. Tais convicções que se estabelecem nas comunidades científicas são os denominados *paradigmas*, que o físico, historiador e filósofo das ciências Thomas Kuhn propôs para interpretar os processos que levaram ao desenvolvimento das ciências, quer nos períodos normais quer nos de crise — «todo o conjunto de crenças, de valores reconhecidos e de técnicas que são comuns aos membros de um dado grupo». Mas trata-se de uma constelação de crenças que os cientistas não colocam em questão quando empenhados na sua actividade e prática científicas.

Também, a respeito do conhecimento científico, Michael Polanyi escreveu na obra já referida: «O acordo *tácito* e as paixões intelectuais, a partilha de uma língua e de uma herança cultural, a filiação a uma comunidade que pensa do mesmo modo: tais são os impulsos que moldam a nossa visão da natureza das coisas em que nos apoiamos para dominarmos as próprias coisas. Qualquer inteligência, mesmo crítica e original, tem de operar dentro de uma tal *moldura fiduciária*». Antecipa pois o conceito de paradigma de Kuhn, "a afiliação a uma comunidade que pensa do mesmo modo", mas sem o sucesso de um rótulo apelativo. Vai todavia bem mais longe sobre as perspectivas filosóficas que abre ao conhecimento humano e aos modos de como conhecemos.

O teólogo Hans Küng recorre ao conceito de paradigma para se debruçar sobre a inteligibilidade e a credibilidade das religiões, mormente do cristianismo, ao longo da história. Küng na obra *"O Cristianismo, Essência e História"* segue a evolução dos *paradigmas religiosos* cristãos no seu aparecimento, maturação e endurecimento. No curso dos dois mil anos da história do cristianismo, Küng caracteriza seis paradigmas distintos; uns nasceram, cresceram e deram lugar a outros paradigmas que ainda permanecem entre nós desde o século V.

Mas o cristianismo nasceu, cresceu e estabeleceu-se no seio de diversas culturas, que acabou por influenciar e mesmo moldar, pelo que a sua evolução está também marcada por *paradigmas socioculturais*, em bem menor número do que os mais estritamente religiosos. Pela ordem do seu aparecimento cronológico são: o *paradigma da igreja dos pobres*, o *paradigma imperial* e o *paradigma da sociedade de corte*. José Luís de Matos reconhece que «a Igreja Católica corre hoje um risco sério de fragmentação interna. Três paradigmas socioculturais, parcialmente incompatíveis entre si, digladiam-se no seu interior».

NA PARTE I desta pentalogia, pretendemos reflectir criticamente sobre estes dois tipos de paradigmas no decurso da história da Igreja, e acompanhar a respectiva evolução, bem como os conflitos que suscitaram, uns no interior da Igreja, outros com a sociedade e outros ainda com a ciência moderna. Atentemos, porém, em palavras de José Tolentino Mendonça numa das suas crónicas no Expresso intitulada sobre "O que resta de Deus", e coligidas na obra *"Que Coisa são as Nuvens"*, sobre a relativização da "cerca confessional": «Neste clima dominado por um certa hesitação, há mesmo espaço para posições mais exasperadas, como as que defendem: "Será necessário um dia nos desembaraçarmos deste termo falacioso: a religião" (Régis Debray. Numa cena hilariante de um filme de Pedro Almodóvar, uma escritora de thrillers, a passar por um turbulência criativa diz: "Não é fácil desembaraçar-se de um cadáver. Ora, no debate entre religião e modernidade, precisamente este embaraço ou, para dizer com mais rigor, esta possibilidade radical de um pólo excluir o outro tem sido um dos traços mais persistentes e porventura também mais portadores de futuro».

Nos tempos de hoje dispomos de diversas bases que compilam dados sobre a actividade científica de países. Mas dispor de *dados* não é necessariamente dispor de *informação*. Para alcançar este último desiderato, requer-se uma interpretação dos dados disponíveis bem como de uma adequada contextualização. A base *Essential Science Indicators*, disponível desde 2007, permite coligir a fracção das citações científicas de um país recolhidas por um período de 10 anos anterior à data da consulta e referentes a 21 áreas científicas. Metodologias estatísticas de mineração de dados (*data mining*) permitem muitas vezes fornecer uma interpretação dos dados assim coligidos.

Uma dessas metodologias é a Análise de Componentes Principais (em inglês, *Principal Component Analysis, PCA*) que reduz a dimensionalidade do conjunto de dados. Tal é possível, com a transformação num novo conjunto de variáveis não correlacionadas, as *componentes principais* (*PC*s), de menor dimensão e retendo cerca de 80% da informação inicial. Um PCA para um conjunto de cerca de 40 países que recolhem mais de cem mil citações em dez anos encontra duas componentes principais. Uma dominante, PC_1, que vamos rotular por *função social da ciência*. Num dos seus extremos encontramos a Rússia e a Ucrânia e no outro, a Finlândia e a Noruega. Há *uma* segunda componente, PC_2, de menor contributo, que designamos por eixo das "*culturas religiosas*" e segundo o qual os países se situam em função das relações entre o poder secular e o religioso. Num dos *pólos* temos países *cesaropapistas*, como a Rússia e a Ucrânia, e no outro, na Europa, países *papocesaristas* como República Checa, Hungria e Portugal. A nível mundial neste mesmo *pólo* mas a maior distância de centro de coordenadas, situam-se países de religião muçulmana nos quais *não se verifica* separação entre a política e a religião, como o Irão e o Egipto.

Se de uma forma um pouco ingénua esperássemos que a ciência se concentrasse em PC_1 e a religião em PC_2, tal não se verifica. Como a teoria do conhecimento tácito de Polanyi permitiu antecipar *há "marcas* culturais" na ciência. Mas isto não implica que, por exemplo, a Rússia faça um Física diferente da realizada em Inglaterra. Há um intento de *universalidade* e, portanto de *veracidade*, na pesquisa científica que a avaliação por pares assegura. Todos os países fazem o mesmo tipo de Física, ou de Química ou de Medicina Clínica, etc.. O que se verifica é que tais marcas culturais estão dependentes de questões e problemas que as diferentes sociedades consideram de maior relevância; uns países fazem mais Física ou Química, ou Agricultura, etc., e outros mais Medicina Clínica e Ciências da Vida, mas quer a ciência quer a religião se encontram nas duas componentes principais. Isso é bem evidente logo em PC_1, pois num dos pólos agrupam-se os países protestantes do Norte da Europa. Digamos, pois, que a religião exerce também uma função social.

Numa perspectiva religiosa, assim em PC_1 situamos o *paradigma sociocultural da igreja dos pobres*. Em PC_2, que é ortogonal a PC_1, colocamos os *paradigmas imperial* e da *sociedade de corte*. Em suma, religião e ciência interaccionam através das culturas, e a "lente" da ciência permite por *data mining*, nos tempos de hoje, avaliar este tipo de conflitos e fazer mais alguma luz sobre os conflitos do passado. Uma tal mineração permite reconhecer que enquanto o *paradigma imperial* e o *paradigma da sociedade de corte*, se comportam no presente como um e mesmo paradigma sociocultural; o *paradigma da igreja dos pobres* é-lhes, porém, ortogonal. *Ortogonal* em linguagem matemática significa invariavelmente em linguagem corrente *conflito*. É segundo estes paradigmas socioculturais que ao longo da história se registaram e ainda hoje se registam os conflitos de poder entre ciência e religião. Quando a Igreja parece voltada contra si própria é porque está a actuar segundo paradigmas socioculturais distintos e, invariavelmente, antagónicos. Este é um dos "sinais dos tempos" que permanece até aos nossos dias.

É segundo o triângulo de crenças, sob a forma de *paradigmas, ciência* e *religião* que procedermos a um exame destes mesmos *vértices ao longo da história* e das culturas, por confronto com a mensagem de Jesus. E procuraremos explicitar algumas das consequências mais profundas para o papel do cristianismo no mundo de hoje, para o testemunho dos seus crentes, bem como para o diálogo e convivência com outras religiões.

Sebastião Formosinho

CAP. 1. O CONHECIMENTO NUM REGRESSO AO ROMANTISMO

Os grandes nomes do movimento *Naturphilosophie* alemão foram Friedrich Wilhelm Joseph von Schelling, Johann Gottfried von Herder e Johann Wolfgang von Goethe. A *Naturphilosophie* foi uma corrente da tradição filosófica do idealismo alemão ligado ao *Romantismo* que, como movimento artístico, político e filosófico das últimas décadas do século XVIII na Europa, e activo em grande parte do século XIX, proporcionou uma visão contrária ao racionalismo e ao iluminismo, e fez nascer o nacionalismo europeu que veio a consolidar os estados nacionais neste continente. Neste percurso histórico, há duas características estruturantes para a Europa: o *cristianismo* e as *nacionalidades*. André Malraux proclamou mesmo que «a Europa ou será cristã, ou não será» e Alberto Moravia afirmou: «A Europa está ainda por se construir e talvez não se fará nunca, no sentido de um organismo unitário e independente. Os organismos morrem daquilo de que viveram. A Europa viveu das nacionalidades, num tempo da sua glória distintiva, agora poderia morrer dela»[1].

Neste contexto mais vasto, a *Naturphilosophie* opôs-se ao mecanicismo da física clássica e defendeu uma concepção orgânica para a ciência, na qual o sujeito jogaria um papel essencial para conceber o mundo como uma projecção de si próprio. Maria Cristina dos Santos de Souza procura analisar a nova concepção do mundo no pensamento de uma das figura chave da *Naturphilosophie*, Schelling, pois reconhece que o cerne da inteligibilidade romântica alemã está expresso nas suas ideias sobre a natureza e sobre o conhecimento da natureza.[2] «Podemos dizer que o romantismo alemão ultrapassou os limites de um simples movimento artístico — diferente do que se passou com o romantismo francês —, de modo que os seus representantes podem ser encontrados não apenas no domínio da literatura e das artes em geral, mas também na filosofia, na ciência e na religião. Assim, uma destacável característica do romantismo alemão foi ter alcançado expressão nos principais campos da cultura germânica e, de modo geral, ele se tornou o foco irradiador da crítica, no século XIX, à visão racionalista do cosmos e do homem que animava os filósofos, os cientistas e, até mesmo, os artistas das Luzes»[3].

«A ciência não começa como que do fundo de um subjectivismo puro a aproximar-se da matéria como de um objecto em si a ela estranho. A natureza já está sempre presente como uma unidade na nossa natureza singular, como está em tudo o que alcançou uma individualidade e uma determinação. A consciência que dela se tem é a que ela mesma lança através de nós. A nossa consciência da natureza é, no entanto, apenas o começo de uma abertura para a totalidade da natureza que, com certeza, não pode ser reduzida à nossa particularidade. [...] Se partimos da ideia grega de *phýsis* como movimento contínuo de nascimento e perecimento, não cometemos uma extrapolação inconsequente se concluímos pela equiparação entre natureza e vida»[4]. «Schelling, ao asseverar que o homem tomado de admiração pelas obras da natureza "se encontrará introduzido no *Sabbat* sagrado da natureza", ou seja, se tornará um iniciado nos mistérios da natureza, não quer dizer que seja possível desvendar absolutamente a verdade da existência, mas apenas vislumbrá-la, pressenti-la»[5].

O pensamento de Goethe e a ciência Newtoniana

A revolução epistemológica das Luzes converteu a matemática e a geometria em protótipo de inteligibilidade do real, e conferiu-lhe o estatuto de modelo de ordem e simplicidade, logo de uma técnica didáctica. «Nos textos pedagógicos da reforma pombalina, esta eleição da matemática e da geometria encontrava ainda forte apoio na expressão bíblica (*Sapiência*, 2, 21) segundo a qual o mundo fora criado por Deus "em número, peso e medida", argumento utilizado pelos autores dos *Estatutos de Universidade de Coimbra* [...], mas insistentemente utilizado pela globalidade dos nossos teóricos das Luzes».[6]

Antonio Augusto Passos Videira, centra os seus estudos sobre o pensamento de Goethe, na crítica que ergueu à teoria das cores de Newton, consubstanciando a dissidia entre as "duas culturas" que C. P. Snow abordou de forma tão exemplar. «Goethe é acusado de tentar entender a natureza com o uso de princípios formulados a partir da sua visão do mundo, a qual teria sido construída sobre uma visão estetizante, não apenas da natureza, mas igualmente da vida. Em outras palavras, e incorrendo no mesmo tipo de erro cometido pelos seus oponentes, Goethe reduziria a dimensão intelectual humana a uma outra: a saber, aquela outra determinada pela sua própria sensibilidade».[7]

«Apesar de não recusar completamente o uso da matemática, Goethe sempre preferiu os estudos empíricos, que lhe proporcionavam um tipo de experiência viva e plena com a natureza, aquela que se fazia presente através dos fenómenos da vida».[8] «A unidade da natureza, para Goethe e aliados, somente seria alcançada através do estudo da natureza enquanto totalidade e não como uma estrutura com níveis diferentes entre si, reunidos a partir da afirmação de que o nível mais fundamental seria o material».[9]

Abdicando da fundamentalidade do "material", encontramos algumas ressonâncias com a visão holística da cultura chinesa, a qual se ergueu como um obstáculo ao progresso da China na ciência moderna. Até porque o movimento intelectual da *Naturphilosophie* do final do século das Luzes, no qual Goethe se insere, se organiza e movimenta à volta de dicotomias como visível e invisível, evidente e escondido, dentro e fora que procura superar. «A unificação ambicionada concretiza-se no uso simultâneo de tais dicotomias, que conferem uma estrutura dinâmica ao processo de investigação»[10]. Atente-se que as culturas do Leste-Asiático, incluindo a chinesa, são exímias nesta conciliação de contrários.

«Parafraseando um dos maiores conhecedores deste período, o historiador da filosofia Georges Gusdorf, devido à sua complexidade inerente, o universo enquanto totalidade torna-se passível de aproximação através das ciências, da razão, da poesia, da religião, das artes, bem como por via dos órgãos sensoriais»[11].

«Para se compreender o projecto científico de Goethe — a rigor, este projecto sempre foi pensado a partir da filosofia e da poesia —, é necessário levar em consideração que ele se considerava o iniciador da *Naturphilosophie* e, por isso, responsável pelos seus desdobramentos. Por outras palavras, o poeta alemão defendia a necessidade de que a pesquisa sobre a natureza procurasse explicitamente respeitar a necessidade de se alcançar um equilíbrio entre os seus diferentes eixos estruturantes: razão, experimentação, conceitualização, quantificação, uso de imagens e hipóteses, entre outros. A pesquisa acerca da natureza devia respeitar obrigatoriamente o princípio de que o homem integra a natureza. Sem o respeito a essa presença, tornar-se-ia impossível a obtenção de uma compreensão total. [...] Goethe sempre procurou aproximar e fundir as diferentes dimensões da sua própria existência»[12]. Daí, o sentimento de natureza e a relação com a mesma não poder caber numa compreensão conceptual.

«Goethe interpreta as cores a partir do órgão da visão, que não se confunde com prismas e lentes: o olho é um órgão vivo. Ele rejeita experimentos realizados em quartos escuros, como aqueles conduzidos por Newton. Para ele, a investigação ao ar livre, onde o olhar reencontra a natureza, é a única que o atrai»[13]. Daí ter alcançado alguma proeminência em estudos de botânica e morfologia, empalecidos, contudo, pelo seu fracasso em formular uma *teoria das cores* para substituir a proposta por Newton.

O eminente físico alemão Hermann von Helmholtz dedicou duas longas palestras à análise das ideias de Goethe, numa das quais lhe reconhecia uma notável capacidade de descrição; todavia eram «descrições artísticas e não científicas, uma vez que eram obrigadas a respeitar a intuição e não a razão. O fenómeno descrito seria a expressão directa de uma ideia. Em suma, Goethe erraria ao insistir numa aproximação entre ciência e arte. [Na perspectiva de Helmholtz], a razão pela qual Goethe divergiu do físico inglês [Newton] origina-se no divórcio instaurado na concepção filosófica da sensação, separada, a partir de agora, da sua apreensão fenomênica»[14].

Heisenberg também dialogou com as teses de Goethe, mas «recusou-se sempre a formular uma filosofia sistemática e geral, bem como não procurou — jamais — criar uma visão do mundo»[15]. Reconhecia não haver razões para desconsiderar a técnica (i.e. a ciência aplicada) numa reflexão geral sobre a ciência ou sobre a natureza. Mas há um certo reflexo dos efeitos nocivos da técnica temidos por Goethe, pois conduziriam o homem a viver com as suas criações que progressivamente iriam constituir o seu meio ambiente.

Goethe acusou a ciência newtoniana de "não abrigar o homem"; «na natureza, tal como concebida (i.e. descrita e explicada) pela ciência moderna, o homem seria um estranho para aquela. Ou ainda: a concepção de natureza da ciência moderna seria fria e indiferente ao homem. As leis naturais somente podiam ser formuladas caso o homem se ausentasse dos fenómenos descritos. Ao preferir estudar a cor e não o fenómeno da luz, Goethe deixava claro com esta sua escolha que o homem não podia ser posto de lado, uma vez que a cor só pode ser concebida a partir da sua presença.

Ao rejeitar a concepção de natureza da ciência moderna, Goethe recusava também aquilo que esta defendia como sendo a verdade e objectividade. Também a sua suspeita da importância e utilidade da matemática para as ciências naturais explica-se por esse motivo, a saber: Goethe não aceitava que o conhecimento se pudesse tornar autónomo em relação aos fins e aos propósitos humanos. Caso isso acontecesse, o conhecimento voltar-se-ia contra a humanidade»[16].

Os tempos presentes parecem dar alguma razão às apreensões de Goethe, não tanto pela influência perniciosa da matemática nas ciências da natureza, mas numas ciências sociais, como são as ciências económicas e financeiras. Parte da actual crise financeira e económica que assola o mundo ocidental, desencadeada pelo *sub-prime*, foi ampliada pela invenção dos denominados "produtos tóxicos". Não se põe em causa a elegância da equação de Fischer Black e Myron Scholes, proposta em 1973. Mas criou uma pseudo-objectividade que, num contexto iluminista, é desresponsabilizante, como Polanyi bem questionou em relação às ciências exactas e naturais. Daí o ter enfatizado o carácter *pessoal* de todo o conhecimento, que nunca desresponsabiliza o sujeito do conhecimento, mesmo em áreas onde a objectividade é mais "forte" do que nas ciências económicas. Quem adere a tais "derivados" não os percebe nem tem obrigação de o saber; mas os inventores também pouco perceberam dos riscos que estavam a desencadear neste novo modo de antecipar o lucro.

Já com alguns anos de crise e desemprego instalados na Europa e perante programas de austeridade aplicados a países como a Grécia, Irlanda e Portugal sujeitos a resgate das dívidas soberanas sob o controlo do Banco Central Europeu (BCE) e do Fundo Monetário Internacional (FMI), surge em 17 de Setembro de 2013 mais um relatório do FMI declarando: «A consolidação orçamental feita rapidamente prejudica o crescimento a um ponto tal que põe em causa a consolidação social e política, minando a confiança dos mercados»[17]. Mas não é a economia uma ciência social? Ou será que os economistas do FMI julgam que as sociedades já adquiriram o ritmo da internet? A matemática levou-os a deixar a navegação à vista e julgaram-se já conhecedores dos métodos de medir a longitude e dos ventos para avançar em direcção ao Sul, bem como para o regresso. Claro, há sempre a hipótese de estarem a conduzir uma experimentação social, e nesta os protocolos nunca se mudam até ao fim da experiência.

Os desenhos anatómicos de Leonardo da Vinci

Passos Videira procura apresentar-nos as suas teses a respeito do pensamento de Goethe sobre a ciência. Uma das mais importantes preocupações era como elaborar uma noção de ciência da natureza que incorpore a criatividade humana em toda a sua complexidade multifacetária, não descurando a potência criativa humana. «A despeito da sua importância cognitiva, os resultados científicos não são suficientes para responder às provocações e críticas epistemológicas, metodológicas e metafísicas de Goethe»[18].

Para apreciarmos melhor o valor de uma busca de um conhecimento mais global, como o que Goethe criticou à ciência moderna, nada melhor que atentarmos em Leonardo da Vinci (1452-1519). Pela primeira vez os desenhos dos famosos estudos de anatomia de Da Vinci estão a ser confrontados com modernas tecnologias de imagem médica, como ressonância magnética nuclear (RMN) e tomografia axial computorizada (TAC), numa exposição inaugurada em Edimburgo em Setembro de 2013, organizada por Peter Abraham, professor de anatomia clínica da Universidade de Warwick. E os resultados são surpreendentes: 95% dos desenhos de Da Vinci estão correctos, apesar de terem sido feitos há 500 anos. Como refere Abraham, «o que é mais impressionante é que alguns desses desenhos, em termos de conceito, são melhores em conteúdo de informação do que os actuais, porque dão mais perspectivas do movimento do corpo humano». Ou seja, a informação conceptual consegue ser superior à que hoje existe, embora Leonardo tenha feito estes desenhos há cinco séculos. E prossegue: «A riqueza de informação conceptual desses desenhos deve-se ao facto de ele ser um bom engenheiro e um bom arquitecto, o que significa que olhava para o corpo humano como uma máquina» — daí a exposição se intitular "*Leonardo Da Vinci: The Mechanics of Man*", o cruzar a visão do homem da renascença com a tecnologia de imagem dos nossos dias. «Como homem da Renascença, Leonardo olhava para o corpo humano de uma forma global, integrando os seus conhecimento de anatomia, medicina, pintura, engenharia, mecânica, arquitectura, física e química. Desde então a ciência desenvolve-se exponencialmente, mas fragmentou-se em muitos ramos (embora a investigação científica seja cada vez mais interdisciplinar)». Por isso, Abraham confessa «não ter o *background* de engenheiro para ver o funcionamento do corpo humano como Da Vinci o via».[19]

Os desenhos de Da Vinci não foram publicados em livro no seu tempo, mas não foram inteiramente esquecidos. Não influenciaram, contudo, o desenvolvimento da anatomia humana, que só surge cerca de cinquenta anos depois com Andreas Vesalius (~1514-1564), possivelmente tão habilidoso no manejo do bisturi quanto na promoção de sua própria imagem. A sua *De Humanis Corporis Fabrica* foi a primeira obra de anatomia em que a ilustração rivalizou com o texto em cuidado, importância, imponência. Observando a riqueza de detalhes que compõe as suas gravuras, dificilmente se imagina que as chapas das quais se originam tenham sido talhadas em madeira.

Todavia os desenhos de Da Vinci levantavam dificuldades interpretativas, como aponta Abraham. A sua escrita codificada, que só podia ser lida com a ajuda de um espelho, não era fácil de ler, mas muitos conseguiram decifrá-la. A razão de fundo das dificuldades foi outra. «Quando o artista morreu em França, no dia 2 de Maio de 1519, deixou tantos manuscritos espalhados que era difícil, mesmo para um académico, entender uma tão grande quantidade de informação. De certo modo, é uma história lamentável. As pessoas que olharam para os desenhos não os compreenderam logo porque estavam demasiado adiantados para a época, e só no final do século XVIII foram olhados a sério. E foi apenas no século XIX que a comunidade científica começou a estudá-los bem».[20]

Sobre os 5% em que está errado, Abraham coloca um hipótese adicional, dado que Da Vinci fez experiências relacionados com o movimento de fluidos na válvula aórtica, através de um modelo de vidro, tendo feito descobertas que só foram provadas há 30 anos com as técnicas de RMN. Possivelmente estaria correcto, mas teve receio de dar o salto que Harvey deu 100 anos mais tarde, ao ser o primeiro no mundo a explicar correctamente como funciona o sistema circulatório. «Deve ter achado que era um salto demasiado ousado face às explicações dominantes e acabou por recuar». Da Vinci morria e Galileu ainda não era nascido. Se pensarmos nos problemas que Galileu deparou com a Inquisição, Da Vinci pode bem ter admitido que a Igreja o poderia condenar por desafiar uma teoria de Cláudio Galeno aceite por todo o mundo ocidental ao longo de quinze séculos.[21] Por outras palavras, a Igreja, nesses tempos, já era intuída como um travão ao desenvolvimento do conhecimento.

Retomemos a visão de estereoscopia que Michael Polanyi invoca: olhamos simultaneamente para duas imagens, do olho direito e do olho esquerdo, que distam entre si poucos centímetros. Adquire-se uma outra perspectiva — tridimensional — ao tratar as pequenas diferenças entre as duas imagens como pistas subsidiárias a integrar num todo mais vasto. Ao capturar a dimensão do tempo com a de espaço, as imagens de estereoscopia ajudam-nos a fazer um salto perceptual para uma ordem lógica superior, onde podemos reconhecer o espaço e o tempo como variáveis unificadas em vez de separadas. Por exemplo, uma fotografia estereoscópica de uma mulher a erguer e a baixar os braços assemelha-se à mantra

Avalokiteshvara de múltiplos braços.[22] *Mutatis mutandis* é algo que podemos reconhecer estar presente em Da Vinci, ao abordar as diferentes imagens do corpo humano, quer como artista, quer como engenheiro, quer como arquitecto, quer como anatomista, e ao vê-las como pistas subsidiários de um todo mais vasto fê-lo avançar quase cinco séculos na ciência da imagem médica.

As "escolas de investigação" e o Romantismo

De toda a perspectiva que a *Naturphilosophie* nos aporta decorre uma necessidade imperiosa de reflectir em termos filosóficos sobre a natureza do conhecimento, e mesmo construir um novo modo de conhecimento que vá para além do que nos trouxe o positivismo cartesiano da ciência do Iluminismo. Ao percorrermos a tese de doutoramento de Ana Carneiro, "*The Research School of Chemistry of Adolphe Wurtz, Paris 1853-1884*",[23] verificamos que um *ethos* norteador da "nova universidade alemã" havia sido enunciado por Wilhelm von Humboldt, ao defender a ideia de uma *Wissenschaft* que abraça uma busca desinteressada, apaixonada e livre do conhecimento.

Refere a historiadora da química: «As escolas de investigação surgiram como uma criação típica do século XIX e, particularmente, como produtos de um contexto que foi gerado a partir dos movimentos romântico e alemão de *Naturphilosophie*. A "*escola*" (école) foi, assim, o modelo romântico para a transmissão de conhecimentos e especificamente de determinados métodos de investigação, que, no entanto, não se restringiram ao mero conhecimento científico. A ciência foi integrada segundo os modos de uma filosofia holística, incorporando campos como poesia, história e música. Afinal, a *escola* era uma forma de perpetuar no tempo, e através das gerações vindouras, o que foi pensado como válido e verdadeiro, no contexto de uma arguta consciencialização histórica, que emergiu por si só do Romantismo»[24].

«Alguns dos princípios estruturantes que trouxeram a investigação científica para o foco da missão das universidades alemãs, resultaram do pressuposto de que o conhecimento era uma busca quase interminável da verdade, articulado com a ideia de liberdade de ensino e de aprendizagem. Este espírito foi reforçado por uma revitalização de práticas medievais, tão caras a muitos românticos, em que as guildas de artistas e artesãos e as *universitas* medievais foram uma fonte de inspiração tanto para o professor, como para o Mestre, ao proporcionarem orientações para descobertas originais, e para lidarem com o aluno como um aprendiz imerso num magistério educativo»[25]. «A situação de um *chef d'*école, é a de alguém que está a lidar com belas artes e com uma ciência de carácter experimental, e não a posição de alguém que está a lidar com colegas inteligentes e trabalhadores em que basta uma simples ajuda mediante conselhos extraídos da sua experiência pessoal»[26].

Dado o sucesso do modelo alemão para a "universidade de investigação" que viu a *natureza* não como uma *máquina* — um relógio newtoniano —, mas como um *organismo vivo*, e o *sujeito* do conhecimento não como um homem-máquina, mas como uma *pessoa*, imersa num dado ambiente cultural, havia que prosseguir na mesma senda no campo das filosofias do conhecimento.

No trilho de uma filosofia integrativa

Santo Agostinho no Livro XI das *Confissões* em cerca de 400, escreveu: «O que é então o tempo? Se ninguém me pergunta, eu sei; se alguém me pergunta e eu quiser explicar o que é, já não sei». Um exemplo paradigmático sobre um conhecimento pessoal que quando a pessoa o pretende explicitar, explicando-o, não consegue.

Como a este respeito escreveu Jorge Calado, «é estreita a fronteira que separa o saber do não saber»[27]. Tal vai constituir o horizonte deste primeiro Capítulo.

Martin Heidegger é um dos pensadores fundamentais do século XX, quer pela recolocação do problema do *ser* quer pela refundação da *ontologia*. A sua metodologia operou uma *inflexão do ponto de vista*, na medida em que o foco deveria ser desviado do *Dasein* (*being-in-the-world*; o ser-aí ou o ser-no-mundo) para o *ser*. Mas até ao final da década de trinta do século XX, a leitura da filosofia de Heidegger estrutura-se em muito sobre conceito de *Dasein*, termo principal na sua filosofia existencialista.

Tradicionalmente a filosofia das ciências havia desenvolvido os seus objectivos sobre as teorias do conhecimento em relação ao "saber o quê" (*knowing that*) mas negligenciou o "saber como" (*knowing how*). Os filósofos descuraram uma distinção que é familiar a todos nós, e as suas teorias centraram-se nas descobertas de verdades e de factos, ignorando os caminhos das descobertas e as metodologias do saber fazer ou reduzindo tudo à descoberta dos factos.

Em 1924, Manuel Gonçalves Cerejeira, historiador e professor catedrático da Universidade de Coimbra, como sacerdote católico publica a obra "A Igreja e o Pensamento Contemporâneo", na qual antecipa o *carácter pessoal* do conhecimento científico, abarcando a *componente psicológica*. Na 4ª edição da mesma obra, vinda lume em 1944, clarifica o seu pensamento neste contexto com uma nota adicional: «É erróneo supor que o crítico racionalista estuda os factos com o espírito livre de quaisquer preconceitos, ao contrário do crente que já tem posições preconcebidas. «Por mais ansioso que alguém seja de atingir os factos nus da história passada, não pode compreendê-los sem os pôr em relação com o seu próprio espírito. O espírito, porém, não está vazio: é já um espírito provido de categorias pessoais e de um conteúdo próprio, disposto por conseguinte a olhar as coisas de certo lado. O problema fundamental é investigar a explicação suficiente dos factos: se os factos se ajustam às nossas ideias preconcebidas ou se são rejeitadas por eles. Não se pode explicá-los sem alguma hipótese preconcebida»[28].

O pensamento epistemológico de Cerejeira está bastante avançado para a época, em 1924, mas quatro anos depois é ordenado bispo e abandona as tarefas universitárias. Foi-lhe requerida alguma dedicação extra às suas tarefas eclesiásticas, que se vêem acrescidas em 1929 com a nomeação como Cardeal-Patriarca de Lisboa, para conseguir ir actualizando a sua obra de 1924.

Só em 1940, o filósofo inglês Gilbert Ryle estabeleceu a distinção entre "o que conhecer" (*knowing that*; *wissen*) e "como conhecer" (*knowing how*; *können*) que aprofundou, em 1949, em *The Concept of Mind*. Enquanto o "que conhecer" é proposicional, o "como conhecer" é não-proposicional. É nesta senda que nos anos 50, Michael Polanyi vem fazer a distinção entre *conhecimento explícito* e *conhecimento tácito*, um conhecimento em acção e na prática.[29]

Todavia Polanyi supera Ryle ao propor uma estrutura dinâmica para o conhecimento tácito: o estar ciente de um modo *focal* e de um modo *subsidiário*. Um dos exemplos muito referidos é o "martelar de um prego", mais ligado à acção; quanto mais "*transparente*" ou "invisível" for o martelo, melhor é praticada esta acção, porque o nosso interesse é o *trabalho* produzido, não o instrumento. E neste tocante, o pensamento de Polanyi vê-se aproximado do filósofo norte-americano Hubert Dreyfus nas suas interpretações da filosofia existencialista de Heidegger. O segundo exemplo é o "bastão do invisual", com características mais próximas da observação e da intelectualidade. Mas a estrutura dos dois exemplos é essencialmente a mesma, e tem conexões com a filosofia de Heidegger (*Dasein*, *being-in-the-world*), o ser competente em fazer isto ou aquilo.

Esta *transparência* dos instrumentos durante a acção reflecte-se também a um nível mais abrangente, nos paradigmas científicos. As filósofas da ciência Isabelle Stengers e Judith Schlanger escreveram a respeito da noção de paradigma de Thomas Kuhn: «para que um paradigma funcione como normativo da prática científica tem de ser invisível»[30]. Esta invisibilidade ou, talvez com melhor propriedade, transparência, tem muito a ver com o carácter tácito deste "instrumento intelectual" que é o paradigma científico.

A estrutura do conhecimento tácito

A teoria de Michael Polanyi, sobre o conhecimento humano em geral e o conhecimento científico em particular, tem sido considerada controversa e objecto de novos estudos no seu âmbito filosófico, nomeadamente na enfâse do seu elemento *pessoal* e de *crença*.[31] Com a sua nova teoria do conhecimento, Polanyi ligou o legado do Iluminismo — a objectividade — com o *pessoal* — não-subjectivo — mediante um esquema de dois pólos de conhecimento. A esta ligação deu vários nomes: compromisso (*commitment*), inferência (*inference*), discernimento (*insight*) e paixão intelectual (*intellectual passions*). Faz uso da psicologia da *Gestalt*, mas vai para além de uma concepção passiva da organização de pistas (*clues*) num todo, introduzindo-lhe o elemento activo de uma *intenção* de realização prática e teórica hábil.

Nos nossos actos de conhecer, fazemos recurso a tais "pistas", mas elas não são observadas em si mesmas. Tal como no desempenho de algum acto, as *ferramentas* são utilizadas como extensões dos nossos corpos, mas não são observadas em si mesmas durante a execução do acto; como referimos, quanto mais *transparentes* melhor. Por outras palavras, estamos *cientes* das pistas e das ferramentas de um modo *subsidiário*, enquanto estamos *cientes* de um modo *focal* para aquilo que é o nosso objectivo. Exemplificando com a condução automóvel; estamos cientes de um modo *subsidiário* do volante, dos travões, das mudanças, retrovisor, etc., bem como dos passeios e das pessoas que querem atravessar a estrada, mas estamos cientes de um modo *focal* na estrada à nossa frente ou do que nela se passa. Se nos focarmos, por exemplo, no volante ou no conta-quilómetros ou nos pedais ou ao manípulo das mudanças, etc. arriscamo-nos a atropelar alguém, a chocar com outro carro. Só sabemos guiar um automóvel quando deixarmos de prestar uma atenção *focal* àquelas inúmeras tarefas básicas da condução por *indwelling*, isto é, como extensões do nosso corpo (*corporalizadas*).

Recorrendo a Maria Luísa Couto-Soares para resumir este pensamento, dir-se-ia que «Polanyi explora de uma forma muito clara e com uma profunda convicção, como a estrutura do conhecimento tácito determina a estrutura dos actos de compreensão, e examina, a acção calada deste "fundo" ignoto no exercício das faculdades humanas, como um impulso ou uma força secreta que as potencia. Estes estratos mais profundos, subterrâneos, constituem diferentes modos de apreendermos e de compreendermos a multiplicidade e variedade da realidade em que vivemos. Ou melhor, não são propriamente modos de apreender, de conhecer, mas constituem o subsolo no qual assenta toda a nossa experiência: "podemos saber mais do que somos capazes de dizer" — isto parece óbvio, mas não é nada fácil dizer exactamente o que significa, nem como interpretá-lo. O melhor modo que Polanyi encontra para exprimir o conhecimento tácito é aproximá-lo do sentido de *indwelling*, [...] [com] um sentido muito mais amplo do que a empatia, a compreensão do humano por uma via não totalmente explicitável, mas mais profunda do que o mero conhecimento de algo que está aí fora de nós: encontramos a noção de *indwelling* no caso da aceitação, ou melhor da adopção de ensinamentos práticos e aquisição de perícias, que não podem traduzir-se em regras explícitas»[32].

Neste enquadramento teórico, uma dada afirmação que articulamos é composta de duas partes: uma frase para transmitir o seu conteúdo e um *acto tácito* pelo qual se reivindica a veracidade desse mesmo conteúdo. As componentes pessoais e objectivas estão ligadas entre si. Polanyi expressou a importância desta ligação através de uma analogia: «toda a verdade não é mais do que o pólo externo da crença, e destruir toda a crença seria negar toda a verdade» (*all truth is but the external pole of belief, and to destroy all belief would be to deny all truth*). O pólo interno é concebido como uma *crença* — isto é, pessoal —, e o pólo externo é concebido como a verdade, a *realidade* objectiva — isto é, o universal, as verdades, quer factuais quer como um ideal, expressas de uma forma simbólica. Convém recordar que na concepção da verdade, tomada como um ideal, Polanyi tem presente dois componentes, um tácito de crença e outro explícito de acção simbólica. Mas é a *ligação intencional* ao pólo externo que salva o conhecimento *pessoal* de ser meramente subjectivo. O subjectivo, em si, não tem qualquer ligação ao pólo externo (objectivo).[33]

Por caminho oposto, Karl Popper, por muitos considerado o filósofo mais influente do século XX a tematizar a ciência, não admitiu explicitamente a existência de um "conhecimento de fundo", se bem que haja referido uma "regulação inconsciente" ou "efeito de centopeia"[34] de certas actividades humanas. Se bem que tenha rejeitado a *indução* como método de construção das teorias científicas, debilitando-as ao nível de meras *conjecturas*, permaneceu numa via negativa, a de *falsificar* uma conjectura científica em todos os sentidos possíveis. Já Polanyi escolheu uma via positiva, a de testar uma nova hipótese científica para além de qualquer *dúvida razoável*, abrindo assim espaço para a *crença*.[35]

A teoria do conhecimento tácito como uma reformulação civilizacional

Polanyi não foi um filósofo *Gestalt*, nem um filósofo existencialista, nem um filósofo cristão, apesar de lhe terem sido apostos todos estes rótulos, mas, como reconhece Stefania Ruzsits Jha, foi um filósofo da ciência em busca de uma reformulação civilizacional da tradição iluminista, fazendo recurso a uma metodologia de raciocínio analógico, bastante frequente nos químicos. Podemos acrescentar a tudo isto, uma perspectiva probabilística e uma justaposição de contrários.[36] Jha apresenta uma discussão detalhada das raízes filosóficas da teoria do conhecimento de Polanyi, que assenta em Kant, mas vai trilhar outros percursos, a saber, a Psicologia de Gestalt, a fenomenologia e o existencialismo de Heidegger e de Dilthey, até à lógica de Peirce. Há ainda um outro aspecto atraente nesta teoria do conhecimento tácito, é que se revela "uma economia de pensamento" na sua abrangência filosófica. E, como veremos, parece responder ao criticismo de Goethe sobre a ciência moderna.

Primariamente, Polanyi pretendia que a sua epistemologia oferecesse um princípio de explicação para o processo de descoberta científica, com enfoque nas etapas para a formulação de um problema e no discernimento inicial, em suma na originalidade. Em segundo lugar, pretendia corrigir a noção que a actividade criativa científica tem lugar num mundo determinístico. Em terceiro lugar, esforçou-se para que o seu trabalho permitisse ligar o conhecimento científico com o conhecimento em geral.[37]

Em Polanyi, a *explicação* deve ser entendida como uma forma particular de discernimento. Isto é, redefine explicação dizendo que o mitigar da perplexidade não é alcançado pelo emprego de alguma regra explícita de classificação ou definição, mas através do conhecimento tácito.[38]

Segundo Jha, a teoria do conhecimento tácito é concebida como três modelos atados uns aos outros por uma característica centralizadora, a das *paixões intelectuais*, que vai actuar como um integrador. As paixões intelectuais podem ser consideradas a força motriz do sujeito para o seu conhecimento pessoal, mas a *integração* que proporcionam nunca é uma actividade consciente. Os modelos foram progressivamente refinados a partir da forma primitiva como Michael Polanyi concebeu o conhecimento tácito: «sabemos mais do que conseguimos dizer» (*we can know more than we can tell*). Os três modelos são: 1) o modelo da percepção-Gestalt (o *scientific insight*), baseado numa perspectiva Gestalt para as relações entre o todo e as partes — o todo é maior que a soma das suas partes; 2) O Modelo de Acção-Orientadora, incorporando a noção fenomenológica–existencial de uma acção intencional; e 3) O Modelo Semiótico, uma concepção abstracta da acção dirigida em ordem a alcançar um significado ou um sentido, mostrando que o tácito tem uma estrutura "*de-para*" (da consciência subsidiária à consciência focal). No Modelo Semiótico, *a integração* é apelidada de inferência lógica.

Estes três modelos têm as seguintes características principais, em sucessão: *percepção, acção* e *significado*. A concepção de Polanyi sobre a realidade e a sua teoria da verdade liga-se aos três modelos, procurando mostrar por que razão a epistemologia polanyiana não é subjectivista e a sua teoria da verdade não é relativista.[39] Polanyi insiste que nós não construímos a realidade, mas sim que esta realidade externa vai fornecer as pistas sobre as quais baseamos as nossas concepções.[40] No que diz respeito aos factos experimentais, a validação e verificação vêem-se distribuídas entre os dois pólos acima referidos, de modo tal que a *validação* está mais próximo do pólo interno, enquanto que a *verificação* está mais próximo do pólo externo.[41]

Podemos dizer que quando aprendemos a usar uma linguagem, ou uma sonda, ou uma ferramenta, nos tornamos cientes destas coisas ao modo que o estamos do nosso corpo, isto é, interiorizando estas coisas e fazendo-nos "morar" com elas (*indwelling*). Ao ponto de Yu Zenhua resumir o pensamento de Polanyi sobre esta "corporalização" do seguinte modo: «*tacit knowing is essentially a "knowing by indwelling"*»[42].

Esse "morar com" não é meramente formal; é ele que nos faz participar de um modo apaixonado naquilo que nós pretendemos entender. A teoria do conhecimento tácito sustenta que o "fazermos morada" no nosso corpo é que nos permite, a partir dele, atender às coisas do exterior.[43] Assim, é através do meu corpo que eu entendo as outras pessoas, e também é através do meu corpo que percebo as "coisas". Há pois uma certa inseparabilidade do *Dasein* existencial de Heidegger e do "mundo". Como escreveu Charles Taylor num exemplo elucidativo, a minha capacidade de lançar bolas de beisebol não pode ser realizada na ausência destas bolas.

Todavia, a teoria do conhecimento tácito não reivindica apenas que este modo de conhecimento existe. Reivindica bem mais. Para o seu adequado entendimento, há que reconhecer a primazia do tácito sobre o explícito. *"While tacit knowledge can be possessed by itself, explicit knowledge must rely on being tacitly understood and applied"*. Daí todo «o conhecimento ou ser tácito ou estar enraizado em conhecimento tácito». O pensamento de Heidegger segue na mesma linha.[44]

Marcas culturais na Ciência

Uma teoria científica que chama a atenção pela sua própria beleza, e depende dela, em parte, para se alegar que representa a realidade empírica, é semelhante a uma verdadeira ... "obra de arte". Foi precisamente a noção de *matrizes fiduciárias* de Polanyi que foi o nosso ponto de partida para a investigação da existência de "marcas culturais" na ciência, que ficou bem provada com os resultados na Europa.[45] Estes *quadros fiduciários* ou *matrizes fiduciárias* começam a partir de uma postura de *crença*, que diversos autores tomam como equivalente à crença religiosa e, dado que ela é central ao *conhecimento pessoal* em Polanyi, levaram a considerá-lo um filósofo cristão. O termo *conhecimento pessoal* não tem a força de um termo como "paradigma" de Thomas Kuhn, sobre o modo como se exerce a autoridade das comunidades científicas em ciências mais desenvolvidas. Daí o preferirmos apelidar a teoria de Michael Polanyi pela sua componente mais negligenciada, Teoria do Conhecimento Tácito (TCT), na perspectiva de que «todo o conhecimento ou é tácito ou está enraizado em conhecimento tácito». Mas tal não evita o criticismo referido.

A ciência moderna também nasceu no seio de uma matriz cultural judeo-cristã europeia com base numa *confiança* na inteligibilidade do universo, acessível ao homem por ser feito à imagem e semelhança de Deus, em suma por ter uma centelha divina. Tratou-se de uma fé religiosa, e cientistas como Robert Boyle foram verdadeiros "sacerdotes da Criação", mas esta confiança passou do campo religioso para o secular e não travou a universalidade da ciência moderna. Nos presentes resultados, os efeitos culturais não se manifestam através de uma *relatividade* para a ciência, mas no modo como são geridos os esforços das nações entre as diferentes áreas disciplinares e que impacto recolhem a nível mundial, a *função social da ciência*.[46] Mas retomaremos esta asserção mais adiante.

Não que se ignorem vocações e propensões culturais para certas áreas científicas — por exemplo, um maior desenvolvimento em Física ou em Medicina ou nas Ciências da Agricultura —, ou vicissitudes históricas que moldam a ciência num dado país, mas a ciência que nele se pratica tem sempre um carácter universal, aliás garantido pelo *imprimatur* exercido pelas comunidades científicas sobre o que é ciência válida.

A vertente religiosa da teoria do conhecimento tácito

Tim Ray, em artigo na revista *Minerva*, de que Michael Polanyi foi um dos editores, retoma o criticismo sobre o carácter religioso das concepções polanyianas. Algumas das dificuldades das concepções de Polanyi provêm, em muito, do facto de a sua obra magna, *"Personal Knowledge"* vir a lume ao leitor com a sua retórica bastante desfocada. Como assevera Ray, foi somente a fé que salva o modelo epistemológico de Polanyi do solipsismo, isto é, da visão de que o conhecimento deve estar fundado em estados de experiência interiores e pessoais. A dificuldade com a estrutura fiduciária de Polanyi é que se baseia na fé, numa verdade transcendente: alguém que não acredita, não pode entender.[47]

Entre fé e confiança existem diferenças. A confiança é um comportamento humano fundamental que nos permite o compromisso com a realidade e com as outras pessoas. A fé individualiza-nos numa relação forte e central com Deus. Mas reconheça-se que epistemologicamente a ciência moderna se viu no pólo oposto, baseada na desconfiança, no cepticismo sistemático. Há um valor heurístico na desconfiança, na dúvida, no *criticismo*, mas não é exclusivo. Em certas áreas, como na História, o valor heurístico do criticismo será mesmo superior ao da confiança, mas não é necessariamente assim nas Ciências Físicas e Naturais, que requerem uma postura mais criativa. Pelo que os filósofos da ciência, e mesmo os cientistas, foram-se esquecendo que, em palavras de Stanley Jaki, «caminhos para Deus foram estrada para a ciência». Essencialmente o cultivo do criticismo surgiu no pensamento filosófico como combate ao dogmatismo eclesiástico. Foi como que um regresso às origens, o nos termos re-apercebido, com Michael Polanyi, da necessidade de na Ciência se arrancar a partir de uma base de confiança, de *alicerces fiduciários*.

Segundo Ray, paradoxalmente a perspectiva de Polanyi sobre o conhecimento pessoal tem muito pouco a dizer sobre as "outras pessoas" e os processos intersubjectivos que moldam os nossos modos de conhecer e aprender. Os seus princípios religiosos fiduciários ficam limitados àqueles que confiam numa divindade semelhante e a adoram da mesma forma. Mas ao invés de ver esse conhecimento pessoal como a descoberta de uma verdade transcendental, Ray considera, correctamente em nosso entender, o conhecimento científico como algo construído em conjunto com os outros.[48]

Portanto, Tim Ray entende que o modelo do conhecimento pessoal de Polanyi se baseia numa relação "vertical" entre cada pessoa e algo sobrenatural, carecendo de uma componente horizontal que abarque o "eu" e os "outros". Na perspectiva de Benedict Anderson, a institucionalização da confiança em qualquer colectivo de "pessoas como nós" requer que imaginemos os outros como pessoas que são mais ou menos semelhantes a nós. Por isso Ray faz apelo ao modelo das *"imagined institutions"* de Anderson, procurando associar o conceito polanyiano de "sabemos mais do que podemos dizer" com a componente horizontal que julga faltar-lhe — a "imaginação" do eu e dos outros.

Não foi este, porém, o nosso entendimento, pois consideramos tais matrizes fiduciárias em termos culturais, logo de uma *partilha* de mentalidades, de uma língua e de memórias colectivas. Portanto, reconhecemos nela a componente horizontal que Tim Ray julga faltar na TCT. É oportuno recordar, a este respeito, as palavras de Michael Polanyi: «O acordo *tácito* e as paixões intelectuais, a partilha de uma língua e de uma herança cultural, a filiação a uma *comunidade* que pensa do mesmo modo: tais são os impulsos que moldam a nossa visão da natureza das coisas em que nos apoiamos para dominarmos as próprias coisas. Qualquer inteligência, mesmo crítica e original, tem de operar dentro de uma tal moldura fiduciária». A comunidade invocada não é, pois, uma comunidade de cristãos, mas de um povo. Em nosso entender, esta perspectiva da TCT assume um carácter muito mais afim da componente horizontal de Tim Ray do que da vertical, de índole religiosa.

Há, não obstante, uma vertente mais ligada à descoberta científica. Os esforços inventivos nunca podem tornar compreensíveis os seus sucessos. Em Polanyi, todos esses actos encontram o seu "paradigma" no esquema Paulino, que impõe a obrigação de nos esforçarmos para tentar alcançar o impossível na esperança de alcançá-lo pela graça divina. Este é claramente um contributo religioso. Polanyi considera a sua analogia do esquema Paulino como a melhor descrição do esforço heurístico com o objectivo da descoberta.[49]

Todavia, a TCT é suficientemente abrangente para abarcar também a componente religiosa. Primeiramente, na relação do poder cognitivo e de acção através da técnica que a ciência contém, com o poder que a religião prossegue em algumas das suas vertentes de articulação com os poderes político e secular. Em segundo lugar, numa perspectiva mais global, há um papel da religião mesmo na *função social da ciência*, pois os países protestantes europeus agrupam-se nos países no qual domina a "Medicina Clínica". Em terceira ordem de razões, a TCT consegue ultrapassar a vertente cultural das religiões para, no caso das religiões do Livro, poder dar contributos no campo teológico.[50]

Como assevera Tim Ray, a base polanyiana de "podermos saber mais do que podemos dizer" foi eclipsada por Nonaka na sua reivindicação de que o conhecimento tácito pode ser convertido em "conhecimento explícito", pelo menos em parte. Mas o processo inverso também é verdadeiro, até para conferir a algum conhecimento explícito a capacidade de "actuar em nós" como uma *segunda natureza*.

Atributos do conhecimento tácito

Pela pena de Iwo Zmyślony, abordaremos os atributos epistemológicos que permitem concluir ser o "conhecimento tácito" uma forma de conhecimento, dado não obedecer aos critérios de uma *crença verdadeira*, pois não se vislumbra uma crença que o justifique. O mesmo questionamento já havia sido formulado por Thomas Kuhn num *postscript* à *Theory of Scientific Revolutions*. Aliás, nesta obra é o próprio autor que explicitamente associa o seu conceito de *paradigma* ao do conhecimento tácito.[51]

É Kuhn que justifica o conhecimento tácito como "conhecimento" segundo quatro atributos: i) É *transmissível*, isto é, pode ser ensinado — apesar de um mestre não o conseguir explicitar, pode transferi-lo para os aprendizes através da acção e da prática; ii) É *aplicável* inúmeras vezes, não se esgotando, e em diferentes circunstâncias. Um médico psiquiatra pode diagnosticar uma epilepsia em diferentes pacientes e um pianista exímio pode tocar peças musicais complexas em diferentes pianos; iii) É *testável*, pois de cada vez que um psiquiatra diagnostica um caso de epilepsia está a sujeitar o seu conhecimento tácito de um modo empírico perante o paciente, e mesmo perante outros colegas, do mesmo modo que quando um pianista dá um concerto está a dar público conhecimento de que sabe tocar bem piano; iv) É *modificável*, ou por outras palavras, pode ser *melhorado*, pois sempre que um psiquiatra faz um diagnóstico errado de uma epilepsia aprende com o seu próprio erro.[52]

Como Kuhn referiu, todos estes quatro atributos também são partilhados pelo *conhecimento explícito*. O que torna o conhecimento tácito específico é a falta de um quinto atributo, o ser *directamente acessível*.

Zmyślony interroga-se ainda a respeito do tipo de conhecimento com que estamos a lidar. Recorre a uma perspectiva epistemológica dos dias de hoje, uma *externalista* e outra *internalista*. Os epistemólogos internalistas reivindicam o seguinte: o verdadeiro conhecimento requer que o sujeito do conhecimento tenha um acesso introspectivo directo à sua justificação. Já os epistemólogos externalistas entendem uma tal definição demasiado restritiva, admitindo que há outros caminhos de justificação que não apenas o introspectivo. Polanyi alargou a noção de crença, para abarcar perspectivas como "*deep hunches*" e "actos de fé" corporalizados no comportamento humano. Uma noção geral de conhecimento que abarque o explícito e o tácito requer ligar crenças justificadas com crenças não-justificadas, até a estados emocionais e actos comportamentais, imprescindível no conhecimento tácito animal. E a conclusão provisória que oferece é a seguinte: «O conhecimento tácito parece ser concebível como conhecimento, só se assumirmos uma noção externalista de conhecimento, associada com a ideia de uma crença comportamental»[53].

A observação do comportamento de diversos animais, macacos, elefantes, cães, e até de aves, releva por analogia com o ser humano, emoções e "sentimentos" interiores. Portanto, só por analogia conseguimos admitir também nestes casos um *pólo interno* para o conhecimento tácito. Este caminho de analogia tem paralelo com a existência dos átomos, que só nos inícios do século XX foi admitida como real pelos físicos, mediante provas indirectas proporcionadas pelo movimento browniano em soluções coloidais. No caso do comportamento animal, poderemos talvez vir a fortalecer tais convicções com imagiologias da actividade cerebral de animais e da sua comparação com a dos humanos.

A teoria do conhecimento tácito não se enquadra no relativismo pós-moderno

Uma palavra adicional, a retomar os nossos estudos de análise estatística sobre o perfil das citações científicas nas 21 áreas do *Essential Science Indicators* reveladores de que há marcas culturais na ciência. Não é que os diferentes países façam uma física, química, medicina clínica, etc. diferente consoante as suas culturas. Fazem a mesma ciência, mas uns cultivam mais a física, outros a medicina clínica, etc., e é neste modo cultural de traduzir a "função social da ciência" que se distinguem. A questão, agora, é se TCT comporta esta constatação?

Polanyi considera que há uma *realidade* exterior a nós, comum a todas as culturas, e que este contacto com a realidade é prosseguido pelos cientistas com um *intento de universalidade*. Isto, o que significa? Que as nossas reivindicações são formadas a partir de um eu pessoal, com a convicção que não é apenas "verdade para mim", mas que é, em certo sentido, uma verdade *universal*, válida para todas as pessoas, independentemente das suas culturas. O intento de universalidade seria um impulso moral que garantiria não ser a TCT uma teoria pós-moderna do *relativismo científico*, onde os factos experimentais são irrelevantes para a construção da ciência. Concordamos que o contacto com uma realidade comum a todas as culturas é relevante para um tal desiderato de anti-relativismo. Mas o intento de universalidade parece-nos um critério mais "mole". Nas ciências de paradigmas, em nosso entender é o critério mais "duro" da *avaliação por pares* que, concomitante com o primeiro, garante a universalidade das ciências nas diferentes culturas. Polanyi sempre defendeu a avaliação por pares, e pode-se considerar que a TCT a contém, no sentido de a comunidade científica ser responsável por manter uma tradição e a autoridade do *imprimatur*. Nas ciências hermenêuticas, a respectiva universalidade assenta no referido intento de universalidade, mas delas agora não cuidaremos.

O facto de o conhecimento científico ser universal não implica que não tenha um carácter provisório, porque depende sempre de um exercício de interpretação humana, individual e colectiva. O método não lhe garante a verdade, como julgou o positivismo iluminista. Convicção, mas não certeza, é, pois, o que caracteriza o conhecimento. Como escreveu Polanyi: « ... *to achieve a frame of mind in which I may hold firmly to what I believe to be true, even though I know that it might conceivably be false*»[54].

Os estudos estatísticos já referidos revelam, desde já, uma religião *"transparente"* para os cientistas, e o criticismo de Tim Ray a respeito da "religiosidade " da TCT pode converter-se num sermos forçados a reconhecer em Michael Polanyi um discernimento muito mais profundo a este respeito — como se a "crença", a confiança, fosse um "instrumento" para a prática científica. Ou que os "sacerdotes da Criação" professassem uma religião de crença, sem rito nem culto, num contexto racionalista e emocional.

A partir da composição do universo reconhecemos, através da física de partículas e da matéria negra, que só sabemos caracterizar 5% do Universo. Não sabemos de que são feitos os restantes 95%. Neste enquadramento afirmar que Deus não existe é excessivo. Ganha-se mais sentido explicativo em acreditar na sua existência, e mesmo para se prosseguir numa senda científica.

Isaac Newton exprime-o de uma forma bem clara: «O que sabemos é uma gota, o que ignoramos um oceano. A admirável disposição e harmonia do universo, não pode senão sair do plano de um ser omnisciente e omnipotente». Michael Polanyi mostra-nos que partimos sempre de uma base de crença, de confiança, as *matrizes fiduciárias* de língua e de cultura, que não pomos em questão.

Entre nós, Raul Proença, que é um filósofo de um vitalismo ético influenciado por Jaime Cortesão e Leonardo Coimbra, assume uma posição que nos elucida melhor sobre a transparência religiosa da prática científica ao exprimir-se do seguinte modo: «Sentimos *religiosa* toda a acção que se destina a um fim que nos *ultrapassa* e que nos obriga a ultrapassar-nos a nós mesmos».[55] Não obstante esta ontologia espiritualista, a sua posição metafísica é frontalmente ateísta, «porque a ausência da fé é o que exige ainda a maior fé no valor incomensurável da espiritualidade».[56]

Atente-se, ainda, à tese do sociólogo francês do século passado, Roger Bastide, ao apontar para a evidência de que «o religioso não morre, desloca-se». Em princípio, tudo isto aponta no mesmo sentido do esquema Paulino de Michael Polanyi, quer para os crentes numa religião, quer para os ateus. Mas recorde-se a frase de John Polkinghorne: «os ateus não são estúpidos, simplesmente explicam menos».

Em conclusão deste capítulo, diríamos que desde tempos imemoriais o homem procurou assentar o seu conhecimento numa base segura. Na ciência moderna encontramos o *cogito* de Descartes, as tentativas de uma fundamentação lógica em bases seguras com Frege, desiderato que cessou com os teoremas de Gödel, ou a base do empiricamente observável do *positivismo* que falhou a realidade do atomismo moderno. Destes fracassos brotou uma profunda suspeição no conhecimento humano, impregnado de subjectivismo, e caiu-se no *relativismo* e, no caso da ciência, no *relativismo científico*, que advoga ser o conhecimento científico uma mera construção social, sendo os factos experimentais irrelevantes para essa construção. No presente, afigura-se-nos que uma base mais segura na construção da ciência é a das matrizes fiduciárias da TCT de Michael Polanyi, com a acrescida vantagem de, como veremos, estar muito mais próximo de como actuam os praticantes da ciência e não de como estes se deveriam comportar perante algum ideal filosófico, como o da falsificação de teorias.

David Rutledge interroga-se sobre os papéis do indivíduo e da comunidade na formação do conhecimento humano, afirmando que quer uma "filosofia de *criticismo*" kantiana quer o pós-modernismo não são particularmente efectivos em lidar com esta questão. O movimento da filosofia crítica vê como a tarefa primordial da filosofia o incidir sobre um *criticismo*, ao invés de uma *justificação* do conhecimento. E para Kant, a crítica destina-se a ajuizar sobre as possibilidades de conhecer, antes de avançar para o conhecimento em si mesmo. Kant afirmou que uma adequada inquirição filosófica não incide sobre a realidade exterior, mas sim sobre as características e as fundações da própria experiência. Devemos, primeiramente, avaliar como trabalha a mente humana e dentro de que limites, para depois a poder aplicar correctamente ao sentir da experiência do contacto com a realidade material e determinar se essa mente pode ser aplicada a todas as "entidades metafísicas". Neste percurso filosófico, tendeu--se a colocar o *sujeito* do conhecimento contra a *sociedade*, por um conjunto diversificado de razões que remontam à Renascença, e prosseguem com o Iluminismo na sua luta contra as estruturas opressivas do *ancient régime* — a monarquia, a aristocracia, a Igreja — e o seu dogmatismo. Um tal individualismo robusto, associado com uma perspectiva essencialmente mental, conduziu ao "Eu" da modernidade, desencarnado, só, heroicamente defrontando as trevas da ignorância sob as luzes da sua consciência. Em ciência, o caminhar destes heróis tendeu a esbater o papel das comunidades científicas na descoberta e na verificação do conhecimento científico que em muito foi creditado aos "génios da ciência".

Para Rutledge há um segundo obstáculo para o desiderato acima referido, o considerar o conhecimento como uma mera *actividade mental* que Descartes procurou enfatizar com a sua distinção mente/corpo, chegando a colocar o sujeito do conhecimento num "ponto arquimediano" do mundo. Nesta perspectiva cartesiana, se formos suficientemente cépticos conseguiremos livrar as nossas mentes de preconceitos, superstições e das falsas opiniões que a sociedade nos transmite. O terceiro obstáculo é o carácter *explícito* que se atribui ao conhecimento e às operações da mente, fruto da matematização da natureza que Galileu e Newton nos aportaram.[57] A filosofia de Polanyi tem a vantagem de embeber o conhecimento humano nas actividades da vida corrente que são partilhadas pelas comunidades. Clifford Geertz em *The Interpretation of Cultures* afirma que «a *cultura* molda as nossas vidas como a gravidade molda os nossos movimentos», isto é, passando despercebidas.[58]

O *pós-modernismo* acusa as reivindicações universais — verdade, bem, justiça — de serem abstractas e não admitir que são, afinal, meras projecções de particularidades. Ainda em reflexo das críticas do nominalismo, prossegue a acusação de que as ideias gerais são irrepresentáveis, não sendo mais do que nomes ou palavras evocativas das coisas. O *intento de universalidade* polanyiano não padece deste criticismo, pois apesar do conhecimento ter sempre um resíduo pessoal, outros elementos da comunidade têm a possibilidade de alcançar a mesma *integração* que o sujeito do conhecimento alcançou.[59] A TCT não pressupõe a totalidade das coisas e a *validade* de certas leis, como a teoria da gravitação de Newton ou a teoria quântica, é fruto de acto fiduciário que permanece ao longo de gerações por ser frutífero.

E, paralelamente, a TCT responde ao criticismo de Goethe, sem contudo dissolver o sujeito do conhecimento na comunidade, como o faz o relativismo científico pós-moderno. É que para Michael Polanyi *conhecimento tácito* é *conhecimento pessoal* e reciprocamente.

Como resume Maria Luísa Couto-Soares: «*Science can never be more than an affirmation of certain things we believe in. These beliefs must be adopted responsibly, with due consideration of the evidence and with a view to universal validity. But eventually they are ultimate commitments, issued under the seal of our personal judgment. At some point we shall find ourselves with no other answer to queries than to say "because I believe so"*».

Não tomemos estas palavras em Polanyi como a expressão de uma desilusão nem de descrédito quanto ao conhecimento científico. No texto citado, Polanyi desloca, por assim dizer, o *locus* da justificação, do nível abstracto, impessoal, objectivo das teorias, para aqueles que as constroem, descobrem, formulam e defendem. Em última análise, é o investigador como *pessoa* que pode dar garantias da veracidade de uma teoria, não simplesmente porque lhe parece ser assim, porque "crê" (é sua opinião) na verdade dessa teoria. Esta leitura seria verdadeiramente catastrófica para o estatuto, não só da ciência, mas de qualquer outra forma de saber. A concepção de conhecimento pessoal, como dissemos, desloca o ónus da justificação do conhecimento da esfera de algo como um conhecimento em si, para a acção pessoal de conhecer, acção que exige a responsabilidade e o empenhamento de quem conhece. Por outras palavras, e recorrendo a uma comparação metafórica: não é a teoria que deve comparecer como ré perante nós e apresentar-nos provas da sua veracidade; são aqueles que se empenharam seriamente na descoberta de uma teoria ou na resolução de um problema, que devem apresentar-se como réus e defender as teorias que seriamente e com uma intenção de universalidade, formularam»[60].

Notas

[1] MORAVIA, Alberto; ELKANN, Alain – *Vida de Moravia*, Edições Livros Brasil, Lisboa, 1992, p. 333.

[2] SANTOS DE SOUZA, Maria Cristina – A Naturphilosophie como Concepção de Mundo do Romantismo Alemão, *AISTHE*, n° 5, 2010, 31-47, ISSN 1981-7827; em http://www.ifcs.ufrj.br/~aisthe/vol%20IV/SOUZA.pdf, acesso em 18 de Outubro de 2013.

[3] *Id.*, p. 32.

[4] *Id.*, p. 34; nota geral, a ortografia foi adaptada ao português de Portugal.

[5] *Id.*, p. 36.

[6] CALAFATE, Pedro – O conceito de método, em Pedro Calafate (dir.), em *História do Pensamento Filosófico Português*, vol. III, *As Luzes*, Círculo de Leitores, Lisboa, 2002, pp. 207-231; p. 227.

[7] PASSOS VIDEIRA, Antonio Augusto – Como compreender e o que fazer com as críticas de Goethe à ciência newtoniana: os exemplo de Helmholtz e Heisenberg, em *História da Ciência Luso-Brasileira*, Carlos Fiolhais, Carlota Simões e Décio Martins (eds.), Imprensa da Universidade de Coimbra, 2013, pp. 169-179; p. 170.

[8] *Id.*, p. 171.

[9] *Id.*, p. 172.

[10] *Id.*.

[11] *Id.*.

[12] *Id.*.

[13] *Id.*, p. 173.

[14] *Id.*, p. 176.

[15] *Id.*, p. 178.

[16] *Id.*, p. 179.

[17] Em http://www.imf.org/external/np/pp/eng/2013/072113.pdf; acesso 29 de Setembro de 2013; ver também SANTOS, Nicolau – *Expresso*, 21 de Setembro de 2013, cad. economia, p. 5.

[18] PASSOS VIDEIRA, *ob. cit.*, p. 179.

[19] O regresso de Leonardo Da Vinci, *Expresso*, 27 de Setembro de 2013, 1° caderno, pp. 20, 21.

[20] *Id.*, p. 21.

[21] *Id.*.

[22] CHAPMAN, Kelly – *Complexity & Creative Capacity*, tese da Edith Cowan University, Outubro 2013, ver Fig. 5.7; em http://ro.ecu.edu.au/cgi/viewcontent.cgi?article=1697&context=theses; acesso em Janeiro de 2016.
[23] CARNEIRO, Ana – *The Research School of Chemistry of Adolphe Wurtz, Paris 1853-1884*, University of Kent at Canterbury, Faculty of Natural Sciences Unit for the History, Philosophy and Social Relations of Science, 1992.
[24] *Id.*, p. 2.
[25] *Id.*, p. 6.
[26] *Id.*, p. 17.
[27] CALADO, Jorge – *Limites da Ciência*, Fundação Francisco Manuel dos Santos, Lisboa, 2014, p. 19.
[28] GONÇALVES CEREJEIRA, Manuel – *A Igreja e o Pensamento Contemporâneo*, Coimbra Editora, 1ª ed., 1924; a 4ª edição da obra foi publicada em 1944, actualizada e ampliada com 107 páginas de notas inéditas. Citação da 4ª ed., p. 179. Sobre o carácter "pós-crítico" do pensamento epistemológico de Gonçalves Cerejeira ver: FORMOSINHO, S. J. – *Ciência e Religião. A modernidade do pensamento epistemológico do Cardeal Cerejeira*, Principia, Cascais, 2002.
[29] ZHENHUA, Yu – "Being in the World" in a Polanyian Perspective, em *Knowing and Being. Perspectives on the Philosophy of Michael Polanyi*, Tihamér Margitay (ed.), Cambridge Scholars Publishing, 2010, pp. 50-67; pp. 51, 52.
[30] STENGERS, Isabelle; SCHLANGER, Judith – *Les Concepts Scientifiques*, Gallimard, Paris, 1991, p. 18.
[31] RUZSITS JHA, Stefania – *Reconsidering Michael Polanyi's Philosophy*, Univ Pittsburg Press, 2002, p. 93.
[32] COUTO-SOARES, Maria Luísa – *A estrutura do conhecimento tácito em Polanyi; um paradigma pós-crítico para a epistemologia?*, em http://mlag.up.pt/wp-content/uploads/2012/01/Conhecimento-Tácito.pdf; acesso em 14 de Dezembro de 2013; pp. 9, 10.
[33] RUZSITS JHA, Stefania – *Reconsidering Michael Polanyi's Philosophy*, pp. 28, 29, 44.
[34] Karl Popper nos seus escritos não aborda explicitamente o conhecimento tácito proposto por Polanyi, mas considera-o a seu modo, como veremos no Capítulo 2.
[35] RUZSITS JHA, Stefania – *Reconsidering Michael Polanyi's Philosophy*, p. 35.
[36] *Id.*, p. 42.
[37] *Id.*, p. 123.
[38] *Id.*.
[39] *Id.*, pp. 51-53.
[40] *Id.*, p. 67.
[41] *Id.*, p. 69.
[42] ZHENHUA, Yu – *"Being in the World" in a Polanyian Perspective*, p. 60, citando M. Polanyi, "The Tacit Dimension", Gloucester Mass.,1983, p.15-18.
[43] Stefania Ruzsits Jha, "Reconsidering Michael Polanyi's Philosophy", p. 80.
[44] ZHENHUA, Yu – *"Being in the World" in a Polanyian Perspective*, pp. 62, 63; POLANYI, Michael *Knowing and Being* (ed. Marjorie Grene),1969.
[45] ALMEIDA, João A. S.; PAIS, Alberto C.C.; FORMOSINHO, Sebastião J. – Science indicators and science patterns in Europe, *J. Informetrics*, *3*, 134-142 (2009).
[46] ALMEIDA, João A. S.; PAIS, Alberto C.C.; FORMOSINHO, Sebastião J. – 100 Anos da Química em Portugal sob os Auspícios da SPQ. Parte IV. Marcas culturais na ciência europeia, *Química. Bol. Soc. Port. Quim.*, *126*, 21-26 (2012).
[47] RAY, Tim – Rethinking Polanyi's Concept of Tacit Knowledge: From Personal Knowing to Imagined Institutions, *Minerva*, 47, 75–92 (2009); p. 82.
[48] *Id.*, p. 78.

[49] RUZSITS JHA, Stefania – *Reconsidering Michael Polanyi's Philosophy*, p. 120.
[50] Ver por exemplo: MEEK, Esther L. – *Longing to Know. The philosophy of knowledge for ordinary people*, Brazos Press, Michigan, 2003; FORMOSINHO, Sebastião J.; OLIVEIRA BRANCO, J. – *A Dinâmica da Espiral. Uma Aproximação ao Mistério de Tudo*, Imprensa da Universidade de Coimbra, 2013.
[51] "*Much of the scientists success depends upon "tacit knowledge", i. e., upon knowledge that is acquired through practice and that cannot be articulated explicitly*"; KUHN, Thomas S. – *The Structure of scientific Revolutions*, University Chicago Press, 1996, p. 44.
[52] ZMYŚLONY, Iwo – Various ideas of tacit knowledge — is there a basic one?, em *Knowing and Being*, pp. 30-47; p. 46.
[53] *Id.*, p. 47.
[54] POLANYI, Michael – *Personal Knowledge: Towards a Post-Critical Philosophy*, Routledge and Paul, Londres, 1958, p. 214; MULHERIN, Chris – A rose by any other name? Personal knowledge and hermeneutics, em *Knowing and Being*, pp. 68-79; p. 73.
[55] REIS, António – Raul Proença: uma ética vitalista e espiritualista de liberdade, em *História do Pensamento Filosófico Português, vol . V, O Século XX, tomo 1*, Pedro Calafate (dir.), p. 136.
[56] *Id.*, p. 142.
[57] RUTLEDGE, David W. – Individual and community in a convivial order, or polanyian optimism, em *Knowing and Being. Perspectives on the Philosophy of Michael Polanyi*, pp. 96-113; pp. 96-98.
[58] *Id.*, p. 109.
[59] *Id.*, p. 110.
[60] COUTO-SOARES, M. L. – A estrutura do conhecimento tácito em Polanyi; um paradigma pós-crítico para a epistemologia?, pp. 6, 7.

CAP. 2. A VOCAÇÃO DE TRANSCENDÊNCIA
DA HUMANIDADE

A teoria do conhecimento tácito (TCT) de Michael Polanyi constitui-se como uma nova teoria para o conhecimento humano, ao fazer intervir o elemento *pessoal* na construção do conhecimento, em geral, e do científico, em particular, elemento que o cartesianismo e a filosofia do criticismo haviam expurgado em ordem a alcançar um conhecimento impessoal e objectivo. Como vimos em capítulo anterior, Polanyi argumenta de forma convincente que o elemento pessoal é intrínseco a toda a pesquisa científica. Acresce que o cientista não trabalha de forma isolada, mas é parte de uma *comunidade científica*, o que, como veremos, vai conferir uma *continuidade* à sua acção.

Estes elementos e outros que virão à luz ao longo deste Capítulo vão-nos revelando, por vezes de um modo discreto mas consistente, que o homem tem uma vocação para a *transcendência*, na criação, no conhecimento, na linguagem, nos níveis de consciência. E só há transcendência se o homem interaccionar com um mundo que lhe é superior, ou com mundos que lhe sejam superiores.

O papel da comunidade científica e os seus valores

Logo nos primeiros passos da sua aprendizagem, um novel cientista toma contacto com a comunidade onde se insere e com *tradição* vigente no seu seio. Igualmente encontra-se sujeito à *autoridade* da mesma comunidade para divulgar os seus resultados e ideias. E mais embrenhado se vê na comunidade quando tem de lutar pelas suas ideias se estas se erguem contra o consenso científico vigente, pois nele brota uma paixão intelectual de *persuasão* que o conduz à controvérsia científica.

Há outras paixões intelectuais que Polanyi considera igualmente presentes no cientista, para além da persuasão: heurística, selectiva, satisfação. A *heurística* que conduz às descobertas e se revela particularmente abrangente quando aborda problemas pedagógicos; atente-se em como Dmitri Mendeleev estabeleceu a Tabela Periódica a partir da necessidade de conferir ao ensino da química da época uma certa sistematização. Em 1869, quando escrevia o seu livro de química inorgânica, criou uma carta para cada um dos 60 elementos conhecidos. Cada carta continha o símbolo do elemento, a massa atómica e as suas propriedades químicas e físicas. Colocando as cartas numa mesa, organizou-as em ordem crescente de massas atómicas, agrupando-as em elementos de propriedades semelhantes. Acabava de formar a Tabela Periódica.

A paixão *selectiva* que, a partir da colecção de factos que o cientista conhece, lhe permite seleccionar os que são de valor científico e aqueles que o não são. Sem uma selecção prévia, os cientistas dissipariam os seus esforços e energias na busca de trivialidades ou desembocavam em becos sem saída, como os inícios da história da investigação científica bem ilustram. No entanto, da mesma forma, importantes linhas de investigação podem ser encerradas pelo simples motivo de não se enquadrarem no quadro consensual vigente na comunidade científica. Nenhuma regra, ou conjunto de regras, pode decidir tais questões, mas apenas o ajuizamento individual ou os ajuizamentos colectivos dos cientistas praticantes. Nestes está ainda presente a *satisfação* intelectual que se constitui em força motriz para o êxito dos empreendimentos em que se empenharam.

Na mesma ordem de pensamento, Polanyi considera vital distinguir entre teorias científicas e conhecimento científico: «*We shall see that science is not established by the acceptance of a formula, but is part of our mental life, shared out for cultivation among many thousands of specialized scientists throughout the world*»[1]. A formulação teórica da ciência é um "resumo atenuado" de uma forma de vida alimentada e desenvolvida no seio de uma comunidade científica. É um "vasto sistema de crenças" (bem como as *competências* que o acompanham) nos quais o cientista fez a sua aprendizagem e em que, depois de uma formação diversificada e demorada, o mesmo cientista é capaz de vir a poder participar de pleno direito.[2]

O conhecimento científico não pode ser explicitado na sua totalidade e requer uma "corporalização" (*indwelling*), que constitui a base para tudo o que conseguimos articular, com a sua estrutura "*de-para*" — da consciência subsidiária à consciência focal. «*To apply a theory for understanding nature is to interiorize it. We attend **from** the theory **to** things interpreted in its light*»[3]. Dada a universalidade do papel do "conhecimento tácito" na formação do conhecimento em geral, abarcando o científico, há uma distinção menos marcada entre ciências e humanidades, entre ciência e artes, entre ciência e religião. Mesmo nos aspectos mais empíricos da ciência, trabalha a imaginação do "artista": «*We may conclude quite generally that no science can predict observed facts except by relying with **confidence** upon an art: the art of establishing by the trained delicacy of eye, ear, and touch a correspondence between explicit predictions of science and the actual experience of our senses to which these predictions shall apply*»[4]. Kant, na sua "Crítica da Razão Pura", admite que nos ajuizamentos humanos não há nenhum sistema de regras que prescreva de um modo exacto como essas mesmas regras vão ser aplicadas. Há sempre um elemento intrinsecamente escondido na alma humana que o pode determinar; um "monstro adormecido" que Polanyi veio levantar.[5] E ao erguer este "monstro adormecido", reconhece que todo o processo de conhecimento tem uma marca pessoal através da *corporalização*.

MICHAEL POLANYI quer levar-nos a pensar a ciência como uma "comunidade de fé", e como tal aberta à transcendência, aliás sem outras comunidades que com ela compitam. Tal não se verifica com as comunidades religiosas, que não detêm o mesmo domínio universal da ciência. Mas em "pontos de viragem", a ciência encontrou rivais na Igreja Católica. O primeiro deu-se com a passagem de um mundo geocêntrico para um mundo heliocêntrico, com Copérnico e Galileu, tendo sido este último que sofreu o embate com a Inquisição. O conflito reacendeu-se com a teoria da evolução das espécies de Darwin. Porém, já o terceiro "ponto de viragem" com o horizonte do mundo atómico, de que resultou o nascimento da teoria quântica, foi absorvido pela própria ciência. E espera-se que o quarto, com os conhecimentos proporcionados pelas sondas espaciais, também o venha a ser.

Em trezentos anos, a ciência moderna implantou-se por todo o globo terrestre e em quase todas as suas culturas, e modificou, em muito, o modo como entendemos e vemos o mundo. Mas como uma "comunidade de fé", a ciência não pode produzir reivindicações de carácter *absoluto* sobre a sua veracidade: erros e enganos são sempre possíveis.

A ciência distingue-se de outros domínios pela *verificação* através da experimentação, apesar de comportar, tal como a matemática, a religião e os domínios artísticos, também actividades de *validação*. Aliás, ambos os processos de *verificação* e *validação* estão presentes em qualquer *reconhecimento* de um compromisso: são a expressão da presença de algo real e externo ao sujeito do conhecimento. Nesta ponderação, reconheça-se ser maior o grau de *participação pessoal* nos processos de *validação* do que na *verificação*.[6]

Tudo isto leva Polanyi a assumir que a ciência, tal como outros empreendimentos humanos, tem *valor* em si mesma, não só para os cientistas, mas também para o público em geral: «[*Science*] *can no longer hope to survive on an island of positive facts, around which the rest of man's intellectual heritage sinks to the status of subjective emotionalism*»[7].

O significado da simetria na arte

Munidos da perspectiva que a TCT nos proporciona, olhemos agora em direcção a uma das áreas onde é maior a participação pessoal do sujeito do conhecimento — as Artes. Escreveu Roland Fivaz, citando Baudelaire, que «a simetria é a língua materna da alma». A *simetria* é a rede de relações que a mente consegue tecer entre as coisas e a *ordem* que consegue estabelecer de umas em relação às outras. Este físico, professor na Escola Politécnica de Lausanne, assume uma posição de *pós-cientismo*, isto é, o de levar a Física suficientemente a sério para, a partir dos seus resultados, formular questões de índole metafísica, mas não a tomar tão a sério que se admita que a elas a mesma Física possa responder — o porquê do espírito, o porquê da evolução biológica, o porquê da matéria inerte se organizar em matéria viva pensante, o papel cognitivo das emoções, e questões da mesma índole, sempre sob o fascínio, a pressão e o deleite intelectual de "poder explicar as coisas", de encontrar significados.

A *arte* e a *ciência* são dois empreendimentos humanos que são perseguidos com bastante espontaneidade, com paixão e deleite, mas à custa de muitos e valorosos esforços; uma busca de meios de observação e de expressão. Depois vem o momento em que a mente se entretém a imaginar variantes, e do modo como o sujeito pensante as pode aproveitar em seu benefício.[8] Porque toda a *realidade inteligível* promete ser manejável, e o significativo tem de o ser para além da materialidade das coisas. Os nossos conhecimentos sobre a ordem de um sistema a nível de uma hierarquia mais baixa, a nível físico, têm de ser pertinentes a um nível mais elevado, o mental e do espírito.

Michael Polanyi propôs um *princípio de correspondência* que enunciou do seguinte modo: «Há uma correspondência sistemática entre os níveis de ontologia e os níveis de conhecimento tácito». A sua perspectiva é especialmente frutuosa para reconhecer o entrelaçamento entre o *conhecer* e o *ser* através do *indwelling*, o corporalizar, o fazer morar em si. Assim atenua qualquer separação radical entre epistemologia e ontologia.

A exploração da ligação entre *ordem* e *emoção* começa pela descoberta que os objectos da mente se assemelham aos objectos físicos ordenados: os mesmos aspectos, os mesmos comportamentos. Os nossos conhecimentos ao nível físico, tornam-se pertinentes a um nível mais elevado, o do espírito.[9] A ordem e a complexidade surgem a partir da repetição de acontecimentos simples, mas em grande número. A tendência natural da natureza é para a desordem, pelo que se coloca uma dialéctica muito rica entre ordem/desordem em todos os sistemas naturais, da qual resultam diversificadas ordens omnipresentes na mesma natureza. O caminho é o de procurar analogias entre os níveis mais simples, como são os físicos e os mais complexos como são os mentais e do espírito.[10]

Começa Fivaz por destacar que, para o espírito, a *ordem* é o objectivo central, se não mesmo único. O espírito fica fascinado pela ordem que encontra na natureza e este fascínio é irresistível e inconsciente: identificação das formas e o seu arranjo. As percepções mais simples começam por um rearranjo de representações já conhecidas de modo que revelem uma simetria simples — *simetria de espelho* — com os dados sensoriais. Mas se bem que esta aquisição de ordem não seja acessível à consciência e, como tal, a pertinência das construções mentais não possa ser provada *a priori*, uma questão permanece: como é que tais construções do espírito, mesmo que irracionais, se revelam inúmeras vezes adequadas, em testemunho do seu interesse adaptativo? [11]

A simetria e a arte religiosa

A simetria fractal é uma simetria de escala, bastando três níveis para a representar: dois definidores da relação de redução e o terceiro aponta o seu carácter repetitivo. Uma das suas virtudes é tornar sensível a ideia de *infinito*. Escher explorou-a nos seus desenhos geométricos do plano, a arte islâmica no mausoléu de Humayun em Deli, e a arquitectura renascentista em tantos palácios de Veneza. Ou na estrutura fractal ascendente da catedral de Reims.

Em todos os monumentos religiosos desde a Antiguidade, templos e mausoléus, a simetria está presente como expressão do *poder divino*, conferindo características de transcendência e universalidade aos sentimentos que suscita, pois emociona quer o crente quer o visitante anónimo.[12] A simetria mais simples, mas emocionalmente muito eficaz, é a *simetria de espelho* como a de Taj Mahal, presente no monumento e, mediante um tanque central de mármore a meio caminho entre a entrada e o mausoléu, devolve a imagem reflectida do edifício, inscrevendo-o num quadro que lhe retira altura e profundidade e como que o coloca levitando em pleno céu. A simetria de espelho transporta consigo as ideias de permanência, imutabilidade e de auto-suficiência, simbolizando o divino. Mas na arte religiosa encontram-se outras simetrias: *rotação* como nas cúpulas de muitas catedrais; *translação* na arte islâmica para provocar um sentimento de serenidade, como na mesquita de Córdoba; simetrias *fractais* que exprimem sentimentos de elevação, presentes na catedral de Reims. A arte religiosa faz um apelo intenso à simetria, porque um objecto simétrico é uma representação do espírito. Impõe-se uma conclusão: o belo é o que se compreende na sua globalidade, iluminando as relações entre os diferentes elementos do conjunto.[13] As relações mútuas entre os diferentes elementos são suficientemente pequenas para serem apreendidas numa globalidade, mas ao iluminarem o espírito, o acto de reconhecimento dessas mesmas relações constitui--se em fonte de prazer estético.

A simetria também tem subjacente o poder do *saber*: a mente pode identificar o todo graças à rede de pequenos relacionamentos que mantém entre as partes. E quanto mais densa for essa rede, ou possua uma malha mais apertada, tanto maior é a experiência cognitiva que vem acompanhada da emoção. E o saber é o que pode ser entendido, no sentido usual, mas também é o que nos agrada.[14] Portanto, a *experiência estética* e a *experiência cognitiva* são experiências da mesma natureza, são semelhantes. É concebível que, explorando os inúmeros aspectos que a simetria pode assumir, a arte e a ciência venham a determinar em muito o que será a cultura numa dada época.[15]

NO ENTANTO, convém tomarmos consciência que muitos destes resultados são fruto de uma *emergência*. Uma chave e uma fechadura traz-nos um bom exemplo do conceito de emergência, num sentido fraco. A chave que se ajusta a uma fechadura traz-nos um comportamento novo: o abrir e fechar uma porta. Num sentido forte a emergência requer uma inovação radical, um padrão que não se via previamente; requer ainda o surgir a nível global e ser passível de evolução perceptível.

Tomemos o exemplo da construção de um ninho de formigas. Na sua marcha as formigas vão depositando uma *feromona*, mas por outro lado são sensíveis à presença deste tipo de proteína com odor, deslocando-se para os locais de mais elevadas concentrações. Há pois uma interacção entre os elementos de um sistema, as formigas da colónia. Também reconhecemos que cada formiga é guiada pela acção acumulada de um grande número de outros elementos. Quando se alcança uma concentração crítica, o caminhar aleatório das formigas desenrola-se em estreitos percursos rectilíneos. Mas tais percursos não se podem prolongar indefinidamente porque são instáveis, acabando por terminar numa *bifurcação*, a partir da qual divergem mais dois caminhos, que prosseguem por mais pedaços rectilíneos e novas bifurcações. O caminhar para a direita ou para a esquerda é o reflexo de fracas influências externas; uma estrutura maleável que se molda e adapta aos contextos exteriores, e que é fonte de novidade no sentido em que é desconhecida do sistema isolado e fica inacessível sem um contacto duradouro com o ambiente exterior.[16] Trata-se de uma *simetria fractal* a duas dimensões: a de uma *simetria axial*, o sentido de progressão do formigueiro, e outra uma *simetria de escala* na qual o motivo se repete indefinidamente, mas a escalas progressivamente menores.

Em termos físicos uma interacção atractiva a longa distância conduz a *estruturas em árvore*, semelhantes às arborizações aleatórias dos neurónios do córtex cerebral. Aliás, trata-se de uma simetria presente em muitos outros processos na natureza, como nas descargas eléctricas na atmosfera durante as trovoadas, nas palmeiras. Por vezes, pode ser difícil reconhecer estas cascatas de bifurcações em certas estruturas da natureza, como na rosa ou no ananás. Mas em palavras de Roland Fivaz, trata-se de um "esquema universal de colonização do espaço".[17]

Os três "mundos" de Popper

Embora Michael Polanyi e Karl Popper tivessem idades bem distintas, onze anos de diferença, e o mais velho tivesse uma formação de médico e de químico-físico e o mais novo em filosofia, ambos provêm do mesmo meio cultural; judeus nascidos no império Austro-Húngaro, em Viena, tendo o primeiro vivido bastantes anos da juventude em Budapeste, e ambos vieram a trabalhar em instituições académicas inglesas. Corresponderam-se com alguma frequência, desde 1932, mas a divergência de opiniões sobre a natureza do conhecimento científico foi desgastando a relação, como referem Struan Jacobs e Phil Mullins: «*Palpable tensions developed between Karl Popper and Michael Polanyi. Their accounts of science were quite different and eventually these figures clearly recognized this*».[18] Mas, como o primeiro destes autores aponta, há afinidades entre os dois pensadores no que diz respeito a um certo fideísmo presente para o papel das tradições no pensamento: «*Popper's account of tradition resembles that of Polanyi in its inclusion of faith commitments (fideism), but Popper features rational criticism as an instrument for assessing traditions*».[19] Convém enfatizar que a abordagem de Polanyi, não isenta de dificuldades, é porém "mais profunda e mais subtil" do que a de Popper.

Não obstante, julgamos ser oportuno chamar Popper à colação, porque, como veremos, vem enriquecer a abordagem que traçámos. Karl Popper considera real uma "teoria" em si mesma, a própria coisa abstracta, porque nos possibilita interagir com ela.[20] Em contraste com os movimentos artísticos, as ciências da natureza podem criar um edifício de teorias de elevada precisão, enorme alcance e sistematização acerca da estrutura do mundo natural e das suas leis. É precisamente a visão assim adquirida e a beleza intelectual desta mesma visão que é o objecto de interesse do cientista, em detrimento da natureza como é observada em si mesma. Em contraste, nas ciências históricas e nas artísticas, é o próprio tema — as pessoas, e as suas acções e produções — que é o objecto principal do conhecimento dos investigadores.[21]

Sem dúvida a explicitação de uma *ordem* em toda a forma de conhecimento é uma enorme fonte de satisfação para o cientista ou para o artista. E no domínio do religioso? "Aquele que não ama não chegou a conhecer a Deus, pois Deus é amor" (1 Jo 4, 8). Como o homem tem uma centelha divina e Deus é amor, daqui decorre que o homem também é amor. O filósofo alemão Max Scheler critica S. Tomás de Aquino quando afirmou que Deus criou o mundo para sua glorificação e não por amor.[22] Entre nós, o saudoso sacerdote jesuíta Alfredo Dinis, próximo do seu falecimento afirmou: «Procurei como filósofo compreender o mundo. Estranhamente, sinto que o mundo tem um lado incompreensível. O mundo talvez exista não para ser compreendido mas para ser amado!». Como afirmou o dominicano Timothy Radcliffe, «se o amor é a vida de Deus, então o amor deve ser eterno». Quiçá o *amor* seja a forma mais abrangente de conhecer, de compreender e de reconhecer um sentido no mundo, mas também de aceitar o *desconhecido*, que ainda é dominante.

PLATÃO ACREDITAVA na existência de três mundos. O primeiro, o único que considerava inteiramente real. «Em termos aproximados consistia apenas em conceitos, como a *Beleza* em si, o *Bem* em si; chamou-lhes "Formas" ou "Ideias", que se destinavam a ser objectivas e visíveis à intuição intelectual, quase como os objectos físicos são visíveis aos olhos. O segundo mundo de Platão era o da alma ou espírito, afim do seu mundo das *Formas* ou *Ideias*; antes do nascimento a alma habitava neste mundo das *Formas* e distinguia-as com nitidez. O nascimento constituía uma espécie de perda de graça, uma queda mediante a qual penetrávamos no terceiro mundo [: o] dos corpos físicos. A queda fazia-nos esquecer o conhecimento intuitivo das *Formas* ou *Ideias*, mas podíamos recuperá-lo em parte por meio da exercitação filosófica»[23].

A teoria platónica é uma teoria de queda ou degenerescência — a queda dos seres humanos. Popper, já depois dos meados do século XX, para lidar com a questão do conhecimento, como um produto do intelecto, e com o problema corpo-mente, também veio apresentar uma teoria de três mundos, mas numa ascensão evolutiva para o "mundo 3". O "mundo 1" é o mundo dos *corpos físicos* e dos seus estados físicos e fisiológicos. O "mundo 2" é o dos *estados mentais*. A relação, ou interacção, entre estes dois mundos é o problema corpo-mente. O "mundo 3" é o mundo dos *produtos da mente humana*. Por vezes esses produtos são coisas físicas, como pinturas, desenhos, construções, como as de Miguel Ângelo, ou automóveis. Certos produtos são coisas físicas muito especiais, pois pertencem tanto ao "mundo 1" como ao "mundo 3". Já uma peça teatral, como é a tragédia de William Shakespeare *Hamlet* pertence apenas ao "mundo 3", pois nenhuma representação de Hamlet se pode considerar igual à própria peça *Hamlet* de Shakespeare; o mesmo se passa com uma sinfonia.[24]

A parte mais importante do "mundo 3" consiste em teorias, problemas e argumentos. Esta importância decorre para Popper do facto de o conhecimento ser mais representativo quando se apresenta pelo seu carácter objectivo, ou seja, quando procura explicar o mundo e os seus fenómenos através de estudos e teorias. As teorias não se limitam a ser instrumentos. Uma teoria pode ser verdadeira ou falsa e, por vezes, talvez não consigamos distinguir entre as duas possibilidades. Mas muitas vezes podemos julgá-la do ponto de vista de se aproximar mais da verdade do que uma outra teoria.[25]

É devido à nossa acção medianeira que o "mundo 1" pode actuar no "mundo 3". «Não é possível compreender o mundo 2, isto é, o mundo povoado pelos nossos próprios estados mentais, sem que se entenda que a sua principal função é *produzir* os objectos do mundo 3 e ser influenciado pelos objectos deste último. Com efeito, o mundo 2 interage não só com o mundo 1, como Descartes pensava, mas também com o mundo 3; e os objectos deste exercem influência sobre o mundo 1 apenas através do mundo 2, que actua com intermediário»[26]. Portanto, em Popper, o problema corpo-mente ficará incompleto se não se alargar o seu âmbito, de forma a cobrir as relações recíprocas entre os três mundos. Nem as coisas físicas são fenómenos provindo apenas dos sentidos, como pugnavam os "fenomenistas", nem os "fisicistas" tinham razão ao afirmarem que as coisas físicas eram suficientes.

Para este filósofo austríaco a evolução do conhecimento dá-se através do seguinte esquema de um sistema "quadripartido":

$$P1 \rightarrow TE \rightarrow EE \rightarrow P2$$

P1 significa um problema inicial; *TE* representa a teoria experimental que é destinada à resolução do problema; *EE* é o processo de eliminação dos erros através de ensaios ou discussões críticas e, finalmente, *P2* representa os problemas finais. Em suma, as teorias incentivam a descoberta da Verdade e o "mundo 2" está subordinado ao "mundo 3" e ao "mundo 1".

KARL POPPER ainda pertence a uma corrente de filosofia racionalista do *criticismo*, se bem que tivesse conhecimento das ideias do *pós-criticismo* de Michael Polanyi. Na perspectiva polanyiana, o conhecimento tácito e o *indwelling* situa-se na relação entre o "mundo 1" e "mundo 2" de Popper.

Como referido, para Popper o "mundo 3" é "real" porque interage connosco e com os objectos físicos. Considera esta interacção um critério de realidade, talvez não necessário, mas *suficiente*. E exemplifica: quando observamos uma máquina a nivelar o solo, vemos muito claramente uma interacção do "mundo 3" a exercer-se sobre o "mundo 1", pois houve uma planificação prévia no "mundo 2".[27] Mas para além de ser real, o "mundo 3" é também autónomo. Exemplificando novamente: embora os números naturais sejam uma construção humana, existem neles certas particularidades, por exemplo os *números primos*, que não são obra nossa, mas que temos possibilidades de descobrir. A isto chamou Popper a "autonomia" do "mundo 3", que é diferente da sua "realidade", a qual se liga ao facto de podermos interagir com ele. Assim, o terceiro mundo é ao mesmo tempo *autónomo* e *real*.[28]

Popper sublinha a diferença entre *invenção* e *descoberta* para a autonomia do mundo 3. Demonstra que certos problemas e certas relações são consequências naturais daquilo que inventamos. Portanto, pode dizer-se que descobrimos e não que inventámos os referidos problemas e relações; mantendo o exemplo, não inventámos os números primos mas descobrimo-los. Não obstante, toda a descoberta se *assemelha* à invenção no sentido de conter um factor de imaginação criativa.[29]

O processo de criação

Refere Karl Popper que, antes da era do computador, Einstein dissera: «o meu lápis é mais inteligente do que eu». Uma frase clara: não usaria o lápis se este fosse mais inteligente do que ele. Nos tempos de hoje, um computador não é mais do que um lápis endeusado. Esta consideração levou um dos interlocutores das lições que este eminente filósofo proferiu na Universidade de Emory, em 1969, a formular uma questão pertinente no campo das artes e das humanidades mas também para a ciência. «A peça *Hamlet* existiu de facto na mente de Shakespeare? E se assim foi, existiu ao mesmo tempo nos mundos 3 e 2? [Popper responde]: Pergunto a mim mesmo se a obra *Hamlet*, como um todo, existiu na mente de Shakespeare. [...] É muito duvidoso que Shakespeare tivesse a peça inteira na cabeça durante as fases da sua elaboração. [...] O cérebro não concebe um texto definitivo e perfeito que depois é passado para o papel. Trata-se sempre de um processo de criação, semelhante ao pintor que dispõe de uma tela onde coloca uma mancha de cor. [...] Há aqui um dar e receber que considero uma das minhas ideias fundamentais, ou seja, o intercâmbio permanente entre o segundo e o terceiro mundos. [...] A maioria dos escritores altera constantemente o que escreveu e efectua repetidas modificações. Nem todos os fazem porém. Bertrand Russell mostrou-me alguns manuscritos seus nos quais existirá apenas uma correcção por página. Mas há poucos escritores como ele; em regra — é o que se passa comigo —, começo a escrever quando penso ter o assunto completo na cabeça. Mas quando o texto surge após inúmeras correcções, é um pouco diferente daquilo que tive em mente; e aprendi muito ao tentar escrevê-lo, corrigi-lo e aperfeiçoá-lo»[30].

O que o Einstein pretendeu significar com a frase acima, claro, foi que ao dar a forma escrita ao pensamento e ao efectuar cálculos no papel, obtinha muitas vezes resultados imprevistos. Estava a contactar com o mundo 3 do conhecimento objectivo, objectivando assim ideias subjectivas que possuía. Depois, associava-as a outras ideias objectivas e, deste modo chegava a consequências remotas e não intencionais que *transcendiam* em muito o seu ponto de partida.

«Há um comovente episódio a respeito do compositor Joseph Haydn: já na velhice, Haydn compôs *A Criação*, que apresentou pela primeira vez em Viena, na Aula Magna da antiga universidade, um edifício destruído durante a II Guerra Mundial. Depois de escutar o maravilhoso coro introdutório disse entre lágrimas: "Não acredito que fui eu quem compôs isto. Não posso tê-lo feito". Penso que toda a grande obra transcende o artista. Durante o processo de criação, o artista e a obra influenciam-se mutuamente: a obra oferece-lhe constantes sugestões, que visam suplantar o projecto inicial do criador. Se este possuir a humildade e a autocrítica suficiente para atender a tais alvitres e seguir-lhes o ensinamento, criará uma obra que transcenderá as suas capacidades pessoais. Estes exemplos ilustram o facto de a [...] teoria do mundo 3 conduzir a uma ideia da criação humana, sobretudo da criação artística, bastante diferente das posições comummente aceites: por exemplo, afasta-se da ideia de que a arte é auto-expressão ou de que o artista recebe inspiração — já não das Musas, as deusas gregas da inspiração, mas sim dos seus estados fisiológicos, também designados por "inconsciente", que vieram substituir as musas»[31].

Os esforços criativos nunca podem tornar compreensíveis os seus sucessos, como os exemplos acima referidos bem ilustram. Em Polanyi, todos esses actos encontram o seu "paradigma" no esquema Paulino, que impõe a obrigação de nos esforçarmos para tentar alcançar o impossível na esperança de alcançá-lo pela graça divina. Este é claramente um contributo religioso, de inspiração superior; um reconhecimento da *dimensão transcendente* do homem. Em Platão e noutros filósofos, o mundo 3 tinha um centelha divina. Apesar de uma atitude racionalista, Popper não se recusa a admitir, por uma questão de conveniência,[32] outras áreas ou mundos para além do "mundo 3". Mas é importante reconhecer de que recebemos mais do que damos. O cientista ou o artista extraem do "mundo 3" mais do que nele colocaram.[33]

Perspectivas teológicas

O teólogo Lincoln Harvey socorre-se de *Conjecturas e Refutações* (Popper) para abordar a questão da objectividade da verdade, começando por afirmar que duas doutrinas percorrem a história da filosofia do Ocidente, ultrapassando as divisões tradicionais do racionalismo e do empiricismo, do pensamento clássico e do moderno. Uma *doutrina de optimismo* que afirma conhecermos imediatamente a verdade quando com ela estabelecemos contacto. A filosofia de Platão, com o seu mundo divino das *Ideias*, ou de Descartes, com as ideias claras e distintas, são bons exemplos desta doutrina da verdade. Uma *doutrina de pessimismo* que reconhece existirem obstáculos que nos impedem de ver a manifestação da verdade. A filosofia platónica também contém esta doutrina, com o seu mito da caverna onde seres humanos imperfeitos se encontram acorrentados e confundem a realidade com as sombras que vêem. No Iluminismo tais obstáculos também existem, fruto de tradições de trevas ou de dogmatismos.[34]

Em Michael Polanyi o conhecimento humano está intimamente corporalizado no mundo, e isso vai levá-lo a refutar os dois tipos de doutrina. Quanto à doutrina do pessimismo, de que há obstáculos que nos impedem de reconhecer a verdade, rejeita-a, porque a realidade do conhecimento pessoal e o seu enraizamento tácito em crenças não-formalizadas é possível graças a confiarmos na inteligibilidade do universo. Todos os nossos actos de conhecimento, de descoberta, de entendermos totalidades significativas à luz de pistas fragmentadas, são possíveis graças a uma crença *a priori* de que existe uma *ordem* no universo. Com efeito, nós confiamos em que o mundo possui uma estrutura de modo a que possa ser conhecido. E é essa fé que alimenta o processo de *compromisso* pessoal e de *corporalização*. Não se trata de uma fé cega, mas de uma fé que nos seduz e encoraja a encontrar padrões de ordem e significado no caleidoscópio da observação e experimentação. Ao ponto desta perspectiva polanyiana ser apelidada de *"resonance realism"*.[35]

Quanto à doutrina do optimismo, que reconhecemos plenamente a verdade quando a encontramos, há que atender ao ponto crucial da noção de *realismo* em Polanyi — a objectividade da existência de um mundo real não assenta na quantidade de manifestações apresentadas por uma dada entidade, mas no carácter de *surpresa* de que essas manifestações se revestem. Portanto, a verdade normalmente não é adquirida na sua plenitude, mas vai-se alcançando de surpresa em surpresa. E o *eureka* da descoberta, significa tão-só que encontrámos um bom "ponto de partida".[36] Para Harvey, Polanyi oferece uma teoria do conhecimento construída sobre uma realidade *transcendente*, revelando-se cada vez mais ao longo do tempo e do espaço.[37]

Mesmo a "verdade revelada" não se manifesta de imediato na sua plenitude. O povo judeu teve uma longa caminhada na sua história de revelações e de profecias sobre a vinda de um Messias. Esperava um rei todo o poderoso, e não reconheceu como tal o menino na humildade de umas palhinhas deitado ou na simplicidade de uma adoração por pastores. Contudo, Simeão, um "homem justo e religioso", reconheceu-o e tomou o menino em seus braços (Lc, 2, 25-29), quando os seus pais o levaram ao templo para ser circuncidado.

Muito menos os judeus reconheceram um Messias que foi crucificado e morto. O Antigo Testamento (Isaías 60, 6) fala de ouro e incenso para a sua adoração em poder e glória, mas diz respeito à segunda vinda de Cristo. Sobre a primeira vinda, a que simbolicamente o Novo Testamento veio adicionar a mirra, essência com que se embalsamavam os cadáveres, esta figura como símbolo do sofrimento de Cristo. Os discípulos de Jesus reconheceram nele, com diversas surpresas é certo, o Messias que os livros bíblicos pré-anunciavam, mas o povo e os sacerdotes não o reconheceram. Terão sido as concepções de poder daquele povo e daquela cultura que se ergueram como um obstáculo à percepção de uma tal verdade, ou foi a convicção de que a verdade revelada se conquista na globalidade e não comporta surpresas?

Um centurião romano reconheceu-O. Na cruz Jesus soltou um forte grito e exclamou: «"Pai, nas tuas mãos entrego meu espírito". Depois expirou. Ao ver o que se passava, o centurião deu glória a Deus, dizendo: "Verdadeiramente, este homem era justo"» (Lc 23, 47). Ou, como relata o evangelista São Marcos: «Mas Jesus, com um grito forte, expirou. E o véu do templo rasgou-se em dois, de alto a baixo. O centurião que estava em frente dele, ao vê-lo expirar daquela maneira, disse: "Verdadeiramente este homem era Filho de Deus"» (Mc 15, 37-39).

A samaritana, também exterior ao mundo judaico, aquando do encontro com Jesus junto ao poço de Jacob, progressivamente passou da surpresa do pedido — "dá-me de beber" — por parte de um homem a uma mulher, de um judeu a uma habitante de Samaria , para o reconhecer como "profeta" e, seguidamente, como "o Salvador do mundo".

Para além dos discípulos, alguns judeus também reconheceram Jesus como Messias. O rabino Gamaliel terá sentido alguma forma deste reconhecimento ao manter uma atitude tolerante na defesa dos primeiros cristãos, e ao defender os discípulos de Jesus do Sumo Sacerdote e dos saduceus quando eles pregavam no templo: «Homens de Israel tende cuidado com o que ides fazer a estes homens! [...] E, agora digo-vos: não vos meteis com estes homens, deixai-os. Se o seu empreendimento é dos homens, esta obra acabará por si própria; mas se vem de Deus, não conseguireis destruí-los, sem correrdes o risco de entrardes em guerra com Deus» (Act 5, 34-39). A temática da verdade revelada será retomada em capítulos seguintes.

PROSSEGUINDO COM HARVEY na sua reflexão, surge o apelo a S. Ireneu a respeito da doutrina sobre a Santíssima Trindade. Ireneu aborda Deus sob dois ângulos diferentes: «Enquanto Ele existe em Seu ser intrínseco, e enquanto Ele [se] manifesta a si mesmo na "economia", isto é, no processo ordenado da sua auto-revelação. Do ponto de vista do seu ser intrínseco, Deus é o Pai de todas as coisas, inefavelmente uno e contendo em si mesmo desde toda a eternidade o seu Verbo e a sua Sabedoria. Do ponto de vista da sua auto-revelação, ou empenhando-se na Criação e na Redenção, Deus extrapola ou manifesta o Verbo e a Sabedoria. Estes, como Filho e Espírito, são as suas "mãos", imagem sem dúvida tirada de Jó 10,8: "Tuas mãos me fizeram e me plasmaram todo"; e de Salmos 118,73: "Tuas mãos me fizeram e me formaram". Assim, Ireneu afirma que "pela própria essência e natureza de Seu ser existe apenas um só Deus", enquanto que ao mesmo tempo, "de acordo com a economia da nossa Redenção existem tanto o Pai como o Filho", ao que poderia acrescentar: "e o Espírito Santo"»[38].

Harvey considera a perspectiva polanyiana de convergência histórica sobre uma base estrutural racional, mas agora a partir de uma perspectiva teológica. E recorre ao famoso modelo trinitário de S. Ireneu, acima referido, em que perspectiva as duas pessoas do Filho e do Espírito como as duas "mãos" de Deus mediando a sua vontade para a criação e na criação. Este modelo baseia-se numa distinção das pessoas da Trindade com base na sua actividade da economia da criação. Ou seja, a distinção entre o Filho e o Espírito é conhecida através das suas diferentes acções no seio da obra divina; é o Filho que se torna humano, com todas as coisas que estão sendo feitas por meio dele, por ele sustentadas e moldadas em sua direcção mas, como S. Basílio de Cesareia argumentou, é o Espírito que é a causa de aperfeiçoamento e conduz a criação até à sua plenitude, o que permite que seja ele próprio a levar a criação até à sua conclusão. Esta é a obra escatológica do Espírito: o trabalho de ressurreição, de inspiração bíblica, de moldar a igreja, distribuindo bens e chamando os povos dispersos de Deus à união.

Com esta imagem em mente (das duas mãos de Deus, criando e aperfeiçoando), Harvey recorda uma metáfora do escultor e imagina as duas mãos do escultor, mas à luz da economia divina. Ou melhor ainda para o nosso propósito, re-imagina a metáfora em termos da obra de um oleiro. Uma mão pousada no barro, com a argila agarrada a ela mas, de alguma forma, querendo cair e escapar-se, enquanto com a outra molda o barro, afeiçoando-o em torno da primeira mão, fixando-o sobre aquela outra mão donde escorre, de que depende, e sobre a qual assente a sua forma.[39]

Ao usar esta metáfora, Harvey oferece um correctivo necessário à afirmação ateísta de certos cientistas quando falam de "*to play God*"; mas de que, por vezes, as Igrejas não estou isentas, pois faz parte da condição humana — «E o Senhor Deus deu esta ordem ao homem: "Podes comer do fruto de todas as árvores do jardim, mas não comas o da árvore do conhecimento do bem e do mal, porque no dia em que o comeres, certamente morrerás"» (Gn 2, 16,17). Ou seja, há um apelo a uma doutrina trinitária da criação — segundo a linha de Ireneu — que nos permite estar mais à vontade dentro dos nossos limites, já não sofrendo a ilusão de sermos plenos criadores que distinguem o bem e o mal, por um lado, ou de permanecermos paralisados por sermos frutos, simples subprodutos, de um acaso sem sentido, por outro. Existimos e actuamos sob a realidade da acção criativa e formativa de Deus. Uma tal concepção teológica sobre a nossa realidade incentiva a humildade das criaturas, e lembra-nos que não somos Deus, e que nós mesmos — e o nosso conhecimento — são parte do acto divino da criação. Isto é reconhecer que a reconciliação de Deus e da humanidade em Jesus Cristo tem um impacto epistemológico.

Na economia divina, o Pai conhece o Filho e o Filho conhece o Pai *por meio* do Espírito. O conhecimento, neste modelo, é um conhecimento relacional que é mediado pela pessoa do Espírito. Este saber, como conhecimento através do Espírito, é também um evento que acontece na *carne*. É Jesus que conhece o Pai, por meio do Espírito. Este conhecimento acontece neste mundo, nesta humanidade, nesta matéria, nesta carne. Assim sendo, a criação deve ser o tipo de lugar em que um tal evento epistémico pode acontecer.[40]

Mais uma vez neste campo é rico de promessas o trabalho de Michael Polanyi. Primeiro temos o recurso das suas noções de *indwelling* (corporalização, o fazer morar em si) e de *continuidade* da pessoa com uma tradição. Polanyi descreve cada geração, cada indivíduo, recebendo do passado um projecto em andamento e trabalhando nele de uma forma responsável, procurando aperfeiçoá-lo e melhorá-lo, e tentando aproximar-se da verdade, mas também com um sentido de responsabilidade para com um futuro que depende deste mesmo trabalho. Esta é uma imagem de continuidade, mas é também uma imagem que permite a mudança. Mudança que não acontece segundo o modelo das revoluções violentas de Thomas Kuhn, do tudo ou nada, através da mudanças de paradigmas incomensuráveis. Em vez disso, Polanyi oferece uma teoria do conhecimento construído sobre uma *realidade transcendente* que se vai revelando-se cada vez mais e mais, ao longo do tempo e do espaço.[41]

Em segundo lugar, de maior interesse para nós nesta vertente, e como referido no Capítulo 1, temos em Polanyi uma doutrina auxiliar, um tanto misteriosa é certo, de *integração*, onde pistas subsidiárias são reunidas num todo significativo. Essa integração é um elemento omnipresente de todo o conhecimento. Como refere Maria Luísa Couto-Soares: «Qualquer conhecimento se dá necessariamente contextualizado, ou mesmo alicerçado num horizonte que detemos tacitamente, silenciosamente e que não saberíamos explicitar. O termo subsidiário pode induzir-nos em erro se o entendemos como uma espécie de auxílio, de reforço (seja ele de que natureza for), portanto como algo que se acresce ao conhecimento focal como um *plus* que contribui para uma melhor compreensão e integração daquilo que se conhece. Não é esse o sentido de *subsidiário*, neste caso. O subsidiário é algo *subjacente*, um fundo que serve de alicerce e torna possível qualquer forma de pensar ou conhecer. Como já disse, não se dá um conhecimento puramente *focal*, isto é, não conhecemos nada isoladamente, mas sempre inserido num horizonte que pode passar-nos desapercebido»[42].

As funções da linguagem humana

A linguagem desempenha um papel determinante, se bem que não exclusivo, como "estrada" para a transcendência e requer, com este desiderato, algum aprofundamento. Para Popper, embora «os animais tenham desenvolvido o seu próprio mundo 3 formado pelas linguagens, nenhum criou algo que se pareça com o conhecimento objectivo. Todo o conhecimento animal tem um carácter de disposição. E apesar de algumas disposições evoluírem por imitação — ou seja por tradição, o que se aproxima claramente do conhecimento objectivo — continua a haver um grande fosso em relação ao conhecimento objectivo humano. Portanto, a existência de conhecimento objectivo parece ser um dos poucos factos biológicos importantes que diferenciam com bastante nitidez os animais dos seres humanos. [...] Não obstante ser manifesto que o homem evoluiu mediante o progresso de ferramentas exossomáticas, nenhuma delas — nem mesmo os paus — possui uma base hereditária especializada, ao contrário do que, aparentemente, acontece com as ferramentas exossomáticas desenvolvidas pelos animais. O facto em si é interessante e surpreendente. Todavia, há uma grande excepção a esta regra: as funções da linguagem específicas dos seres humanos têm fundamentos hereditários especializados e altamente específicos. [...] A evolução do homem lhe conferiu algo que é típica e especificamente humano: o instinto genético de adquirir, por imitação, uma linguagem específica e apropriada como veículo do conhecimento objectivo»[43].

Ocupemo-nos do problema da análise das funções inferiores e superiores da linguagem humana. "Funções inferiores" são aquelas que, fundamentadas em disposições, são comuns à linguagem humana e animal; as "funções superiores" são específicas do homem e constituem a base do mundo 3.

Karl Bühler foi o primeiro a propor uma teoria das funções inferiores e superiores da linguagem humana. E como refere Popper, «que eu saiba, tem sido ignorada tanto por filósofos como por psicólogos, apesar da sua enorme relevância. Bühler distinguiu três funções, duas inferiores e uma superior»[44]. A estas acrescenta Popper várias outras superiores, e uma delas é sobretudo essencial ao conhecimento objectivo, que conta como quarta função (Tabela 2.1)

Tabela 2. 1. Funções linguísticas.[45]

	Função argumentativa ou crítica
Funções linguística superiores (base do mundo 3)	Função descritiva ou informativa
Funções linguística inferiores	Função comunicativa
	Função expressiva

«As funções da linguagem inferiores propostas por Bühler são as funções (auto) expressiva e comunicativa; a função superior é descritiva ou informativa. A segunda função superior imprescindível ao conhecimento objectivo — e que [Popper] acrescenta ao esquema de Bühler — é argumentativa ou crítica. O carácter biológico e evolutivo deste esquema consiste em que estando presente qualquer destas funções, o mesmo sucede com todas as que estão situadas abaixo dela. Portanto, nem o animal nem o homem podem comunicar sem que exprimam os respectivos estados fisiológicos íntimos. E o homem será incapaz de descrever ou de informar os outros sem que comunique ou se exprima. E também lhe é impossível argumentar sem que ao mesmo tempo active as três funções que se localizam abaixo do nível argumentativo»[46].

Popper ilustra o seu esquema das quatro funções principais com alguns exemplos. «Quando o homem ou o leão bocejam, dão expressão a um estado fisiológico do organismo. Se o homem o fizer sozinho no seu quarto, o seu bocejo tem apenas, enquanto linguagem, uma função auto-expressiva; mas se bocejar em companhia, poderá transmitir aos outros o seu estado de sonolência. [...] Portanto, a função do bocejo pode não ser apenas função expressiva, mas também comunicativa, como se fosse uma espécie de "contágio"»[47].

A *comunicação* ocorre sempre que um movimento *expressivo* de um indivíduo actua sobre outro na qualidade de sinal libertador da resposta deste último. Mas é evidente haver sinais que não são expressões. A terceira função, a *função descritiva*, envolve normalmente expressão e comunicação. Isto não transforma, porém, o acto descritivo num caso comunicativo especial ou a comunicação num caso expressivo especial. Numa boa palestra a resposta dos ouvintes pode referir-se sobretudo ao seu conteúdo — a certos objectos do mundo 3 — e apenas uma parcela ínfima à inevitável auto-expressão do orador.

«O ponto de vista de Bühler pode ser formulado da seguinte maneira: em termos biológicos, a função comunicativa da linguagem é diferente da função expressiva; acrescentarei a isto que, das duas, a função comunicativa é a mais importante no aspecto biológico. Do mesmo modo, a função descritiva da linguagem é diferente da comunicativa; acrescentando [...], que esta continua a ter maior importância em termos biológicos. Interessa notar que, conquanto a função descritiva desempenhe o seu papel pleno apenas na linguagem humana, em certas linguagens animais parecem ocorrer elementos aproximativos dessa função. O melhor exemplo disso é constituído pela dança das abelhas. Uma abelha que dança principia por *exprimir* excitação face à descoberta de um novo local para recolha de alimentos. Em segundo lugar, *comunica* às outras abelhas essa excitação. E, em terceiro lugar, pode dizer-se que lhes *descreve* o rumo reportando-se à posição do sol e até mesmo a distância em relação à colmeia — e é esse rumo que as abelhas têm de seguir para achar o referido local. Por outras palavras, descreve a posição em termos de coordenadas entre a colmeia e o sol. Todavia, há todas as razões para crer que a abelha é incapaz de dizer mentiras ou de contar histórias. [...] Contar história e dizer mentiras parece ser apanágio do animal humano. Mas não pretendo afirmar que o homem seja o único animal capaz de mentir»[48].

Há bons exemplos de cães que "mentem", isto é, dissimulam para encobrir erros ou satisfazer desejos. Na casa dos avós paternos de minha mulher houve um bom exemplo. Em casa havia um cão pastor alemão de nome Jau que num verão teve uma pata infectada. Depois de tratada, e como as moscas o incomodavam no quintal foi autorizado a ir para o 1ª andar, a zona dos quartos, onde estava escuro, fresco e sem moscas. Já recuperado, um dia a avó de minha mulher viu-o a querer subir para o 1º andar e exclamou: "Pst! Jau, já para baixo!". E o cão começou a coxear, para tentar ser autorizado a ir para o 1ºandar.

COMO POPPER refere: «Deu-se um grande passo em frente quando uma informação descritiva se tornou problemática e foi rejeitada. A função descritiva só se diferencia por completo da comunicativa quando se dá o referido passo, um passo que quase atinge a quarta função»[49].

A evolução da linguagem descritiva tem efeitos biológicos importantes. 1) Maior consciência do tempo, com uma capacidade de previsão consciente de acontecimentos futuros, como o da mudança das estações ao longo do ano; esta antevisão resulta já da posse do conhecimento objectivo. 2) Formulação de perguntas, um início da objectivação de problemas até aí apenas sentidos, como a fome e o frio, e maneira de os evitar. 3) Desenvolvimento da faculdade imaginativa, por exemplo na elaboração de mitos e de relatos de histórias. 4) Desenvolvimento da capacidade inventiva, o que requer novas ideias. «A imaginação aumenta consideravelmente esta reserva, de modo que o método de tentativa e erro pode conduzir a imensos tipos de respostas comportamentais, incluindo a invenção e o emprego de ferramentas e de instituições sociais. Uma delas é a própria *linguagem*, que forma a base de muitas outras, como a instituição religiosa, a jurídica e a científica».[50]

«Quando se recua até aos primórdios da poesia ocidental — ou seja até Homero — descobre-se sem dúvida uma autêntica poesia descritiva. A poesia lírica, porém, sobretudo a actual, constitui uma espécie de degradação mesmo aos níveis totalmente expressivo e comunicativo. Não se trata de acaso, devendo-se, sim, a teorias filosóficas erradas acerca da arte. Estranhamente a maioria dos filósofos — nem todos, no entanto — afirma que a arte se situa a esse nível, o que é falso, claro. Não se situa nele; não a partir de Homero, por certo. [...] Ninguém contesta que a função expressiva e comunicativa desempenha um papel mais importante em arte do que, talvez, em ciência. Contudo, transformá-la na única função da poesia lírica — ou de toda a poesia moderna — deriva em boa verdade da teoria filosófica errada de que a arte é auto-expressão e comunicação — [...] ou seja, é uma resposta directa que estimula. É esta a teoria estética hoje em voga. [...] A arte puramente expressiva e a arte puramente comunicativa constituem becos sem saída que conduzem à dissolução da arte em causa»[51].

Níveis de consciência

Popper argumenta que falar em corpo e mente pode conduzir a equívocos, pois existem diversos géneros e graus de consciência no reino animal. Nos seres humanos há vários desses níveis inferiores, como, por exemplo, no sonho e na hipnose. Acresce que o significado biológico desses diferentes níveis é um problema de difícil solução. Não obstante, propõe que se distinga entre a consciência plena, o mais elevado grau de consciência humana e formas inferiores. Sobre o significado biológico da consciência apresenta as ideias de *hierarquia reguladora* e de *regulação moldável*.

«Todos os organismos superiores dispõem de uma hierarquia de comando. Há dispositivos fiscalizadores que regulam os batimentos cardíacos, a respiração e o equilíbrio orgânico; há reguladores químicos e nervosos; existem reguladores dos processos de cura e de crescimento; e todos os animais que se deslocam livremente possuem um comando central de movimentos. Segundo parece, este último ocupa o lugar cimeiro da hierarquia. Presumo que os estados mentais estão associados a este sistema de regulador central mais elevado e que contribuem para uma maior maleabilidade do referido sistema. Dou o nome de "regulador não moldável" a um dispositivo que nos leva a pestanejar quando algo se aproxima repentinamente dos nossos olhos; falo de regulador moldável quando as reacções abrangem um vasto espectro de possibilidades. [...] Também existe neles o impulso inato para o movimento, ou seja, para explorar o meio ambiente, sobretudo em busca de alimento»[52].

Os seres superiores também dispõem de sistemas de aviso que os alertam para possíveis perigos como a presença de inimigos ou o choque com obstáculos; tais são sistemas "biologicamente negativos". Mas também existem sistemas que alertam para oportunidades, os "biologicamente positivos". Os órgãos da maioria dos animais são formados de molde a distinguir entre estas duas categorias, o que implica que *interpretam* ou *descodificam* os estímulos presentes. Mas tais sistemas interpretativos muitas vezes não reconhecem situações inabituais, como demonstra o exemplo dos insectos ou aves que voam contra painéis transparentes.

A consciência humana contém inúmeros resíduos de formas conscientes inferiores que se confundem com estados subconscientes ou inconscientes, e de formas conscientes superiores. Quando pensamos adquirimos a consciência plena, em especial quando procuramos que o pensamento assuma a forma de afirmações e de argumentos. A consciência plena alicerça-se no mundo 3, pois se liga intimamente ao domínio da linguagem humana e da teoria, mediante processos de raciocínio que não existem na ausência de conteúdo mental, que pertence ao "mundo 3".[53]

TAL COMO POLANYI, Popper também salienta a importância das *tradições* na vida social, quando reconhece que dependemos em muito da "nossa herança social". O núcleo central de muitas, e de talvez da maioria, da *tradição* numa perspectiva popperiana consiste em *estados* e *disposições* subjectivos do sujeito, como mecanismos geradores de acções sociais. As disposições e as correspondentes acções são promovidas por uma geração no presente para alimentar uma geração de adeptos na próxima geração. Popper postula que «as tradições estão, talvez, mais intimamente ligadas com os *gostos* e *desgostos* das pessoas, as suas *esperanças* e os seus *medos*, do que propriamente com as instituições». Mas em termos práticos, Popper vê as tradições como existentes a um nível entre os indivíduos e as instituições.

Como referido em *Dinâmica da Espiral*, o filósofo Karl Popper, quando ainda professor na Nova Zelândia, chamou a atenção para o *carácter local* de algumas *tradições*. Ao tempo teria mandado vir dos Estados Unidos uns discos de música de Mozart. O maestro que havia dirigido a orquestra durante as gravações não havia sido exposto a uma tradição mozartiana, pelo que a música soou horrivelmente a Popper. Uma pauta musical — uma tradição explícita — não basta! Carece-se de uma *tradição tácita* transmitida através de uma relação entre mestre e aprendiz.[54] Se bem que Popper não se refira explicitamente a conhecimento tácito, apresenta outros casos que num contexto polanyiano são claramente desta índole cognitiva, que também é um caminho em ordem à *transcendência*.[55]

«O eu, ou consciência total, regula os nossos movimentos de maneira maleável, e assim regulados formam as acções humanas. [...] Muitos movimentos expressivos não são regulados conscientemente e grande número deles foi objecto de uma aprendizagem tão perfeita que foram remetidos para o nível do controlo inconsciente. Andar de bicicleta serve de exemplo. É um movimento tão bem aprendido que desceu ao nível da regulação inconsciente, [que não é o inconsciente de Freud]. Posso acrescentar ao caso um dado interessante: aprendemos tão bem certos movimentos (que são remetidos abaixo do nível de regulação consciente) que muitas vezes, quando tentamos acompanhá-los conscientemente, a nossa interferência prejudica-os a ponto de os interromper. Chamo a isto "efeito de centopeia" devido a uma curiosa história sobre a aranha e a centopeia. A primeira diz à segunda: "Só tenho quatro patas e posso arranjar oito; mas tu dispões de cem e não faço a mínima ideia como consegues saber qual delas movimentar". Responde-lhe a centopeia: "É muito simples". E ficou paralisada desde então. O efeito de centopeia é muito real.

O violinista Adolph Bush [...] contou-me que certa vez em Zurique, após interpretar o *Concerto para Violino* de Beethoven, foi abordado pelo violinista Huberman, que lhe perguntou como executava determinado trecho musical. Bush respondeu que era muito simples, mas verificou depois que deixara de conseguir tocá-lo. A tentativa de fazê-lo de um modo consciente [e verbalizado] interferira no dedilhar, ou fosse no que fosse, impedindo-o de executar o trecho. O episódio tem muito interesse e mostra como funciona o processo que regula as coisas para o inconsciente. Como é óbvio, neste processo apagamos momentaneamente a ardósia da consciência a fim de a tornar capaz de se entregar a outras coisas. Assim, num violinista exímio o dedilhar do instrumento e tudo o mais que se relaciona com tal técnica funde-se com o inconsciente — ou com a fisiologia, como costumo dizer —, podendo o executante concentrar-se apenas na maneira de interpretar a peça e não com a execução técnica, pois conseguirá desenvolver todos os acontecimentos dramáticos. E, como é evidente, é esta função real — tal como quando se conduz com perícia um automóvel executando os diversos movimentos inconscientemente, podendo assim prestar total atenção ao trânsito, o que claro, tem muito maior importância. Por conseguinte, todos estes exemplos nos indicam que a regulação consciente se superioriza, enquanto as outras mergulham no subconsciente ou no inconsciente. Também pode dizer-se que apenas a regulação superior permanece como acção totalmente consciente, dando-nos assim a possibilidade de saber o que fazemos»[56].

Dir-se-á que Adolph Bush não seria um professor de violino, treinado para resolver tais dificuldades. Pedro Couto Soares, professor de Flauta de Bisel nas Escolas Superiores de Música de Lisboa e do Porto, interroga-se: «A instrução verbal complementada com a demonstração serão suficientes para uma aprendizagem eficiente?». Sobre o início da sua actividade afirma: «O meu conhecimento declarativo era limitado: "sabia fazer", sem saber precisar "como fazia". E por vezes pensava que sabia quando na realidade não o sabia. A minha ignorância, não me impedia no entanto de tocar e aparentemente ensinar. [...] No ensino da música uma parte do conhecimento tácito do professor é transmitido ao aluno, que simultaneamente constrói o seu próprio conhecimento experiencialmente».

Depois de um reflexão sobre os obstáculos que os hábitos que se adquirem constituem para todo o que queira evoluir na sua perícia de músico, pois sendo «inconscientes ou involuntários, tendem a não evoluir, sendo dotados duma reduzida adaptabilidade. Por isso, um desafio fundamental para um músico, é evitar essa interrupção do desenvolvimento que os hábitos e automatismos acarretam e adquirir competências cognitivas e metacognitivas que suportem uma aprendizagem e melhorias continuadas»[57].

Pedro Couto Soares reconhece que «uma tradução das especificidades da acção e das sensações que a acompanham numa descrição verbalizável, a partir da qual se deduzam normas ou instruções é sempre problemática: a linearidade da linguagem não se adequa à simultaneidade dos componentes da acção e da sua experiência, e há perda de informação, erros e imprecisões, fruto duma percepção muitas vezes pouco fiável». Por isso vai investigar ao nível intrapessoal e no diálogo reflexivo entre as dimensões tácitas e explícitas do seu conhecimento e no conhecimento interpessoal, os seus reflexos nas relações professor/aluno. «Este processo é desestabilizador, provoca frequentemente uma regressão no desempenho e na aprendizagem, nem sempre resulta numa alteração do comportamento e pode enfermar de erros e imprecisões». Uma estratégia bastante comum, no ensino de um instrumento musical é «a aprendizagem por *analogia*, uma técnica paradoxalmente baseada em instruções explícitas, mas concebida para reduzir a quantidade de informação conscientemente processada pela memória de trabalho durante a aprendizagem [...] e a minha experiência empírica confirma que em numerosas situações a qualidade do desempenho melhora quando não processamos as instruções conscientemente. [...] A única aprendizagem que significativamente influencia o comportamento é aquela que é auto-descoberta e auto-apropriada. Esta aprendizagem auto-descoberta, verdade que foi pessoalmente apropriada e assimilada, não pode ser directamente comunicada». E este autor conclui: «Este processo de *apropriação* de conhecimento [explícito] que altera o comportamento [em ordem a uma aquisição de competência tácita], representa o processo vivido por mim no decorrer desta investigação».[58]

REGRESSEMOS AOS HÁBITOS, mas já longe do campo da música. Hergé em "Segredo de Licórnio" apresenta um exemplo com semelhanças ao de Adolph Bush sobre os efeitos da explicitação do tácito. Quando Tintin encontra pela primeira vez o capitão Haddock e lhe pergunta se ele dorme com as barbas por dentro dos lençóis ou por fora, o capitão passa a noite seguinte sem dormir, a cobrir ou a descobrir as barbas com a roupa da cama. Tintin questionou Haddock a respeito de um hábito que possuía, de um gesto automático que fazia.

Perante o exposto no Capítulo 1, não ficam dúvidas que o "efeito de centopeia" de Popper é o conhecimento tácito de Polanyi. O "fundo" ignoto que actua como uma força secreta potenciadora das faculdades humanas, mas que, como refere Maria Luísa Couto-Soares, se trata mais de um "conteúdo inespecífico e inadvertido" do que um "conteúdo inconsciente". «A componente tácita é inespecífica, isto é, ao passar inadvertida, oculta, silenciosa, não somos capazes de descrever ou de identificar os seus elementos aquando de um acto de conhecimento — uma percepção, um juízo, uma acção. [...] Desde o simples andar de bicicleta, à criação artística ou a um acto moral — não somos capazes de especificar os movimentos musculares, o sentido de equilíbrio, no caso do andar de bicicleta, a técnica, ou como se seleccionam as cores ou os sons»[59]. Conteúdo inadvertido que «engloba as faculdades perceptiva, intelectiva e todo o horizonte subsidiário, que não estão actualmente presentes na consciência actual concomitante, estão ocultas, caladas, implícitas, mas que podem ser trazidas à presença através de um acto de atenção»[60].

O CONHECIMENTO EXPLÍCITO pode ser copiado e continuamente reinventado enquanto que o conhecimento tácito, porque único, constitui o *motor da inovação*. Dada a sua importância estratégica é especialmente relevante para a gestão do conhecimento nas organizações e, apesar das dificuldades em o gerir, deverá constituir-se como alvo preferencial das actividades organizacionais. Um exemplo recente, foi a capacidade de engenheiros, por *observação* de padeiros competentes no fabrico de pão, *explicitarem* bastante desse conhecimento tácito e traduzirem-no em "máquinas de fazer pão". Mas não foram os padeiros a explicitar o seu conhecimento tácito.

Portanto, em princípio, a conversão do conhecimento tácito em explícito deve ser operada por outrem que não o sujeito que se procura copiar. Uma verbalização pelo próprio conduziria muito naturalmente a uma desarticulação do seu desempenho. Também no desenho de novos aviões ou na introdução de melhoramentos nas aeronaves já existentes, os pilotos não intervêm no processo, porque qualquer verbalização poderia prejudicar o seu desempenho no levantar e aterrar e em situações de emergência. Mas na mesma matéria poderiam ser ouvidos antigos pilotos já retirados das lides de pilotagem e navegação aérea.

Estas dificuldades de acção, que decorrem no fundo tácito provenientes de alguma tentativa de verbalização, devem depender do *ritmo da acção*, como, por exemplo, na execução de uma peça musical, ou numa aterragem de emergência por um piloto de aviação. Atente-se à aterragem de emergência no rio Hudson de um Airbus A320 seis minutos após descolar do aeroporto de LaGuardia em Nova Iorque. O co-piloto, Jeffrey B. Skiles, estava no controle quando o avião descolou às 15h25, e apercebeu-se logo em seguida de uma formação de pássaros, gansos-do-canadá, que se aproximava da aeronave. Cerca de dois minutos depois, quando o avião já estava a uma altitude de 980 m, enquanto seguia para a altitude de 4.600 m, determinada pelo plano de voo, a aeronave colidiu com os pássaros exactamente às 15h27:01. O pára-brisas do avião ficou logo escuro e vários baques foram ouvidos. Ambas as turbinas recolheram pássaros e imediatamente perderam quase toda a sua potência. A partir de então, o comandante Chesley Burnett Sullenberger tomou o controle enquanto que Skiles tentava religar as turbinas por meio de uma lista de procedimentos de emergência. Toda a tripulação do voo foi mais tarde condecorada com a Medalha de Mestre da *Guild of Air Pilots and Air Navigators*. No momento da entrega das medalhas, foi declarado: «Este pouso de emergência e a evacuação da aeronave, sem a perda de nenhuma vida humana, é uma conquista heróica e única da aviação».[61]

Já as práticas cirúrgicas afiguram-se menos sensíveis a tais explicitações. Um bom exemplo, foi o cirurgião Pedro de Almeida Lima que trocou intensa correspondência com o seu mestre Egas Moniz. Como refere João Lobo Antunes na biografia do Prémio Nobel da Medicina: «Egas, pelas características da sua personalidade, pelo seu pragmatismo clínico e por alguma insatisfação pela inoperância das terapêuticas então existentes, era, no fundo, um cirurgião *manqué* que realizou a sua vocação através do discípulo. É importante, pela relevância que a sua parceria com Lima teve no desenvolvimento das suas duas contribuições [angiografia cerebral e leucotomia pré-frontal], perceber melhor como funcionava esta dupla única na medicina portuguesa. A primeira intervenção neurocirúrgica em Portugal foi realizada por Sabino Coelho em 1893, [...] é dele esta frase lapidar: "O livro é muito, mas o cadáver é mais. Aquele encaminha, este mostra, aquele guia, este ensina"».[62]

A frase de Sabino Coelho demonstra bem o poder do conhecimento tácito em cirurgia, pois nele reside o "verdadeiro ensino". Neste contexto neurocirúrgico, podemos afirmar que a parceria Egas Moniz/Almeida Lima foi um êxito, dado que um mais concebia e verbalizava e o outro se concentrava mais na acção cirúrgica proposta pelo mestre.

O conhecimento tácito e a apreciação estética

«Existe uma certa música de que gosta, ou uma obra de arte? Talvez haja um filme que volte a ver sempre com interesse ao longo dos anos, ou mesmo um certo livro que leia e releia pelo pleno gosto que lhe dá. Vá em frente e imagine uma dessas coisas favoritas. Agora, numa frase, tente explicar por que é que gosta dessa música, dessa obra de arte, desse filme ou desse livro. Muito possivelmente vai achar que é difícil de colocar este sentimento em palavras, mas se pressionado provavelmente vai ser capaz de escrever alguma coisa. O problema é que, segundo resultados de investigação, a sua explicação vai ser muito provavelmente um completo disparate»[63].

«Tim D. Wilson [professor de psicologia na Universidade da Virgínia] demonstrou isso mesmo mediante *The Poster Test*. Juntou um grupo de estudantes numa sala e mostrou-lhes uma série de *posters* (cartazes). Os estudantes foram informados de que poderiam escolher qualquer um de que gostassem e o levá-lo como um presente. Trouxe ainda em outro grupo, e disse-lhes a mesma coisa, mas desta vez teriam de explicar porque escolhiam esse *poster*. Aguardou seis meses e pediu aos estudantes dos dois grupos o que achavam das suas escolhas. O primeiro grupo, os que só tinham de agarrar um *poster* e sair, todos eles adoraram a respectiva escolha. O segundo grupo, os que tinham de escrever sobre as razões da escolha, detestaram essa mesma escolha. [...] Quando se pergunta às pessoas por que gostam ou não gostam de alguma coisa, elas devem traduzir algo de profundo e emocional, uma parte primordial de sua psique para a língua de nível superior, lógica, racional do mundo das palavras e das frases. Acresce que quando tenta justificar as suas próprias decisões ou apegos emocionais, começa a preocupar-se também com o que é que a sua explicação vai dizer sobre si mesmo como pessoa. [...] Acreditar que você compreende as suas motivações e desejos, os seus gostos e desgostos, é denominado a Ilusão da Introspecção (*Introspection*

Illusion). Acredita que se conhece a si mesmo, e por que é como é. Acredita que esse conhecimento lhe vai dizer como vai agir em todas as situações futuras. Mas a investigação mostra o contrário»[64].

FERNANDO PESSOA, no heterónimo Álvaro de Campos, em "Nota ao Acaso" reflecte tais dificuldade a respeito da poesia: «O poeta superior diz o que efectivamente sente. O poeta médio diz o que deve sentir. O poeta inferior diz o que julga que deve sentir. Nada disto tem a ver com sinceridade. Em primeiro lugar, ninguém sabe o que verdadeiramente sente ...»[65]. Em "Apontamentos para uma Estética não-Aristotélica" retoma o tema: «Chamo estética aristotélica à que pretende que o fim da arte é a beleza, ou, dizendo melhor, a produção nos outros da mesma impressão que a que nasce da contemplação ou sensação das coisas belas. Para a arte clássica — e suas derivadas, a romântica, a decadente, e outras assim — a beleza é o fim»[66]. Prossegue, equacionando outras alternativas: «Creio poder formular uma estética, não baseada na ideia de beleza, mas na de *força* — tomando, é claro, a palavra força no seu sentido abstracto e científico. [...] A arte, para mim, é, *como toda a actividade*, um indício de força ou de energia»[67]. E "Em Aviso por Causa da Moral" encontramos o reforço da mesma ideia: «Em toda a obra humana, ou não humana, procuramos só duas coisas, força e equilíbrio de força — energia e harmonia, se V. quiser»[68].

«A minha teoria estética baseia-se — ao contrário da aristotélica, que assenta na ideia de beleza — na ideia de força. Ora a ideia de beleza pode ser uma força. Quando a "ideia" de beleza seja uma "ideia" de sensibilidade, uma *emoção* e não uma ideia, uma disposição sensível do temperamento, essa "ideia" de beleza é uma força. Só quando é uma simples ideia *intelectual* de beleza é que não é uma força. Assim a arte dos gregos é grande no meu critério, e *sobretudo* o é no meu critério. A beleza, a harmonia, a proporção não eram para os gregos conceitos da sua inteligência, mas disposições íntimas da sua sensibilidade. É por isso que eles eram *um povo de estetas*, procurando, exigindo a beleza, *em tudo, sempre*. É por isso que com tal violência *emitiram* a sua sensibilidade sobre o mundo futuro que ainda vivemos súbditos da opressão dela. A nossa sensibilidade, porém, é já tão diferente — de trabalhada que tem sido por tantas e tão prolongadas forças sociais — que já não podemos receber essa emissão com a sensibilidade, mas apenas com a inteligência. Consumou este nosso desastre estético a circunstância de que recebemos em geral essa emissão da sensibilidade grega através dos romanos e dos franceses. Os primeiros, embora próximos dos gregos no tempo, eram, e foram sempre, a tal ponto incapazes de sentimento estético que se tiveram de valer da inteligência para *receber* a emissão da estética grega. Os segundos, estreitos de sensibilidade e pseudovivazes de inteligência, capazes portanto de "gosto" mas não de emoção estética, deformaram a já deformada romanização do helenismo, fotografaram elegantemente a pintura romana de uma estátua grega».[69]

EM NOSSOS DIAS, o que a *Introspection Illusion*, investigada por Tim Wilson, nos revela é que o "gosto" da arte, a emissão estética, tem um elevado carácter tácito, não sendo passível de uma completa verbalização. Mais profundamente tácita na sensibilidade grega do que na inteligência, na "racionalidade", romana e francesa. E a segunda revelação é a de que as tentativas de verbalização do "gosto" estético, perturbam profundamente esse mesmo gosto, como no «efeito de centopeia» da execução de uma peça musical. Recolhem, pois, um sentido profundo as palavras de Álvaro de Campos em "Ambiente": «Nenhuma época transmita a outra a sua sensibilidade; transmite-lhe apenas a inteligência que teve dessa sensibilidade. Pela emoção somos nós; pela inteligência somos alheios. A inteligência dispersa-nos; por isso é que através do que nos dispersa que nós sobrevivemos. Cada época entrega às seguintes apenas aquilo que não foi»[70]. E só consegue transmitir um pouco daquilo que foi, quando o faz através da *acção*, mediante uma relação de mestre-aprendiz.

Se o papel do conhecimento tácito está tão presente na apreciação estética, por mais forte razão ainda o estará na *experiência mística*. Mas serão temas a revisitar em próximos Capítulos.

Notas

[1] POLANYI, Michael – *Personal Knowledge*, p. 171.
[2] CLARK, Tony – Knowledge in science and religion. A Polanyian perspective, em *Critical Conversations. Michael Polanyi and Christian Theology*, Murray A. Rae (ed.), Pickwick Publications, Eugene, Oregon, 2012, pp. 9-32; p. 18.
[3] POLANYI, Michael – Science and Religion: Separate Dimensions or Common Ground?, *Philosophy Today*, 7, 4-14 (1963); p. 8. Palavras em **negrito** encontram-se destacadas no texto por Polanyi.
[4] POLANYI, Michael; PROSCH, Harry – *Meaning*, University of Chicago Press, Chicago, 1975, p. 31; CLARK, Knowledge in science and religion. A Polanyian perspective, p. 19. Negrito nosso.
[5] *Id.*, pp. 19, 20.
[6] *Id.*, pp. 31, 32.
[7] POLANYI, Michael – *Personal Knowledge*, p. 134; ALLEN, R. T. – The dialectic of assimilation and adaptation revisited, em *Critical Conversations. Michael Polanyi and Christian Theology*, pp. 33-55; p. 49.
[8] FIVAZ, Roland – *L'Orde et la Volupté. Essai sur la dynamique esthétique dans les arts et dans les sciences*, Presses Polytechniques Romandes, 1989, Lausanne, p. 1.
[9] *Id.*, p. 3.
[10] *Id.*, p. 4.
[11] *Id.*, p. 6.
[12] *Id.*, p. 45.
[13] *Id.*, pp. 45-52.
[14] *Id.*, p. 53.
[15] *Id.*, p. 53.
[16] *Id.*, pp. 79-81.
[17] *Id.*, pp. 23, 24.
[18] JACOBS, Struan; MULLINS, Phil – Michael Polanyi and Karl Popper: The Fraying of a Long-Standing Acquaintance, *Tradition & Discovery*, 38, n° 2, 62-93 (2011-2012).
[19] JACOBS, Struan – Tradition in a Free Society: The Fideism of Michael Polanyi and the Rationalism of Karl Popper, *Tradition & Discovery*, 36, n°2, 8-25 (2009-2010); p. 8.
[20] POPPER, Karl – *O Conhecimento e o Problema Corpo-Mente*, Edições 70 Lda., Lisboa, 2009, p. 75.
[21] ALLEN, R. T. – The dialectic of assimilation and adaptation revisited, em *Critical Conversations. Michael Polanyi and Christian Theology*, pp. 52, 53.
[22] *Id.*, p. 48.
[23] POPPER, Karl – *O Conhecimento e o Problema Corpo-Mente*, pp. 77, 78.
[24] *Id.*, pp. 17-19.
[25] *Id.*, p. 33.
[26] *Id.*, pp. 20, 21.
[27] *Id.*, p. 35.

[28] *Id.*, pp. 38, 39.
[29] *Id.*, p. 76.
[30] *Id.*, pp. 40, 41.
[31] *Id.*, pp. 54, 55.
[32] *Id.*, p. 36.
[33] *Id.*, p. 61.
[34] HARVEY, Lincoln – The Theological Promise of Michael Polanyi's Project, em *Critical Conversations. Michael Polanyi and Christian Theology*, pp. 56-73; p. 66.
[35] *Id.*, p. 67.
[36] *Id.*, pp. 67, 68.
[37] *Id.*, p. 70.
[38] Em http://www.monergismo.com/textos/trindade/Kelly_A_Trindade_nos_santos_padres.pdf; acesso 12 de Janeiro de 2014.
[39] HARVEY, *ob. cit.*, p. 71.
[40] *Id.*, pp. 71, 72.
[41] *Id.*, p. 70.
[42] COUTO-SOARES, M. L. – *A estrutura do conhecimento tácito em Polanyi; um paradigma pós-crítico para a epistemologia?*, p. 13.
[43] POPPER, Karl – *O Conhecimento e o Problema Corpo-Mente*, p. 125.
[44] *Id.*, p. 126.
[45] *Id.*.
[46] *Id.*, pp. 126, 127.
[47] *Id.*, pp. 127, 128.
[48] *Id.*, pp. 128-130.
[49] *Id.*, p. 131.
[50] *Id.*, p. 133.
[51] *Id.*, pp. 138-141.
[52] *Id.*, pp. 164, 165.
[53] *Id.*, p. 168.
[54] FORMOSINHO, S. J.; OLIVEIRA BRANCO, J. – *A Dinâmica da Espiral*, p. 122.
[55] MEEK, Esther L. – *Longing to Know. The philosophy of knowledge for ordinary people*, Brazos Press, Michigan, 2003.
[56] POPPER, Karl – *O Conhecimento e o Problema Corpo-Mente*, pp. 170, 171.
[57] COUTO SOARES, Pedro J. P. – *A Ingerência do Conhecimento Explícito no Conhecimento Tácito*, em https://www.google.pt/url?sa=t&rct=j&q=&esrc=s&source=web&cd=1&ved=0CB8QFjAAahUKEwj8qIKQpsHHAhUE0hoKHUNNCB0&url=http%3A%2F%2Fmoodle.esml.ipl.pt%2Fmoodle13%2Fpluginfile.php%2F24044%2Fmod_folder%2Fcontent%2F1%2FConhecimento%2520t%25C3%25A1cito%2520e%2520conhecimento%2520expl%25C3%25ADcito.pdf%3Fforcedownload%3D1&ei=WtXaVfyTEISka8OaoegB&usg=AFQjCNGPtoXVwncKIGweeX-fVepvoN9yfw&sig2=cWNey5A5_vu5lv-SiojPXRA ; acesso em 24 de Agosto de 2015.
[58] *Id.*.
[59] COUTO-SOARES, M. L. – *A estrutura do conhecimento tácito em Polanyi; um paradigma pós-crítico para a epistemologia?*, p. 21.
[60] *Id.*, p. 29.
[61] Em http://pt.wikipedia.org/wiki/Voo_US_Airways_1549; acesso em 18 de Janeiro de 2014.
[62] LOBO ANTUNES, João – *Egas Moniz. Uma biografia*, Gradiva, Lisboa, 2010, pp. 182, 183.
[63] Em http://www.stumbleupon.com/su/20vSv0/:1C5wqcE3X:TfKaiz!e/youarenotsosmart.com/2010/05/26/the-perils-of-introspection ; acesso a 18 de Agosto de 2015. «*Is there a certain song you love, or a work of art? Perhaps there is a movie*

you keep returning to over the years, or book. Go ahead and imagine one of those favorite things. Now, in one sentence, try to explain why you like it. Chances are, you will find it difficult to put into words, but if pressed you will probably be able to come up with something. The problem is, according to research, your explanation is probably going to be total bullshit.»

[64] Id.. «Tim Wilson at UVA demonstrated this with The Poster Test. He brought a group of students into a room and showed them a series of posters. The students were told they could take any one they wanted as a gift and keep it. He then brought in another group, and told them the same thing, but this time they had to explain why they wanted the poster before they picked. He then waited six months and asked the two groups what they thought of their choices. The first group, the ones who just got to grab a poster and leave, they all loved their choice. The second group, the ones who had to write out why, hated theirs. [...] When you ask people why they do or do not like things, they must then translate something from a deep, emotion, primal part of their psyche into the language of the higher, logical, rational world of words and sentences and paragraphs. Also, when you attempt to justify your decisions or emotional attachments, you start worrying about what your explanation says about you as a person. [...] Believing you understand your motivations and desires, your likes and dislikes, is called the Introspection Illusion. You believe you know yourself, and why you are the way you are. You believe this knowledge tells you how you will act in all future situations. Research shows otherwise.»

[65] ÁLVARO DE CAMPOS – *Aviso por Causa da Moral e outros textos*, Ática, Guimarães Editores, SA, Lisboa, 2009, p. 49.

[66] Id., p. 31.
[67] Id., pp. 30, 31.
[68] Id., p. 13.
[69] Id., pp. 39-41.
[70] Id., p. 45.

CAP. 3. A ESPIRAL PARA O CONHECIMENTO

Como referimos no Capítulo 2, Roland Fivaz procura olhar as questões do espírito sob um novo ponto de vista: o de levar a Física suficientemente a sério para, a partir dela, formular questões de índole metafísica, mas não a tomar tão a sério que se admita que a elas a mesma ciência possa responder. É também a busca de um outro ponto de vista sobre as questões religiosas que procuramos, a partir da nova teoria do conhecimento que Michael Polanyi nos proporcionou. Textos antigos, perante uma situação epistemológica nova, poderão ser retomados, lidos e "compreendidos" de um modo novo. Procuraremos trazer alguns exemplos deste potencial.

O conhecimento tácito — "sabemos mais do que conseguimos dizer" — foi proposto por Polanyi há pouco mais de 50 anos, mas encontrou dificuldades em ser aceite por filósofos, e até em ser reconhecido como um verdadeiro *conhecimento*. Um reconhecimento surpreendente surgiu, contudo, mais recentemente no domínio da gestão e das ciências das organizações. Começou a ser percebido que o *conhecimento implícito* tem implicações na organização social do trabalho cognitivo e na gestão de projectos, mormente em empresas onde o *conhecimento criativo* desempenha um papel de centralidade (*knowledge management*).[1] Se bem que tenhamos já reflectido sobre este tema em obra em preparação,[2] julgamos útil a sua reafirmação no actual contexto, porque, em muito, vai moldar este capítulo.

Centralidade do conhecimento tácito nas empresas de conhecimento

Na gestão empresarial do mundo ocidental, uma "empresa" é vista na sua vertente organizacional como uma "máquina de processamento de informação", de um conhecimento formal e sistemático — dados quantitativos, procedimentos codificados, princípios universais. Mas no Japão, empresas como a Honda, Canon, Matsushita, etc. tornaram-se famosas pela pronta resposta a clientes, pela criação de novos mercados, pelo rápido desenvolvimento de novos produtos e pelo domínio que patenteiam sobre as tecnologias emergentes. Aos gestores do Ocidente, o modo de funcionamento destas empresas nipónicas era, até alguns anos, bastante incompreensível.

Uma geração e meia após o nascimento da teoria do conhecimento tácito por Michael Polanyi, Nonaka *et al.* vêm a conferir-lhe um papel central na economia do conhecimento: «No mundo da economia onde a única certeza é a incerteza, a única fonte segura para uma vantagem competitiva duradoura é o conhecimento. Quando os mercados mudam, as tecnologias proliferam, os concorrentes se multiplicam e os produtos ficam obsoletos quase do dia para a noite, as empresas bem-sucedidas são aquelas que estão consistentemente a gerar novos conhecimentos, a disseminá-los amplamente por toda a organização, e rapidamente a incorporá-los em novas tecnologias e produtos. Todas estas actividades definem uma empresa da "*criação de conhecimento*", cujo único campo de negócio é a inovação contínua»[3].

«Numa linha de pensamento sintonizada com a de Polanyi, Nonaka e Takeuchi [...] consideram que o verdadeiro conhecimento está profundamente alicerçado na acção individual, uma vez que, para conseguir explicar algo que fazemos sem pensar (devido ao hábito e à experiência), é necessário recuperar a ligação entre o conhecimento e as suas *circunstâncias criadoras*»[4].

«O conhecimento tácito comporta duas componentes distintas [...]: i) a *componente técnica* que, incluindo as competências pessoais vulgarmente designadas por *know-how*, se relaciona com um tipo de conhecimento profundamente enraizado na *acção* e no empenhamento de um indivíduo para com um contexto específico — uma arte ou profissão, uma determinada tecnologia ou um determinado mercado, ou, mesmo, as actividades de um grupo ou equipa de trabalho; e ii) a *componente cognitiva* que inclui elementos como os palpites, intuições, emoções, esquemas, valores, crenças, atitudes, competências e "pressentimentos". Estes elementos — que podemos apelidar de *modelos mentais* — encontram-se incorporados nos indivíduos, que os encaram como dados adquiridos, definindo a forma como agem e se comportam, constituindo o filtro através do qual percepcionam a realidade. Difícil de articular por palavras, a dimensão cognitiva molda a forma como percepcionamos o mundo. [...] Sendo altamente experiencial, pessoal e específico do contexto, o conhecimento tácito é, consequentemente, mais difícil de formalizar, comunicar e partilhar»[5].

«Quando, através da utilização da *linguagem*, se consegue converter o conhecimento tácito em explícito, este pode tornar-se alvo de reflexão ou focalização. No referido processo de *explicitação*, a linguagem pode assumir três funções fundamentais: de *expressão de sentimentos*, de *apelo a outros indivíduos* e de *constatação de factos*. Segundo Polanyi [...], a transformação do conhecimento tácito em conhecimento explícito concretiza-se, exclusivamente, através da terceira função. Tal como acontece com os animais, o conhecimento humano é, em grande parte, adquirido através da experiência, e aquilo que diferencia o ser humano do animal é a sua capacidade de sistematização através do discurso. Assim, as palavras utilizadas para descrever essa experiência apenas veiculam significados previamente adquiridos, que podem ser modificados no decurso da sua presente utilização. Distanciar o sujeito do conhecimento e da sua articulação através da linguagem ou de símbolos, possibilita a sua distribuição, a sua crítica e o seu fomento»[6].

«O conceito de *tradição* é, também, um conceito central na teoria de Polanyi, no âmbito do qual o autor consubstancializa todo um sistema de valores exterior ao indivíduo que traduz a forma como o conhecimento é transferido num contexto social, considerando-a, ainda, em conjunto com a linguagem, como um sistema social que reúne, armazena e disponibiliza o conhecimento da sociedade. Para Polanyi [...], uma arte que não é específica nos seus detalhes e que não é passível de descrição detalhada não pode ser transmitida através de prescrições, podendo apenas ser transmitida do mestre ao aprendiz através da observação e imitação, o que implica restringir a difusão do conhecimento à modalidade do *contacto pessoal*. Este tipo de aprendizagem, a vicariante, implica uma certa *submissão à autoridade*; da mesma forma, uma sociedade que pretenda preservar os conhecimentos pessoais deverá submeter-se à tradição. Neste contexto, Polanyi [...] identifica três mecanismos psicossociais tácitos subjacentes ao processo de transferência de conhecimento entre dois indivíduos: a *imitação*, a *identificação* e a *aprendizagem pela prática* (*learning by doing*), considerando que estes subjazem à transferência directa do conhecimento. [...] A tradição confere aos indivíduos padrões de acção, regras, valores e normas que, no seu conjunto, formam uma ordem social que lhes permite formular expectativas acerca do comportamento de terceiros e orientar o seu próprio comportamento. Os valores assim transmitidos não são subjectivos; partem de uma tradição exterior ao indivíduo e, apesar de integrarem a experiência individual, visam um nível mais geral»[7].

«O conhecimento tácito é não apenas intangível, mas frequentemente inexprimível. No entanto, por mais difícil que seja a tentativa de codificação de conhecimento tácito, o seu valor substancial justifica todos os esforços. [...] A retenção do conhecimento tácito significa a retenção do próprio indivíduo na organização, o que nem sempre é uma tarefa possível. Aceder a conhecimento tácito apenas e só quando o seu detentor tem disponibilidade para o partilhar, ou perdê-lo quando este abandona a organização, constituem problemas significativos que ameaçam o valor do capital de conhecimento organizacional»[8].

A criação de ambientes partilhados que facilitem e fomentem a criação do conhecimento é algo que as empresas japonesas cultivam, baseadas no conceito de socialização "ba" proposto pelo filósofo japonês Kitaro Nishida. «As conversas informais (e.g., no bar, no corredor, na cantina da organização) são, frequentemente, ocasiões óptimas para a transferência de conhecimento tácito. Neste sentido, muitas empresas japonesas têm vindo a criar "salas de conversa", de forma a encorajar este tipo de trocas criativas, imprevisíveis, mas imprescindíveis, com o objectivo de melhorar as aptidões organizacionais e, desta forma, aumentar o seu valor. Na sociedade/economia do conhecimento, as conversas são a forma mais importante de trabalho, constituindo o meio encontrado pelos trabalhadores do conhecimento para descobrir o que sabem e partilhá-lo com os seus colegas e, ao longo deste processo, criarem novo conhecimento para a organização. Contudo, algum conhecimento tácito é demasiado subtil e complexo para ser expresso por palavras. Nestas situações, as pessoas que partilham da mesma cultura organizacional conseguem comunicar melhor e transferir esse conhecimento mais eficazmente. Quanto mais próximos os indivíduos estiverem da cultura do conhecimento a ser transferido, mais fácil se torna a sua partilha»[9]. Porque uma conversa, não é apenas uma troca de palavras e de frases; também inclui gestos, expressões faciais, interjeições, silêncios, ... em suma, convívio. Assim se toma consciência de que o verdadeiro alvo nestas organizações deverá ser o *conhecimento tácito*.

O conhecimento tácito como motor da inovação

Na linha de pensamento de Ikujiro Nonaka, «uma atenção particular começa a ser dada aos indivíduos que detêm conhecimento tácito como sua competência intrínseca, pois, enquanto meio privilegiado do seu "armazenamento", são especialmente valiosos para as organizações que procuram, a todo o custo, preservá-los. Este tipo de conhecimento é, ainda, essencial ao processo de criação de novo conhecimento que apenas representa uma mais valia organizacional se, através das actividades de transmissão e assimilação, conduzir a mudanças de comportamento ou ao desenvolvimento de novas ideias que, por sua vez, conduzam a novos comportamentos. É importante relembrar que o acto de partilha de conhecimento tácito conduz sempre à *criação de algo novo*. O conhecimento explícito pode ser copiado e continuamente reinventado enquanto que o conhecimento tácito, porque único, constitui o *motor da inovação*. Dada a sua importância estratégica, é especialmente relevante para a gestão do conhecimento nas organizações e, apesar das dificuldades em o gerir, deverá constituir-se como alvo preferencial das actividades organizacionais. De facto, como inclui *modelos mentais* e *crenças*, para além do *know-how*, a passagem do tácito para o explícito é um processo de articulação da visão que o sujeito tem do mundo — o que é e como deveria ser. Quando os indivíduos criam novo conhecimento, estão também a *reinventar-se* a si próprios, à organização, e mesmo ao mundo»[10].

O cerne da gestão nas empresas geradoras de conhecimento, é reconhecer, logo à partida, que criar conhecimento novo é muito mais do que processar informação objectiva. Requer-se a gestão do conhecimento tácito o que implica que os gestores adquiram familiaridade com imagens, símbolos, *slogans*. Por exemplo, o *slogan* a "Teoria da Evolução do Automóvel" permite ver o automóvel não como uma máquina, mas como um organismo vivo passível de evolução. Tal levou ao desenvolvimento de um carro mais urbano, o *Honda City*. Se fosse um organismo como evoluiria um automóvel para melhor se adaptar a um ambiente de cidade? Assim surgiu a imagem de uma "esfera"; um carro mais esférico seria simultaneamente mais pequeno e mais alto, ocuparia menos espaço nas ruas, seria mais leve mas simultaneamente mais seguro e confortável por dispor de mais espaço interior, e teria menor custo de fabrico.[11]

A abordagem mais holística ao conhecimento de muitas empresas de culturas do Leste-asiático também assenta numa *intuição* básica. Uma empresa não é uma máquina mas um organismo vivo. Tal como um indivíduo, a empresa deve ter um sentido colectivo de identidade e um propósito fundamental. Os CEO de algumas destas empresas japonesas falam mesmo num "*guarda-chuva conceptual*": os grandes conceitos que em termos muito universais e abstractos identificam as características comuns que ligam actividades aparentemente díspares das empresas num todo coerente. Um bom exemplo é a dedicação da Sharp à optoelectrónica, como televisões a cores, ecrãs de cristais líquidos, circuitos integrados, etc.[12]

Quase sempre a inovação começa a nível individual, mas carece de ser transformada em conhecimento da organização para ser economicamente relevante para o todo da empresa. Tal requer uma "*espiral para o conhecimento*", com quatro fases:

1) Conversão de conhecimento *tácito em tácito*: por vezes um mestre transmite e partilha o seu conhecimento tácito com um aprendiz, num processo de *socialização* que já referimos. Mas trata-se de uma forma bastante limitada de criação de conhecimento, pois não sendo explicitado não pode ser facilmente assimilado pela organização.

2) Conversão de conhecimento *explícito em explícito*: uma forma muito comum nas empresas em qualquer cultura,

mas que verdadeiramente não alarga o conjunto de conhecimentos já existente na empresa. Tal só se verifica quando ocorre uma troca entre os dois tipos de conhecimentos, entre o tácito e o explícito.

3) Conversão de conhecimento *tácito em explícito*: para desenvolver uma boa máquina de cozer pão, Ikuko Tanaka foi aprender este conhecimento tácito com um famoso padeiro de um hotel de Osaka e depois conseguiu traduzir estes segredos tácitos em conhecimento explícito (*articulação*) que passou aos engenheiros e técnicos do seu grupo de trabalho. O grupo depois estandardizou este conhecimento num manual de fabrico e procedimentos para produzir a máquina de cozer pão. Trata-se da fase de *combinação*, que converte conhecimento em produto acabado.

Nesta fase, a conversão do conhecimento tácito em explícito deve ser operada por outrem que não o sujeito que se procura copiar. Uma verbalização pelo próprio poderia conduzir naturalmente a uma desarticulação do seu desempenho, como referimos no Capítulo 2.

Finalmente, a fase 4) conversão de conhecimento *explícito em tácito*: Como o novo conhecimento explícito passa a ser compartilhado por toda a organização, outros empregados começam a internalizá-lo, isto é, usam-no para ampliar e reformular o seu próprio conhecimento tácito e aplicá-lo noutros contextos.[13]

Nesta *espiral do conhecimento*, a *articulação* (conversão de conhecimento tácito em explícito) e a *internalização* (usar o novo conhecimento explícito para alargar a base pessoal de conhecimento tácito) são as etapas cruciais. Dado que o conhecimento tácito abarca crenças e modelos conceptuais, para além de *know--how*, esta deslocação do conhecimento tácito para o explícito é realmente um processo de articulação de uma *visão do mundo* — como é e como deveria ser —, que é distinta da que têm os gestores das culturas ocidentais.

ENCONTRAMOS ASSIM em Michael Polanyi uma hierarquia para o conhecimento, na qual os níveis superiores não são deriváveis dos níveis inferiores sem um contexto adicional para serem compreendidos, o que se revela, de algum modo, como um complemento do modelo DIKW (*Data-Information-Knowledge-Wisdow*), também conhecido como "Pirâmide do Conhecimento". Trata-se de uma hierarquia informacional utilizada principalmente nos campos Ciência da Informação e da Gestão do Conhecimento e formulada em 1989 por um dos pioneiros da gestão operacional, Russell L. Ackoff. A pirâmide do conhecimento é estruturada em quatro níveis, por ordem crescente de importância: *dados, informações, conhecimentos* e, no topo da hierarquia, a *sabedoria*. Cada um destes níveis de conhecimento acrescenta certos atributos ao nível anterior. Uma tal estrutura, inicia-se com os *dados*, o que significa números, imagens e palavras. As *informações* são simplesmente uma compreensão das relações entre as partes dos dados, ou entre as partes dos dados e outras informações. Embora a informação implique a compreensão das relações existentes entre os dados, geralmente não explica por que motivo os dados são o que são, nem dá uma indicação de como os dados podem mudar ao longo do tempo. Isto é adquirido pelo *conhecimento* que nos proporciona a forma de como usar adequadamente a informação e pela sabedoria que nos proporciona o entendimento de o porquê e quando devemos utilizar os níveis inferiores do conhecimento. A *sabedoria* é, pois, a capacidade de aumentar a eficácia, agregando valor, o que requer a função mental do ajuizamento. Os valores éticos e estéticos que a sabedoria implica são inerentes ao sujeito e são únicos e pessoais.[14]

Kenneth Grant resume na Figura 3.1 a dimensão tácito/explícito em Polanyi e a sua articulação com o carácter inefável e explícito do conhecimento e que todo o conhecimento tem um fundo tácito, mas que há um contínuo nas suas componentes, desde o tácito ao explícito. Este contínuo varia desde uma situação em que: i) é pequena a componente tácita do conhecimento e, portanto, este pode utilizado por muitas pessoas, mesmo com uma experiência limitada do domínio; ii) passando por uma situação em que só os peritos podem compartilhar este conhecimento tácito dado o seu *background* comum, treino especializado e experiência; iii) até uma situação em que há um forte elemento pessoal para o conhecimento, o que o torna de muito difícil expressão; iv) finalmente, chega-se ao ponto em que, de facto, é impossível articular este conhecimento (o conhecimento "inefável"). O grau de explicitação pode ser intimamente associado ao uso da *linguagem*. Onde exista um alto grau de aceitação da utilização e especificidade da linguagem (falada, escrita, de representação gráfica) o conhecimento pode ser altamente explicitado para muitas pessoas. Sempre que um nível mais sofisticado de conhecimento e de experiência sejam necessários para que a linguagem adquira significado, o nível de compartilha do conhecimento vê-se confrontado com o seu aumento de carácter tácito, e requer em muito uma aprendizagem através da acção numa relação de mestre-aprendiz. É neste último grau que Grant posiciona o conceito de conhecimento "implícito", um conceito que não foi abordado por Polanyi, mas que muitas vezes é proposto como uma alternativa ao conhecimento tácito. Este modelo sugere que o conhecimento "implícito" pode ser descrito como conhecimento tácito que poderia ser tornado explícito, mas não o precisa de ser numa comunidade que já compartilhe uma visão comum do conhecimento tácito necessário.[15]

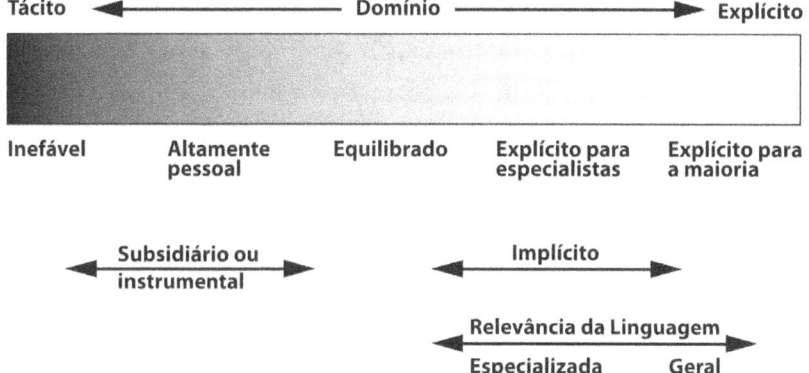

Figura 3.1. A dimensão tácito/explícito no conhecimento e a sua relação com a linguagem (ref. nota 15).

O papel da linguagem figurada

A história do *Honda City* mostra bem como nas empresas japonesas se recorre frequentemente a uma linguagem figurada, em particular da *metáfora* — duas ideias numa frase. Ideias diferentes, muitas vezes contrárias, condensadas em frases, imagens ou símbolos. E na conciliação de contrários, as culturas do Leste-asiático são exímias. Aliás se uma "visão" tem pouca ambiguidade, fica muito mais próxima de uma instrução ou de uma ordem, e estas não fomentam o envolvimento pessoal que pode ser a fonte da real inovação.[16] Termos como *metáforas, analogias, modelos* formam quase um contínuo por vezes de difícil distinção, mas captam o essencial de como numa empresa se consegue converter conhecimento tácito em explícito. Mediante metáforas associam-se coisas e ideias contrárias; resolvem-se tais contradições através de analogias e finalmente corporizam-se conceitos mediante modelos acessíveis a toda a empresa.[17]

Não obstante, «para converter o conhecimento tácito em conhecimento explícito temos de encontrar um modo de expressar o inexprimível. Infelizmente, uma das ferramentas de gestão mais poderosas para fazê-lo é também uma das mais frequentemente negligenciadas: a "loja" da linguagem figurada e simbólica, mesmo poética. É através dela que os gestores podem encontrar maneiras para articular as suas intuições e discernimentos em ordem ao desenvolvimento de novos produtos. [...] Um tipo de linguagem figurada que é especialmente importante é a *metáfora*. Por "metáfora", [Nonaka] não se refere apenas a uma estrutura gramatical ou expressão alegórica, mas a um método distinto de percepção. [...] Mas enquanto a metáfora desencadeia o processo de criação de conhecimento, por si só não basta para o completar. O passo seguinte é *analogia*. Considerando que a metáfora é impulsionada principalmente pela intuição e associa imagens que à primeira vista parecem distantes umas das outras, a analogia é um processo mais estruturado de conciliar contradições e estabelecer distinções»[18]. A finalidade das analogias é, pois, fornecer uma ponte entre o familiar e o não-familiar e, quando prosseguida de um modo sistemático no ensino, revela ser uma estratégia explicativa e criativa para o conhecimento explícito e para o implícito.

PODEMOS RESUMIR os principais ensinamentos desta longa história em quatro pontos: 1) a centralidade do *conhecimento* tácito como motor da inovação nas empresas de conhecimento; 2) a *inovação* começa a nível individual, mas para evoluir para conhecimento da organização requer uma *espiral para o conhecimento*; 3) para exprimir o inexprimível a *linguagem figurada* é o caminho a percorrer, porque sem ser uma forma de configurar uma ordem, consegue na sua ambiguidade, juntar *ideias diferentes*, por vezes *contrárias*; 4) a espiral para o conhecimento requer alguma conversão de conhecimento tácito em explícito mas, após a inovação, o conhecimento gerado carece de voltar a um nível tácito para ser capaz de gerar mais inovação.

Estas ilações são relevantes, pois, como realça José María Mardones, a linguagem religiosa possui «um carácter radicalmente analógico, simbólico»[19]. Numa perspectiva religiosa, iremos percorrer casos sobre o papel de ideias contrárias, de linguagem metafórica e figurada, da espiral do conhecimento e da busca de novos sentidos e significações, de dinâmicas interiores e do papel do conhecimento tácito na aproximação do homem ao divino e a Deus.

O mito da criação

Consagrando a *dúvida* como a porta de entrada para a verdade, tem servido principalmente, no período moderno, para minar as crenças tradicionais e os fundamentos fiduciários de pesquisa. Porque a ciência no início resistiu às tradições da Igreja Católica romana, todas as *tradições* passaram a ser vistas como a antítese da pesquisa apurada. Assim como a sobrevalorização da importância da dúvida e da acuidade mental levaram a um mal-entendido a respeito da *crença* e da sua importância na tradição filosófica moderna, também a sobrevalorização da importância do poder e dos interesses estão a levar hoje a mal-entendidos pós-modernos a respeito do processo de justificar e respeitar a crença.

"Pós-crítica" é a expressão de Michael Polanyi para a viragem que acredita ser necessária ocorrer na tradição ocidental do pensamento científico e do pensamento em geral. Polanyi, como muitos pensadores pós-modernos, não é um fundamentalista, embora «continue a sustentar que há uma base viável, embora de um tipo diferente, para a actividade cognitiva humana». O que nos propõe é que esta *base* se encontra no *alicerce tácito* do conhecimento explícito. Desta forma Polanyi argumenta precisarmos de uma nova e mais ampla noção de conhecimento e dos processos de como se adquire o próprio conhecimento.

Sustenta mesmo que a *dúvida* não tem *valor heurístico* e que a *crença* é o normativo nas relações humanas; crença ou padrões de crença são sempre o sustentáculo de disposições particulares para qualquer modo de resposta humana. Isto é, um tecido de crença não explicitamente conhecida, mas tacitamente invocada, sustenta todo e qualquer respondimento humano; "tecido de crença" que abarca a capacidade de pensamento crítico ou de inquirição. A crença, no entanto, deve estar relacionada com uma *tradição de pensamento* e com a prática que lhe serve de base.[20] Por outras palavras, mesmo a *crítica* requer uma atitude de crença para se constituir numa eficaz metodologia de investigação.

Objectos, eventos e ideias presentes no mundo dão origem a *sinais* (signos) que formatam as pessoas (ou seja, produzem um impacto ou uma impressão sobre as pessoas), bem como os eventos subsequentes. Tais impressões (dos sinais em nós e no mundo) em si mesmas tornam-se sinais que se sucedem uns aos outros que moldam e promovem impactos sucessivos em contínuo. É a amplitude e a profundidade de uma tal *perspectiva semiótica* — a relação triádica de signo, objecto e intérprete — que vai reformular alguns dos dualismos filosóficos da pós-modernidade.

Como refere Phil Mullins, o pensamento investigativo sobre a Bíblia baseado sobre uma perspectiva pós-crítica e semiótica irá reconhecer que a investigação é um esforço contínuo assente na riqueza da *tradição*, um empreendimento em que o crescimento de *significação* e *sentido* se desenvolve na história. Mas será que a perspectiva "pós--crítica" da Teoria do Conhecimento Tácito (TCT) não será demasiado naturalista, ficando presa de um certo caos organizativo e de acção?

Como referimos no Capítulo 1, a TCT faz uso da psicologia da *Gestalt*, mas vai para além de uma concepção passiva da organização de pistas (*clues*) num todo, introduzindo-lhe o elemento activo de uma *intenção* de realização prática e teórica hábil, pois dispõe sempre de um *focal*.

O PECADO ORIGINAL na doutrina cristã pretende conferir um sentido à origem da imperfeição humana, do sofrimento e da existência do mal através da queda do homem. Esta doutrina não existe no Judaísmo nem no Islamismo, tendo sido iniciada por S. Ireneu no séc. II. Não obstante não existir no judaísmo, o Salmo 51 refere: «Eis que nasci na culpa e a minha mãe concebeu-me em pecado» (Sl 51, 7). Poderá parecer que este Salmo se refere ao acto progenitor do homem e da mulher, mas elevando-nos a uma perspectiva mais holística, tal parece não ser o caso, pois no Génesis se diz: «Deus criou o ser humano à sua imagem, criou-o à imagem de Deus; Ele os criou homem e mulher. Abençoando-os, Deus disse-lhes: "Crescei e multiplicai-vos, enchei e dominai a terra"» (Gn 1, 21-22). «O hebraico dispunha de várias palavras para dizer "pecado", mas este texto [capítulos 2 e 3 do Génesis] não usa nenhuma delas»[21].

O desenvolvimento sistematizado da doutrina do pecado original vem com S. Agostinho já no séc. IV. As doutrinas a respeito do pecado original têm sido historicamente um dos principais motivos para o surgimento de heresias e para os cismas, desde os primeiros séculos do cristianismo.

Os autores do Génesis combateram os mitos — "representação idealizada de um certo estado da humanidade num passado fictício ou num futuro fictício" — , mas recorreram à linguagem mítica para abordar os grandes problemas da humanidade. «Só a linguagem do mito é capaz de representar fenómenos que estão para além do nosso espaço e do nosso tempo. As origens do mundo, como as realidades escatológicas, estão nessa categoria. Não é por acaso que a Bíblia usa a mesma linguagem para as origens do mundo e para os tempos finais»[22]. Portanto, «as narrativas da criação teriam uma função heurística» sobre um problema existencial, como o da origem do homem. Problema para o qual o mesmo homem sente necessidade de buscar alguma forma de sentido.

Como realça Carreira das Neves, a Bíblia não pode ser transformada num talismã ou numa "constituição" que tem resposta precisa para todos os problemas complexos da humanidade. Uma tal visiva conduz ao fundamentalismo e a concordismos, levando-nos a poder ser guiados cegamente por textos contraditórios e até perigosos. A Palavra de Deus informa-nos sobre Deus, mas não como se Deus lá do Céu falasse a Moisés ou aos profetas ou a Jesus, como duas pessoas falam entre si.[23] «O povo bíblico não sabe nada sobre conceptualização do dizer, mas apenas sobre conceptualização do viver. Deus é vida que não se diz, mas que se vive»[24].

Um desses problemas originais é o da condição humana, da sua tendência para o mal em detrimento do bem, e ... da morte. «Este é um mito de justificação da condição humana: o homem tem de trabalhar a terra com suor, sangue, lágrimas e dureza da vida; e a mulher que dá à luz entre dores de parto. É um mito de justificação, como todos os mitos, e nada mais. A partir daí, o pecado original, à maneira de Santo Agostinho, vai-se embora e tem de ir embora»[25].

Como acima referido, a linguagem figurada como a dos *mitos*, permite trabalhar duas ideias numa frase, ideias muitas vezes contrárias, em busca de um *sentido religioso* — de uma aproximação de Deus ao homem, eventualmente mesmo de o ressuscitar, o que implica trazer o homem ao pleno convívio divino. Mas também reconhece que uma tal aproximação tem de partir de Deus, da "entrada de Deus no tempo" (na história) como afirmou Kierkegaard, pois o próprio homem não o consegue fazer por si mesmo.

Torres Queiruga bem nos alerta para o facto de que as religiões não foram "caídas do céu" nem constituem um mundo à parte, mas são produtos estritamente culturais, como a poesia, como a filosofia, como a ciência. «Tudo o que é autenticamente religioso é sempre uma resposta a perguntas muito concretas. Resposta específica, caracterizada pela sua relação com Deus; mas resposta *verdadeiramente humana*, conseguida no esforço de homens e de mulheres por encontrar sentido para perguntas que afectam real e profundamente as suas vidas [...] Em última análise, um texto religioso é uma *interpretação humana* da realidade; realidade comum, a única que existe e na qual todos vivemos. O que a caracteriza não é uma origem milagrosa, estranha ou fora dos procedimentos "naturais", mas a convicção de que a dimensão empírica e imediatamente mundana não esgota a totalidade da realidade. Não crê possível uma compreensão adequada da mesma a não ser incluindo outra realidade distinta, a Divina [...]. Deus converte-se assim na chave para conseguir uma explicação "última" da realidade».[26]

Sendo o homem uma criação divina, com a sua incapacidade de em muito distinguir o bem e o mal, como conciliar a acção de Deus na criação do tipo de humanidade que somos, com todos os seus defeitos e limitações, com a busca de transcendência e perfeição na mesma humanidade, se não mesmo de eternidade, que o homem sente no seu interior? O mito de Adão e Eva que, colocados no Éden, transgridem a ordem divina de não comer do fruto da árvore do conhecimento do bem e do mal, concilia duas ideias contrárias: a da perfeição de Deus que cria o ser humano imperfeito. E a corrupção da humanidade acabou por ser muito profunda: «O Senhor reconheceu que a maldade dos homens era grande na Terra, que todos os seus pensamentos e desejos tendiam sempre e unicamente para o mal. O Senhor arrependeu-se de ter criado o homem sobre a Terra, e o seu coração sofreu amargamente» (Gen 6, 5-6).

O mito concilia a ideia da perfeição de Deus com a da maldade da humanidade, atribuindo a *culpa* ao homem que, ao ser colocado no paraíso, dele é expulso ao transgredir a ordem de Deus. A Bíblia já não abriga o "mito astral" da Mesopotâmia que atribuía a culpa a Deus. Mas será um "culpa" moral?

É oriunda da cultura helénica, a teoria platónica da queda ou degenerescência dos seres humanos. Também em Platão se encontra a potencialidade de pensar através de ideias contrárias: «Não há nada bom nem mau a não ser estas duas coisas: a sabedoria que é um bem e a ignorância que é um mal».

Um outro expoente neste modelo pensamento foi Nicolau de Cusa no séc. XV, com uma frase que ficou célebre: "Deus é o não outro". Explicitando um pouco o contexto que este cardeal da Igreja estabeleceu: «Temos que nos aproximar do absoluto a partir do concreto que é visível, e deste modo o invisível o faz visível, pelo menos através dos seus sinais. Deus é a síntese de contrários, da unidade e da multiplicidade de tudo. Por isso, Deus não é captado em nenhum objecto porque nenhum objecto se limita; por isso Deus é o não outro, o que expressa um duplo significado: 1. Que Deus não se separou do mundo, sendo que este constitui o seu próprio ser. 2. Ao anunciar o não outro, está anunciando que a unidade não se encontra determinada em nada concreto. "Deus é tudo e no tudo e no não é nada no todo"»[27].

Em entrevista a António Marujo, o padre carmelita Armindo Vaz sobre este temática afirma: «O narrador quer que percebamos que as nossas origens são de Deus. E que, portanto, o sentido último da vida do homem e da mulher é Deus. Se perdermos do horizonte da nossa vida a presença de Deus, estamos a deixar a nossa vida sem sentido. [...] O que é necessário é saber perceber a espiritualidade dos mitos de origem, é descobrir o sentido último da existência, que os mitos pretendem sugerir e comunicar»[28].

Apesar destes percursos sobre a dimensão simbólica da linguagem, em que para lá da letra o *mito* ganha um profundo sentido existencial, a verdade é que, no caso Galileu, as autoridades religiosas do tempo se prenderam à interpretação literal da Bíblia e entraram em colisão com a ciência moderna nascente. A reflexão sobre o sentido último que os mitos nos aportam prosseguirá na Segunda Parte desta obra. «A tarefa dos exegetas e teólogos ajuda a "amadurecer o juízo da Igreja". Embora de modo diferente, fazem-no também as outras ciências»[29]. Nesta perspectiva mais próxima, vamos retomar a abordagem deste diálogo mais ou menos intenso entre a ciência moderna e a religião cristã, mais centrado na "explicação", mas também enriquecedor de uma «fé que dá sabor à vida», como escreveu Juan Ambrosio.[30] É uma caminhada que do *conhecer* pretende alcançar o *saber*. Um saber que busca o equilíbrio entre razão, sentimento e intuição em harmonia com princípios éticos que num horizonte de transcendência buscam o sentido mais profundo da Criação e da Vida.

As parábolas de Jesus

Jesus na sua vida pública recorre a um género literário — a *parábola* — que não se usava nem no Antigo Testamento, nem na literatura grega e romana. «Foi Jesus que o criou de maneira especial pelo seu aspecto apelativo de chamar a atenção às pessoas que o ouviam. [...] Nada como falar em parábolas abertas a muitas interpretações». Tal não implica que na estrutura didáctica que os evangelistas adoptaram, não haja um "fechamento", a conclusão das parábolas que dá o sentido final e que pertence à Igreja.[31] É uma explicitação da mensagem tácita que parece ir para além da explicitação do próprio Jesus, mas que para os discípulos que com ele conviveram ia sendo feita por cada um na convivência mútua, pela linguagem não-verbal e de outros modos, mas não necessariamente pelo "fecho" das parábolas. As parábolas de Jesus eram um convite com muitas "aberturas".

Joseph Ratzinger, já como Papa Bento XVI, publica "Jesus de Nazaré", seguindo o denominado método canónico, os textos reconhecidos pela Igreja. E o Novo Testamento é o mesmo para católicos e protestantes. Sobre as parábolas escreve Ratzinger: «Cada educador, cada mestre que deseja transmitir novos conhecimentos aos seus ouvintes serve-se também do exemplo, da parábola. Por este meio, ele aproxima do pensamento dos seus interlocutores uma realidade que até aquele momento estava fora do seu ângulo de visão. Ele quer mostrar como, numa realidade que faz parte do seu campo de experiência, transparece algo de que antes não se tinham apercebido. Através da parábola, aproxima deles o que estava distante, de tal modo que, por meio desta ponte da parábola, chegam àquilo que lhes era desconhecido. Trata-se de um duplo movimento: por um lado, a parábola traz a realidade distante para junto daqueles que a ouvem e meditam; por outro, o próprio ouvinte se põe a caminho: a *dinâmica interior* da parábola, a intrínseca auto-superação da imagem escolhida, convida-o a abandonar-se a esta dinâmica e a ultrapassar aquilo que era o seu horizonte anterior, a conhecer, apreender e compreender aquilo que antes lhe era desconhecido»[32]. Jesus, através das suas parábolas, mais do que dar "ordens", faz *convites*!

As parábolas constituem o centro da pregação de Jesus e «não cessam de nos surpreender pelo seu vigor e humanidade [...] e por "uma acentuada originalidade pessoal, uma singular clareza e simplicidade, uma extraordinária mestria de forma"». Quando vistas à transparência do texto aramaico, sente-se a proximidade de Jesus, ao modo como ele viveu e ensinou. E perguntamos sempre: o que nos quer dizer com cada uma delas (Mc 4, 10). «O esforço por uma recta compreensão das parábolas permeia toda a história da Igreja», pelo que as conquistas alcançadas nunca são definitivas.[33]

As parábolas de Jesus encerram em si mesmas, uma profunda *inovação* em todos os tempos e culturas, porque assumem um estilo que concilia muito bem a ambiguidade, ou flexibilidade, para que não sejam tomadas como uma instrução ou uma ordem; pois esta, como referimos, não fomenta o envolvimento pessoal que pode ser a fonte da real inovação na vida, ao ponto de Adolf Jülicher apelidar Jesus de "apóstolo do progresso".[34]

Não cuidaremos da distinção entre as figuras da linguagem metafórica, mas na amplitude de algumas das imagens que elas nos proporcionam. Na parábola do rico avarento e do pobre Lázaro (Lc 16, 19-31), «encontramos de novo duas figuras contrastantes: o rico, que se regala na sua abundância, e o pobre que não pode sequer apanhar os bocados que os ricos comilões deixavam cair da mesa. [...] A antiga sabedoria de Israel fundava-se no pressuposto de que Deus recompensa o justo e castiga o pecador, ou seja, ao pecado corresponde a infelicidade e à justiça à felicidade. Mas, desde o tempo de exílio pelo menos, esta sabedoria entrara em crise. [...] Nos Salmos e na literatura sapiencial tardia, constata-se o esforço de indagação para resolver esta contradição, uma nova tentativa de se tornar "sábio", de compreender rectamente a vida, de encontrar e entender Deus de outro modo, que parece injusto ou totalmente ausente. [...] A mudança inesperada acontece quando o justo sofredor, no santuário, dirige o olhar para Deus e, contemplando-O, alarga a sua perspectiva. Agora vê que a aparente esperteza dos cínicos com sucesso, observada à luz, é estupidez: esta espécie de sabedoria significa "ser um louco, sem compreensão", ser "como um animal" (Sal 73, 22). Eles permanecem na perspectiva dos animais e perderam a perspectiva do homem, que vê para além do aspecto material: Deus e a vida eterna»[35].

E neste contexto, permanecer na perspectiva dos animais, é cair num mito de *origem* que é distinto dos mitos de *criação*. Na criação há a intervenção dum ser pessoal. «Na Bíblia, ser-criado opõe-se a Deus. Nas outras culturas, os deuses também são criados. Gn 1 é um relato de criação. Tudo aparece à ordem de Deus. Mas não se apagam as vozes da tradição, que apresentavam mais a origem do que a criação de certas coisas. Assim, na criação das plantas e dos animais (Gn 1, 11-13, 24-25) está subjacente, com toda a evidência, o motivo da terra-mãe. Plantas e animais vêm directamente da terra. É uma origem, não uma criação»[36].

COMO REFERE Ratzinger, «as parábolas são expressões da ocultação de Deus neste mundo e do facto de o conhecimento de Deus chamar sempre em causa [*sic*] o homem na sua totalidade: é um conhecimento que se identifica com a própria vida, um conhecimento que não pode existir sem "conversão"»[37].

«É surpreendente a importância que a imagem da semente assume no conjunto da mensagem de Jesus. O tempo de Jesus, o tempo dos discípulos, é o tempo da sementeira e da semente. O "reino de Deus" está presente como uma semente. Esta, vista de fora, é uma coisa pequena; pode passar despercebida. O grão de mostarda — imagem do reino de Deus — é a mais pequena de todas as sementes, e no entanto contém em si mesma uma árvore inteira. A semente é a presença do futuro. Na semente já está escondido o que há-de vir. [...] "Em verdade, em verdade vos digo: se o grão de trigo, caindo na terra, não morrer, fica ele só; mas se morrer dá muito fruto" (Jo 12, 24). O seu "fracasso" na cruz é precisamente o caminho para chegar de poucos a muitos, a todos: "Eu, quando for levantado da terra, atrairei todos a mim" (Jo 12, 32). [...] na realidade, precisamente porque deixam transparecer o mistério divino da cruz, suscitam contradição»[38]. Ideias diferentes, muitas vezes contrárias, condensadas em frases, imagens ou símbolos; a conciliação da ideia do fracasso da cruz, com o sucesso do Reino de Deus e da Ressurreição.

Podemos ver um pouco mais longe nas palavras de Ratzinger a respeito desta parábola. Jesus explicita o seu conhecimento tácito sobre o Pai e o Reino de Deus, e suscita nos seus ouvintes uma *dinâmica interior*; a conversão do conhecimento que nos explicitou, em novo conhecimento tácito em cada um de nós. «Mas isto significa que a parábola exige a colaboração de quem aprende: este não se pode limitar a receber uma lição, mas deve ele mesmo aderir ao movimento da parábola, pôr-se a caminho com ela»[39].

Como referimos em "*O Deus que não temos*", «os conceitos, as palavras e as acções do finito não são aptos para dizer a *identidade* de Deus»[40]. Será o tácito mais poderoso? No processo de *dinâmica interior* de que nos fala Ratzinger a respeito da parábola da semente de mostarda, ganha outra clarividência o que escrevemos em "*Dinâmica da Espiral*": «Deus é muito mais conhecido de uma *forma tácita* do que de uma forma explícita, de uma *forma holística* do que de uma forma parcelar e reducionista»[41]. De algum modo, a experiência de Deus.

Ao regressarmos novamente ao pensamento de Joseph Ratzinger, «voltamos à palavra do Senhor acerca do olhar e não ver, do ouvir e não compreender. De facto, Jesus não pretende comunicar-nos noções abstractas que, fundamentalmente, não nos diriam respeito; Ele deve conduzir-nos ao mistério de Deus: àquela luz que os nossos olhos não conseguem suportar e da qual, consequentemente, nos esquivamos. Para que ela se nos torne acessível, o Senhor mostra a transparência da luz divina nas coisas deste mundo e nas realidades da vida quotidiana. Através das realidades comuns, Jesus quer indicar-nos o fundamento de todas as coisas»[42]. E esse fundamento parece requerer da nossa parte um *indwelling*, uma corporalização, do mistério divino, através das coisas comuns, em nós mesmos (passe o pleonasmo).

Os discípulos de Jesus e S. Paulo

Jesus não veio revogar a lei ou os mandamentos dos profetas do Antigo Testamento, mas veio completá-la. As Bem-aventuranças inserem-se numa longa tradição de mensagens do Antigo Testamento e trazem-nos *paradoxos* que a humanidade deve procurar superar ou resolver, com um sentido que a fé religiosa lhe aporta. «Aplicadas à comunidade dos discípulos de Jesus, as Bem-aventuranças exprimem paradoxos: os critérios mundanos ficam invertidos, logo que a realidade é vista na perspectiva correcta, nomeadamente segundo a escala dos valores de Deus, que é diferente da escala dos valores do mundo»[43].

As Bem-aventuranças trazem-nos promessas, nas quais resplandece a inovação para a imagem do mundo e do homem que Jesus inaugura. Há uma "inversão dos valores" e promessas escatológicas não remetidas exclusivamente para um além. «Quando o homem começa a olhar e a viver a partir de Deus, quando caminha em companhia de Jesus, passa a viver segundo novos critérios e então um pouco do *eschaton*, daquilo que há-de vir, está presente já agora. A partir de Jesus, entra alegria na tribulação»[44].

Os paradoxos das Bem-aventuranças exprimem a verdadeira situação do crente no mundo como a descreveu S. Paulo, fruto da sua experiência de vida: «Em tudo somos atribulados, mas não esmagados; perplexos, mas não desanimados; perseguidos mas não desamparados; abatidos, mas não destruídos» (2 Cor 4, 8-9).

A primeira questão que nos vem à mente é por que houve a necessidade, por parte de Jesus-ressuscitado, de vir trazer ao seu apostolado Saulo de Tarso. Um homem nascido «numa cosmopolita capital da província romana da Cilícia, uma grande encruzilhada onde asiáticos europeus, judeus e gregos se encontravam numa interacção frequentemente frutuosa, [e que] recebera dois tipos muito diferentes de educação»[45].

Um homem de aparência frágil e pouco brilhante, como ele mesmo afirma, se bem que fruto do contexto do fracasso dos seus esforços iniciais de divulgação da Boa Nova: «Eu mesmo, quando fui ter convosco, irmãos, não me apresentei com o prestígio da linguagem ou da sabedoria, para vos anunciar o mistério de Deus. Julguei não dever saber outra coisa entre vós a não ser Jesus Cristo, e este, crucificado. Estive no meio de vós cheio de fraqueza, de receio, de grande temor. A minha palavra e a minha pregação nada tinham dos argumentos persuasivos da sabedoria humana, mas eram uma demonstração do poder do Espírito, para que a vossa fé não se baseasse na sabedoria dos homens, mas no poder de Deus» (1Cor 2, 1-5).

Não obstante, «a passagem pela escola do rabino Gamaliel transformou Paulo num verdadeiro teólogo do judaísmo. As contínuas citações que faz do Génesis, dos Profetas e dos Salmos dão-nos conta de um conhecimento minucioso das Escrituras, só possível a quem se dedicou persistentemente ao seu estudo. [...] A par da formação teológica, as escolas judaicas incluíam a aprendizagem e o exercício de uma profissão que servisse como fonte de sustento. Os Actos informam-nos que era fabricante de tendas»[46].

A seu respeito escreveu Thomas Cahill: «O grego flui da sua pena com uma facilidade muito superior à de Marcos (e até à de Mateus), e é obviamente modelado pelo conhecimento dos modelos da retórica, da discussão e da diatribe clássicas; e há mais do que uma sugestão de que era um bom conhecedor da literatura grega e lera pelo menos alguma filosofia. [...] No entanto, a combinação de inflexibilidade cultural e emocional que constituía a personalidade de Paulo fazia deste homem improvável o veículo perfeito para este momento no Movimento de Jesus. Se tivesse aparecido um pouco mais cedo — digamos, logo a seguir à "ressurreição" e à descida do Espírito —, o seu ardor intelectual teria provavelmente sido demais para uma comunidade de discípulos pouco instruídos que mal começavam a aceitar estes inexplicáveis acontecimentos. [...] E tivesse Paulo entrado em cena muito mais tarde do que entrou (quando o movimento, assentando como uma organização elaborada com estruturas definidas, se tornara a Igreja que viria a ser), a sua acutilância emocional — a sua intolerância para com a incompetência e o desnorte, a sua certeza de que eu estou certo e tu estás errado, a sua abstracção essencial dos pormenores da vida quotidiana —, teriam feito dele um pobre candidato a homem da organização; não tardaria a ver-se isolado e eventualmente posto de lado»[47].

OS DISCÍPULOS SENTIRAM, "viram" e "tocaram" Jesus através dos seus sentidos. Mas há algo de estranho nesta percepção, bem notório com os discípulos de Emaús e em Tomé. Atentemos à estrutura do conhecimento tácito para a procurarmos entender um pouco melhor. O *focal*, Jesus, parece desfocado, irreconhecível: são as *pistas subsidiárias*, que fazem criar o sentido e permitem "reconhecer" o focal. Estes discípulos apoiam-se sobre pistas subsidiárias, presentes no mundo físico, empírico, para reconhecer o focal, Jesus Ressuscitado, presente num mundo não-físico, no paraíso. «Em nosso entender, tal pode significar que a experiência do Ressuscitado, se bem que *real*, não é plenamente empírica, mas não será também inteiramente *subjectiva*».[48]

Se os apóstolos de Jesus só O reconheceram como ressuscitado não através do *focal* do corpo-ressuscitado mas mediante pistas *subsidiárias* da sua presença terrena, com Paulo parece dar-se o oposto. Paulo no seu caminho de Damasco, cerca do ano 36, tem o seu encontro com o Cristo e a conversão, bem mais através do *focal* do corpo-ressuscitado e menos mediante *pistas subsidiárias*, como a de uma voz que o chamava. Ele mesmo descreve o seu encontro com o Cristo-ressuscitado na estrada de Damasco de uma forma muito discreta: «Transmiti-vos, em primeiro lugar, o que eu próprio recebi: Cristo morreu pelos nossos pecados, segundo as Escrituras; foi sepultado e ressuscitou ao terceiro dia, segundo as Escrituras; apareceu a Cefas [ou Pedro; "*cefas*" significa "pedra" em aramaico] e depois aos Doze. Em seguida, apareceu a mais de quinhentos irmãos, de uma só vez, a maior parte dos quais ainda vive, enquanto alguns já morreram. Depois apareceu a Tiago e, a seguir, a todos os Apóstolos. Em último lugar, apareceu-me também a mim, como a um abortivo. É que eu sou o menor dos apóstolos, nem sou digno de ser chamado Apóstolo, porque persegui a Igreja de Deus» (1 Cor 15, 3-9); «Mas, quando aprouve a Deus — que me escolheu desde o seio de minha mãe e me chamou pela sua graça — revelar o seu Filho em mim, para que O anuncie como Boa Nova entre os gentios, não fui logo consultar criatura humana alguma, nem subi a Jerusalém para ir ter com os que se tornaram Apóstolos antes de mim. Parti sim, para o Deserto e voltei outra vez a Damasco» (Gal. 1, 15-17).

«O autor dos Actos, dá tanta importância a este acontecimento que, com pequenas alterações ocasionais, o relata por três vezes (Act. 9, 3-9; 22, 6-11, e 26, 12-18), referindo que a aparição se dera no caminho entre Jerusalém e Damasco, a uma hora de intenso calor ("por volta do meio dia"), e sendo envolvido por uma "intensa luz vinda do céu", que o fez cair por terra. Seguiu-se depois o diálogo entre Jesus e Saulo, com os companheiros de viagem a ouvirem as palavras, mas sem participarem na visão, o levantamento do chão e a verificação de que, "embora tivesse os olhos abertos, não via nada". É bem possível que o autor do Actos [Lucas] tenha feito a composição da cena, dando mesmo largas a alguma imaginação. Mas o facto é autêntico e terá acontecido, por informação do próprio Paulo, no termo da cidade de Damasco»[49].

O encontro pessoal de Saulo com o Cristo-ressuscitado operou--se de um *modo tácito*, com os acompanhantes a aperceberem-se de alguma pista subsidiária, a da voz, mas com o focal da "luz" a ser acessível só a Saulo. A partir desse encontro operou-se uma profunda mudança em Saulo, que de perseguidor dos cristãos, em nome do zelo pelas tradições dos seus antepassados, passou a ser um deles e a assumir-se como um verdadeiro apóstolo da Boa Nova.

Como refere Jesus Ramos: «A mudança não se deu ao nível da personalidade, mas da iluminação interior. Conservou o mesmo carácter combativo e o mesmo espírito de entrega sem limites a uma causa. Mas mudou de direcção. Aquele que, empenhadamente fazia prosélitos para a circuncisão, passa agora a fazer prosélitos para o "escândalo da cruz". De facto, deixando de pregar a salvação através do cumprimento da Lei, orienta-se, com o mesmo ardor, para a pregação da mensagem nova da salvação do crucificado»[50].

«E foi exactamente este (re)conhecimento de Cristo que se tornou tão determinante na sua vida, que passou a rejeitar radicalmente tudo o que o ofuscasse. Era o caso dos missionários judaizantes que apelavam para a circuncisão para se ser cristão. Na prática, significava que a fé em Cristo era insuficiente para a salvação (Gal 2, 21). E foi o seu próprio caso: o zelo de fariseu levara-o à rejeição de Cristo manifestada na perseguição da Igreja. Como, sem o

Deus de Jesus Cristo, se fica reduzido à debilidade e caducidade da própria carne, por isso e só nesse sentido, é que Paulo considera o seu passado como esterco. Tão importante para ele era Cristo ... que também era judeu ...»[51]. Mesmo em Jerusalém havia dois grupos de judeus convertidos a Cristo, os *helenistas*, que por terem vindo da diáspora só falavam grego, e os *hebreus*.

OS DISCÍPULOS DE JESUS tiveram uma longa aprendizagem com o Mestre, muito dela adquirindo conhecimento tácito sobre Cristo e o Reino de Deus. Na perspectiva apontada no Capítulo 2, será que o "efeito de centopeia" se erguia como um obstáculo para uma intensa verbalização da mensagem de Cristo por parte desses mesmos discípulos? E para esta missão se carecia de alguém de fora, que verbalizasse a mensagem a partir da observação da acção dos discípulos?

O ritmo de uma tal acção de pregação parecia não configurar um intenso "efeito de centopeia". Nem Saulo teve uma longa observação da acção dos discípulos de Cristo, para depois verbalizar a sua mensagem de evangelização e edificação da Igreja. Só passados três anos da sua conversão foi a Jerusalém para visitar Pedro e ficou com ele quinze dias, só tendo visto mais o apóstolo Tiago (Act. 9, 27-29). De acordo com as informações contidas nos Actos dos Apóstolos, a Igreja de Jerusalém enviou Barnabé a Antioquia, perante notícias que ali havia sido fundada uma comunidade de crentes de judeus e gregos. Dada a vastidão da tarefa, é Barnabé que se lembra de Saulo e foi a Tarso procurá-lo. É pois com Barnabé que Paulo terá feito o seu "noviciado missionário" e encontrado o seu campo de missão, o apostolado entre os gentios — por outras palavras, lhe fora confiada a "evangelização dos incircuncisos", tal como a Pedro havia sido confiada a "evangelização dos circuncisos" (Gal. 2, 7).[52]

Não obstante, reconhecemos neste contexto haver sempre como que uma necessidade de *complementaridade* entre o conhecimento explícito e o tácito, que permanece entre os discípulos de Jesus da primeira geração e Paulo. Ao ponto de a verbalização da mensagem cristã ser muito mais intensa no segundo, como regista Jesus Ramos. «Paulo é, de longe, entre todos os apóstolos e outros protagonistas da história e da vida da Igreja do séc. I, aquele que melhor conhecemos, por via das fontes colocadas à nossa disposição. De facto, da maior parte dos discípulos pouco ou nada conhecemos. Até do próprio Jesus temos dificuldade em traçar o perfil histórico por falta de documentação escrita, dado que os evangelhos, baseados na tradição oral da primitiva comunidade, foram compostos algumas dezenas de anos depois dos acontecimentos. Porém, no que se refere a Paulo, possuímos fontes seguras, as mais importantes das quais são as suas próprias cartas, conservadas pela Igreja entre os escritos do Novo Testamento. Dos 27 "livros" que compõem o cânone neotestamentário, quase metade são atribuídos a Paulo»[53].

Os projectos do Evangelho e da Igreja

Alguns autores tentaram ver uma distinção entre o Evangelho de Jesus e o de Paulo. Porém, José Maria Castillo adverte-nos: «Seria um erro interpretar o projecto de Jesus como um *projecto humano*, enquanto que o projecto de Paulo seria um *projecto divino*. Não estou a falar de contrapor o humano ao divino. Estou a falar de dois projectos de vida. No *projecto do Evangelho*, o determinante é o *seguimento de Jesus*. No *projecto de Paulo*, o determinante é a *obediência à Igreja*. O que é certo a tal ponto que, como bem sabemos, na já longa história do cristianismo, enquanto que o seguimento de Jesus foi (e continua a ser) motivador e estimulante, a obediência à Igreja foi (e continua a ser) motivo de conflitos, divisões, excomunhões e condenações. Por isso, sem dúvida, Jesus seduz tanta gente, enquanto que a Igreja (os que nela mandam e os que nela obedecem) produz rejeição e é causa de inúmeros problemas»[54].

«No entanto, a combinação de inflexibilidade cultural e emocional que constituía a personalidade de Paulo fazia deste homem improvável o veículo perfeito para este momento no desenvolvimento do Movimento de Jesus. Se tivesse aparecido um pouco mais cedo — digamos, logo a seguir à "ressurreição" e à descida do Espírito —, o seu ardor intelectual teria provavelmente sido demais para uma incipiente comunidade de discípulos pouco instruídos que mal começavam a aceitar estes inexplicáveis acontecimentos. A partir do momento em que conseguiram reencontrar pontos de referência, em que conseguiram compreender o que se tinha passado como uma história coerente e começaram a dar voz às suas experiências únicas, ficaram — soubessem-no ou não — prontos para escutar alguém mais intelectualmente incisivo do que eles, alguém capaz de dar uma formulação mais precisa daquelas experiências, alguém que fazia parte deles mas fazia também parte de um mundo mais vasto, do qual tinham apenas um conhecimento limitado. E tivesse Paulo entrado em cena muito mais tarde do que entrou (quando o movimento, assentando como uma organização elaborada com estruturas definidas, se tornara a Igreja que viria a ser), a sua acutilância emocional, a sua intolerância para com incompetência e o desnorte, a sua certeza de eu estou certo e tu estás errado, a sua abstracção essencial dos pormenores da vida quotidiana — teriam feito dele um pobre candidato a homem da organização; não tardaria a ver-se isolado e eventualmente posto de lado»[55].

O que parece indiscutível é que o chamamento de Paulo foi uma opção de Jesus. «É verdade que Paulo entendeu a Igreja como uma *Igreja carismática*. Isto é, uma Igreja na qual se entendem todas as funções na comunidade como "dons do Espírito de Deus e de Cristo exaltado" [ao serviço de toda a comunidade]. [...] Mas foi assim só durante os *séculos primeiro e segundo*. No entanto, está fora de dúvida que, a partir do século III, na Igreja tornou-se presente o *episcopado monárquico*, a distinção entre bispos e presbíteros e introduziu-se o *ordo* (ordem) e a *ordinatio* (ordenação)»[56]. Esta evolução da Igreja deu-se em muito a partir da conversão do imperador Constantino ao cristianismo, e a subsequente emergência do *paradigma imperial* no seio da Igreja, em tudo alheia a Paulo. Seria mesmo impossível pensar que a «tensão entre Jesus e Igreja se resolveria prescindindo da teologia de Paulo»[57].

Nietzsche responsabiliza Paulo pelas dificuldades do cristianismo, por ter intelectualizado em demasia a *religião simples* de Jesus, afastando Cristo da "fé cristã simples" em Jesus.[58] É um facto que, com os alicerces da sua cultura judaica e helenista, foi o apóstolo que mais explicitou a mensagem de Jesus. Mas coloquemos a questão: no contexto cultural da época, sem esse "excesso" de explicitação teria tido êxito na divulgação da mensagem no mundo helénico?

Paulo explicita a mensagem da Boa Nova sempre a partir de uma base firmemente tácita, a que sempre regressou, como nos relata numa das suas cartas de cuja autenticidade os historiadores não duvidam: «Já não sou eu que vivo, mas é Cristo que vive em mim. E a vida que agora tenho na carne, vivo-a na fé do Filho de Deus que me amou e a si mesmo se entregou por mim» (Gal 2, 20). Trata-se claramente de um *indwelling*, uma corporalização, de Jesus. Em Paulo encontramos pois a *"espiral para o conhecimento"* dos Evangelhos — «Ai de mim, se não evangelizar!» (1 Cor 9, 16) — e da fé na ressurreição de Jesus — «Sim, é o amor de Cristo que nos possui, ao estarmos convictos de que um só morreu por todos e, portanto, todos morreram. Ele morreu por todos, para que os que vivem, não mais vivam para si próprios, mas para aquele que por ele morreu e foi ressuscitado. E é assim que, a partir de agora, ninguém mais conhecemos segundo a carne. Ainda que tenhamos conhecido Cristo segundo a carne, não mais é assim que agora o conhecemos» (2 Cor 5, 14-16).

A transmissão do conhecimento tácito requer uma aprendizagem com o mestre, através da *acção*. Precisamente a acção, o *trabalho manual*, era considerado indigno do homem livre no mundo grego; no mundo grego, o trabalho manual era executado pelos escravos. Aliás esta concepção foi um obstáculo de monta para na Grécia antiga ter nascido a *ciência moderna*, não obstante os gregos possuírem os recursos matemáticos para serem bem sucedidos nessa senda. «Os gregos apoucavam o valor da observação e acreditavam que o conhecimento científico era essencialmente fruto da actividade introspectiva. O sucesso que alcançaram nos estudos matemáticos mais lhes terá reforçado a ideia que a introspecção era um método muito mais válido e frutuoso do que a observação. Em consonância com esta perspectiva, uma ciência aplicada era considerada indigna do homem livre. O cultivo da matemática não era para comércio ou ofícios, mas para contemplação e deleite do espírito. Só as artes militares tinham algum privilégio do auxílio da matemática, mas tão-somente o necessário»[59].

Não era esta a posição de Paulo, que era um fabricante de tendas, mas tal era fruto da sua cultura judaica. Bem mais tardiamente, «no século XIV d. C., os teólogos ortodoxos gregos desenvolveram um princípio sobre teologia que nos transporta ao âmago da Era Axial. Qualquer afirmação sobre Deus, diziam eles, devia ter duas qualidades: devia ser paradoxal, para nos recordar que o divino não cabe nas limitadas categorias humanas, e apofática, conduzindo-nos ao silêncio»[60]. Todavia não era essa a postura cultural dos gregos do primeiro século da era cristã. Recorde-se que, dado o carácter tácito do encontro de Paulo com o Jesus-ressuscitado, de que resultou a sua conversão, os relatos que nos proporciona são inevitavelmente muito parcos. «Como manifestação de Deus, é impossível encerrá-lo nos limites da linguagem humana. Esta é, de resto, uma dificuldade sentida até hoje por quem experimenta o sagrado: "Indescritível!" — É a expressão mais usada ... e adequada»[61].

Quiçá poderíamos admitir que com esta "excessiva" explicitação, S. Paulo torna o Deus cristão menos misterioso. Não obstante, isto é segundo a perspectiva do catolicismo romano. Não o será na visiva do luteranismo protestante. Sobre este ponto, escutemos Eduardo Lourenço numa dissertação sobre a Europa. «A esta Europa faltou qualquer coisa, sobretudo nos seus modernos, porque a Europa já existiu, já existiu quando se chamava a Cristandade, antes do *clash* que é porventura o acontecimento mais importante da história europeia, que foi a Reforma. A Reforma traçou, dividiu a Europa, por dentro, em duas. É um drama, mas ao mesmo tempo é uma peripécia absolutamente extraordinária da História do Mundo, porque não há nada mais importante para a definição de uma entidade, não só na ordem política mas em todos os sentidos, dum povo, duma nação, do que a sua inserção em qualquer coisa que nós poderemos chamar da ordem da crença, seja qual for essa crença»[62].

Apesar das querelas que sempre assolaram a Europa havia uma "espécie de unidade europeia", que ia de Lisboa até à Polónia e em, termos do Cristianismo, até aos Urais. Unidade que o cisma do Oriente havia quebrado, de forma mais evidente, com a divisão do Império Romano em oriental e ocidental — ortodoxos e católicos — mas de que a transferência da capital de Roma para Constantinopla no séc. IV foi sinal precursor.

Sob o ponto de vista de crença, «a grande divisão, a divisão fundamental que marca a História e o espírito europeu em todos os níveis, foi efectivamente a revolta de Lutero, quer dizer, um outro tipo de proposição religiosa — a partir dos textos. Esta revolução consistiu, em última análise, em repensar a ideia das relações do Homem com Deus duma maneira diferente daquela que até então tinha sido tomada, e curiosamente não no sentido duma captação de atribuir ao Homem uma capacidade de *manipular* Deus, de tornar Deus objecto, mas de subtrair a ideia de Deus a qualquer espécie de objectividade: Deus é aquela realidade sobre a qual o Homem não pode pôr a mão. Tornou Deus mais *misterioso*, mas também mais angustiante [recordemos a frase de Garcia Lorca, "só o mistério nos faz viver, só o mistério"]; deixou de ser o Deus *familiar* que é de algum modo o nosso, do Catolicismo, para ser um Deus que é um mistério dos mistérios, e em relação ao qual, segundo Lutero e segundo a interpretação que ele faz duma passagem famosa de S. Paulo, o Homem não é senhor do seu próprio destino, o homem não tem aquela liberdade imaginária que ele se atribui. É uma revolução religiosa das mais paradoxais que há, porque Lutero substitui o livre arbítrio, no sentido tradicional do termo (que é a capacidade de o Homem dispor do seu próprio destino, quer dizer, de ter os meios para se salvar) para dizer que não tem esses meios, que o Homem está à mercê de qualquer outra coisa (que é o que ele chama o "arbítrio servo"). É uma extraordinária revolução que é ao mesmo tempo extremamente *libertante* no sentido de um fundamento fantástico»[63].

A ideia de Lutero remonta a uma interpretação de Santo Agostinho, e diz respeito à Doutrina da Libertação. Esta doutrina em São Paulo foi o tema central duma catequese pronunciada por Bento XVI, numa audiência geral que decorreu no Vaticano. «Este é um tema que gerou longa polémica, com vários séculos relativamente à "salvação", conceito fundamental da fé cristã. Como referiu o Papa, "Paulo coloca no centro do seu Evangelho uma oposição irredutível entre dois percursos alternativos para a justiça: um construído nas obras da Lei de Moisés, e outro fundado na graça de fé em Cristo". No século XVI, a interpretação e aplicação antagónicas da mensagem bíblica da justificação constituíram uma das causas principais da divisão da Igreja ocidental, o que também se expressou em condenações doutrinais. O magistério da Igreja Católica, confirmado no Concílio de Trento, coloca duas condições à salvação humana: a graça divina e as boas obras. Lutero ensinava que só a graça divina era necessária, doutrina consagrada na expressão *sola fides* (só a fé). Em 1999 foi assinada a Declaração conjunta católico-luterana sobre a Doutrina da Justificação, na qual se afirma que "somente por graça, na fé na obra salvífica de Cristo, e não por causa de nosso mérito, somos aceites por Deus e recebemos o Espírito Santo, que nos renova os corações e nos capacita e chama para boas obras". A declaração foi subscrita, em 2006, pela Conferência Mundial Metodista. Neste Ano Paulino, Bento XVI disse que para o Apóstolo "a cruz de Cristo é o único caminho aberto para a justificação" e que esta se vive "no mandamento do amor que ele nos deixou". "Mais do que a *sola fides*, o ensinamento de Paulo conduz-nos para o *solus Christus*, o Cristo, centro da nossa fé e único salvador do mundo"»[64].

Notas

[1] NONAKA, Ikujiro – The Knowledge-Creating Company, *Harvard Business Review*, Nov-Dec. 1991, 96-104; ver também http://www.faculty.english.vt.edu/Collier/km/pdf/nonaka.pdf .
[2] FORMOSINHO, S. J.; PAIS, A. A. C. C.; ALMEIDA, J. A. S.; FIRMINO, Tânia C. – *Uma Geometria para as Culturas. Uma visão das culturas da Europa e do mundo através da ciência e da inovação*, em preparação.
[3] NONAKA, Ikujiro – The Knowledge-Creating Company, *Harvard Business Review*, p. 96. NONAKA, I.; TAKEUCHI, Hirotaka – *The knowledge-creating company: How Japanese companies create the dynamics of innovation*, Oxford: Oxford University Press, 1995.
[4] NONAKA, I.; TAKEUCHI, H. – *The knowledge-creating company*, ob. cit., p. 44.
[5] *Id.*, pp. 44, 45.
[6] *Id.*, p. 46.
[7] *Id.*, p. 47, ; itálicos nossos.
[8] *Id.*, p. 49.
[9] *Id.*, p. 50.
[10] *Id.*, pp. 50, 51.
[11] NONAKA, I. – *The Knowledge-Creating Company*, p. 100.
[12] *Id.*, pp. 96, 97.
[13] *Id.*, p. 99.
[14] Em http://en.wikipedia.org/wiki/DIKW_Pyramid; acesso a 10 de Junho de 2015.
[15] GRANT, Kennet A. – Tacit Knowledge Revisited – We Can Still Learn from Polanyi, *The Electronic Journal of Knowledge Management*, 5, issue 2, 173-180 (2007), available online at www.ejkm.com .
[16] NONAKA, I. – *The Knowledge-Creating Company*, p. 104.
[17] *Id.*, pp. 100, 101.
[18] *Id.*, p. 101.
[19] MARDONES, José María – Religião e Religiões. Donde vimos, onde estamos, para onde vamos? em *Deus no século XXI e o futuro do cristianismo*, ANSELMO BORGES (coord.), Campo das Letras, Porto, 2007, 25-40; p. 35.
[20] MULLINS, Phil – Bible Study, Critical Thinking and Post-Critical Thought: Cultural Considerations, em *Critical Thinking and the Bible in the Age of the New Media*, Charles M. Ess (ed.). Lanham, MD: University Press of America, 2004: 269-290.

[21] MARUJO, António – *Diálogos com Deus em fundo*, Gradiva, Lisboa, 2014, p. 126.
[22] CARREIRA, José Nunes – Mito e desmitização em Gn 1, *Didaskalia*, 5, 21-44 (1975); p. 26. Em http://repositorio.ucp.pt/bitstream/10400.14/12385/1/V00501-021-044.pdf .
[23] CARREIRA DAS NEVES, Joaquim – *O coração da Igreja tem de bater*, Edições Paulinas, Prior-Velho, 2013, p. 50.
[24] *Id.*, p. 172.
[25] *Id.*, p. 107.
[26] TORRES QUEIRUGA, André – O Diálogo Ciência-Fé na actualidade, em *Deus no século XXI e o futuro do cristianismo*, Anselmo Borges (coord.), Campo das Letras, Porto, 2007, 203- 243; p. 225.
[27] Em http://pt.wikipedia.org/wiki/Nicolau_de_Cusa; acesso em 8 de Março de 2014.
[28] MARUJO, António – *Diálogos com Deus em fundo*, pp. 128, 129.
[29] PAPA FRANCISCO – *A Alegria do Evangelho*, Edições Paulinas, Prior-Velho, 3ª ed., 2013, pp. 32, 33.
[30] AMBROSIO, Juan – Olhar a partir da fé, mas não só ..., *Mensageiro de Santo António*, ano XXX, nº 11, Dezembro 2014, pp. 10, 11.
[31] CARREIRA DAS NEVES, Joaquim – *O Coração da Igreja tem de Bater. Um biblista confessa-se*, entrevista conduzida por António Marujo, Edições Paulinas, Prior Velho, 2013, pp. 203, 204.
[32] RATZINGER, Joseph (Bento XVI), *Jesus de Nazaré*, A Esfera dos Livros, Lisboa, 2010, 5ª ed., pp. 246, 247; itálico nosso.
[33] *Id.*, pp. 237, 238.
[34] *Id.*, p. 240.
[35] *Id.*, pp. 270-272.
[36] CARREIRA, J. N. – Mito e desmitização em Gn 1, p. 27.
[37] RATZINGER, J. – *Jesus de Nazaré*, p. 249.
[38] *Id.*, pp. 245, 246.
[39] *Id.*, p. 247.
[40] FORMOSINHO, S. J.; OLIVEIRA BRANCO, J. – *O Deus que não temos*, p. 432.
[41] FORMOSINHO, S. J.; OLIVEIRA BRANCO, J. – *A Dinâmica da Espiral*, p. 133.
[42] RATZINGER, J. – *Jesus de Nazaré*, pp. 247, 248.
[43] *Id.*, p.107.
[44] *Id.*, p.108.
[45] CAHILL, Thomas – *O Mundo antes e depois de Jesus*, Círculo Leitores, Santa Maria da Feira, 2001, p. 118.
[46] JESUS RAMOS, António – Paulo de Tarso. Um itinerário histórico, *Estudos Teológicos*, ano 14, 3-25 (2010); pp. 9, 10.
[47] CAHILL, T. – *ob. cit.*, pp. 119, 121, 122.
[48] FORMOSINHO, S. J.; OLIVEIRA BRANCO, J. – *A Dinâmica da Espiral*, pp. 180, 181; itálicos nossos.
[49] JESUS RAMOS, A. – Paulo de Tarso. Um itinerário histórico, p. 11.
[50] *Id.*, p. 12.
[51] OLIVEIRA, Anacleto de – *Um ano a caminhar com S. Paulo*, Gráfica de Coimbra, 2008, p. 18.
[52] JESUS RAMOS, A. – Paulo de Tarso. Um itinerário histórico.
[53] *Id.*, p. 3.
[54] CASTILLO, J. M. – Jesus e a Igreja, em *Quem foi, Quem é Jesus Cristo?*, ANSELMO BORGES (coord.), Gradiva, Lisboa, 2012, p. 248.
[55] CAHILL, T. – *ob. cit.*, pp. 121, 122.
[56] CASTILLO, J. M. – Jesus e a Igreja, pp. 248, 249.

[57] *Id.*, p. 252.
[58] CARVALHO, José Carlos – O Jesus de Paulo e o Jesus dos Evangelhos, *Estudos Teológicos*, ano 14, 27-53 (2010); pp. 32, 33.
[59] FORMOSINHO, S. J.; OLIVEIRA BRANCO, J. – *O Brotar da Criação*, Universidade Católica Editora, Lisboa, 1997, pp. 39, 40; itálico nosso.
[60] ARMSTRONG, Karen – *Grandes Tradições Religiosas*, Círculo de Leitores, Lisboa, 2009, p. 389.
[61] OLIVEIRA, Anacleto de – *Um ano a caminhar com S. Paulo*, p. 22.
[62] LOURENÇO, Eduardo – O mundo em que vivemos, *Estudos*, revista do CADC, nova série nº 10, 17-28 (2008-2013); p. 25.
[63] *Id.*, p. 26; itálicos nossos.
[64] Em http://www.agencia.ecclesia.pt/cgi-bin/noticia.pl?id=66403 ; acesso em 12 de Março de 2014.

CAP. 4. A OBJECTIVIDADE NO CONHECIMENTO RELIGIOSO

Paul Ignotus, um amigo de Michael Polanyi, afirmou a seu respeito, «*while others excelled in extolling science, he excelled in practising it*»[1]. Polanyi procurou estabelecer uma descrição e justificação filosóficas de como a ciência é praticada na realidade pelos cientistas, e não como devia ser praticada segundo algum ideal. Nesta senda viu-se a aproximar o conhecimento científico do conhecimento religioso. Poderemos agora questionarmo-nos sobre o sentido inverso: será que o conhecimento religioso procura alcançar a sua *objectividade* como o conhecimento científico?

Polanyi demonstrou ainda na sua obra magna *Personal Knowledge* que todo o conhecimento varre um espectro, desde as ciências físicas e naturais até às humanidades, com o nível de *participação pessoal* a aumentar a partir da física, através das ciências biológicas até às ciências sociais. Recusou também admitir uma maior subjectividade nas áreas em que a participação pessoal é mais elevada, porque a *objectividade* é alcançada pelo contacto que se estabelece com uma *realidade* comum a todos os sujeitos do conhecimento, quando prosseguida com um *intento de veracidade*. Uma objectividade que se manifesta no elemento de *surpresa* que uma realidade escondida nos vai revelando progressivamente. Como o conhecimento científico é um *conhecimento pessoal*, apresenta-se-nos como uma arte, a ser aprendida, praticada e ajuizada no seio de uma *comunidade* científica.

Se nos domínios das ciências físicas e naturais encontramos marcas culturais, provenientes dos *alicerces fiduciários* do conhecimento humano, de pessoas inseridas em determinados ambientes culturais, por igual razão tais marcas também se encontrarão no conhecimento religioso.

A religião faz um apelo muito significativo à linguagem simbólica, o que contribuía para o seu afastamento da ciência, que só em parcas ocasiões e em certas disciplinas, como a Química e as Ciências da Vida, fazia um uso da analogia. No contexto da TCT, verificamos que a linguagem simbólica adquire um novo valor no domínio da inovação, o que contribui para mais um elo de aproximação da ciência e da religião.

Choques culturais no nascimento do cristianismo

«Praticamente todos os primeiros seguidores de Jesus — e todas as testemunhas da sua ressurreição — eram judeus, e tão devotos da sua religião como Jesus tinha sido. Nos seus encontros com os "judeus" gentios de Paulo, ficavam frequentemente chocados face à total ignorância destes neófitos relativamente à lei e à prática judaicas. Como poderia aquela estranha e nova gente, confessadamente crente na ressurreição de Jesus, ser admitida no seio do judaísmo? Eram impuros e nada sabiam da necessidade dos banhos e abluções rituais; comiam de *tudo*; não observavam o Sabbath; os homens eram incircuncidados, as suas práticas sexuais inomináveis. [...] Delegações de judaizantes começaram a seguir os passos de Paulo, visitando as igrejas gentias que ele estabelecera e dizendo-lhes que, se não aprendessem e implementassem todas as leis dos judeus, estariam perdidos. Se não estivessem "justificados" de acordo com a Lei, seriam excluídos da grande assembleia dos salvos quando Jesus regressasse. Imagina-se como isto terá deixado baralhados os

Gálatas, estupefactos os mundanos mas infantis Coríntios, confusos os devotos e generosos Macedónios. Deixou, em todo o caso, Paulo a ferver de ira. Como se atreviam aqueles intrometidos a interferir no seu apostolado!»[2].

«É neste contraste, entre Lei e Pessoa, que tudo se joga. Nem Jesus contesta a Lei mosaica como má ou sem valor. Apenas se apresenta como Pessoa para que, a partir dele, os seus fiéis coloquem a primazia na pessoa — o próximo humano —, e não na Lei. Com esta tomada de posição, Jesus destrói qualquer religião que se baseie no etnicismo, nacionalismo ou legalismo. A incarnação do Verbo — Filho de Deus — dá um outro sentido à criação, a toda a criação, e com ela à história»[3]. E S. Paulo bem o intuiu.

O nascimento do *cristianismo*, cujo termo ainda não fora inventado, encontrou o seu primeiro choque cultural — um verdadeiro *obstáculo cultural* e não conceptual — a respeito da circuncisão, uma marca de judaísmo, da aliança entre os judeus e Deus; sem ela deixavam de ser povo, e povo eleito. O bispo Anacleto de Oliveira bem o enfatiza na sua obra sobre S. Paulo: «Um dos maiores obstáculos, talvez o mais duro, que Paulo, e com ele o Cristianismo nascente tiveram de enfrentar, foi o da obrigatoriedade da *circuncisão* para cristãos vindos do paganismo. Duro por várias razões: porque, surgindo no seio da Igreja, ameaçou seriamente a sua unidade e a sua existência; duro, por causa da teimosia de um grupo de cristãos em mantê-la, mesmo depois de oficialmente suprimida; duro, devido à ligação histórico-salvífica da Igreja com o Povo de Deus, que tinha na circuncisão o sinal distintivo da sua identidade»[4].

A controvérsia que suscitou, sobre se os gentios (não-judeus) deveriam seguir costumes da religião israelita, foi levada a decisão das pedras colunares cristãs em Jerusalém, depois do ano 48. Até porque a circuncisão ia contra o ideal de beleza física dos gregos e mesmo «judeus particularmente interessados em ser gregos começaram a "disfarçar a sua circuncisão"»[5]. A decisão alcançada foi a de libertar a Igreja nascente da Lei mosaica, cessando assim o problema da obrigatoriedade da circuncisão para os não-judeus. «O Espírito Santo e nós próprios resolvemos não vos impor outras obrigações além destas, que são indispensáveis: abster-vos de carnes imoladas a ídolos, do sangue, de carnes sufocadas e da imoralidade. Procedereis bem, abstendo-vos destas coisas. Adeus» (Act 15, 28, 29).

Se o denominado "concílio de Jerusalém" possibilitou a unidade entre diferentes comunidades cristãs, não alcançou de imediato a unidade no interior das comunidades cristãs na Palestina, como se depreende do conflito que surgiu entre Paulo e Pedro. «Mas, quando Cefas veio para Antioquia, opus-me frontalmente a ele, porque estava a comportar-se de modo condenável. Com efeito, antes de terem chegado umas pessoas da parte de Tiago, ele comia juntamente com os gentios. Mas, quando elas chegaram, Pedro retirava-se e separava-se, com medo dos partidários da circuncisão. E com ele também os outros judeus agiram hipocritamente, de tal modo que até Barnabé foi arrastado pela hipocrisia deles. Mas, quando vi que não procediam correctamente, de acordo com a verdade do Evangelho, disse a Cefas diante de todos: "Se tu, sendo judeu, vives segundo os costumes gentios e não judaicos, como te atreves a forçar os gentios a viver como judeus?"» (Gal 2, 11-14). Era a abertura cultural e emocional de Paulo em acção!

«Os judeus-cristãos continuavam judeus e, como tal, deviam cumprir as normas judaicas sobre a alimentação: entre elas, a proibição de tomar refeições com não-judeus. Caso contrário, e dada a comunhão que se criava entre participantes na mesma refeição, contrairiam a impureza ritual que os impedia de tomar parte noutros actos de culto»[6]. Os Actos dos Apóstolos enfatizam este problema: «E, quando Pedro subiu a Jerusalém, os circuncisos começaram a censurá-lo, dizendo-lhe: "Tu entraste em casa de incircuncisos e comeste com eles"» (Act 11, 2, 3). A comunidade cristã ficava dividida, naquilo que mais a devia unir, a Eucaristia, e foi por isso que Paulo reagiu tão duramente.[7] O risco era o cristianismo nascente ter ficado preso do judaísmo; vir a ser uma forma variante desta religião. Eis uma das missões fundamentais de Saulo, o apóstolo do Cristo-ressuscitado, levar a mensagem de Jesus para além das fronteiras do mundo judaico.

Mesmo Jesus não era um judeu do *establishment*, porque favorecia uma interpretação mais livre da Torá do que os rabis. Os evangelistas já haviam adquirido esta perspectiva quando redigiriam os seus evangelhos. «Não julgueis que vim abolir a lei ou os profetas. Não vim para os abolir, mas sim para levá-los à perfeição» (Mt 5,17). «A crítica de Jesus não é mais radical do que a de muitos judeus conservadores e praticamente de todos os judeus reformistas, que constituem a esmagadora maioria do judaísmo americano: o cerne da Torá não é a obediência a regulamentações sobre coisas como dietas — aquilo que se pode comer, com quem se pode comer, o que fazer previamente — mas à *tzedakka*, justiça como a Justiça de Deus, justiça para com os oprimidos»[8].

«Paulo insistia em que, estando a Lei de Moisés consumada em Cristo, todas as leis dos Judeus, instituídas para impor uma certa rectidão a Israel, se tinham tornado desnecessárias e só serviam para confundir os conversos, especialmente os simples gentios, com uma tradição de *pensamento mágico*, os quais poderiam imaginar que tudo estaria bem se cumprissem todas aquelas regras»[9].

A conquista da objectividade

Michael Polanyi entende que «a estrutura da *intuição* científica é a mesma da *percepção*»[10], pelo que quer os processos de construção do conhecimento científico quer os das percepções elementares começam a partir de pistas (*clues*). Pistas que não constituem o *focal* da nossa atenção, mas elementos *subsidiários* de um fundo tácito.

Uma *pista subsidiária*, num dado momento, pode converter-se em *focal* noutra circunstância. Paksi realça esta relação mediante um exemplo que Polanyi aporta. Se o Danúbio como uma *pista* se encontra no nosso fundo subsidiário, tal implica que nos vemos em movimento numa ponte (imóvel). Porém, se erguermos a cabeça, colocando o rio Danúbio sob o *focal* da nossa atenção, já não nos sentimos nós mesmos em movimento, mas é o Danúbio que se move, por sua vez assimilado como uma percepção pelas *pistas* da existência das margens do rio num fundo tácito. Se nos processos cognitivos, um objecto se constitui para nós em *focal* ou em *pista subsidiária* não é uma relação binária, mas bastante mais complexa; é uma relação múltipla.[11]

O conhecimento humano tem dois componentes separados, mas ligados entre si, o tácito e o explícito. Não existe conhecimento explícito sem conhecimento tácito, mas pode existir conhecimento tácito em si mesmo, nos animais. É o conhecimento tácito que nos permite a *acessibilidade* ao conhecimento explícito, mas também é o conhecimento tácito que confere *significação* ao nosso conhecimento explícito nas suas aplicações.

Podemos recolher ainda outro ensinamento desta perspectiva que Polanyi nos apresenta. Atentemos na seguinte passagem do evangelista João, após a ressurreição de Jesus: «Maria estava junto ao túmulo, da parte de fora, a chorar. Sem parar de chorar, debruçou-se para dentro do túmulo, e contemplou dois anjos vestidos de branco, sentados onde tinha estado o corpo de Jesus, um à cabeceira e o outro aos pés. Perguntaram-lhe: "Mulher, porque choras?" E ela respondeu: "Porque levaram o meu Senhor e não sei onde o puseram." Dito isto, voltou-se para trás e viu Jesus, de pé, mas não se dava conta que era Ele. E Jesus disse-lhe: "Mulher, porque choras? Quem procuras?" Ela, pensando que era o encarregado do horto, disse-lhe: "Senhor, se foste tu que o tiraste, diz-me onde o puseste, que eu vou buscá-lo." Disse-lhe Jesus: "Maria!" Ela, aproximando-se, exclamou em hebraico: *"Rabbuni!"* — que quer dizer: "Mestre!" Jesus disse-lhe: "Não me detenhas, pois ainda não subi para o Pai; mas vai ter com os meus irmãos e diz-lhes: 'Subo para o meu Pai, que é vosso Pai, para o meu Deus, que é vosso Deus.'" Maria Madalena foi e anunciou aos discípulos: "Vi o Senhor!" E contou o que Ele lhe tinha dito» (Jo 20, 11-18).

Para nós os habitantes do mundo terreno, o importante não é Jesus-ressuscitado como *focal*, que não reconhecemos; nem nós, nem Maria Madalena, nem os discípulos de Emaús, nem Tomé, nem os outros discípulos. Contudo, quando esse Jesus-ressuscitado nos surge nas *pistas subsidiárias* de um fundo tácito de ressurreição, ganha uma *significação inesperada e profunda*.

Parábola do bom samaritano

Jesus havia ministrado ensinamentos aos seus discípulos que eram claros a respeito do Reino de Deus — o anúncio do Messias — ter de sair dos limites do povo judeu. O evangelista Lucas relata--o de modo expressivo na "parábola do bom samaritano" (Lc 10, 25-37). É um doutor da Lei que coloca a pergunta a Jesus, para O experimentar: «Mestre, que hei-de fazer para possuir a vida eterna?» (Lc 10, 25). Jesus responde-lhe com a Escritura: «Amarás ao Senhor teu Deus, com todo o teu coração, com toda a tua alma, com todas as tuas forças e com todo o teu entendimento, e ao teu próximo como a ti mesmo» (Lc 10, 27). Mas o doutor da lei insiste: «E quem é o meu próximo?» (Lc 10, 29).

As relações entre judeus e samaritanos eram inamistosas, fruto da invasão assíria, à qual os samaritanos resistiram e, como consequência, parte deles foram deportados e os que ficaram foram sujeitos a um processo de colonização, miscigenação e paganização. A este processo inicial de separação, outras vicissitudes históricas se seguiram com o regresso do exílio e que culminaram com a tentativa de profanação do templo em Jerusalém por samaritanos, pouco antes do nascimento de Jesus.[12] «Um dos ditos dos rabinos ensinava que não era preciso considerar "próximo" hereges, espiões e apóstatas. Além disso, era vulgarmente aceite que os samaritanos — em Jerusalém pouco antes (entre os anos 6 e 9 depois de Cristo), tinham profanado o templo precisamente nos dias de Páscoa espalhando lá ossos humanos — não eram "próximo"»[13].

Jesus vai tomar, como centro da sua parábola, uma história de vida real: um homem que descendo de Jerusalém para Jericó caiu nas mãos dos salteadores e foi abandonado na margem da estrada, meio-morto. Por ele passam um levita e um sacerdote, bem conhecedores da Lei, que apressados ou assustados não o socorrem. O homem meio-morto, ou lhes surge num fundo subsidiário e para eles nunca se converteu em objecto focal, ou se foi para eles um focal, as pistas subsidiárias não lhes suscitaram uma significação para o socorrerem; talvez pistas que lhes suscitaram o medo de serem assaltados, ou até mesmo uma excessiva explicitação da Lei que os paralisou pelo "efeito de centopeia".

Depois passa um samaritano, alguém que não pertence à comunidade solidária de Israel e que, surpreendentemente, concentra nele a sua atenção e o socorre. O judeu meio-morto converteu-se em focal para o samaritano. Este «sente o coração despedaçar-se-lhe. [...] Ver o homem naquelas condições comove-o até às "entranhas", até ao mais íntimo da alma. "Encheu-se de compaixão": traduzimos hoje, atenuando a vivacidade originária do texto. Em virtude do clarão de misericórdia que fere a sua alma, torna-se ele mesmo o próximo, deixando de lado toda a questão e todo o perigo. Aqui, portanto, a questão mudou: já não se trata de estabelecer quem dentre os outros seja ou não o meu próximo. Trata-se de mim mesmo. Eu devo tornar-me o próximo, e assim o outro conta para mim como se fosse "eu mesmo"»[14].

Na parábola do bom samaritano esta relação entre o *focal* e o *subsidiário* é, pelo menos, uma relação tripla: o samaritano, o judeu meio-morto e a Lei. E se o judeu meio-morto foi um focal para o samaritano, no entender de Joseph Ratzinger, as pistas subsidiárias de uma corporalização do "próximo" em si mesmo, levam-no a socorrer o judeu. «Amarás ao Senhor, teu Deus, com todo o teu coração, com toda a tua alma, com todas as tuas forças e com todo o teu entendimento, e ao teu próximo como a ti mesmo» (Lc 10, 27).

HÁ VÁRIAS PARÁBOLAS em que Jesus insiste em evidenciar o *samaritano* como aquele que melhor age, que mais perto está do Reino de Deus. A lepra atinge todos, não distingue entre judeus e gentios, mas o que distingue o samaritano na parábola da cura dos dez leprosos é a sua gratidão e a sua fé.

«Ao entrar numa aldeia, dez homens leprosos vieram ao seu encontro; mantendo-se à distância, gritaram, dizendo: "Jesus, Mestre, tem misericórdia de nós!" Ao vê-los, disse-lhes: "Ide e mostrai-vos aos sacerdotes." Ora, enquanto iam a caminho, ficaram purificados. Um deles, vendo-se curado, voltou, glorificando a Deus em voz alta; caiu aos pés de Jesus com a face em terra e agradeceu-lhe. Era um samaritano. Tomando a palavra, Jesus disse: "Não foram dez os que ficaram purificados? Onde estão os outros nove? Não houve quem voltasse para dar glória a Deus, senão este estrangeiro?" E disse-lhe: «Levanta-te e vai. A tua fé te salvou» (Lc 17, 12-19).

O encontro de Jesus com a samaritana junto ao poço de Jacob

«Quando Jesus soube que chegara aos ouvidos dos fariseus que Ele conseguia mais discípulos e baptizava mais do que João — embora não fosse o próprio Jesus a baptizar, mas sim os seus discípulos — deixou a Judeia e voltou para a Galileia. Tinha de atravessar a Samaria. Chegou, pois, a uma cidade da Samaria, chamada Sicar, perto do terreno que Jacob tinha dado ao seu filho José. Ficava ali o poço de Jacob. Então Jesus, cansado da caminhada, sentou-se, sem mais, na borda do poço. Era por volta do meio-dia. Entretanto, chegou certa mulher samaritana para tirar água. Disse-lhe Jesus: "Dá-me de beber." Os seus discípulos tinham ido à cidade comprar alimentos. Disse-lhe então a samaritana: "Como é que Tu, sendo judeu, me pedes de beber a mim que sou samaritana?" É que os judeus não se dão bem com os samaritanos. Respondeu-lhe Jesus: "Se conhecesses o dom que Deus tem para dar e quem é que te diz: 'dá-me de beber', tu é que lhe pedirias, e Ele havia de dar-te água viva!". Disse-lhe a mulher: "Senhor, não tens sequer um balde e o poço é fundo... Onde consegues, então, a água viva? Porventura és mais do que o nosso patriarca Jacob, que nos deu este poço donde beberam ele, os seus filhos e os seus rebanhos?" Replicou-lhe Jesus: "Todo aquele que bebe desta água voltará a ter sede; mas, quem beber da água que Eu lhe der, nunca mais terá sede: a água que Eu lhe der há-de tornar-se nele em fonte de água que dá a vida eterna." Disse-lhe a mulher: "Senhor, dá-me dessa água, para eu não ter sede, nem ter de vir cá tirá-la"» (Jo 4, 1-15).

O evangelista João aponta-nos a necessidade deste encontro, numa frase simples sobre o diálogo com a samaritana junto ao poço de Jacob: «Deixou a Judeia e voltou para a Galileia. *Tinha* de atravessar a Samaria» (Jo 4, 3,4). Dois outros percursos muito mais frequentados eram usados pelos judeus entre a Judeia e a Galileia, mormente o do curso do Jordão.[15] Mas havia boas razões sob o ponto de vista humano para Jesus e os seus discípulos seguirem outra rota — os samaritanos poderiam ser sempre hostis para com Jesus. «Como estavam a chegar os dias de ser levado deste mundo, Jesus dirigiu-se resolutamente para Jerusalém e enviou mensageiros à sua frente. Estes puseram-se a caminho e entraram numa povoação de samaritanos, a fim de lhe prepararem hospedagem. Mas não o receberam, porque ia a caminho de Jerusalém. Vendo isto, os discípulos Tiago e João disseram: "Senhor, queres que digamos que desça *fogo do céu e os consuma?*" Mas Ele, voltando-se, repreendeu-os. E foram para outra povoação» (Lc 9, 51-54).

Ultrapassado o *obstáculo cultural* da circuncisão e das normas judaicas sobre a alimentação, o evangelista João dá mais um passo na conquista da *objectividade* sobre os ensinamento de Jesus. Para ele já fica claro que Jesus *tinha* de atravessar a Samaria, tinha de ir ao encontro dos samaritanos, mas não de um modo directo. Recorrendo a um anúncio messiânico para a Samaria e, como na sua vida pública, tais anúncios «requerem os desvelos de uma maternidade para algo que nasce e carece de ser acompanhado na sua infância. Como testemunhos de fé, é significativo que sejam feitos por mulheres, a Samaritana para o [anúncio do] Messias e, possivelmente em primeiro lugar como referem Marcos e João, a Maria Madalena, natural de Magdala, para a Ressurreição. Como que Jesus "investiu" as mulheres, e não os homens, quanto ao anúncio da revelação de Cristo e da sua missão como o Messias»[16].

«Nenhum judeu piedoso interpelaria uma mulher desconhecida ou que não fosse sua parente, e nenhum judeu que se respeitasse a si mesmo dirigiria a palavra a um samaritano independentemente do sexo»[17]. E o seu encontro com a samaritana dá-se junto a um *poço*, que nas culturas do médio-oriente antigo, era o lugar de encontro e convívio, pois em regiões onde não abundava a água, os poços eram vitais para a vida das populações. Este encontro junto ao poço recorre também ao valor da linguagem simbólica — o poço como lugar de vida, e de vida abundante, mas que tem raízes fundas no "nosso pai Jacob".

Neste encontro que "tinha de acontecer", Jesus rompe ainda com outros "obstáculos culturais" ao conversar a sós com uma mulher. «Tal era altamente reprovado pelos rabis que ensinavam que quando um judeu se encontrasse com uma mulher sozinha, só lhe devia dirigir a palavra em caso de extrema necessidade; e mesmo nesta circunstância, a conversa reduzir-se-ia ao inevitável»[18]. O evangelista João ilustra bem que a conversa com a samaritana foi demorada e rica em significados, e abriu uma "porta" para que muitos samaritanos de Sicar viessem ao encontro de Jesus e acreditassem: «Disse-lhe a mulher: "Eu sei que o Messias, que é chamado Cristo, está para vir. Quando vier, há-de fazer-nos saber todas as coisas." Jesus respondeu-lhe: "Sou Eu, que estou a falar contigo." Nisto chegaram os seus discípulos e ficaram admirados de Ele estar a falar com uma mulher. Mas nenhum perguntou: "Que procuras?", ou: "De que estás a falar com ela?" Então a mulher deixou o seu cântaro, foi à cidade e disse àquela gente: "Eia! Vinde ver um homem que me disse tudo o que eu fiz! Não será Ele o Messias?" Eles saíram da cidade e foram ter com Jesus» (Jo 4, 25-30).

E o anúncio messiânico de Jesus prossegue. «Muitos samaritanos daquela cidade acreditaram nele devido às palavras da mulher, que testemunhava: "Ele disse-me tudo o que eu fiz." Por isso, quando os samaritanos foram ter com Jesus, começaram a pedir-lhe que ficasse com eles. E ficou lá dois dias. Então muitos mais acreditaram nele por causa da sua pregação, e diziam à mulher: "Já não é pelas tuas palavras que acreditamos; nós próprios ouvimos e sabemos que Ele é verdadeiramente o Salvador do mundo"» (Jo 4, 39-42).

Cura do servo do centurião

Os ensinamentos de Jesus sobre a amplitude do anúncio messiânico também incidiu sobre o povo romano. «Entrando em Cafarnaum, aproximou-se dele um centurião, suplicando nestes termos: "Senhor, o meu servo jaz em casa paralítico, sofrendo horrivelmente." Disse-lhe Jesus: "Eu irei curá-lo." Respondeu-lhe o centurião: "Senhor, eu não sou digno de que entres debaixo do meu tecto; mas diz uma só palavra e o meu servo será curado. Porque eu, que não passo de um subordinado, tenho soldados às minhas ordens e digo a um: 'Vai', e ele vai; a outro: 'Vem', e ele vem; e ao meu servo: 'Faz isto', e ele faz." Jesus, ao ouvi-lo, admirou-se e disse aos que o seguiam: "Em verdade vos digo: Não encontrei ninguém em Israel com tão grande fé! Digo-vos que, do Oriente e do Ocidente, muitos virão sentar-se à mesa do banquete com Abraão, Isaac e Jacob, no Reino do Céu, ao passo que os filhos do Reino serão lançados nas trevas exteriores, onde haverá choro e ranger de dentes." Disse, então, Jesus ao centurião: "Vai, que tudo se faça conforme a tua fé." Naquela mesma hora, o servo ficou curado» (Mt 8, 5-13).

O judaísmo no mundo grego

Os séculos bem anteriores ao nascimento de Jesus assistiram a desenvolvimentos culturais em paralelo, em sociedades separadas, que pouco se interceptaram e influenciaram, mas pelos finais do século IV a. C. essa exclusividade cultural começa a dissolver-se.[19] E é neste ambiente que Jesus vai proclamar a sua mensagem, a partir do povo judeu, «cujo pensamento pouca consequência tinha para lá das fronteiras do seu fragmento de reino»[20]. A proclamação desta mensagem que foi feita de um modo oral pelo próprio Jesus, acabou por ser passada a escrito durante o século I.

«As cartas de Paulo, escritas ao longo de década e meia (de cerca do ano 50 até meados dos anos 60), são os textos mais antigos do Novo Testamento. Mas os quatro evangelistas contêm extensas passagens, especialmente os ensinamentos de Jesus e os relatos básicos do seu julgamento e execução, que nos levam a uma época claramente anterior. Sendo transcrições de tradições orais que eram correntes nos anos que se seguiram à crucifixão, estas passagens constituem provavelmente registos bastante fiéis daquilo que as pessoas ouviram e viram de Jesus. Outras, no entanto, foram trabalhadas de modo a reflectirem a visão — ou a personalidade — de um particular evangelista, ou a necessidade de enquadrar a redacção de uma certa maneira de modo a comunicar eficazmente com o "público-alvo". Se Marcos é o mais primitivo, dando-nos muitas vezes o que parecem ser os autênticos aromas e texturas da Palestina dos anos 30, e Mateus o mais judeu, permitindo várias vezes que a sua insistência do rabi Jesus à Torá ofusque todas as outras considerações, Lucas dirige-se claramente a um público mais cosmopolita que o de Marcos, mas com um interesse limitado nas questões especificamente judaicas que tanto preocuparam Mateus»[21].

«Nem Marcos nem Mateus, nem Paulo nem Lucas, nenhum dos apóstolos e nenhum dos discípulos que se reuniam à volta de Jesus e mais tarde formaram a Igreja primitiva — pensava que ele fosse Deus. Semelhante coisa ter-lhes-ia parecido uma blasfémia. A sua crença em Cristo era, ao fim ao cabo, uma forma de judaísmo; e o judaísmo era o único monoteísmo do mundo. Deus ressuscitara o homem Jesus e fizera-o Senhor. Embora seja o nome pelo qual somos salvos, não se ressuscitou a si mesmo — tal ideia teria sido impensável»[22]. Todavia, no Evangelho de João, no final do século I, como enfatiza Ratzinger, «a divindade de Jesus aparece sem disfarce». Esta não é a única diferença do evangelho de João em relação aos Sinópticos; «nele, não ouvimos nenhuma parábola, mas grandes discursos centrados sobre imagens». O Evangelho de João «transmite-nos o estado de uma cristologia muito desenvolvida».[23]

Como compreender esta evolução cognitiva? Uma maior conquista de *objectividade* sobre a mensagem de Jesus, mediante a reflexão e o convívio em ordem a sermos sempre surpreendidos pelo seu resultado? Thomas Cahill debruça-se sobre este tipo de questões, quando afirma: «Há uma continuidade entre as primitivas teorias de Paulo e dos Sinópticos, por um lado, e as reflexões mais desenvolvidas de João, pelo outro. Antes ou depois, Jesus é sempre visto como humano — feito de carne e osso —, sem nada em comum com a aparição etérea dos gnósticos; é ressuscitado de entre os mortos e é-lhe dado o senhorio supremo sobre o universo; é a culminação de todos os propósitos de Deus, a sua revelação definitiva. Mas se Deus pode revelar-se em carne, então Jesus deve ser *auto*-revelação de Deus e, portanto, *de* Deus num sentido muito mais integral e essencial de que qualquer profeta anterior (e *meramente* humano). É este último pensamento que faz de ponte entre as primeiras teologias e as grandes afirmações cristológicas do século II; é o Evangelho de João, mais do que qualquer outro documento do Novo Testamento, que nos dá uma imagem desta ponte na altura em que ainda está a ser construída, quase um instantâneo desta nova teologia em processo de elaboração. Em finais do século II, Inácio de Antioquia, um dos primeiros grandes bispos, falará inequivocamente de "nosso Deus, Jesus Cristo"»[24].

Cahill entende que o modo mais plausível de ver a evolução do Evangelho de João é-o em três estádios: «primeiro, como testemunho oral do Discípulo Amado [João, filho de Zebedeu] aos seus seguidores; depois, como obra de um escritor que registou este testemunho, agora colorido por controvérsias posteriores no seio da comunidade joanina (ou Igreja do Discípulo Amado); e, finalmente, na forma em que hoje o temos, dada por um editor que lhe acrescentou alguns retoques finais e alisou muitas das rugas que este percurso evolutivo tinha deixado no texto»[25]. Como refere o Cardeal Ratzinger, já como Papa Bento XVI, na sua obra sobre o "Jesus histórico", em Éfeso existia uma "escola joanina" e ao presbítero João, que não coincide com o apóstolo, podemos atribuir uma função essencial na redacção definitiva do texto evangélico de João, pois o presbítero João é, por assim dizer, o administrador da herança do "discípulo predilecto",[26] e, possivelmente, o editor final do Evangelho joanino em Cahill.

Peter Stuhlmacher julga ser possível supor «que, na escola joanina tenha continuado o estilo de pensamento e ensino que, antes da Páscoa, os *colóquios didácticos íntimos* de Jesus com Pedro, Tiago e João (e com todo o círculo dos doze) [...] Enquanto a tradição sinóptica deixa entrever como os Apóstolos e os discípulos falavam de Jesus durante a *instrução missionária e comunitária* da Igreja, o círculo de João, na base e linha de tal magistério, desenvolveu a *reflexão* e, discutindo, aprofundou o *mistério da revelação* daquele auto-manifestar-Se de Deus no "Filho" »[27].

Um primeiro caso de censura eclesiástica

Um dos enigmas do Evangelho de João é o episódio da "mulher adúltera" relatado em Jo 8, 1-11. «Toda esta passagem soa a Sinópticos e podia com toda a facilidade ser inserida no Evangelho de Lucas, em 21:38, onde encaixaria perfeitamente. Foi, na realidade, amputada de Lucas, após o que andou a divagar pelas igrejas cristãs, sem casa própria, até que um escriba qualquer a enfiou num manuscrito de João, onde lhe pareceu que ficava melhor. Mas, antes de mais, foi amputada porquê? Porque a Igreja primitiva não perdoava o adultério (nem outros grandes pecados) e não queria propagar a impressão contraditória de que o Senhor revelava o que a Igreja recusava revelar.

A Grande Igreja depressa começou a mostrar-se muito mais interessada na *disciplina* e na *ordem* do que Jesus alguma vez fora. Esta excisão é o nosso primeiro caso registado de censura eclesiástica — só pelas melhores razões, evidentemente (que é como todos os censores de todos os tempos se justificam). A anárquica Igreja joanina tivera boas razões para a sua relutância em juntar--se à Grande Igreja, que, bem o sabia, lhe cortaria as asas; e, tanto quanto sabemos, foi um escriba joanino que "enxertou" a história do apedrejamento abortado num exemplar do Evangelho de João, salvando-a deste modo para a posteridade. A passagem em si mostra a tirania cega que a tradição, o costume e a autoridade podem exercer sobre uma sociedade»[28].

De novo se revela a precaução da escola joanina em procurar e preservar um percurso de *objectividade* sobre o pensamento e as acções de Jesus. «Apesar de todos os seus problemas, a alta cristologia da comunidade joanina deu à sua teologia uma profundidade e uma clareza penetrante que faltavam às outras igrejas; e o seu ambiente social baseado no Espírito encoraja a participação igualitária de todos, particularmente as mulheres, nos empreendimentos de caridade e na oração»[29].

«A Igreja do Discípulo Amado, que tanto valorizava o amor, mas não conseguia resolver os conflitos que continuavam a dilacerá-la, acabou por optar por voltar a ligar-se ao continente, juntar-se em comunhão com a então emergente Grande Igreja. [...] Tinha finalmente admitido que não podia continuar sozinha, defendendo-se dos ataques apenas com instituições informais e recursos pentecostais. Que tinha de aceitar um qualquer mecanismo de autoridade humana. Precisava de mais do que os ensinamentos de Jesus e o exemplo do Discípulo Amado. Precisava da protecção da Grande Igreja e dos seus pastores, os vigilantes *pastores* de que Pedro era o representante.

Houve aqui uma troca. Ao aceitar a protecção da Grande Igreja, a Igreja Joanina aceitou as respectivas estruturas de autoridade e perdeu muito do seu pentecostalismo livre e baseado no Espírito. A Grande Igreja, sempre muito mais interessada na prática do que na teoria, aceitava a elaborada cristologia e, ao cabo de muito debate, aceitava, em paralelo, com a sua crescente biblioteca de escritos apostólicos, a literatura muito peculiar da Igreja do Discípulo Amado»[30].

O "recordar-se" no Evangelho de João

«João usa o verbo "recordar-se" em três lugares importantes do seu Evangelho [Jo 2, 17; 2, 22; 12, 14s], fornecendo-nos assim a chave para compreender o que significa "memória" no seu texto».

Atentemos, por exemplo, no relato da purificação do templo; Jesus anuncia que em "três dias" teria feito ressurgir o templo destruído. A propósito, o evangelista acrescenta: «Por isso, quando Ele ressuscitou dos mortos, recordaram-se os seus discípulos de que Ele o tinha dito e creram na Escritura e nas palavras que tinha proferido» (Jo 2, 22). Para Ratzinger[31], há nestes episódios uma unidade entre *Logos* e *factum*, o que impede que a teologia saia prejudicada pela redução do *Logos* a verdade abstracta, em vez de Sapiência. Com bem enfatiza Juan Masiá Clavel, ao relatar a sua experiência vivencial, «é mais fácil o encontro inter-religioso e intercultural a nível prático do que a nível teórico»[32].

Recordemos a perspectiva de Polanyi ser o conhecimento tácito que nos permite a *acessibilidade* ao conhecimento explícito, mas também é o conhecimento tácito que confere *significação* ao nosso conhecimento explícito nas suas aplicações. Quando João "recorda" os discípulos no seu Evangelho, está propor-lhes um *focal*: «em três dias teria feito ressurgir o templo destruído». Um focal que na perspectiva da ressurreição de Jesus, agora assumida como um fundo tácito, adquire um significado totalmente novo. Em palavras de Ratzinger, «a ressurreição ensina um novo modo de ver». «Trata-se de ser guiados pelo Espírito Santo, que nos mostra a coesão da Escritura, a coesão entre palavra e realidade, guiando-nos assim para a "verdade total"»[33].

Os começos da perda de objectividade na Igreja

«O Filho do Homem tornou-se o Guarda de toda a Humanidade. Incarnado como Jesus de Nazaré, é, depois de ressuscitado, o princípio da justiça judaica, incarnado na pessoa de quem quer que precise de ajuda. É irónico que alguns cristãos atribuam tanta importância aos elementos da Eucaristia — inclinando-se reverentemente, ajoelhando em adoração, porque Cristo está presente neles — mas nunca se dêem ao trabalho de ouvir estas solenes palavras a respeito da presença de Jesus em cada pessoa que enfrenta dificuldades. [...] Porém, os membros da Igreja do século I, o povo do Caminho, levavam a lição muito a sério. Era ela que lhes dava o seu *foco* constante — os pobres e os necessitados. Embora já na altura não falte muito para que seja abandonado — à medida que os interesses dos cristãos se voltam no século II, para o ódio teológico, e no século III para o triunfalismo institucional e já no século IV para o jogo mortífero do poder político»[34].

Há pois, ao longo da história da Igreja, o abandono da luta pela *objectividade*. Cahill é particularmente expressivo a este respeito: «Em todos os grandes dramas trágicos da Antiguidade, vividos ou encenados, encontramos o mesmo padrão: o herói, seja ele Alexandre ou Édipo, chega ao apogeu só para ser derrotado. Apenas no drama de Jesus acontece o contrário: o herói é derrotado só para poder ser exaltado. Isto é literalmente maravilhoso e, do ponto de vista de toda a experiência humana anterior, totalmente inesperado»[35]. «Jesus pega na tradição e dá-lhe uma volta, desenvolve-a para lá daquilo que se julga possível, e transforma-a em algo novo»[36].

«"Todos nós", escreve Paulo, na sua última instrução epistolar, "quando fomos baptizados em Jesus Cristo, fomos baptizados na sua morte". No baptismo, na nossa imersão, descemos, como Jesus desceu, às profundezas da miséria humana. [A morte simbólica do baptismo]. Mas a nossa trajectória, como a dele é oposta ao movimento da tragédia clássica. Porque nós, como Cristo, erguemo-nos das profundezas do nosso baptismo para uma nova vida. [...] A "morte para o pecado" de que Paulo fala é basicamente um abandono do *poder*; é viver para uma vida que é o oposto das vidas dos Alexandres e dos Césares e de todos os "deuses"»[37].

O eminente teólogo Hans Küng interroga-se, e questiona-nos: «Em que havemos de nos basear para definir a essência do cristianismo, que não é uma religião da natureza, mas uma religião histórica? Não nos resta senão considerar a *origem* do cristianismo. Aqui — de um ponto de vista histórico — não há a mínima dúvida: por toda a sua origem, o cristianismo nunca se identificou com uma religião da natureza, como uma religião da razão presente em todos os homens, menos ainda com um sistema eclesiástico romano. Pela sua origem, o cristianismo é impensável sem um *nome*, o nome de uma pessoa bem determinada»[38]. Mas como o biblista Carreira das Neves refere, hoje em dia, não pode evitar falar do Jesus da história, do Jesus da fé e do Jesus da Igreja, do cânone.

Língua e valores culturais

«Quando Jesus nasceu, os Judeus já estavam muito familiarizados com a língua e a cultura gregas. Tinham até abandonado o hebreu e adoptado o aramaico, comum das províncias orientais. "Esta mudança de língua dá-nos mais a ideia do estado de expropriação total a que tinham sido reduzidos do que praticamente qualquer outra coisa. O que é preciso para que um povo inteiro abandone a sua língua, o idioma natal, o alimento original recebido com o leite materno, o veículo das suas esperanças e dos seus sonhos? Não significará que todas as suas esperanças e sonhos comuns tinham já sido desfeitos, que viam a sua herança tão desvalorizada que deixara de contar muito fosse para o que fosse?"»[39]. Porque «as línguas trazem valores que não é possível aprender sem adoptar as coisas que a civilização que a desenvolveu considera importantes»[40].

«Os livros e cartas do Novo Testamento variam muito em qualidade [literária] e importância, [para além de outros factores sociológicos que os moldaram]. Sendo obra de muitas mãos, exibem algumas das bizarrias e contradições do Antigo Testamento, cuja composição se estendeu por milénio e meio. Mas porque foram escritos ao longo de um período de cinquenta anos por duas gerações, muitas das quais tinham tido algum tipo de contacto uns com os outros, ostentam também uma marcada consistência, e até unidade. Em nada esta unidade é tão evidente como no retrato de Jesus. [...] Mais do que isso, Jesus — o que ele diz, o que ele faz — é quase sempre compreensível para o leitor, que não necessita de introdução, nem de estudos académicos, para perceber o significado das suas palavras e acções. [...] Não existe qualquer outro corpo de literatura quase a chegar aos dois mil anos sobre o qual se possa dizer o mesmo»[41].

O TEÓLOGO ALLAN TORRANCE também se dedicou a reflectir sobre o pensamento de Michael Polanyi, começando por admitir que uma resposta teológica deve reconhecer uma enfraquecida *autoridade da revelação* na sociedade em que vivemos. Isto significa que não devemos pressupor um *suneidesis* (co-conhecimento) universal com Deus dos propósitos de Deus para com a humanidade.

E como é tradição no pensamento teológico, este deve ser visto a partir de dois pólos: um negativo, outro positivo. Pela negativa, a teologia não conhece o discipulado de uma ideia ou de um ideal — seja o ideal de liberdade ou igualdade, ou a felicidade do maior número, ou um princípio de universalizante kantiano. Nem a teologia se traduz numa teoria de valores. Como Eberhard Jüngel argumentou, a palavra "valor" não tem lugar no pensamento cristão qualquer que ele seja. No seu cerne, a única forma de existência, argumenta, é a correspondência à verdade, ou, como S. Paulo proclamou, «seguir a verdade no amor [de Cristo]».[42]

Pela positiva, o que significa em teologia "corresponder à verdade?". Em primeiro lugar, isso significa *ser* comunidade — e não tentar impor a verdade por *via legislativa* ou através do *recurso ao poder*. Ao mesmo tempo, esta "correspondência" não significa ser uma comunidade de amor, nem uma comunidade caracterizada pela busca da justiça ou da "paz". Pelo contrário, significa ser uma comunidade de *adoração* onde a "correspondência" é definida como o dom de participar do Espírito Santo na comunhão do Filho com o Pai. É, portanto, uma comunidade para a qual a ética, o merecimento, também é definido como o dom de participar neste mesmo evento de comunhão. Tal terá uma miríade de implicações em políticas públicas, mas não implica que se traduza num programa político particular.[43]

As implicações destes entendimentos teológicos para as políticas públicas no mundo ocidental perderam-se em muito, como refere Torrance, devido a uma tradução incorrecta de três termos fundamentais — esta dificuldade epistemológica bem a traduz o aforismo italiano, *traduttore traditore*. Os conceitos bíblicos de *Berith*, *Torath* e *Tsedaqah* vieram a ser traduzidos através do grego para latim como *Foedux* (contracto, aliança), *Lex* (lei (dos estóicos)) e *Iustitia* (justiça). Tal conduziu a uma transformação conceptual que implicou uma distorção, mesmo violação, dos seus significados e referências originais. São esses conceitos, arrancados das suas origens Hebraicas, que têm servido não só para sustentar a civilização Ocidental e a política Ocidental, como também para denotar a forma essencial da contribuição cristã para a civilização.[44]

Sem estas profundas distorções, *Berith* designa o compromisso de aliança incondicional de Deus para com Israel, *Torath* explicita as obrigações incondicionais da correspondente fidelidade à aliança incondicional de Deus, e *Tsedaqah* refere-se à integridade de Deus, que continua a ser incondicionalmente verdadeiro e fiel ao seu compromisso de aliança para com a humanidade. Tudo isto é a antítese de um sistema contractual de direito e de justiça e denota o que é, humanamente falando, uma "intencionalidade positiva" inconcebível para com o outro, para usar a expressão de John Murray.[45] Mas tais distorções são fruto de "obstáculos culturais", que diríamos, foram quase inevitáveis na confluências das culturas hebraica e helénica. Ou por outras palavras, são obstáculos muito difíceis de evitar ou superar, porque as línguas são elemento vital nas nossas *matrizes fiduciárias*, «impulsos que moldam a nossa visão da natureza das coisas em que nos apoiamos para dominarmos as próprias coisas». Quiçá uma das maiores dificuldades para se alcançar a objectividade, como a Polanyi a exprime, no campo das ciências humanas, como é o conhecimento religioso.

A "escola joanina" em Éfeso poderia ter mantido o significado genuíno destes três termos. A comunidade joanina, através da presença do Discípulo Amado e, mesmo depois da sua morte, conservava grande reverência pela sua memória judaica, apesar do braço-de-ferro entre rabis e messianistas que levou à expulsão dos segundos das sinagogas eurasiáticas.[46] Mas quando isto teria sido necessário, a escola joanina já havia sido integrada na Grande Igreja.

IGNOREMOS POR AGORA a história e confrontemos dois textos, um do século I, do evangelista Mateus, e outro sobre a "doutrina das duas espadas" ou "doutrina dos dois gládios" dos finais do século V.

«Ainda Ele falava, quando apareceu Judas, um dos Doze, e com ele muita gente, com espadas e varapaus, enviada pelos sumos sacerdotes e pelos anciãos do povo. O traidor tinha-lhes dado este sinal: "Aquele que eu beijar, é esse mesmo: prendei-o." Aproximou-se imediatamente de Jesus e disse: "Salve, Mestre!" E beijou-O. Jesus respondeu-lhe: "Amigo, a que vieste?" Então, avançaram, deitaram as mãos a Jesus e prenderam-no. Um dos que estavam com Jesus levou a mão à espada, desembainhou-a e feriu um servo do Sumo Sacerdote, cortando-lhe uma orelha. Jesus disse-lhe: "Mete a tua espada na bainha, pois todos quantos se servirem da espada morrerão à espada"» (Mt 26, 47-52).

«No final do século V o papa Gelásio I estabelece a doutrina das duas espadas ou dos dois gládios numa carta dirigida ao imperador Anastásio I. Distingue a *auctoritas sacra pontificum*, procedente directamente de Cristo, e a *regalis potestate*, o poder real confinado à gestão dos assuntos temporais: *os príncipes cristãos devem recorrer ao sacerdócio em tudo o que diga respeito à sua salvação. Por seu lado, os padres devem atender a tudo o que foi estabelecido pelos príncipes no tocante aos acontecimentos do domínio temporal, de modo que o soldado de Deus não se imiscua nas coisas deste mundo e que o soberano temporal não faça ouvir a sua palavra nas questões religiosas.* Era a *auctoritas* entendida como o poder fundador, o poder em sentido pleno, como fonte de legitimidade, donde derivaria a *potestas*, o poder de execução, o poder de facto, da administração das coisas e das pessoas»[47].

E concluamos este Capítulo, questionando se se terá assegurado a *objectividade* deste conhecimento religioso quando confrontamos os dois textos apresentados e as acções humanas que eles implicam?

Notas

[1] CLARK, Tony – *Knowledge in science and religion. A Polanyian perspective*, p. 9. Enquanto outros se destacaram em exaltar a ciência, ele destacou-se em praticá-la.
[2] CAHILL, Thomas – *O Mundo antes e depois de Jesus*, pp. 148, 149.
[3] CARREIRA DAS NEVES – *O coração da Igreja tem de bater*, p. 179.
[4] ANACLETO DE OLIVEIRA – *Um ano a caminhar com São Paulo*, Gráfica de Coimbra, 2008, p. 34.
[5] CAHILL, ob. cit., p. 40.
[6] *Id.*, p. 38.
[7] *Id.*, p. 39.
[8] *Id.*, p. 93.
[9] *Id.*, p. 151; itálico nosso.
[10] POLANYI, Michael – The unaccountable element in science em *Knowing and Being. Essays by Michael Polanyi*, Marjorie Grene (ed.), The University of Chicago Press, 1969, pp. 105-120.
[11] PAKSI, Daniel – Polanyi and Evolution em *Knowing and Being. Perspectives on the Philosophy of Michael Polanyi*, Tihamér Margitay (ed.), 151-172; pp. 151, 152.
[12] *Caminho para Cristo em Igreja. Quaresma 2014*, Diocese de Coimbra, pp. 30, 31.
[13] RATZINGER, Joseph (Bento XVI) – *Jesus de Nazaré*, p. 251.
[14] *Id.*, p. 253.
[15] *Caminho para Cristo em Igreja. Quaresma 2014*, pp. 30, 31.
[16] FORMOSINHO, S. J.; OLIVEIRA BRANCO, J. – *A Dinâmica da Espiral*, p. 177.
[17] CAHILL, ob. cit., p. 252.
[18] *Caminho para Cristo em Igreja. Quaresma 2014*, p. 32.
[19] CAHILL, ob. cit., p. 22.
[20] *Id.*, p. 36.
[21] *Id.*, p. 169.

[22] *Id.*, p. 245.
[23] RATZINGER, *Jesus de Nazaré*, p. 280.
[24] CAHILL, *ob. cit.*, pp. 248, 249.
[25] *Id.*, p. 250.
[26] RATZINGER, *Jesus de Nazaré*, pp. 288, 289.
[27] *Id.*, p. 289; itálicos nossos.
[28] CAHILL, *ob. cit.*, p. 265.
[29] *Id.*, p. 262.
[30] *Id.*, pp. 263, 264.
[31] RATZINGER, *Jesus de Nazaré*, p. 295.
[32] MASIÁ CLAVEL, Juan – Decálogo de vivências entre Oriente e Ocidente, em *Deus no século XXI e o futuro do cristianismo*, Anselmo Borges (coord.), Campo das Letras, Porto, 2007, 197-202; p. 201.
[33] RATZINGER, *Jesus de Nazaré*, p. 297.
[34] CAHILL, *ob. cit.*, pp. 235, 236.
[35] *Id.*, pp. 126, 127.
[36] *Id.*, p. 74.
[37] *Id.*, pp. 133, 134; itálico nosso.
[38] KÜNG, Hans – *O Cristianismo. Essência e história*, Círculo de Leitores, Braga, 2002, p. 30.
[39] CAHILL, *ob. cit.*, p. 62.
[40] *Id.*, p. 33.
[41] *Id.*, pp. 267, 268.
[42] TORRANCE, Alan J. – Society, skepticism, and the problem of moral inversion, em *Critical Conversations. Michael Polanyi and Christian Theology*, Murray A. Rae (ed.), 74-93; p. 90.
[43] *Id.*.
[44] *Id.*, p. 91.
[45] *Id.*.
[46] CAHILL, *ob. cit.*, p. 260.
[47] QUILLET, Jeannine – *Les Clefs du pouvoir au moyen age*, Paris, Flammarion,1972; em http://maltez.info/aaanetnovabiografia/Conceitos/Dois%20gladios.htm, acesso em 16 de Maio de 2014.

CAP. 5. A EMERGÊNCIA DO "PARADIGMA IMPERIAL" NO CRISTIANISMO

O teólogo e sacerdote suíço Hans Küng, na obra "*O Cristianismo. Essência e História*", na esteira de Thomas Kuhn, desenvolve um estudo sobre a história do cristianismo estruturado segundo um *juízo paradigmático*, que também desenvolveu para o judaísmo e para o islamismo, o que lhe confere uma perspectiva bastante coerente sobre as três religiões monoteístas. Em ciência um paradigma é «uma constelação global feita de convicções, de valores, de experiências, de técnicas, partilhados pelos membros de uma dada sociedade». Mas é uma constelação que os cientistas não colocam em questão quando empenhados na sua actividade e prática científicas.

Sucessivamente, ao longo dos 2000 anos de história do cristianismo, Küng caracteriza o seguinte conjunto de *paradigmas* religiosos: judeo-cristão apocalíptico; cristianismo antigo helénico; católico romano medieval; protestante reformador; moderno esclarecido; ecuménico contemporâneo (pós-moderno). Noutro pólo de análise, de índole sociocultural, José Luís de Matos, em "*Igreja Católica. O choque de paradigmas*",[1] aborda esta problemática nos tempos presentes. Da apresentação da obra consta: «A Igreja Católica corre hoje um risco sério de fragmentação interna. Três paradigmas socioculturais, parcialmente incompatíveis entre si, digladiam-se no seu interior. O autor, historiador e arqueólogo, identifica esses sistemas divergentes de convicções, valores, modos de proceder, como sendo os paradigmas de "*sociedade de corte*", "*religião dos pobres*" e *"paradigma ecuménico"*. [Para além do *"paradigma imperial"* de que nos vamos ocupar de um modo especial neste capítulo], estes sistemas culturais são o resultado final de uma vivência teológica e histórica muito prolongada que se torna urgente conhecer, decifrar e, em parte, denunciar. O Homem contemporâneo tem necessidade de ver a face de Deus liberta da ganga de tradições sem sentido, de ritos, de mitos acumulados pelo pó dos tempos».

São paradigmas distintos dos considerados por Küng, porque dois deles — o paradigma "imperial" e o paradigma da "sociedade de corte"— lidam em muito com *relações de poder, de grandeza e de prestígio,* e confrontam-se com o paradigma "missionário" ou da "religião dos pobres". São precisamente estes os paradigmas socioculturais que emergem quando procuramos as matrizes fiduciárias da actividade científica nos tempos presentes. Como «sistemas de convicções, valores, modos de proceder compartilhados pelos membros de uma comunidade», como explicita José Luís de Matos, são parcialmente incompatíveis entre si e digladiam-se no interior da Igreja, ferindo-na profundamente.[2] Isto traduz *incomensurabilidades* entre estas paradigmas; para ser mais preciso, há incomensurabilidades entre o *paradigma da igreja dos pobres* e os paradigmas *imperial* e da *sociedade de corte*; por contraste, os dois últimos reforçam-se mutuamente.

Passados os primeiros tempos da Igreja nascente, ainda muito marcada pela convicção da vinda iminente de Cristo que lhe suscitou um grande desprendimento material e de partilha de bens, tornou-se notório para os crentes a necessidade de começarem a implantar o Reino de Deus na Terra. E foram surgindo perguntas tais — onde está a capital do império?; onde está a corte? — que vão obscurecendo algo de muito essencial — onde estão «*os pobres em espírito*»? Mas se no espaço euclidiano a linha recta é o caminho mais curto entre dois pontos, no nosso interior e nos caminhos da história nem tudo é linear. Contudo, há que procurar o essencial e por ele ser guiado como por um farol, que pouco se vê em situação de tempestade, mas está connosco. Estes juízos paradigmáticos, como veremos, aproximam a religião da ciência, quer numa base fiduciária quer numa base de criticismo. Mas vão prender-nos necessariamente à obra de Hans Küng. Trata-se de um obra polémica, polémica que aliás o autor nunca evita, antes enfatiza, ao ponto de ter sido proibido pelo Vaticano de continuar a ensinar teologia. A recusa do «atreve-te a pensar» kantiano, uma debilidade das "universidades confessionais" quando aprisionadas pelos *paradigmas imperial* e da *sociedade de corte*, como é o caso das europeias. Apesar dessa proibição, Hans Küng é ainda hoje uma referência nos estudos teológicos. Feita esta advertência, nesta obra procuraremos contrabalançar algumas das suas perspectivas com a de outros teólogos.

Paradigmas religiosos e Análise de Componentes Principais

Com base na "teoria do conhecimento tácito" de Michael Polanyi, reconhecem-se as *marcas culturais* decorrentes das matrizes fiduciárias do conhecimento científico. Trata-se de um *data mining*, uma mineração de dados e padrões que se encontravam escondidos e que as metodologias estatísticas conseguem "trazer" à superfície.

Um estudo do perfil das citações científicas de 21 áreas presentes na base *Essencial Science Indicators* para os diferentes países — como uma tradução da "configuração de todos os saberes" da ciência —, quando analisado em termos de uma metodologia estatística de "Análise de Componentes Principais" (PCA, acrónimo inglês de *Principal Component Analysis*), consegue ser interpretado em termos de dois *componentes principais* (*PC*): "função social da ciência" (PC_1) e, de menor amplitude, "culturas religiosas" (PC_2). De acordo com a metodologia empregue, tais componentes PC_1 e

PC₂ são *variáveis não-correlacionadas*, isto é, não tem relação uma com a outra, a um nível de cerca de 80% de confiança.

John Bernal publicou, em 1939, "*The Social Function of Science*"[3] na qual descreveu a formação de cientistas e as redes de comunicação científica como uma *instituição*. Realçou o desejo apaixonado dos cientistas em conquistar a verdade, mas também em chegar à frente na competição com outros cientistas. Como escreve Raquel Gonçalves-Maia sobre esta obra: «Contém porventura a primeira análise social fundamentada de como a investigação científica e as aplicações da Ciência interagem com os objectivos da sociedade; não sendo isento de directrizes político-partidárias é, todavia, um contributo magnífico».[4]

Como referimos no Capítulo 1, numa perspectiva mais global, há ainda um papel da *religião* na *função social da ciência*, através do paradigma "religião dos pobres", pois os países protestantes europeus agrupam-se no grupo de países no qual assumem especial relevo as vertentes da saúde humana, dado neles se verificar um domínio relativo da área de "Medicina Clínica".

A respeito da componente *PC₂*, há que prestar atenção a Anselmo Borges ao discorrer em "Religião e Diálogo Inter-Religioso" sobre a separação da Igreja e do Estado: «"Dai a César o que é de César e a Deus o que é de Deus", foi programaticamente declarado por Jesus Cristo. Esta separação do político e do religioso não tinha sentido na Grécia, que não separava o cívico e o cultual, nem para o judaísmo que unificava a nação e a religião. Como escreveu Régis Debray, "o ritual cívico é religioso, e o ritual religioso é cívico". Para as culturas que estão na base da nossa, alguém que estivesse fora da religião estava fora da Cidade ou do Povo. "Foi o cristianismo que inventou a religião como coisa à parte"».[5] E esta invenção poderia ter constituído uma enorme *ruptura cultural* nos ambientes culturais onde nasceu e cresceu o cristianismo, mas ainda não se impôs de um modo claro, mormente na Europa.

Ruptura que se pode aprofundar, ao vermos em César o poder imperial e a sociedade aristocrática donde emana e se nutre o poder imperial ou monárquico. E como PC_1 e PC_2 são variáveis *não-correlacionadas*, o poder político e a organização de uma sociedade aristocrática ou monárquica, nos dias de hoje, *não* têm a ver com o cristianismo, com a *religião dos pobres*. O biblista Joaquim Carreiras das Neves afirma algo muito equivalente: «Tanto Jesus como as Igrejas apostólicas respeitam a ordem constituída porque a humanidade *nova* do Reino de Deus não passa nem pela restauração nacionalista do messianismo davídico, nem pelo messianismo apocalíptico, mas pela conversão *teológica* a um Deus mais Pai e menos Rei, revelado pelo profeta *escatológico*: Jesus de Nazaré, que o Pai ressuscita para a realidade humana e divina da ressurreição final, a começar por este mundo e esta história»[6].

Será, pois, segundo esta perspectiva que iremos apreciar a *objectividade* da evolução do cristianismo ao longo da história. Admitindo que este carácter de *não-correlação* não esteve presente, com a "clarificação" de nossos dias, em tempos mais recuados na história. Ou mesmo que alguns destes *paradigmas de poder* ainda não tinham emergido no seio do Cristianismo e da sua Igreja em épocas mais recuadas.

Vimos de um cristianismo de cristandade, como escreveu José María Mardones, ao seguir o rasto dos movimentos religiosos do passado: «Queremos dizer que procedemos da tradição bíblica cristã, marcada por 1500 anos de um projecto religioso, que pretendeu realizar-se deixando a sua marca hegemónica na cultura, e na sociedade e políticas europeias. Este projecto cristiano-messiânico que procurou dirigir a sociedade e a história, configurar uma sociedade, cultura e políticas cristãs —— uma visão religiosa do mundo sob a forma de cultura — apresenta êxitos com indubitáveis sinais de grandeza: expressões culturais surpreendentes bem como ambíguas e distorcidas manifestações de *poder* e *triunfo*.

Restos e nostalgias deste projecto ainda nos rodeiam, mas está a chegar ao fim»[7].

Todavia há ainda outros rastos históricos: uma concepção religiosa dominante e uniformizadora, que hoje se confronta com o pluralismo religioso dos tempos presentes e «a proliferação de novas formas de religiosidade e buscas de espiritualidade»; uma concepção objectiva de posse da verdade, próximo da *intolerância* face ao *erro*; o monopólio do religioso; «viveu a externalidade da religião, primando o institucional, o jurídico, o moral, o doutrinal, mas sem "entrar" dentro do núcleo pessoal, experiencial, místico, do Mistério que anuncia e representa», perdendo muito do *conhecimento tácito* que Jesus transmitiu.[8] Por tudo isto, em palavras de Sören Kierkgaard: «A cristandade desembaraçou-se do cristianismo sem sequer de tal se aperceber bem; cumpre--nos, pois, se quisermos chegar a alguma coisa tentar introduzir o cristianismo na cristandade»[9]. E a «crise de credibilidade do cristianismo parece proceder de uma *instituição que caminha na direcção contrária do Evangelho*»[10].

Hans Küng aporta-nos um registo paralelo: «Não se trata com efeito de negar — e só um historiador da Igreja encegueirado pela sua ideologia poderia pretender conciliá-los e rasurá-los — todas as falhas, as fissuras e os malogros, os contrastes e as *contradições* na tradição da Igreja e, sobretudo, na *história do cristianismo*. Esta história obedeceu ao que é quase uma "lei" sociológica: as pequenas comunidades mudam-se em organização de grande escala, a minoria torna-se maioritária, a Igreja subterrânea transforma-se em Igreja de Estado, os perseguidos tomam o poder e passam com grande frequência a ser perseguidores por seu turno ... Que século podemos qualificar de autenticamente cristão? O dos mártires sob Nero ou o dos bispos de corte do Império constantiniano, o dos monges irlandeses e escoceses ou o dos grandes políticos eclesiásticos da Idade Média?»[11]. Tudo isto nos antecipa não ter sido muito bem sucedida a tarefa da conquista da *objectividade* da mensagem de Jesus Cristo no cristianismo ao longo de todo o percurso de dois milénios.

ENTÃO, JESUS FALOU assim à multidão e aos seus discípulos: «Os doutores da Lei e os fariseus instalaram-se na cátedra de Moisés. Fazei, pois, e observai tudo o que eles disserem, mas não imiteis as suas obras, pois eles dizem e não fazem. Atam fardos pesados e insuportáveis e colocam-nos aos ombros dos outros, mas eles não põem nem um dedo para os deslocar. Tudo o que fazem é com o fim de se tornarem notados pelos homens. Por isso, alargam as filactérias e alongam as orlas dos seus mantos. Gostam de ocupar o primeiro lugar nos banquetes e os primeiros assentos nas sinagogas. Gostam das saudações nas praças públicas e de serem chamados "mestres" pelos homens» (Mat 23, 1-7).

A respeito desta passagem do evangelho de Mateus, escrito por volta de 115 d. C., José Antonio Pagola produz a seguinte reflexão: «O evangelho de Mateus transmite algumas palavras de carácter fortemente anti-hierárquico, onde Jesus pede aos seus seguidores que resistam à tentação de converter o seu movimento num grupo dirigido por mestres sábios, por pais autoritários ou por dirigentes superiores aos outros. São, provavelmente, as palavras mais trabalhadas por Mateus para criticar as tendências às aspirações de grandeza e poder que se adivinhava já entre os cristãos da segunda geração. Mas, sem dúvida, eco do pensamento autêntico de Jesus»[12]. Nos começos do século II, trata-se apenas de tendências, ainda bem longe de constituírem um *paradigma de sociedade de corte*, isto é, de uma constelação de convicções partilhadas por uma comunidade.

Todavia, um pouco adiante no texto e no tempo, Pagola afirma: «Poucas exortações evangélicas foram tão ignoradas, ou frontalmente desobedecidas, como esta ao longo dos séculos. A Igreja, hoje, todavia, vive em flagrante contradição com o evangelho, tal é o número de títulos, prerrogativas, honras e dignidades que nem sempre é fácil viver a experiência de autênticos irmãos»[13].

O paradigma judeo-cristão apocalíptico

«Não há dúvida de que existiram, desde o início, estruturas provisórias da comunidade — a despeito da espera de um fim apocalíptico iminente: houve sobretudo o círculo dos *Doze*, mas também o círculo dos *Sete*, a que os Actos chamam "helenistas"»[14]. Sobre as comunidades primitivas dos primeiros cristãos, Küng adverte-nos: «Não era uma história de romanos e de gregos, mas uma história de homens provenientes do *judaísmo*, numa esfera cultural palestina marcada pelo helenismo. Pouco importa que eles falassem aramaico ou grego: transmitiram a toda a Igreja em devir a língua, a teologia, um mundo de representações judaicos, e influenciaram assim de uma forma indelével toda a cristandade vindoura, até aos nossos dias — incluindo a cristandade de origem pagã que iria seguir-se»[15].

Mas estaríamos a lidar com camadas superiores da sociedade? «Todavia, no início, não era uma história de uma camada social superior, pela qual se interessa habitualmente a história, mas a de *camadas inferiores*: pescadores, camponeses, artífices, gente humilde, a que aludem geralmente os cronistas. As primeiras gerações dos cristãos não dispunham do mínimo *poder político* e não aspiravam, tão pouco, a arranjar um lugar no *establishment* político. Constituíam um pequeno grupo precário, contestado e desacreditado, marginal na sociedade da época. Desde os primórdios, não se tratava exclusivamente de um movimento masculino, mas uma história onde algumas mulheres também tinham o seu lugar»[16].

Küng prossegue na mesma linha de pensamento, quando afirma: «Não há comunidade, não há Igreja, sem reunião! A reunião concreta para o serviço divino era já considerada no paradigma judeo-cristão como a manifestação, a representação, a realização da comunidade de Jesus acabada de nascer. [...] Poder-se-ia qualificar de *democrática*, no melhor sentido da palavra, a Igreja do paradigma judeo-cristão (em todo o caso ela não é *aristocrática* nem *monárquica*)»[17].

O autor citado debruça-se, com enorme pormenor, sobre os cuidados que os evangelistas e as primeiras comunidades cristãs tinham com as *questões de poder*. «O Novo Testamento evita, precisamente, o recurso a termos profanos para definir as "funções" da Igreja, não sem motivo. De facto, eles exprimem relações de *poder* que a comunidade cristã não entendia retomar à sua conta. Utiliza-se um outro termo genérico, uma palavra muito corrente que nada tem de religioso e evoca antes situações de inferioridade, ou pelo menos [não] sugere a autoridade, a superioridade, o poder, a dignidade e a posição de força: *diakonia*, "*serviço*", originariamente o serviço das mesas. O próprio Jesus definira manifestamente a norma imutável ao servir os seus discípulos à mesa. Só isto pode explicar a frequência do termo que surge em seis variantes diferentes: "Se alguém quiser ser o primeiro, há-de ser o último de todos e o servo de todos"»[18].

Torres Queiruga discorre em pensamento semelhante a respeito da necessidade de na Igreja se unir a autonomia real da comunidade e a fundamentação divina: «Também nela tem que se tornar fecundo o princípio de que a autoridade vem *realmente* de Deus, mas através da comunidade. Use-se ou não a palavra, a Igreja no seu funcionamento comunitário não deverá ser nunca menos, mas sim sempre mais que uma "democracia" no sentido político»[19].

As comunidades cristãs dos primeiros tempos tinham, pois, estruturas ainda provisórias, sem hierarquia. Küng enfatiza-o: «E a *hierarquia* como *poder santo*? Seria realmente o último termo que se teria pensado em usar, no começo dos tempos cristãos, para designar os serviços na Igreja; estes deviam justamente evitar todo o estilo autoritário e toda a pretensão de poder. [...] Decerto que há lugar para uma autoridade e um poder na Igreja, mas no Espírito de Jesus eles nunca devem ser instituídos em vista de uma dominação (e para a manutenção de privilégios), antes para o serviço e bem de todos. O Novo Testamento só autoriza um serviço eclesial, uma palavra que nunca deveria esconder a sede de poder atrás das gesticulações de humildade clerical»[20].

Para precaver que as comunidades cristãs possam enveredar por tais caminhos de poder, Hans Küng explicita: «Há mais: no contexto das funções ao serviço da comunidade, o Novo Testamento também evita cuidadosamente — como toda a gente pode reparar — a palavra "sacerdote", no sentido que ela tem habitualmente na história das religiões, o do sacerdote que oferece o sacrifício. [...] É pelo mesmo motivo que as Igrejas protestantes também o evitam de um modo geral. A palavra "padre" vem originariamente do título designativo do mais antigo da comunidade, e não de um papel cultual, de tal modo que se pode substituí-la adequadamente, como fazem algumas Igrejas, por *"presbítero"* ou *"ancião"*, eventualmente *presbyter parochianus*, "cura"»[21].

Igualmente, como escreveu Thomas Cahill, encontramos a mesma preocupação, quiçá ainda mais intensificada, em Paulo: «A "morte para o pecado" de que Paulo fala é basicamente um abandono do *poder*; é viver para uma vida que é o oposto das vidas dos Alexandres e dos Césares e de todos os "deuses"»[22].

MAS OS CONFLITOS vão emergindo entre cristãos e judeus, fruto de muitos dos primeiros verem, na esteira de Paulo, «a Lei à luz de Cristo», enquanto os segundos «vêem manifestamente Cristo à luz da Lei divina».[23] E esta emergência conflitual verifica-se bem cedo, na época da redacção do evangelho de João, cerca do ano 100, por conseguinte mais de trinta anos após a execução do irmão de Jesus, Tiago, em Jerusalém. Trata-se de «o "irmão da Senhor", assim chamado por ser provavelmente o mais velho dos quatro primos coirmãos de Jesus; não confundir com Tiago, filho de Zebedeu, o irmão de João, que fazia parte dos Doze e fora executado por Herodes Agripa cerca de 43». «A execução do seu chefe Tiago e dos que lhe eram próximos representava para a comunidade primitiva uma "catástrofe [...] da qual nunca mais se recomporia"». Pelo ano 100, *a excomunhão dos cristãos pelos judeus já entrara em vigor*: houvera o fatal «anátema contra os heréticos», pronunciado depois da guerra entre romanos e judeus e da destruição do templo. «As antigas relações foram completamente rompidas, ficando proibido toda a convivência a título pessoal ou social e excluída toda a ajuda».[24] Na visão de Cahill, foi este conflito que acabou por ter fortes consequências, séculos mais tarde. «Se, no entanto, se pode dizer que os judeus rabínicos ganharam este braço-de-ferro do século I e conservaram a supremacia durante os dois séculos seguintes, a maré mudou no início do século IV, com a iniciação do imperador Constantino como catecúmeno cristão».[25]

Para além do conflito sobre a circuncisão e outras práticas judaicas, emergem as primeiras reflexões teológicas sobre a divindade de Jesus. «Jesus de Nazaré é o Verbo tornado carne, o *Logos* de Deus em pessoa, a *sabedoria de Deus sob a forma humana*. O judeu Fílon de Alexandria, contemporâneo de Jesus, já chamara "Deus" e "Filho de Deus" ao *Logos* estóico universal, mas fiel a um estrito monoteísmo, subordinara-o, como "segundo Deus", a Deus enquanto tal (*ho théos*). No entanto, o evangelista João foi o primeiro a identificar os títulos de *Logos* e de Filho de Deus com uma pessoa concreta, com o Jesus terreno, e a conferir assim o título de "Filho de Deus" uma plenitude pessoal que ele não tinha em Fílon e que era inaceitável para judeus. [...] Aquilo que interessa a João não é uma cristologia da preexistência, mas uma cristologia da missão e da Revelação»[26].

Qual o pensamento de Paulo, após ter tido um contacto com o focal de Jesus-ressuscitado? Küng questiona-se: «Precisamente na sua cristologia, não se terá Paulo afastado a olhos vistos do judaísmo? Não encontramos porventura em Paulo a representação de uma preexistência pessoal de Jesus, Filho de Deus, o que é algo inaudito no judaísmo e entra em conflito com o monoteísmo judaico? [...] Em toda a sua cristologia, Paulo nunca mostrou o mais pequeno interesse na explicitação do "modo de ser" celeste de Cristo junto de Deus»[27]. O esquema de Paulo a respeito de Jesus é um esquema profético, familiar aos judeus há vários séculos. «Não há, por conseguinte, vestígios em Paulo, do mesmo modo que em João, de uma autêntica cristologia da preexistência e, logo, ainda menos de um Deus que seja "três em um". [...] O seu modelo conceptual *não é a colocação em pé de igualdade* do Pai, do Filho e do Espírito, *mas o movimento* de Deus na direcção do homem, "de Deus por Jesus Cristo no Espírito" e o movimento do homem na direcção de Deus, "por Jesus Cristo no Espírito para Deus". [...] Em nenhum momento a cristologia de Paulo abalou o monoteísmo judaico»[28].

Na Carta aos Romanos, Paulo escreveu: «Acerca do seu Filho, nascido da descendência de David segundo a carne, constituído Filho de Deus em poder, segundo o Espírito santificador pela ressurreição de entre os mortos, Jesus Cristo Senhor nosso» (Rom 1, 3-5).

Do paradigma apocalíptico ao paradigma helenístico

Os judeo-cristãos aparecem como «legítimos herdeiros da comunidade cristã primitiva», numa linha de continuidade com as comunidades cristãs de origem pagã, defendidas por Paulo e os seus discípulos. «Mas a teologia e a missão de Paulo, incomparavelmente o mais eficaz de todos os apóstolos do cristianismo primitivo, iriam desempenhar um papel capital na *mudança de paradigma* que se delineava no seio do cristianismo»[29].

Paulo era um judeo-cristão, mas entendia que a observância da Lei ritual judaica, a *Halakha*, já não se impunha a todos os cristãos, nomeadamente aos pagãos; o que «é decisivo é a confiança incondicional ("acreditar": *pistis*) em Deus, o abandono confiante à sua vontade». Ao pensar e agir deste modo, Paulo minava a condição salvífica de todo o sistema haláquico.[30]

Como enfatiza Küng, «Paulo não é o fundador do cristianismo, mas, isso sim, o primeiro *teólogo cristão* que explica e pratica com um grande génio teológico o que Jesus praticava de facto e não dizia senão implicitamente»[31]. Por outras palavras, o ensino de Jesus contém uma dose elevada de conhecimento tácito; o próprio Jesus explicitou algum deste conhecimento, na linguagem metafórica da parábola como referimos no Capítulo 3. Mas Paulo veio a exceder--se na prossecução de uma explicitação da mensagem de Cristo que, em larga medida, assume como sua missão: «Já não sou eu que vivo, mas é Cristo que vive em mim. E a vida que agora tenho na carne, vivo-a na fé do Filho de Deus que me amou e a si mesmo se entregou por mim» (Gl 2, 20).

Paulo foi escolhido como apóstolo por Jesus-ressuscitado, pelo que não é o "fundador" do cristianismo universal, como advogam alguns autores e ainda recentemente Harold Bloom em "*Genius. A mosaic of one hundred creative minds*", obra de 2002. O que Küng afirma é que sem Paulo «não haveria Igreja Católica, nem patrologia grega ou latina, nem cultura cristã helenística, nem "viragem constantiniana"»[32].

No paradigma judeo-cristão, as comunidades dotaram-se de estruturas provisórias na expectativa de um fim apocalíptico já próximo. As comunidades paulinas asseguravam a unidade e a ordem de um modo *carismático*, graças à acção do único Espírito, que oferece a cada um o *seu* carisma para ser colocado ao serviço dos outros. «Nos primeiros tempos, porém, não encontramos em parte nenhuma um episcopado monárquico, não só nos Actos, mas também nas comunidades paulinas e na *Didaqué* ("ensino" dos Apóstolos), o mais antigo regulamento da comunidade cristã primitiva (c. 100), eram antes de tudo os *profetas* e os *encarregados de ensino*, e só em segundo lugar os *bispos* e os *diáconos* que celebravam a Eucaristia. A comunidade de Antioquia não era manifestamente dirigida por epíscopos e presbíteros, mas por profetas e encarregados de ensino»[33].

Com a passagem do tempo, era inevitável uma *institucionalização*, «ao ir-se buscar ao judaísmo o colégio dos anciãos e o rito da imposição das mãos»[34]; mesmo nas comunidades paulinas. «A constituição presbiteral-episcopal, conservada até aos nossos dias não só pelas Igrejas ortodoxas orientais, mas também pelas Igrejas católica, anglicana e metodista, bem como por algumas Igrejas luteranas, não é obra de um acaso nem de uma renegação, mas faz parte da mudança de paradigma inaugurada por Paulo, da passagem ao paradigma helenístico, e é portanto consequência de uma evolução histórica. [...] As investigações históricas mostram sem ambiguidade nenhuma que esta concepção da Igreja, concentrada no bispo, é o fruto de um longo *desenvolvimento histórico* que não deixa de levantar problemas, um desenvolvimento que se fez de maneiras muito diversas em diferentes regiões»[35].

Resumindo, Küng considera três etapas. *Fase 1*: Os *presbíteros-bispos* ligados a um lugar, impõem-se como os líderes e, finalmente, como únicos dirigentes da comunidade, face aos profetas. *Fase 2*: O *episcopado monárquico de um só bispo* numa cidade impõe-se cada vez mais nas comunidades face a um grande número de co-presbíteros. *Fase 3*: Com a expansão da Igreja a partir das cidades para o campo, o bispo, chefe de uma comunidade urbana, torna-se o *chefe de todo um sector da Igreja*, de uma diocese.[36]

As características estruturais dominantes do novo paradigma anunciado por Paulo vão ser as seguintes: Em vez de «uma comunidade de judeus, temos uma comunidade eclesial formada por judeus e pagãos e no fim unicamente por pagãos»; em vez do aramaico é o grego a língua dominante; «em vez de um enraizamento nos campos palestinos do Próximo Oriente, temos agora a inculturação na *cultura helenística e romana*»; «em vez de Jerusalém, é *Roma* que é agora o centro e a Igreja guia do cristianismo»; «em vez de uma comunidade dirigida pelos presbíteros, temos agora uma Igreja presbiteral-episcopal cada vez mais institucionalizada».[37] Isto para além da influência da estrutura administrativa do Império romano, de que cuidaremos mais adiante.

Mas será que tais modificações nas estruturas das comunidades cristãs foram ditadas por uma busca de *poder* ou apenas foram fruto de necessidades religiosas?

Comecemos pelo papel das mulheres. «Basta ler as *saudações pessoais no fim da epístola aos Romanos* para ver como eram numerosas as mulheres que participavam activamente na pregação do Evangelho: dez das vinte e nove pessoas a quem Paulo se dirige são do sexo feminino. [...] A comunidade tal como Paulo a concebe [...] foi uma *Igreja onde também tinham o seu lugar as apóstolas e as profetisas*. [...] Em Corinto, porém, já se desenham os primeiros conflitos relativos à prédica pública por mulheres, e o próprio Paulo adopta uma atitude ambígua: se bem que defenda o direito das mulheres a exprimirem-se, faz apesar de tudo seus, para impor o uso do véu, alguns argumentos provenientes de uma polémica anti-feminista do judaísmo da época. [...] A questão do lugar da mulher denota um recalcamento gradual das estruturas originariamente "democráticas" e "carismáticas" nos começos do cristianismo, um processo de institucionalização que jogará cada vez mais, de ora avante, em favor dos homens»[38]. Do que Küng nos transmite, o apagamento das mulheres na liderança das comunidades cristãs configura-se, em muito, como um fruto de questões culturais e não de índole religiosa.

Como o fim dos tempos não chegava, e os elos com o mundo judaico se haviam rompido, após a morte de Paulo em 67 e a destruição de Jerusalém no ano 70, «o que podiam fazer as comunidades cristãs se não instalarem-se duradouramente no mundo do Império Romano». «O cristianismo via-se então coagido, quer o quisesse ou não, a estabelecer-se neste mundo. O abandono do paradigma judeo-cristão apocalíptico era a resposta à nova situação cultural, social e política».[39]

Perante este cenário, o teólogo suíço que temos vindo a citar interroga-se e interroga-nos: «Mas este afastamento do judaísmo e esta penetração cada vez mais forte da Igreja e da teologia no mundo helenístico romano colocam uma questão fundamental [...]: O cristianismo não deveria a exemplo da religião de Estado romano, retomar toda a herança das religiões e *misturar-se* com outras religiões do mundo helenístico: propor assim um "sincretismo" que fosse uma amálgama de religiões? Ou, pelo contrário, devia *demarcar-se* totalmente destas religiões?»[40].

A tarefa objectiva das comunidades cristãs na cultura helenístico-romana do Império deveria ser a de transmitir a mensagem e a *praxis* de Cristo. Tal implicava defrontar um conjunto de obstáculos de monta. Não poderia atribuir culto a deuses aos quais o Império devia a sua grandeza e a sua força. Teria de recusar o culto do Estado e da sua ideologia, o que constituía um crime contra o Estado. «Embora recusassem o culto do imperador, os cristãos tinham um comportamento perfeitamente *leal* para com o Estado — segundo a fórmula de Jesus: "Dai a César o que é de César", e a do apóstolo Paulo, que reconhecia às autoridades do Estado uma função desejada por Deus para lutar contra o mal e que exortava, por conseguinte, à obediência ao poder do Estado e ao pagamento dos impostos»[41].

Para se procurar impor no Império Romano, o cristianismo tinha de «retomar totalmente à sua conta a magnífica cultura helenística»[42]. No ambiente cultural helenístico, no qual a *actividade filosófica* desempenhava um papel fundamental, seria possível incorporar alguns destes valores no cristianismo? Para Justino, oriundo da Palestina e um dos primeiros teólogos cristãos que havia praticado filosofia em Roma, «o cristianismo tornou-se para ele uma sabedoria que satisfaz a razão, cumpre os mais antigos anúncios dos profetas, suscitou corajosos mártires e intrépidos confessores e não se difundiu em vão, num tempo muito curto por toda a *oikoumenê* (no fundo, já do mar Cáspio e do mar Negro à Espanha e à Grã-Bretanha), [o mundo conhecido naquele tempo]»[43]. Apresenta-nos, pois, o cristianismo como a única *verdadeira filosofia* universal, ao retomar um conceito-chave popular da mentalidade helenística, o *Logos* que já se encontra em forma de hino no prólogo do evangelho de João. Outro obstáculo dizia respeito à *gnosis*, um dos grandes movimentos religiosos da Antiguidade tardia, que prometia a um escol o conhecimento salvífico dos mistérios do homem, do mundo e de Deus. Mas a mensagem de Jesus era uma mensagem de *salvação pela fé* e não de *salvação pelo conhecimento*. Uma mensagem para todo o homem e mulher, para o homem e a mulher comuns, e não apenas destinada aos "génios". «Para os gnósticos o cristianismo não devia manter-se uma religião popular centrada no culto e organizada hierarquicamente, mas elevar-se à categoria de religião intelectual, reflectida, de uma altíssima espiritualidade, religião elitista "dos que sabem"»[44].

«As *fronteiras entre a comunidade eclesial e a gnose* mantiveram-se durante muito tempo fluidas para uma quantidade de cristãos e de cristãs. A gnose não se confundiu logo à partida com heresia».[45] Mas seria a gnose de algum modo compatível com o cânone do cristianismo? Para Paulo há uma clara incompatibilidade: «A linguagem da cruz é certamente loucura para os que se perdem mas, para os que se salvam, para nós, é força de Deus. Pois está escrito: *Destruirei a sabedoria dos sábios e rejeitarei a inteligência dos inteligentes*. Onde está o sábio? Onde está o letrado? Onde está o investigador deste mundo? Acaso não tornou Deus louca a sabedoria deste mundo?» (1 Cor 1, 18-20).

É que «os gnósticos prometiam uma espiritualidade radical e uma libertação dos entraves terrestres, dando provas de uma tendência quase sempre ascética e hostil ao mundo». O perigo do *sincretismo* [uma religião ao mesmo tempo animista, henoteísta, politeísta e monoteísta] era bem real. Se seguisse o gnosticismo, [um sistema que coloca Deus num esquema de raciocínio puramente intelectual dependente do mal no mundo, um mal que é a essência de tudo] como escreveu Küng, a jovem comunidade cristã deveria aceitar mais de um Deus e Salvador, aceitar verdadeiros deuses e também salvadores de outras religiões, aceitar um Deus Mãe ao lado de um Deus Pai.[46]

Tal contrariava a pregação de Paulo: «Eu mesmo, quando fui ter convosco, irmãos, não me apresentei com o prestígio da linguagem ou da sabedoria, para vos anunciar o mistério de Deus. Julguei não dever saber outra coisa entre vós a não ser Jesus Cristo, e este, crucificado. Estive no meio de vós cheio de fraqueza, de receio e de grande temor. A minha palavra e a minha pregação nada tinham dos argumentos persuasivos da sabedoria humana, mas eram uma demonstração do poder do Espírito, para que a vossa fé não se baseasse na sabedoria dos homens, mas no poder de Deus» (1 Cor 2, 1-5).

Acresce que a gnose visava esvaziar o cristianismo da sua substância. "Redenção", "crucifixão" e "ressurreição" eram processos simbólicos de alcance cósmico aos olhos dos gnósticos.[47]

Perante tais obstáculos, surge naturalmente o reforço da institucionalização da Igreja e o reforço da doutrina, em ordem ao perigo de um *sincretismo religioso*. Face à multiplicidade de deuses, favorecia-se a afirmação do Deus único. Face à sabedoria, favorecia-se a fé em Cristo. «Sob o ângulo teológico-político, isto significava que o cristianismo não tinha o direito de se integrar, com a ajuda de especulações gnósticas, no sistema religioso sincretista do Estado, que era o modelo dominante»[48]. Como reconheceu Elaine Pagels, professora de história das religiões na Universidade de Princeton, numa perspectiva humana «se o cristianismo houvesse ficado polimorfo, podia muito bem ter desaparecido como as dúzias de cultos religiosos rivais da Antiguidade. Julgo que devemos a sobrevivência da tradição cristã à estrutura organizadora e teológica instaurada pela Igreja nascente»[49].

A jovem comunidade cristã defendeu-se das correntes da sabedoria gnóstica, mediante três reguladores: a regra da fé, o cânone e a função episcopal. O primeiro, uma *confissão de fé* identitária, proferida por ocasião do baptismo; foi Paulo a referir nas suas Cartas o baptismo como sacramento. Apesar de apegada ao Antigo Testamento, a Igreja fixa um *cânone*, o Novo Testamento;

o segundo regulador. «O ministério *episcopal* monárquico, desde há muito foco da unidade da Igreja, torna-se agora um ministério *doutrinal*; também se diferencia cada vez mais do ministério dos outros presbíteros, pois aparece cada vez mais competente para a gestão dos recursos (cada vez mais importantes da Igreja); pedem--lhe igualmente que decida da justa doutrina apostólica, como base numa sucessão pretensamente ininterrupta desde os apóstolos — torna-se assim um terceiro regulador».[50]

«O cristianismo não é apenas a Antiguidade, é também um "acontecimento vivido da novidade" [...] e dá provas de uma força inovadora capaz de transformar a sociedade [...] e se revelou como uma *força moral* transformadora da sociedade»[51]. Em palavras de Hans Küng, foi «por uma *revolução de veludo* que o cristianismo se impôs lentamente ao Império Romano» ou, como escreveu Henry Chadwick, teólogo e especialista da Universidade de Oxford em patrologia, «o cristianismo representava um movimento religioso revolucionário, sem ideologia política consciente». A celebração da Eucaristia que não estabelecia qualquer discriminação de pessoas, criava uma *solidariedade social* entre os cristãos. «A existência recta (*ortopraxia*) era sempre mais importante nesta época do que a doutrina recta (*ortodoxia*), e foi certamente uma das causas principais do êxito inesperado do cristianismo».[52]

Neste caminho histórico do cristianismo nos séculos II e III, as mulheres foram as grandes perdedoras na institucionalização da Igreja. Essencialmente por um conjunto de três razões. A desvalorização da cultura que contribui para só ver "corpos" nas mulheres. A hostilidade para com o sexo, não específica do cristianismo mas comum na Antiguidade tardia, e que tornaria difícil vencer em outros meios culturais por onde o cristianismo se podia difundir; a verdade, porém, é que este obstáculo cultural se vem a intensificar com o mesmo cristianismo, muito em particular com a proibição do casamento aos clérigos. «A adopção de *estruturas hierárquicas*:

tanto nas Igrejas como no Império Romano, a mentalidade igualitária e os interesses do poder político entram em concorrência; o princípio da igualdade só prevalece na esfera privada, enquanto a supremacia masculina se impõe sobretudo na esfera sacramental [e, inevitavelmente, na *gestão dos recursos*]».[53]

Relevante neste caminho da desvalorização da mulher foi a imersão do cristianismo na cultura helénica. Como escreve Ana Maria Colling em "O corpo que os gregos inventaram": «Da Antiguidade até ao século XVIII existia somente um sexo — o masculino — e a mulher era apenas um homem imperfeito. Quando se iniciam as interpretações do corpo e das suas diferenças, constatamos que *relações de poder* produziram discursos sobre o corpo e as suas diferenças, transformando essas diferenças em desigualdades»[54]. E esta preocupação filosófica em classificar a diferença sexual em relação a outros tipos de diferença, acabou por transformar em certeza científica a inferioridade feminina.

«Em Platão dar à luz é falar, descobrir aquilo que em nós é pensado [...] Parto é sinónimo de trabalho, de sofrimento, de dependência. Numa palavra, de resistência à auto-revelação da verdade. [...] Quando se trata de saber e de poder, quando se trata de filósofos encarregados de governar a cidade, os interlocutores de Platão na obra *A República* não mencionam nunca as mulheres. É o menosprezo com o que as mulheres sabem fazer, a começar pela maternidade e pelos desvelos maternos, que o filósofo ensina à cidade. "Conheces alguma profissão humana em que o género masculino não seja superior, em todos os aspectos, ao género feminino?" pergunta ele a Gláucon. [...] A desvalorização da mulher faz parte do sistema platónico, a sua inferioridade natural provém de seu "útero errante" e da sua capacidade de procriação. É porque ela produz seres humanos que ela tem dificuldade em produzir conceitos, em pensar»[55]. Para os gregos, e para Aristóteles em especial, a inferioridade feminina dá-se em todos os planos — anatomia, fisiologia, ética.[56]

E como Küng sumariza: «O cristianismo não operou a libertação da mulher, mas teria podido e devido incentivá-la de outra maneira que não apenas propondo formas de vida alternativas. Em vez disso, os séculos II-III preparam o caminho a uma crescente hostilidade para com a mulher na doutrina e na prática da Igreja dos séculos seguintes. Ao passo que na sociedade antiga tardia a emancipação da mulher está já em boa medida adquirida, "os interditos difundidos por todo o Império a propósito dos ministérios da Igreja atestam desde o século III algumas práticas cada vez mais desfavoráveis às mulheres; a ortodoxia política e dogmática caminham de mãos dadas na luta contra a emancipação das mulheres, quer seja na Igreja quer na sociedade"»[57]. Houve pois um retrocesso na vertente da emancipação das mulheres, também fruto das "hierarquias verticais" que estorvam os sentimentos de fraternidade entre irmãos e irmãs.

Sem dúvida, este retrocesso do papel das mulheres na Igreja em relação às comunidades cristãs paulinas é muito mais cultural do que fruto de questões de origem religiosa. Se tudo na Escritura tem um sentido "espiritual", mas nem tudo tem um sentido histórico, quais as razões espirituais para discriminar a mulher? E hoje, esta questão contribuirá para a aproximação das Igrejas cristãs, ou é irrelevante?

Viragem teológica, viragem cultural, viragem política

No ambiente da cultura helenística do Império Romano, que factores terão contribuído para a mudança do "paradigma judeo-cristão apocalíptico" para o "paradigma do cristianismo antigo helenístico"? «A evolução deu-se do seguinte modo: essa cristologia do judeo--cristianismo que, a maior parte das vezes, nada sabia de uma preexistência do Filho de Deus, tornou-se cada vez mais marginal depois da destruição de Jerusalém; ao invés, o prólogo de João, com as suas afirmações sobre a preexistência e a encarnação do Verbo, impunha-se cada vez mais, e tornara-se portador de história, da história dos dogmas. A *mudança de paradigma* é inegável desde o momento em que Justino e os primeiros apologetas cristãos do século II estabeleceram uma relação entre o conceito do *Logos* joânico, júdeo-helenístico, e a metafísica grega do *Logos*, embora entendam pôr assim em realce a fé no Deus único e a importância de Jesus Cristo. Porquê? Porque o ponto de partida da cristologia deslocou-se do Cristo terrestre e exaltado para o Cristo preexistente»[58].

Esta mudança, porém, não foi imediata. No apego à herança judaica, «no século III ainda se nota uma oposição vigorosa a toda a doutrina helenística relativa ao *Logos* e às hipóstases [três sujeitos-substâncias]». Progressivamente, «o que se situava originariamente à margem, na fé e na confissão de fé, toma doravante o lugar central e acha-se assim exposto à controvérsia. Sistemas especulativos diferentes conduzem a cristandade a uma *crise da ortodoxia*, cada vez mais intensa, e isto surtirá efeitos catastróficos». Numerosos teólogos autónomos foram condenados como *heréticos*, apesar de terem sido perfeitamente ortodoxos a seu modo.[59]

Orígenes, um verdadeiro génio entre os Padres gregos, que criou o primeiro modelo de uma teologia científica com importantes repercussões em toda a vida cristã antiga, já pedia a liberdade de pensamento para os teólogos para as "questões em aberto". E reclamava uma tal liberdade contra a ortodoxia dos bispos. Por causa de algumas teses demasiado audaciosas, sobretudo sobre a preexistência das almas e a reconciliação plenária no fim dos tempos, foi acusado de heresia e acabou por ser condenado,[60] tendo-se visto forçado a abandonar Alexandria devido à animosidade do bispo Demétrio, e foi viver para Cesareia na Palestina.

A crise de ortodoxia da Igreja não virá tanto de uma luta pelo poder em favor dos bispos, mas de uma procura de defesa da *essência do cristianismo*, da fé, num ambiente cultural de grande efervescência intelectual, a que o judaísmo não estava exposto. «Orígenes efectuara a *viragem teológica* que ia tornar possível a *viragem cultural* (laço entre cristianismo e cultura); por seu turno esta preparou a *viragem política* (laço entre Igreja e Estado). É assombroso que já se tenha chegado a este ponto uns cinquenta anos após a morte de Orígenes — a respeito das vivas reacções do Estado pagão, que se tornam de ora avante mais violentas»[61].

Durante o século III, os imperadores romanos aperceberam-se do perigo que o cristianismo constituía para o Estado pagão e tomaram medidas gerais para o combaterem. As perseguições dos imperadores Décio (249-251) e Valeriano (253-260) causaram um decénio de terror aos cristãos, com numerosas vítimas, uma das quais o próprio Orígenes, por cerca de 253.[62] «Apesar, no entanto, de todas estas medidas coercitivas, as perseguições foram um fiasco. Galiano, o filho de Valeriano, viu-se obrigado, em 260/261, a revogar os decretos anticristãos. Seguiram-se quarenta anos de paz, em que o cristianismo foi tolerado de facto, se não de direito, e em que ele pôde propagar-se cada vez mais na Mesopotâmia, na Pérsia e na Arménia, no Norte de África e na Gália, ou mesmo na Germânia e nas ilhas britânicas. Ia encontrando gradualmente uma recepção favorável, inclusive junto de pessoas cultas e abastadas (até na corte imperial e no exército), que viam nele uma forma mais filosófica e espiritual de veneração de Deus, sem sacrifícios sangrentos, sem estátuas de deuses, sem incenso nem templos»[63]. E foi este período de paz que permitiu o florescimento da teologia eclesial, no seio da qual vai ter lugar uma outra mudança de paradigma.

A entrada do poder imperial na Igreja

Falharam todas as perseguições aos cristãos, incluindo mesmo a de Diocleciano, já nos finais do século IV, que simultaneamente reincentivou o culto dos deuses antigos. Contudo, esta penúltima grande perseguição empreendida pelo Império Romano contra o cristianismo esbarrou com a falta de entusiasmo de uma população já bastante cristianizada, especialmente no Oriente. Já o imperador Galério havia preparado em 311 um édito de tolerância e reconhecimento da religião cristã, que o seu sucessor Constantino confirmou. O novo imperador, que atribuiu, não sem superstição, a sua vitória sobre o usurpador romano Maxêncio ao sinal da cruz e ao Deus dos cristãos, no ano de 313 promulga uma constituição que garante uma liberdade religiosa total para todo o Império.

Constantino comporta-se como um homem de Estado que vai integrar o *cristianismo* na sua *política de poder*, nunca mais abandonando nas campanhas militares o seu estandarte com o monograma de Cristo. «Uma das sequências mais regulares da história é que a um período de devassidão pagã se segue uma época de restrição puritana e disciplina moral. Assim a decadência moral da Roma antiga sob Nero e Cómodo e outros imperadores posteriores foi seguida da ascensão do cristianismo, e a sua adopção e protecção oficial pelo imperador Constantino, como uma fonte salvadora e uma estrutura de ordem e decência»[64].

Com enfatiza Küng: «O *Império universal* dispõe novamente de uma *religião universal,* religião que oferece a sua ajuda caritativa a inúmeros indigentes e convida a gente a depositar a sua esperança na imortalidade. Em todo o caso, seria erróneo atribuir a "vitória" do *cristianismo* tão-somente à sua organização social caritativa global e bem implantada ao nível local, ou apenas à sua adaptação à sociedade da Antiguidade tardia. O monoteísmo cristão impunha-se incontestavelmente, face ao politeísmo rico em mitos, como posição mais progressista, mais esclarecida; e a ética elevada dos cristãos, de que dão testemunho os ascetas e os mártires até mesmo na morte, mostrava-se superior à pagã. O cristianismo propunha respostas claras aos problemas da culpabilidade e da morte».[65]

Todavia convém reconhecer que os mitos e as sagas ou mesmo as lendas da Sagrada Escritura requerem ser reconhecidas pela *força simbólica da palavra*. «O mito é uma figura literária, no seu complexo narrativo, que "configura" a realidade *histórica presente*, a partir da sua "prefiguração" de um tempo ideal *a-histórico*. Passa-se daquilo que é para o que *deveria ser*, mas *nunca foi*. O mito, como narrativa, persiste a interpelar todas as gerações»[66].

O CRISTIANISMO DE PAULO trouxe ainda outros valores, nomeadamente os valores cosmopolitas de tolerância e amizade, uma espécie de valor interétnico. E num mundo no qual as relações comerciais eram importantes, o cristianismo levou ao estabelecimento de diversas *relações de confiança* também importantes no mundo dos negócios. «A confiança na transacção da qual depende o negócio — uma confiança que hoje em dia muitas vezes assente em leis complexas e na sua fiel aplicação — assentava na antiguidade por um lado em leis, mas muito na fé na integridade das pessoas individuais. E a amizade religiosa era um dos grandes fundamentos de tal fé»[67].

Não é difícil imaginar o alívio e a alegria com que é acolhida esta viragem histórica na cristandade perseguida e oprimida até então. Um acontecimento que Küng compara ao que a Europa do Leste viverá em 1989. «No entanto, há também um espectáculo desolador (igualmente comparável aos acontecimentos subsequentes a 1989): quando a tão esperada liberdade religiosa é finalmente adquirida, as tensões religiosas, desde há muito em acção no seio da cristandade, aparecem à luz do dia, tensões que vêm sobretudo da cristologia helenística, em parte da doutrina das três hipóstases de Orígenes»[68].

A grande crise surge depois da viragem constantiniana quando Ario, um fervoroso padre de Alexandria, prega uma doutrina nova sobre a questão de Cristo e a sua preexistência. «A questão fundamental para Ario é a do Deus único [...] Em virtude, porém, do seu monoteísmo sem concessões, só a primeira hipóstase, Deus ele mesmo, é incriada; a segunda, o Filho, é criada, não no tempo, é bem verdade, corrige Ario, mas "antes de todos os tempos", [...] porquanto não é eterno, porquanto foi criado pelo Deus eterno. [Cristo, um semideus?] [...] Ario faz surgir à vista de todos o que era desde há muito um problema basilar no paradigma helenístico: quanto mais se tendia a situar Jesus, a título de Filho, ao *mesmo nível de ser* que o Pai — muito diversamente do que sucede no paradigma judeo-cristão — [...] mais se lhes tornava difícil conciliar de maneira convincente o monoteísmo e a filiação divina de Jesus!»[69].

O principal opositor de Ario foi o diácono Atanásio, que veio a ser bispo de Alexandria. «Não se tratava apenas, para ele, de teologia filosófica, mas de piedade, de prática religiosa, de monaquismo, de ascese, de salvação. Atribuía igualmente uma grande importância à unicidade de Deus, mas a *salvação por Deus* e, logo, a *unidade entre o Pai e o Filho* afiguravam-se-lhe ainda mais importantes. Estava convencido de que juntar a Deus uma segunda hipóstase ou substância a venerar como divina — um *dêuteros théos*, um "segundo Deus", por assim dizer — equivaleria a introduzir sub-repticiamente o politeísmo helenístico»[70]. Para Atanásio, são a encarnação de Deus e a divinização do homem que distinguem o cristianismo do judaísmo e do paganismo.

A controvérsia não ficou restrita a teólogos e bispos, mas em todas as camadas das populações, cristãos e não-cristãos também nela participaram. Uma controvérsia que inflamou o Oriente, o que contrariou bastante o imperador Constantino que via o perigo de assim se dividir espiritualmente o Império que tanto lhe havia custado a unir politicamente. Ante a impossibilidade de se alcançar a conciliação em Alexandria, Constantino promoveu a convocação de um "concílio ecuménico" em 325, para o qual colocou à disposição uma sumptuosa sala do seu palácio de Niceia.

«Era então claro logo à partida que a *última palavra neste concílio ecuménico* — neste e nos seguintes! —pertenceria não ao bispo de Roma, como o sustentarão os futuros ideólogos de um papado absoluto, mas antes ao *imperador* e a mais ninguém. Não só convocara o concílio, como ainda o dirigiu por intermédio de um bispo mandatado para tal efeito, com a assistência de comissários imperiais, além de lhe fixar o calendário e de o encerrar. Ratificou as decisões do concílio transformando-as em leis do Império. Constantino serviu-se em particular deste primeiro concílio para *adaptar a organização da Igreja à do Estado*: às províncias imperiais deviam corresponder as províncias eclesiásticas, com o seu metropolita e o seu sínodo provincial (sobretudo para a eleição dos bispos). Desenha-se igualmente neste primeiro concílio uma organização patriarcal que preside às províncias e reconhece uma hierarquia aos patriarcados de Roma, de Alexandria, de Antioquia e também, no mesmo plano, de Jerusalém (que já não é judeo-cristã, mas helenística). Por outras palavras, o Império tem agora a sua Igreja imperial!»[71].

Estamos perante o que hoje designamos por um forte *cesaropapismo*, que também introduz um organização imperial, do poder eclesiástico, na própria Igreja. E à qual esta nem queria nem se podia opor, dada a brusca transição de uma política de perseguição para uma de aceitação, apoio e valorização que Constantino havia introduzido no Cristianismo. Esta emergência do *paradigma imperial* no seio da Igreja não permitia grande separação entre os interesses seculares e os religiosos. Küng vai explicitá-lo de um modo claro.

«Aos olhos do estratego político que era Constantino, parecia óbvio que a Igreja imperial não podia contentar-se com as confissões de fé mais ou menos divergentes das Igrejas locais ou provinciais. Ela precisava de uma confissão ecuménica unívoca, que se tornasse lei da Igreja e lei do Império para as todas as Igrejas. Constantino pensava que só isto podia assegurar a unidade do Império, segundo a divisa: um Deus, um imperador, um império, uma Igreja, uma fé!»[72].

«Eusébio, teólogo e historiador da Igreja ligado à corte imperial, redigiu um projecto. Contudo, na linha de Atanásio (e de alguns orientais), ele queria sublinhar mais claramente do que o próprio concílio a igualdade de categoria ontológica entre Deus Pai e Jesus Cristo. Não se podia, pois, tolerar um abaixamento de Cristo à categoria de simples criatura nem uma concepção de Deus que não incluísse a especificidade cristã (Deus é desde sempre o Pai deste Filho). Convinha sublinhar que Deus não é o obscuro fundamento original e incompreensível dos neoplatónicos; ele não revelou apenas uma parte de si mesmo, mas revelou-se sem reserva em Jesus Cristo. Este conhece tudo do Pai e logo o Pai está presente nele, sem restrição alguma: o Deus e Pai em si mesmo, sem origem, incriado, eterno, vivo. Cristo não é um segundo Deus ou um semideus ao lado do verdadeiro Deus; por ele, o próprio verdadeiro Deus está presente: "Deus de Deus, luz da luz, verdadeiro Deus nascido do verdadeiro Deus, engendrado, não criado, da substância [em grego: *ousia*] do Pai"»[73].

Perante este cenário de influência mútua do político e do religioso, vários enunciados de Ario são condenados e o próprio Ario é excomungado. Retornou a Constantinopla em 334, chamado por Constantino e, segundo a lenda, faleceu em 336 quando a caminho de receber a comunhão novamente. Constantino poderá ter favorecido o lado perdedor da questão ariana, uma vez que foi baptizado por um bispo ariano, Eusébio de Nicomédia.

Com o distanciamento do tempo que a história nos confere, Carreira das Neves afirma: «Todos somos um pouco como Ario, que via em Jesus um personagem fora de série, mas que não era Deus. Ou, então, como Pelágio, que acreditava na salvação mais através das obras do que através da graça»[74].

Notas

[1.] MATOS, José Luís de – *Igreja Católica. O choque de paradigmas*, Caminho Nosso Mundo, Lisboa, 2007.
[2] *Id.*, p. 136.
[3] BERNAL, John Desmond – *Social Function of Science*, Cambridge, Mass., MIT Press, 1967, pp. 11, 310, 317.

[4] GONÇALVES-MAIA, Raquel – *Dos Raios X à Estrutura Biomolecular*, Editora Livraria de Física, São Paulo, Brasil, 2013, p. 122.
[5] BORGES, Anselmo – *Religião e Diálogo Inter-Religioso*, Imprensa da Universidade de Coimbra, Coimbra, 2010, pp. 87-88.
[6] CARREIRA DAS NEVES, J. – *O coração da Igreja tem de bater*, p. 241.
[7] MARDONES, J. M. – Religião e Religiões. Donde vimos, onde estamos, para onde vamos?, em *Deus no Século XXI e o Futuro do Cristianismo*, ANSELMO BORGES (coord.), Campo das Letras, Porto, 2007, p. 26; itálicos nossos.
[8] *Id.*, pp. 26-29.
[9] S. KIERKEGAARD, Søren – L'École du christianisme (1850), em *Oeuvres Complètes*, Paris, Orante, t. 17, 1982; citado por HANS KÜNG, "O Cristianismo. Essência e História", Círculo de Leitores, Braga, 2002, p. 72.
[10] MARDONES, *ob. cit.*, p. 35.
[11] KÜNG, Hans – *O Cristianismo. Essência e História*, p. 40.
[12] PAGOLA, José Antonio – *O Caminho Aberto por Jesus. Mateus*, Gráfica de Coimbra 2, 2010, p. 225.
[13] *Id.*, p. 226.
[14] KÜNG, Hans – *O Cristianismo. Essência e História*, p. 92.
[15] *Id.*, p. 79.
[16] *Id.*.
[17] *Id.*, pp. 90, 91.
[18] *Id.*, p. 93.
[19] TORRES QUEIRUGA, Andrés – Depois do fim do cristianismo pré-moderno, o quê? em *Religião e Diálogo Inter-Religioso*, ANSELMO BORGES (coord.), pp. 41-64; p. 64.
[20] KÜNG, Hans – *O Cristianismo. Essência e História*, pp. 93, 94.
[21] *Id.*, p. 94.
[22] CAHILL, *O Mundo antes e depois de Jesus*, p. 134.
[23] KÜNG, Hans – *O Cristianismo. Essência e História*, p. 110.
[24] *Id.*, pp. 97, 98.
[25] CAHILL, *ob. cit.*, p. 290.
[26] KÜNG, Hans – *O Cristianismo. Essência e História*, p. 100.
[27] *Id.*, pp. 102, 103.
[28] *Id.*, p. 104.
[29] *Id.*, p. 121.
[30] *Id.*, p. 122.
[31] *Id.*, p. 123.
[32] *Id.*.
[33] *Id.*, p. 128; itálicos nossos.
[34] *Id.*, p. 132.
[35] *Id.*, pp. 133-135.
[36] *Id.*, p. 135.
[37] *Id.*, p. 137.
[38] *Id.*, pp. 130, 131.
[39] *Id.*, pp. 142, 143.
[40] *Id.*, p. 143.
[41] *Id.*, p. 155.
[42] *Id.*, p. 142.
[43] *Id.*, p. 141.
[44] *Id.*, p. 145.
[45] *Id.*, p. 144.
[46] *Id.*, p. 148.

⁴⁷ *Id.*, p. 149.
⁴⁸ *Id.*, p. 151.
⁴⁹ *Id.*, p. 152.
⁵⁰ *Id.*, pp. 152, 153.
⁵¹ *Id.*, p. 155.
⁵² *Id.*, p. 156.
⁵³ *Id.*, pp. 164, 165.
⁵⁴ COLLING, Ana Maria – O Corpo que os Gregos Inventaram, em *Corpos e subjectividades em exercício interdisciplinar*, editado por MARLENE NEVES STREY, Sonia T. Lisboa Cabeda , EDIPUCRS, 2004, págs. 49-64; p. 49. Em http://www.google.pt/books?hl=en&lr=&id=kxKsI5Kb_74C&oi=fnd&pg=PA49&dq=o+papel+social+da+mulher+nos+filosofos+gregos&ots=QHompfBBPd&sig=HRg-39ybC8P0_O8LWvM_P6A2-CI&redir_esc=y#v=onepage&q=o%20papel%20social%20da%20mulher%20nos%20filosofos%20gregos&f=false; acesso em 20 de Julho de 2014; itálico nosso.
⁵⁵ *Id.*, pp. 52, 53.
⁵⁶ *Id.*, p. 58.
⁵⁷ KÜNG, Hans – *O Cristianismo. Essência e História*, p. 165.
⁵⁸ *Id.*, p. 175.
⁵⁹ *Id.*, p. 178.
⁶⁰ *Id.*, pp. 167, 168.
⁶¹ *Id.*, p. 173.
⁶² *Id.*.
⁶³ *Id.*, p. 174.
⁶⁴ DURANT, Will – *Breve História da Civilização. Dos tempos antigos até à alvorada da Idade Moderna*, Clube do Autor, Lisboa, 2014, pp. 21, 22.
⁶⁵ KÜNG, Hans – *O Cristianismo. Essência e História*, p. 180.
⁶⁶ CARREIRA DAS NEVES, J. – *O coração da Igreja tem de bater*, pp. 184, 107.
⁶⁷ WRIGHT, Robert – *A Evolução de Deus*, Guerra e Paz, Lisboa, 2011, p. 372.
⁶⁸ KÜNG, Hans – *O Cristianismo. Essência e História*, p. 180.
⁶⁹ *Id.*, p. 181.
⁷⁰ *Id.*, p. 182.
⁷¹ *Id.*, p. 183.
⁷² *Id.*.
⁷³ *Id.*.
⁷⁴ CARREIRA DAS NEVES, J. – *O coração da Igreja tem de bater*, pp. 63, 64.

CAP. 6. O PARADIGMA HELENÍSTICO E A
EMERGÊNCIA DO PARADIGMA
CATÓLICO-ROMANO

A hierarquia da Igreja primitiva que Paulo define é extremamente intrigante para Thomas Cahill: «Os apóstolos como ele próprio — os mensageiros viajantes que dão testemunho da ressurreição de Cristo — encabeçam a lista, seguidos por instrutores de escalão inferior, os profetas e os mestres, que, como os apóstolos, tendem a ser mais visitantes do que figuras permanentes na vida das igrejas locais. São todos cargos de *inspiração*, certamente não de *administração*. Os "administradores" irão, mais tarde, subir consideravelmente nas listas da Igreja, assumindo gradualmente o cargo de dirigentes, desconhecido da Igreja primitiva»[1].

Não obstante, como referido no Capítulo anterior, a helenização progressiva da cristologia vai fazer desaparecer a estrutura da Igreja paulina, ao ponto de a converter numa religião de Estado e, pouco a pouco, introduz na Igreja o *poder* em detrimento de o *serviço*. «Jesus chamou-os e disse-lhes: "Sabeis como aqueles que são considerados governantes das nações fazem sentir a sua autoridade sobre elas, e como os grandes exercem o seu poder. Não deve ser assim entre vós. Quem quiser ser grande entre vós, faça-se vosso servo e quem quiser ser o primeiro entre vós, faça-se o servo de todos. Pois também o Filho do Homem não veio para ser servido, mas para servir e dar a sua vida em resgate por todos"» (Mc 10, 42-45).

Da tolerância à perseguição da heresia

«O próprio Constantino adoptou até à sua morte, em 337 (talvez haja recebido o baptismo pouco tempo antes), uma "política de paz" tolerante para com os pagãos, procurando ao mesmo tempo integrar na Igreja os ortodoxos e os arianos. Mas os filhos de Constantino, que repartiram o Império entre si, principalmente Constâncio (que reinava no Oriente), empreenderam pelo contrário uma política fanática e intolerante para com os pagãos: superstição e sacrifícios passíveis da pena de morte, cessação dos sacrifícios e encerramento dos templos ... Chamava-se a populaça cristã a tomar os templos de assalto. A tentativa de restauração pagã de Juliano, *o Apóstata* (361-363), com a ajuda de uma Igreja de Estado neoplatónica que copiava o modelo cristão, permaneceu um episódio sem futuro. No interior da Igreja, os filhos de Constantino defendiam quase sempre a posição ariana; esta era por vezes maioritária entre os bispos orientais que constituíam autoridade»[2].

«É o imperador Teodósio, *o Grande* (379-395), ocidental e niceno convicto, quem fixará definitivamente a política da Igreja na controvérsia ariana. O seu edito sobre as religiões, *Cunctos populos* [*Todos os Povos*], não decretava no entanto medidas legislativas gerais contra judeus e os pagãos, visando antes de tudo os arianos. Foi só em finais do seu reinado, em 392, que ele promulgou "a proibição geral, que nunca mais poderá ser revogada, dos cultos e sacrifícios pagãos, sendo os infractores passíveis de castigo por *laesae maiestatis*". O cristianismo torna-se assim, de facto, *religião de Estado*, a Igreja Católica torna-se *Igreja de Estado* e a heresia torna-se *crime contra o Estado*. Como a memória da Igreja pode ser curta! Em menos de cem anos, a *Igreja perseguida* tornara-se a *Igreja perseguidora*! O inimigo da Igreja passa de ora avante a ser também o inimigo do Império e será castigado por isso mesmo»[3].

Escreve Carreira das Neves sobre esta mesma temática: «É sabido que, depois da liberdade concedida por Constantino à Igreja cristã, a Igreja e Estado constituíram uma unidade político-religiosa. A Igreja transformou a sua fé cristã em verdade absoluta, e esta verdade em poder totalizador, arredando do seu seio quem não seguisse esta fé e esta verdade. A liberdade *pessoal* transformou-se em verdade obrigatória para todos e em regime de coesão nacional e política dum povo e duma nação. A Igreja passou a imitar o Império Romano e demais impérios do Próximo Oriente que *impuseram* um Estado e uma Religião como necessidade imperativa para a ordem e para a paz. Desta feita surgiram perseguições e guerras políticas e religiosas por causa desta unidade entre Igreja e Estado. A Revolução Francesa é uma reacção a este estado de coisas [que começou a ser despoletado pelo Iluminismo]»[4]. A Igreja tornou-se *imperial* com Constantino e assim prossegue e vai reforçar esta característica contrária à mensagem de Jesus, com os imperadores seguintes. O institucional tem sempre um custo!

«Resguardada na sua fé pela confissão de Niceia, a Igreja Cristã deve continuar a desenvolver a sua doutrina. Isto já se impõe por razões de política imperial»[5]. É Teodósio, *o Grande*, espanhol ortodoxo, que exorta todos os povos do seu Império a aceitar a fé das igrejas romana e alexandrina, e para pôr termo à controvérsia ariana, o II concílio ecuménico de Constantinopla vai condenar os arianos e outras heresias. O poder eclesiástico que o poder imperial lhe vai outorgando e impondo, acaba por afastar a Igreja da mensagem evangélica, pois a mesma Igreja vai regressar à velha lei de talião — "olho por olho, dente por dente" — e ir mesmo mais além.

«Em 385, Prisciliano, pregador espanhol leigo, asceta exaltado, é executado em Tréveros por *heresia*, com seis dos seus companheiros — mau presságio para os séculos cristãos que hão-de vir. Pela primeira vez, cristãos matam outros cristãos por causa de divergências na fé. Apesar dos protestos provenientes de diferentes lados, o hábito vai-se implantando. Leão, *o Grande*, já se declara satisfeito com tais procedimentos. Na realidade, a Igreja deu o seu contributo para todas as medidas legislativas coercitivas contra os arianos e contra os pagãos, agravando-as mesmo mediante novas destruições de templos. Participavam nelas certos bispos (tão eminentes como João Crisóstomo). Acelerou-se a cristianização da vida pública, o Senado romano abjurou solenemente as crenças antigas»[6].

O judaísmo perseguido

«O cristianismo penetra agora não só as instituições políticas e as convicções religiosas, mas também o pensamento filosófico e a cultura artística. Uma inculturação de uma profundidade e de uma extensão que ele não voltará a conhecer ao longo dos paradigmas ulteriores! O paganismo desaparece cada vez mais da vida pública das cidades e já só sobrevive nalguns indivíduos de cultura filosófica nas grandes cidades, e no campo entre os "aldeões" (*pagani*). No entanto, a constituição da Igreja Cristã em Igreja de Estado atingiu sobretudo duramente o judaísmo, que sobrevivera às catástrofes de 70 e de 135 (destruição do Templo e da cidade de Jerusalém) e subsistia disperso pelo Império Romano. Esquecera-se que a Igreja Cristã fora outrora amparada pelo vigor da sua raiz, segundo a expressão de Paulo. A partir do antijudaísmo do Estado pagão, instalou-se aos poucos, mais ou menos abertamente, um antijudaísmo cristão de Igreja específico. Este antijudaísmo faz infelizmente parte, também ele, do paradigma da Igreja helenística antiga. E calá-lo seria um mau serviço prestado ao diálogo entre as religiões»[7].

Cahill também o aponta com veemência: após o século IV, «os cristãos passaram os dezasseis séculos e meio seguintes a arrebanhar judeus, a caçá-los, a privá-los de direitos civis, a torturá-los, chaciná--los e ridicularizá-los a seu bel prazer. Este *pogrom* de séculos é a vergonha indelével do cristianismo, uma mácula ainda mais odiosa do que os séculos de cruzadas contra os "infiéis" muçulmanos»[8].

«Certos Padres da Igreja, contudo, ainda haviam aprendido com mestres judeus o hebraico e a exegese bíblica, e o primeiro teólogo cristão a efectuar um trabalho científico, Orígenes, esse génio, director de uma escola de catequistas de Alexandria, vivia no meio de judeus, mantinha relações amistosas com eles e defendia-os dos pagãos, se bem que, nas suas homílias, os censurasse vigorosamente por terem recusado o Messias Jesus»[9].

Juan Masiá Clavel ao abordar o diálogo inter-religioso dos tempos presentes, acentua que este diálogo deve ocorrer a partir de baixo, «o pensar a partir de baixo, a partir do outro». «Ao dizer "caminho" em vez de "diálogo" acentua-se mais o caminhar juntos do que sentar-se em torno de uma mesa de debate». E recorda-nos a larga tradição asiática sapiencial, que sustenta uma ética de harmonia nas relações humanas. Caso contrário, amiúde «nas religiões, traímos a religiosidade».[10] Segundo esta perspectiva, podemos reconhecer que Orígenes prosseguia bem cedo um caminho de convivência com os judeus, que não o impedia de lhes reprovar o terem recusado o Messias. Foi, infelizmente, um caminho que a Igreja do século V claramente abandonou, quando se vê na "procura de dar a Deus, através das estruturas de poder de César". E deu a Deus um presente envenenado de ódios e perseguições, primeiro aos heréticos e depois aos judeus. Foi nessa ocasião que verdadeiramente vemos nascer o *paradigma imperial* no seio da Igreja.

Mas donde vem, perguntar-se-á, o facto de o antagonismo entre judeus e cristãos se ter tornado cada vez mais acerbo, a ponto de se multiplicarem desde o século II as obras resolutamente antijudaicas? Küng procura responder a este questionamento mediante quatro causas principais: «1 – Afastamento gradual da Igreja relativamente ao solo nutridor veterotestamentário e hebraico, devido à helenização e à dogmatização da mensagem cristã; 2 – Reivindicação cada vez mais exclusiva da Bíblia hebraica [...] por uma Igreja que já não lhe reconhecia o seu valor intrínseco, mas a utilizava quase exclusivamente recorrendo a uma interpretação tipológica e alegórica, para legitimar a sua própria existência querida por Deus; 3 – Ruptura do diálogo entre a Igreja e a sinagoga, que se isolavam mutuamente de tal modo que o diálogo cedia quase sempre o lugar a um monólogo apologético; 4 – A responsabilidade da morte de Jesus na cruz era lançada agora de forma geral sobre "os judeus", todos os judeus. O abandono e a dispersão deles eram a partir de então considerados como uma justa punição de Deus, proferida contra um povo maldito»[11].

A verdadeira viragem na política imperial com respeito aos judeus só virá um século após a morte de Constantino. Teodósio I (379-395), o Grande, já proibira a conversão aos cultos pagãos. Sob o imperador Teodósio II (401-450), ataca-se directamente o judaísmo. Algumas leis de excepção excluem de facto o judaísmo da esfera sacral, à qual só dão acesso os sacramentos da Igreja. E porque os judeus, após o nascimento de uma Igreja imperial, também recusam logicamente a ideologia imperial de coloração cristã (visto que o imperador cristão e o seu poder se tornam a imagem da soberania celeste de Deus!), a Igreja imperial retoma à sua conta, sem tirar nem pôr, o antijudaísmo especificamente pagão, que os motivos cristãos reforçam poderosamente. «A Igreja já não se lembra de que ela própria foi perseguida. Pelo contrário, a mesma Igreja Cristã, que, sob o Império Romano e ainda não há muito tempo, não passava de uma minoria sem direitos, perseguida, apoia-se agora no Estado para fazer do judaísmo — até então *religio licita* ("religião autorizada") — um corpo social com direitos reduzidos. Não se trata, é bem certo, de o eliminar, como às heresias, mas afastá-lo das esferas da vida cristã e isolá-lo socialmente. Donde as primeiras medidas repressivas».[12]

«Os judeus vivem agora no território do Império, apesar de estarem praticamente banidos deste mesmo Império. Assim, um grande número deles considera, mais ainda que outrora, a sua situação como sendo a de uma *gola,* de um autêntico exílio, o que reaviva a sua esperança no próximo advento do Messias salvador. Se alguns teólogos e bispos como Agostinho ainda sentem ter um dever missionário para com os judeus (no conceito de Agostinho, ao arrepio da tese corrente do deicídio, resta aos judeus, mau grado a sua falta, a esperança da conversão), outros, como Ambrósio de Milão, impedem a reconstrução das sinagogas, enquanto bispos como Crisóstomo, em Constantinopla, já adoptam nas suas prédicas contra os judeus o estilo que será mais tarde o dos fanáticos do antijudaísmo. A sinagoga? Um local de oposição à Lei, um quartel do mal, um bastião do diabo ... Os judeus? Amadores de comezainas que só pensam em patuscar, uns ricos cúpidos que, inaptos para o trabalho, só prestam para serem abatidos (!). Todavia, apesar de todas as disposições tomadas contra ele, o judaísmo permanece uma religião viva, presente em todo o Império. Nessa época, em Constantinopla, ainda há mesmo cristãos *(ioudaizantes,* cristãos judaizantes ou judeo-cristãos) que frequentam a sinagoga ao sábado e dias de festa, e participam de bom grado nas cerimónias judaicas»[13].

É certo que a visão da unidade da Igreja proveio da política de unidade para o Império, e à Igreja haviam sido conferidas as "chaves": «Dar-te-ei as chaves do Reino do Céu; tudo o que ligares na terra ficará ligado no Céu e tudo o que desligares na terra será desligado no Céu» (Mt 16, 19). Seria excessivo esperar que a Igreja constantiniana tivesse as chaves para abrir *novas portas:* mas no início, a Igreja preocupou-se em fechar portas aos heréticos e aos judeus. E hoje muitas portas na Terra têm os fechos enferrujados, apesar de a Igreja agora procurar abri-las em ordem a um *paradigma ecuménico.*

Foi nesta época que se deu um terrível ponto de viragem, nomeadamente em relação aos judeus: afinal, o que é que a Igreja deu a Deus? «Quando chegaram ao lugar chamado Calvário, crucificaram-no a Ele e aos malfeitores, um à direita e outro à esquerda. Jesus dizia: "Perdoa-lhes, Pai, porque não sabem o que fazem"» (Lc 23, 33, 34). A Igreja substitui-se a Deus-Pai, respondendo a Jesus com a condenação dos judeus. Como se afastou do Evangelho!

Os debates cristológicos

Niceia acentuou tão fortemente e exclusivamente o divino em Jesus, que não deixou qualquer espaço para o humano. «Nas querelas cristológicas intrometem-se cada vez mais as questões de política eclesiástica. Tais querelas, de facto, não são apenas uma das expressões do antagonismo entre a Igreja do Oriente e a Igreja do Ocidente, mas traduzem igualmente os ressentimentos nacionais, em especial os dos Egípcios e dos Sírios contra a dominação bizantina. Finalmente, já nem mesmo os imperadores conseguem impor a unidade. Pelo contrário, a própria Igreja imperial desagrega-se»[14].

Várias Igrejas cristãs antigas ainda não reconheceram o Concílio de Calcedónia, demasiado marcado pela teologia ocidental. «A teologia que se exprimiu nos concílios levou a um afastamento considerável do Novo Testamento. Em quatro séculos, passou-se da fórmula baptismal triádica simples e fácil de compreender de Mateus para uma especulação trinitária de uma extrema complexidade, que não podia no entanto "resolver" o problema da unidade de três "entidades" senão de modo puramente lógico e formal, graças a distinções verbais. O especificamente cristão não é o triádico: o que é especificamente cristão refere-se a Cristo. Não, não é uma doutrina que deve ser objecto de especulações, não é num dogma de Cristo que "se deve acreditar"; é, como vimos, reflectindo na essência e no centro do cristianismo o próprio Jesus Cristo, que nos é dado seguir pelo caminho conducente a Deus, seu Pai, sob a moção do Espírito Santo. Para a teologia a única coisa que conta é a relação do Filho, do Pai e do Espírito tal como a Escritura a descreve»[15].

O lugar do Cristo da história cedeu o lugar ao Cristo do dogma. «A teologia também se afastou da pregação próxima do povo. A doutrina trinitária tornara-se uma roda-viva conceptual que lançava mão de todos os recursos da inteligência, uma espécie de "matemática superior da Trindade" [...] As decisões conciliares precipitaram a cristandade num caos inaudito, onde se achava sempre implicada a política da Igreja. Elas culminaram em cismas e em perseguições contra os heréticos, de que não há outro exemplo na história das religiões. A cristandade, renegando-se a si mesma, passava assim da situação de minoria perseguida à de maioria perseguidora. Em nome de Jesus Cristo, que pregava a não-violência e a paz, perseguiu-se e executou-se os que professavam uma fé diferente; não só se destruíram e arredaram bens culturais (livros!) e tesouros artísticos inestimáveis, como ainda se lhes deu inteiro sumiço»[16].

O Império da Igreja Ortodoxa

No decurso dos tempos, o Império do Ocidente haveria de tornar-se um império germânico, ao passo que o Império do Oriente, à volta de Bizâncio, se volveria num império grego, olhando cada vez menos para Roma. No império bizantino, «a fé — elemento central no mundo cristão — já não é antes de tudo, como no Novo Testamento, confiança crente (em Deus, em Jesus Cristo), mas em primeiro lugar rectidão da fé, ortodoxia, convicção da justeza de enunciados de fé particulares prescritos pela Igreja e sancionados pelo Estado. As palavras "ortodoxia" e "ortodoxo" estão ausentes do Novo Testamento, mas tornaram-se muito populares no século IV. É a "ortodoxia" que distingue a Igreja bizantina do cristianismo primitivo [paradigma judeo-cristão apocalíptico] e, finalmente, também de outras Igrejas. Tornar-se-á o nome próprio dela». E deixou fortes marcas na liturgia, na teologia, na iconografia e na piedade.[17]

Com Constantino, o Império Romano não se volveu cristão num ápice. O sistema pagão de ensino e de cultura inicialmente permaneceu intacto, em parte pela sábia tolerância deste imperador para com os cultos pagãos, indo ao ponto de permitir a construção de novos templos pagãos em Constantinopla. Mas também pelo facto de os Padres da Igreja, de formação "clássica", não desejarem renunciar a este modo de formação, inseparável da literatura, da retórica, da filosofia e da ciência e da arte pagãs. Por tais razões, segundo o patrólogo inglês Peter Brown, a Igreja do século IV manteve-se «marginal relativamente ao *saeculum*, a um "mundo" cujas principais estruturas evoluem sob a pujante pressão do poder e da necessidade de segurança e hierarquia. O cristianismo é periférico em relação a este *saeculum*, se bem que seja agora a fé nominal dos poderosos».[18]

Mas o que faz a unidade da comunidade cristã? Brown escreve: «"Uma esperança bastante particular". No culto, onde, face ao bispo e ao clero, todos são iguais, não há portanto lugar para a hierarquia e a estrutura do mundo. Aqui, todos os cristãos, sem diferença alguma, são confrontados com três temas novos para os quais a Igreja, e só ela, tem competência, os temas que ela prega igualmente aos poderosos e graças aos quais acabará apesar de tudo por "cristianizar" a sociedade da Antiguidade tardia: o pecado (todos são pecadores!), a pobreza (todos devem dar!) e a morte (todos devem contar com a morte!). As obrigações que daí decorrem são todas de uma importância capital para assegurar a salvação eterna da alma. Assiste-se, no entanto, a uma "cristianização progressiva do espaço e do tempo". [...] Assim, certas festas, certos costumes matrimoniais e funerários, impregnam-se gradualmente de espírito cristão. Um calendário cristão, com abundantes festas de mártires e de confessores, substitui o calendário pagão e, graças às relíquias, as igrejas tornam-se santuários cristãos, em breve ligados por uma rede de itinerários de peregrinação que se sobreporá à topografia dos santuários pagãos».[19]

Foi importante esta acção cultural, que obviamente, não foi isenta de riscos. «Todavia, para muitos, o mais importante de tudo o que a Igreja traz de novo é a *rede social* instalada por uma Igreja cada mais rica para socorrer as massas empobrecidas por uma economia latifundiária e oprimidas pelo impostos. O Oriente oferece principalmente numerosos lugares de acolhimento aos pobres, às viúvas e aos órfãos, aos imigrados, aos doentes, aos leprosos e aos velhos.

Não devemos fechar os olhos ao reverso da medalha: a Igreja iria tornar-se ela própria a maior *proprietária agrícola*. Sendo assim, longe de combater esta pecha da economia da Antiguidade tardia, ainda a aumentava mais, contribuindo por isso mesmo para mergulhar as massas na miséria. Além de proprietária de latifúndios, ela também praticava a *escravatura* em larga escala. Estava agora muito menos preocupada do que muitos pagãos, influenciados pela ética estóica desde antes da viragem constantiniana, em melhorar a situação legal dos escravos ou mesmo em alforriá-los. Melhor ainda: se outrora um escravo (como foi o caso do liberto Calisto) podia inclusivamente tornar-se bispo de Roma, Leão, *o Grande*, proíbe que se escolha um escravo para bispo. E enquanto no Ocidente, sob os Germanos, a situação dos escravos tendia a melhorar, em Bizâncio continuou a existir até à queda do Império — no âmbito de um Estado "cristão" e de uma Igreja "cristã", regidos, agora, um e outra, por um imperador "cristão"»[20].

Mais tarde, já após a viragem operada por Constantino, a Igreja do Oriente vai tender para uma uniformidade litúrgica, adaptando-se à organização do único Império. Todavia, durante algum tempo, houve diversidade na organização da comunidade das Igrejas, pois a «união e coesão não eram compreendidas antes de mais em termos jurídicos e institucionais, mas em termos sacramentais e espirituais. Formavam uma *federação* de Igrejas, na qual os numerosos bispos das cidades se sentiam ligados colegialmente, sob as ordens dos metropolitas e dos patriarcas, certamente com um vínculo ao bispo de Roma. [...]

No entanto, a viragem constantiniana deu lugar a uma evolução que iria elevar cada vez mais o clero à categoria de *classe social específica*»[21]. Não é apenas o *paradigma imperial* que se intensifica na Igreja do Oriente; também entra, passo a passo, o *paradigma da "sociedade de corte"*. Um escravo, mesmo alforriado, não pode ser bispo! E Jesus que havia libertado Zaqueu da escravidão do dinheiro, para, segundo a tradição, vir a ser um dos seus discípulos! De acordo com Clemente de Alexandria no seu livro *Stromata*, Zaqueu tomou o lugar de Judas Iscariotes após a ascensão de Jesus. As Constituições Apostólicas, posteriores, identificam "Zaqueu, o publicano", como o primeiro bispo de Cesareia Marítima.[22]

O clero vai-se transformar numa *classe social* à parte, e a tensão entre a Igreja e o mundo desloca-se para uma tensão entre o "clero" e os "leigos", e que vai ultimar a mudança de paradigma no estatuto do ministério eclesial: a profissionalização, os privilégios, o celibato e o serviço do Império. O culto no Templo, que o próprio Jesus relativizara, toma-se como modelo para a Igreja — «um assombroso regresso ao Antigo Testamento» em palavras de Küng.[23] O celibato dos padres vem como uma sacralização cultual para reforçar o estatuto de diferença, e com ele a profissionalização do clero. É certo que a profissionalização do clero se insere na evolução natural das organizações, mas no caso da Igreja foi catalisada pelas necessidades do Império.

Querelas das Imagens

Ninguém melhor que Eusébio de Cesareia (ca. 265-339) inculcou na consciência histórica a ideologia cristã imperial, e se tornou o pai da teologia política, como «o verniz religioso da ideologia da classe dominante e do próprio soberano». Exaltou a função do imperador como guardião e protector providencial da Igreja e que acabou por se converter no "representante de Cristo", que se volve em característica do paradigma helenístico bizantino.[24]

A harmonia entre Império e Igreja imperial era conduzida, ou orquestrada, pelo imperador. E o que se desenvolve no Oriente é uma *Igreja de Estado*, em contraste com o que se vai passar no Ocidente, no qual haverá um *Estado cristão*. Küng não aprecia a designação corrente de *cesaropapismo*, porque o imperador não é padre e não se pode arrogar de infabilidade em questões de fé, como um papa moderno. Mas também reconhece que os imperadores não têm muitos complexos em adoptar uma conduta mais papista do que o papa.[25] Feita esta reserva, conservamos o nome para designar a relação entre o poder do Estado e a Igreja do Oriente.

A maior força da Igreja Ortodoxa assenta na *liturgia*, a sua espinha dorsal que como «festim nupcial messiânico do Senhor exaltado» lhe permitirá atravessar os tempos e adaptar-se às diferentes nações. As necessidades políticas vão impor uma certa uniformidade litúrgica. À liberdade de organização das funções eclesiais, como um *serviço*, sucede-se uma maior uniformidade, consentânea com o exercício de um *poder*.[26]

O monaquismo e o culto das imagens também são características da Igreja do Oriente. Inicialmente os monges não eram clérigos, mas crentes que viviam retirados do mundo, na solidão, para manterem uma relação privilegiada com o céu. Encontram-se vestígios a partir do ano 300 no Egipto, mas foi o bispo de Cesareia, Basílio *o Grande*, que redigiu um conjunto de regras, de noviciado, votos, obediência ao superior, e controlo do ascetismo exagerado. «A grande hora política do monaquismo soará nos séculos VIII-IX. De facto são os monges que desempenharão um papel histórico na grande querela que há-de abalar até aos alicerces a Igreja Ortodoxa e o próprio Estado. [...] Uma querela das imagens!».[27] Um pouco incompreensível no Ocidente, mas hoje mais compreensível perante a incomodidade que a representação artística da transcendência suscita em algumas religiões.

Os ícones orientais desenvolveram-se sobretudo nos séculos VII-VIII na sequência de as imagens religiosas terem evoluído do papel de um piedoso memorial, para um objecto de veneração cultual. No Império Romano a veneração de imagens era tabu na Igreja, pois Constantino via nela uma herança do pensamento pagão. «Foram sobretudo os monges que deram corpo à nostalgia, tão velha quanto o mundo, do povo que desejava ver e tinha sede de ajuda, que pretendia tocar com os dedos na graça e nos milagres». E as imagens acabam por ser omnipresentes no mundo de Bizâncio. É certo que há um abismo entre uma teologia cautelosa das imagens, e as práticas exuberantes do seu fervor. Uns viam neste fervor uma idolatria, outros uma veneração destinada ao original. Mas as imagens estavam presentes em procissões e até nos exércitos.

O imperador Leão III apoiou um movimento que não apenas visava criticar o uso das imagens religiosas, mas destruí-las! Influências islâmicas ou judaicas? Parece que assim não foi. O certo é que «o movimento de oposição às imagens não veio do exterior, nasceu no interior da Igreja imperial! A autoridade imperial só interveio manifestamente *a posteriori*. E quando o imperador proibiu totalmente as imagens, em 730, podia contar com o apoio não só do exército, mas também de boa parte da população».[28]

João Damasceno (c. 700-753), o último dos grandes Padres da Igreja, elaborou uma teologia sobre as imagens, na qual a realização e a veneração das imagens de Cristo e dos santos, são abundantemente justificadas a partir de encarnação de Deus, dado que o "ver" supera o "ouvir". Todavia, Constantino V prossegue a reforma militar, económica e administrativa do Estado e tem lugar o concílio de Niceia, em 754, e torna dogma o *iconoclasmo*, isto é, a destruição das imagens de culto. João Damasceno foi declarado herético! Mas as perseguições não surgem de imediato. Só o concílio de Niceia de 787 autoriza novamente o uso das imagens, para não separar imagem e Palavra.[29]

Claro que esta associação de imagem e religião congelou um pouco a liberdade artística, porque «toda a novidade — na arte como na teologia — é suspeita de *neoterismos*, de "inovação" ("inovação" = "heresia"!). A imaginação criadora é malvista tanto em arte como em teologia». Os ícones carecem de submeter-se a certas regras e modelos e devem reproduzir arquétipos celestes; «tal como os vitrais multicolores da Idade Média, eles devem deixar transparecer o significado eterno das figuras humanas». Mas na cultura oriental ortodoxa, os ícones mais do que instrumentos pedagógicos para o "povo simples" são uma forma particular de comunicação dos crentes com Deus, que mesmo como estética possui um valor permanente, que resiste à passagem do tempo.[30]

A arte é pois uma forma de explicitar a religião para o povo. «Quando a maioria das pessoas não sabia ler, essa arte já se manifestava de maneira poliédrica, nos baptistérios, pilastres, coros, altares, vitrais das grandes igrejas e catedrais; nas suas pinturas e esculturas ... E sempre existiu, como catequese mais apelativa, na arte icónica dos nossos irmãos orientais»[31]. Digamos uma "Bíblia dos pobres". Aliás a expressão *biblia pauperum* utiliza-se para descrever a iconografia de uma igreja, especialmente quando as pinturas e os frescos são numerosos e se encontram organizados de um modo cronológico para ilustrar episódios da vida de Jesus, de Maria, de santos ou de episódios bíblicos.[32]

Igreja e Estado no Império Bizantino: sinfonia ou sintonia?

A teologia da Igreja Ortodoxa atribui grande importância à comunidade e, na prática, «o presbítero ortodoxo vive frequentemente muito mais perto da sua comunidade do que o clérigo católico celibatário». Contudo, a *iconóstase* que é uma parede ou biombo divisório decorado com ícones que separa a nave da igreja do santuário, e que é um desenvolvimento muito particular do altar sagrado, na arquitectura religiosa oriental, de elementos oriundos do judaísmo, «levou a separar o povo da mesa eucarística do Senhor e a apartar na liturgia — o que não é bíblico — os padres do povo, os clérigos dos leigos».[33]

Atentemos em quão subtis são os elementos culturais que se vão inserindo nas práticas religiosas e que vão, passo a passo e quase inintencionalmente, construindo os paradigmas religiosos e culturais e nomeadamente um paradigma imperial e um paradigma de "sociedade de corte". Aliás, este último muito mais lento em alcançar o apogeu, com o absolutismo do século XVII.

As comunidades cristãs dos primeiros tempos almejavam uma *sinfonia* de comunidades carismáticas, conduzida e em consonância com o Espírito do Reino de Deus, mas onde nenhuma delas se procurava impor às outras. Mas a sinfonia tardou, e acabou por conduzir a Igreja mais a uma "sintonia" com o Império.

É evidente que um conceito da objectividade da mensagem de Cristo para além de todas as culturas é anacrónico. A *objectividade* só surge muito mais tarde com Descartes e se vai clarificando com o progresso da ciência moderna. Mas o que parece indiscutível é que a mensagem de Cristo deveria ter sido transmitida de um modo mais simples do que ocorreu, e não se ter complexificado mediante a especulação filosófica helénica. Não obstante, o mundo bizantino não desenvolveu a doutrina do pecado original.

A sintonia entre a Igreja e o Estado no Império Bizantino também pode ser objecto de um questionamento: quem saiu, de facto, vitorioso? Subsistiu muito pouca coisa da dupla soberania do imperador e do patriarca. «"A natureza totalmente arbitrária da autoridade estatal mantém-se desde sempre como um espinho incurável na vida da Igreja; pior foi ainda a aceitação quase absoluta desta arbitrariedade pela hierarquia eclesiástica". Não custa a entender que, uma vez erigida a doutrina da Igreja em doutrina de Estado, a Igreja já não precisava de colocar limites à autoridade imperial. E, uma vez tornado o imperador plenamente ortodoxo, ele próprio era ainda menos obrigado a respeitar limites relativamente à Igreja»[34]. Houve ainda patriarcas notáveis, mas progressivamente foram-se apagando perante o imperador.

Não obstante, foi a partir de Bizâncio que se fez a cristianização dos eslavos do Sul, como a dos búlgaros que teve uma especial relevância. Uma cristianização que implicava a passagem do estado de "Bárbaro" à cultura mundial e à única Igreja ecuménica, cuja chefia pertencia ao imperador, o representante de Deus na terra.[35] Já os húngaros e os eslavos ocidentais não se orientaram para Bizâncio mas para Roma. E o mundo eslavo viu-se confrontado com a partilha entre a Igreja bizantina e a Igreja romana, onde se desenhavam dois paradigmas religiosos distintos, quer na língua e alfabeto (grego ou latim), nos ritos, na prática litúrgica, nos modos de separar o poder de Deus e o de César. O mais tardar a partir do século XI, a Rússia entrou em contacto com Roma, e optou pelo paradigma bizantino helenístico na sua forma eslava.

REFERIMOS QUÃO SUBTIS são os elementos culturais que se vão inserindo nas práticas religiosas e que vão construindo lenta e gradualmente os paradigmas religiosos e culturais. Neste contexto não surpreende que Küng tenha afirmado: «Por muito esquisito que tal possa afigurar-se, o cisma entre a Igreja do Oriente e a do Ocidente não pode ser datado. Não há uma *data* de separação, mas uma longa história de separação. [...] "Todos os historiadores reconhecem actualmente que o Oriente e o Ocidente se separaram em consequência de um afastamento *gradual*, que os tornou cada vez mais estranhos um ao outro e que coincidiu com o ascenso, também gradual, da autoridade papal". [...] "Se considerarmos a evolução bizantina no tocante ao papado e à sua posição na Igreja, deveremos reconhecer que a extensão da autoridade absoluta e directa do papa sobre todos os bispos e os fiéis, preconizada pelos reformadores [do século XI], estava para a mentalidade bizantina em contradição com a tradição que era familiar a Bizâncio"».[36] E a ascensão da autoridade papal surgiu para Bizâncio como uma ameaça!

Na Igreja Ortodoxa todas as dioceses são autónomas, e iguais entre si na vertente eclesial; como referimos, a unidade da Igreja provém muito da sua liturgia, o que não elimina algum papel do Estado neste tocante. Já na Igreja Católica não existe essa autonomia em relação ao bispo da diocese de Roma (o papa), e em muito a unidade do catolicismo é fruto desta dependência. Quebrada esta igualdade nas dioceses, como veremos em Capítulos seguintes, abrem-se frestas por onde afluem "reflexos" no *paradigma da sociedade de corte*, pois perante a diferenciada importância secular das cidades, outras "Romas" vão querer impor-se em cada país.

Também existem sistemas de Igreja de Estado no protestantismo, no anglicanismo e, se bem que menos intensamente, no catolicismo, o que significa que todos apresentam, em maior ou menor grau, facetas de *"paradigma imperial"*. Todavia, é no Islão, que não conseguiu operar um corte nítido entre religião e sociedade, que se encontra o grau extremo daquele paradigma.[37]

Os primórdios do paradigma católico romano medieval

É a reforma gregoriana do século XI que marca o triunfo definitivo do paradigma católico romano na Igreja do Ocidente, consumando a cisão com a Igreja do Oriente. «Depois da fundação por Constantino, de Constantinopla, a nova capital do Império [...], o Oriente, mais povoado, mais forte do ponto de vista económico e militar, conservou naturalmente o *grego* enquanto língua do Estado e da Igreja e abandonou cada vez mais o *latim*. No Ocidente deu-se o inverso: o grego desapareceu durante os séculos III-IV em benefício do latim, que adquiria agora ainda maior importância devido à cristianização»[38].

O mundo romano, de índole mais prática e menos especulativa do que o mundo grego, vai-se preocupar com questões pastorais de *disciplina*, de *penitência*, de *ordem* na Igreja e de *conduta* da vida cristã. Mas nenhuma personalidade exerceu maior influência neste paradigma emergente do que Santo Agostinho (354-430) pela suas marcas na teologia e na piedade do Ocidente. A crise donatista, cuja denominação deriva do seu líder Donato (?-355) que foi bispo da Numídia e depois de Cartago, veio a ser uma seita cristã considerada herética e cismática. Sustentavam que a Igreja não devia perdoar e admitir pecadores, e que os sacramentos como o baptismo e as ordenações conferidos por bispos e presbíteros indignos por terem fracassado durante as perseguições de Diocleciano, apesar de perdoados e readmitidos na Igreja, eram inválidos e era necessário serem administrados de novo.

Quando Agostinho foi nomeado bispo de Hipona, diocese de maioria *donatista*, as tensões no interior da Igreja eram muito intensas. A unidade da Igreja que se havia rompido na Igreja do Norte de África preocupava-o fortemente e por ela lutará, pois a *unidade* era para todos o sinal de verdade e do bem. Na teologia dos sacramentos operou a distinção entre o dispensador principal (Cristo) e os dispensadores intermédios, bispos e presbíteros. E justificou teologicamente o recurso à força contra heréticos e cismáticos, o que veio a ser invocado posteriormente para justificar teologicamente conversões forçadas, a Inquisição e as guerras santas. Estes comportamentos vão tornar-se características do paradigma medieval romano. «É bem certo que Agostinho não pretendia erradicar (como procederia mais tarde a Inquisição para com as pequenas seitas) os não-católicos, demasiado numerosos em Hipona; entendia somente corrigir e converter».[39]

Dada a sua história pessoal, Agostinho tinha consciência das fracas capacidades do homem entregue si mesmo, e vê a graça divina como «uma força interior em acção no homem, à semelhança de um combustível. [...] Logo o homem necessita continuamente da graça de Deus, desde o início [...] para sustentar a sua vontade», opondo-se ao estimado monge laico Pelágio que punha em relevo a vontade do homem e a sua liberdade, e das obras em ordem à salvação.[40]

Este sentido de como o homem é salvo na teologia agostiniana conduz a uma visão de que "fora da Igreja não há salvação", o que vai justificar os baptismos em massa. E ganha força em textos evangélicos: «E [Jesus] disse-lhes [aos apóstolos]: "Ide pelo mundo inteiro, proclamai o Evangelho a toda a criatura. Quem acreditar e for baptizado será salvo: mas, quem não acreditar será condenado" (Mc 16, 15-16). Por causa deste texto, os cristãos, uma vez a mandar na Europa, fizeram a guerra de exterminação dos judeus, muçulmanos, bruxas dissidentes da Igreja. Na época das Descobertas, fundamentados neste e noutros textos do mesmo teor, espanhóis e portugueses destruíram grandes civilizações de índios, no México e um pouco por toda a América Central e Latina (Astecas, Incas, Maias)».[41]

E, no entanto, «a história da salvação é uma história *de fé* e não de compreensão puramente lógica e racional, *de Deus* e não dos homens, *de salvação* e não de iluminismo, de santidade e não apenas de carne e sangue, razão e gnosticismo. É uma história de contínuos começos e recomeços»[42].

Agostinho também elabora a doutrina do pecado original, ausente na Igreja do Oriente, um pecado hereditário excessivamente sexualizado. Para ele, «o cristianismo não deve apresentar-se como uma religião das obras e da Lei, mas antes como uma religião da graça». E, segundo Küng, a Igreja latina vai-se demarcar da Igreja helénica pela repressão da sexualidade, pela coisificação da graça na teologia e na piedade — uma Igreja da graça, dos sacramentos —, e pela angústia da predestinação.[43]

Agostinho também sublinha a unidade de Deus, que no mistério da Trindade divina se focaliza nas *relações* entre as três pessoas; «não como três substâncias diferentes, mas como três relações mútuas diferentes no seio da única divindade».[44] E neste domínio teológico proporciona uma solução nova por comparação com a da Igreja helénica, não isenta na sua elaboração mais profunda de algum gnosticismo acerca do que se passa no interior de Deus.⁴⁵ Mas é esta doutrina que vem a ser a "doutrina católica" — «põe mais tónica na unidade da natureza divina do que na Trindade»⁴⁶.

A soberania do bispo de Roma

Em 28 de Agosto de 410, Roma, que se julgava a "cidade eterna", é tomada de assalto pelas tropas de Alarico, o rei dos Godos. Este acontecimento marcará Agostinho que, na sua obra "A Cidade de Deus", se revela como um profundo intérprete da história numa perspectiva teológica. Apresenta «uma visão global significante da história do mundo, entendida como o grande conflito entre a fé e a descrença, entre a humildade e o orgulho, entre o amor e a sede de poder, entre a salvação e a perdição — dos alvores dos tempos até à actualidade»⁴⁷. Mas será longo o caminho que a Igreja Romana terá de percorrer desde os tempos de Agostinho, época nos quais era papa Dâmaso, até Gregório VII (ca.1020/1025–1085) que assumirá o papado em 1073, e conseguirá impor a visão romana da Igreja Católica no mundo da Europa Ocidental, incluindo no Império Alemão onde os "alemães" não estavam organizados, nem como nação nem como Estado.

A Igreja de Roma gozava, desde os primórdios da cristandade, de uma grande autoridade moral associada aos túmulos de Pedro e de Paulo e à sucessão apostólica, bem como pela preservação da fé que revelou na luta travada contra os gnósticos, e seitas afins como os marcionitas, e contra os montanistas, movimento que se caracterizou como uma volta ao profetismo. Acresce que a Igreja de Roma dispunha dos trunfos da organização do Império Romano e do seu primado da lei, mas sempre se havia mostrado judiciosa em matéria doutrinal. Somente no século III, um bispo de Roma, chamado Estevão, recorre à promessa feita a Pedro — «Tu és Pedro, e sobre esta pedra edificarei a minha Igreja» — para na controvérsia com outras Igrejas, saber quem possui a melhor tradição.[48] Os conflitos tinham vindo a agravar-se quando as outras Igrejas reconheceram que Roma se procurava impor de um modo autoritário, em termos de direito, sem atender às especificidades e à autonomia das outras Igrejas, em matéria de liturgia, de doutrina e de organização eclesiástica.

O certo é que a transferência da capital do império para Constantinopla veio favorecer a supremacia de Roma no Ocidente, pois a supremacia suprema do imperador, mesmo sobre a Igreja, suscitava contrapartidas eclesiásticas. E «as tendências monarquistas na Igreja Católica são incentivadas pelo monoteísmo filosófico e religioso, bem assim pela monarquia política».[49] Na época pós--constantiniana, acentuadamente depois de 350, «assiste-se de ora avante a uma evolução que é apenas característica do Ocidente: o acesso da comunidade de Roma e do bispo de Roma a uma posição de *força monárquica* no Ocidente, uma posição que se tornará típica do paradigma latino medieval».[50]

O desenvolvimento da ideia papal foi um processo lento cuja primeira etapa Küng situa-a no papa Júlio (337-352) quando Roma se torna instância de apelação e que culmina com Bonifácio (418-422), quando Roma proíbe qualquer outra imposição de recurso.[51]

É um sínodo convocado pelo bispo Dâmaso em 382 que proclama que a Igreja de Roma não foi fundada por decretos sinodais, mas pelos apóstolos Pedro e Paulo, uma disposição divina particular que lhe vale o primado. Contudo é o papa Leão, *o Grande*, sólido teólogo, brilhante jurista, mas também pastor e pregador que elabora, no seu longo pontificado (440-461), uma síntese notável sobre o primado romano, a partir de argumentos bíblicos, históricos e jurídicos, reconhecendo que ele mesmo, como papa, é Pedro quem fala e age pessoalmente.[52] Nessa época, supremacia não implicava infalibilidade.

O certo, porém, é que o papado se tornou uma instituição de poder que conservou ciosamente, com «um estilo imperial na sua administração e nas suas cartas, latim administrativo e jurídico, arquivos papais, ...» que se afasta da palavra *diaconia* (serviço à mesa) muito mais próxima do ensino e da prática de Jesus.[53] Em suma, «o papado desenvolveu cada vez mais *estruturas de poder*, retomando à sua conta o direito romano, muito elaborado, e a prática imperial»[54].

Com as invasões dos bárbaros, nomeadamente dos povos germanos, houve um gigantesco recuo económico, social e cultural com perda de numerosas técnicas de produção, desabamento de estradas e pontes, decréscimo de população, retrocesso da segurança, etc.. Após um recuo inicial, dada a formação do seu clero, a Igreja viu-se envolvida numa missão civilizadora, e ao lado da estrutura hierárquica de bispos e das dioceses desenvolve-se uma gigantesca rede de mosteiros. «O episcopado, principalmente, sai reforçado do conjunto desta evolução. Naqueles tempos conturbados, sem organização política sólida, o bispo toma muitas vezes a seu cargo a assistência social, a justiça e a cobrança dos impostos. A função episcopal torna-se o monopólio das famílias dirigentes e a mais alta função social»[55].

A Igreja assegurou a continuidade fundamental da fé, dos ritos e da ética cristãos. A Igreja é que nos deu Jesus Cristo, e em poucos anos afirmou a verdade de totalidade e universalidade relacionadas com o mesmo Jesus. Paralelamente, na evolução da Igreja para uma monarquia política, o *paradigma imperial* da Igreja vai-se consolidando e vai emergindo o *paradigma da sociedade de corte*.

Notas

[1] CAHILL, Thomas – *O Mundo antes e depois de Jesus*, p. 145, 146; itálicos nossos.
[2] KÜNG, Hans – *O Cristianismo. Essência e História*, p. 185.
[3] *Id.*.
[4] CARREIRA DAS NEVES, J. – *O coração da Igreja tem de bater*, Edições Paulinas, 2013, pp. 223, 224.

[5] KÜNG, H. – *ob. cit.*, p. 188.
[6] *Id.*, p. 186.
[7] *Id.*.
[8] CAHILL – *ob. cit.*, p. 260.
[9] KÜNG, Hans – *O Cristianismo. Essência e História*, p. 186.
[10] MASIÁ CAVEL, Juan – O diálogo inter-religioso a partir de baixo, em *Deus no século XXI e o futuro do cristianismo*, ANSELMO BORGES (coord.), 365-385; pp. 366, 379, 380.
[11] KÜNG – *ob. cit*, p. 187.
[12] *Id.*, pp. 187, 188.
[13] KÜNG – *ob. cit.*, p. 188.
[14] *Id.*, p. 193.
[15] *Id.*, p. 194.
[16] *Id.*, pp. 194, 195.
[17] *Id.*, pp. 198, 199.
[18] *Id.*, p. 200.
[19] *Id.*.
[20] *Id.*, pp. 200, 201.
[21] *Id.*, p. 209; itálico nosso.
[22] Em http://pt.wikipedia.org/wiki/Zaqueu; acesso em 13 de Setembro de 2014.
[23] KÜNG – *ob. cit*, pp. 210.
[24] *Id.*, pp. 202, 203.
[25] *Id.*, p. 207.
[26] *Id.*, pp. 208, 209.
[27] *Id.*, p. 219.
[28] *Id.*, pp. 220-222.
[29] *Id.*, p. 223.
[30] *Id.*, pp. 225, 226.
[31] CARREIRA DAS NEVES, J. – *O coração da Igreja tem de bater*, pp. 101,102.
[32] Em http://es.wikipedia.org/wiki/Biblia_pauperum; acesso em 7 de Outubro de 2014.
[33] KÜNG – *ob. cit*, p. 227.
[34] *Id.*, p. 230.
[35] *Id.*, p. 232.
[36] *Id.*, pp. 238, 239.
[37] *Id.*, p. 271.
[38] *Id.*, p. 276.
[39] *Id.*, pp. 280, 281.
[40] *Id.*, pp. 281, 282.
[41] CARREIRA DAS NEVES – *O coração da Igreja tem de bater*, p. 142.
[42] *Id.*, p. 174.
[43] KÜNG – *ob. cit*, pp. 284, 285.
[44] *Id.*, p. 291.
[45] *Id.*.
[46] *Id.*, p. 292.
[47] *Id.*, p. 295.
[48] *Id.*, p. 297.
[49] *Id.*, pp. 297, 298.
[50] *Id.*, p. 298; itálico nosso.
[51] *Id.*, pp. 299, 300.
[52] *Id.*, p. 303.
[53] *Id.*, p. 308.
[54] *Id.*.
[55] *Id.*, p. 315.

CAP. 7. O PARADIGMA CATÓLICO-ROMANO

Com a chegada dos Ostrogodos a Itália em 488, comandados por Teodorico, veio o principal poder político do Ocidente, e o papado encontrou-se sujeito a uma forte dependência dos seus soberanos. Teodorico era formalmente apenas um vice-rei para o imperador romano em Constantinopla, mas os soberanos ostrogodos arianos vieram naturalmente a instalar papas que lhe eram afectos, apesar de usaram de uma política de tolerância religiosa. Mas este reino cessou por volta de 555, quando derrotado por tropas bizantinas. O imperador Justiniano, na perspectiva de voltar a restaurar a unidade do Império Romano, até se mostraria disposto a reconhecer uma primazia para Roma no domínio da fé e da doutrina religiosas, um «primado da função docente», mas tal só vai ter lugar já na Alta Idade Média. «Justiniano, que se tinha na conta de tão eminente teólogo como preclaro soberano, agiu como legislador autónomo, reclamando-se da vontade e da inspiração de Deus, incluindo em matéria de fé. Sempre que o julgava necessário, convocava os bispos de Roma para a sua corte a fim de fiscalizar com todos os preceitos a rectidão da fé deles».[1]

Os povos bizantinos, de língua grega, haviam reconquistado Itália, mas de facto só o sul da península permaneceu bizantino, e o papado conseguiu servir de intermediário político e linguístico entre os Lombardos e Bizâncio e usufruir de alguma independência política. Não obstante, permaneceu uma guarnição bizantina em Roma e a escolha do bispo de Roma requeria o *fiat* do imperador de Bizâncio, requisito que se manteve até à ruptura com o regime imperial no século VIII.

Os fundamentos do paradigma católico romano

O papa Gregório I (590-604), cognominado "o Grande", permaneceu um monge e um asceta mas foi um político hábil e um pastor sensato e amável. Transmitiu a tradição da Igreja de uma forma simplificada e «reduziu sem sombra de dúvida o fosso entre a cultura elitista da Roma tardia e a cultura popular bárbara».[2] Antes de ser papa, havia sido embaixador plenipotenciário do papa Pelágio II em Constantinopla durante seis anos. Como papa foi paladino do povo e da paz com os Lombardos, e na prática não eram as autoridades bizantinas na península itálica que representavam a verdadeira autoridade, mas sim o papado. Daí Gregório ter assumido a responsabilidade da administração, das finanças e do bem-estar do povo que falava o latim. Assim lançou os alicerces do *poder secular* do papado, não em busca de um exercício de poder, mas do bem-estar material dos povos da Itália, sem ter descurado o zelo pelo bem espiritual da Igreja.[3] Seguia o caminho de um paradigma sociocultural intimamente ligado à própria religião cristã, essência do cristianismo — o *paradigma "missionário" ou da "religião dos pobres"*. «Gregório, ainda súbdito do imperador bizantino, compreendera por ocasião da sua estada em Constantinopla que era impossível impor um primado de jurisdição romano no Oriente e que uma rebelião contra o imperador continuava a poder ser sancionada como alta traição. [...] De facto, não só o imperador mas também os bispos consideravam muito logicamente que a posição do bispo de Roma correspondia à de um patriarca oriental. Nos planos jurídico e político, Roma permanecia uma cidade bizantina, com uma guarnição bizantina, e a Igreja de Roma fazia parte da Igreja imperial justiniana. [...] Gregório foi o primeiro papa a reconhecer as possibilidades de desenvolvimento e o poder criador dos povos germânicos, estabelecidos na Europa Ocidental desde a segunda metade do século V». E veio a restituir vida à Igreja de França, cuidou do reino visigodo em Espanha e zelou pela conversão da Grã-Bretanha. Júlio César precisou de seis legiões para conquistar este reino; a Gregório I bastaram quatro monges!

«Gregório fez assim rebentar definitivamente o estreito quadro de acção dos bispos de Roma». A propagação da fé cristã na Europa do Sul, do Oeste e do Norte estava marcada com o selo de Roma, que deste modo lançou as bases da unidade espiritual e cultural deste mundo europeu. A Grécia e os países orientais recusavam com firmeza a crença romana, e mais se foi cavando a separação entre as duas Igrejas. Gregório I estabelecia um novo paradigma religioso na Igreja, o *paradigma católico romano*, permanecendo o *paradigma helenístico bizantino* na Igreja do Oriente.[4]

«Toda a Idade Média vê em Gregório um papa exemplar. E Martinho Lutero em pessoa tem esta forma lapidar: "Gregório, *o Grande*, foi o último bispo da Igreja de Roma; os seguintes são papas, quer dizer, sumos sacerdotes da Cúria romana"». Gregório I não era um doutrinário preocupado com a primazia do *poder*, mas com a primazia do *serviço* e da actividade *pastoral* e *missionária*, encarnando uma concepção humilde e colegial do seu primado religioso. Uma das suas frases reflecte isto mesmo: «Aquele que detém o poder governará bem se reinar mais sobre os seus vícios do que sobre os seus irmãos». Não queria impor às outras Igrejas a liturgia e os usos locais romanos, recusando qualquer propósito uniformizante em liturgia.[5]

As bases do paradigma católico romano estavam lançadas, mas de 604 a 751 os papas viverão ainda sob «um cativeiro bizantino». Todavia, no século VIII surge no palco da história do mundo o Islão, que «representou uma catástrofe política, sobretudo para o cristianismo oriental».

A marcha triunfal do Islão

O profeta Maomé morreu em 632 mas um século depois o islamismo havia conquistado o Norte de África, onde o cristianismo deixou de ter qualquer hipótese de sobreviver, a Palestina, o Egipto, a Síria, a Península Ibérica. Só os países a norte do Mediterrâneo escaparam à conquista e, como escreveu Hans Küng, «as cruzadas não passaram de episódios sem amanhã».

«Durante o século VII, o islão lançara-se em três continentes numa vaga sem precedentes de exaltação religiosa e expansão imperial. Depois de unificar o mundo árabe, juntar os restos do Império Romano e anexar o Império Persa, o islão passou a governar todo o Médio Oriente, o norte de África, grandes regiões da Ásia e porções da Europa. Na sua versão de ordem universal, o islão estava destinado a expandir-se pelo "reino da guerra", como apelidava as regiões habitadas por infiéis, até que o mundo inteiro fosse um sistema unitário conduzido à harmonia pela mensagem do profeta Maomé»[6].

Como se pode compreender que o cristianismo tenha oferecido uma resistência tão débil à disseminação do Islão? Numa perspectiva política, o islamismo aproveitou o enfraquecimento das duas grandes potências, Bizâncio e a Pérsia. Numa perspectiva religiosa, o teólogo católico Hermann Stieglecker aponta a «falta de fundamento dos dogmas cristológicos e trinitários». A fé no Deus único era mais fácil de aceitar. O islão não sentia a necessidade de "definir" tudo e "delimitar" tudo, o mais minuciosamente, em matéria de fé.

É grega esta intelectualização da fé, e romano o sentido da forma e da lei, o juridismo, e os métodos de governo autoritário.[7] Por isso calam fundo as palavras de Jean Onimus na sua obra *Le Perturbateur* (1975): «[Jesus] porque continuas a ser propriedade privada dos pregadores, dos doutores e de alguns eruditos, tu que disseste coisas tão simples, palavras directas, palavras que permanecem para os homens, palavras de vida eterna?»[8]. Ao tempo do aparecimento do islamismo, acresce uma outra debilidade à cristandade, o seu rompimento interno.

«Não há outro exemplo, na história do mundo, de uma avançada vitoriosa tão rápida, tão extensa e tão duradoura como a do islão. É nestas experiências históricas das origens que ainda hoje se enraízam todos os sentimentos muçulmanos de orgulho ("uma religião da vitória") e de inferioridade ("por que razão já não sucede hoje assim?")»[9].

O centro de gravidade na Europa vai-se deslocar para o norte e já não assenta na unidade do mundo mediterrâneo. O Império Romano do Oriente sai enfraquecido pela perda dos países do Sul e do Sudeste, e o reino dos Francos, com Carlos Magno, vê abrirem-se as portas para formar um novo Império cristão. O papado, em Roma, pode, com a ajuda dos Francos, desligar-se definitivamente de Bizâncio.

«A progressão vitoriosa dos Árabes muçulmanos não procurava nos primeiros tempos uma islamização dos povos conquistados, pelo menos no que se referia às populações não árabes. Por outras palavras, não se tratava de lhes impor a religião muçulmana, mas "apenas" de os submeter politicamente. A maior parte das vezes não se forçava a conversão deles, mas exigia-se-lhes uma capitação e uma submissão política incondicional. É no entanto incontestável que certas motivações religiosas desempenharam um papel crucial nestas campanhas de conquista. Eis porque se falava e fala ainda das "guerras santas" muçulmanas. [...] A divisão fundamental do mundo em "esfera do islão" (*dar al-Islam*) e "esfera de guerra" (*dar al-harb*) não muçulmana encorajava certamente o princípio segundo o qual os muçulmanos não se limitam a uma defesa e a uma resistência passivas contra os agressores, mas também passam ao ataque, se o ensejo se propicia, para ajudar ao triunfo da lei islâmica. O objectivo consiste, pois, na propagação vitoriosa da sua própria religião no mundo inteiro. O actual movimento de renovação islamita também proclama a máxima: "O islão domina, não é dominado"».[10] A verdade é que não foi só no campo militar que o Islão floresceu na Idade Média; foi também nos domínios cultural e científico.

Com o decurso dos tempos, «enquanto a Europa erigia a sua ordem pluriestatal, o Império Otomano, centrado na Turquia, recuperava a reivindicação de um governo único e exclusivo, e estendia o seu domínio ao coração do mundo árabe, ao Mediterrâneo, aos Balcãs e à Europa Oriental. Tinha consciência da ordem interestatal nascente na Europa, mas considerava-a não um modelo, mas uma fonte de divisão a explorar em prol da expansão otomana para ocidente»[11].

COMO REFERE Henry Kissinger, o Médio Oriente tem experimentado diversos modos de ordem política — império, guerra santa, ocupação estrangeira, guerras sectárias. No século VI a. C., o Império Persa ergueu «a primeira tentativa histórica deliberada de unificar a heterogeneidade de comunidades africanas, asiáticas e europeias numa sociedade única e organizada», sob um soberano que se apesentava como «o Rei dos reis». Para os finais deste século, dois impérios dominavam a maior parte do Médio Oriente: o Império Bizantino e o Império Persa Sassânida. Durante séculos houve conflitos esporádicos entre eles. «Em 602, pouco tempo depois de uma peste ter devastado ambos os impérios, os persas invadiram o território bizantino, desencadeando uma guerra de 25 anos, em que ambos os impérios se combateram com o que sobrava do seu poderio. A seu tempo, e após uma vitória bizantina, foi a exaustão que obrigou à paz que a diplomacia não conseguira. E que, em última análise abriu caminho à vitória do islão. É que na Arábia Ocidental, num deserto inóspito fora do controlo de qualquer império, o profeta Maomé e os seus seguidores fortaleciam-se, impelidos por uma nova visão de ordem mundial».[12]

A expansão política e religiosa do Islão foi um dos acontecimentos mais marcantes da história, que se deu tão-somente no período de um século após a morte de Maomé. «Escassas décadas antes, teria parecido impossível que um pequeno grupo confederado de árabes pudesse animar um movimento que suplantaria os impérios que haviam dominado a região durante tantos séculos. Como fora possível passar despercebida uma tal mobilização imperialista, um fervor tão voluntarioso e abrangente? As atenções das sociedades vizinhas não haviam reconhecido, até então, o poder imperial que crescia na Península Arábica. Durante séculos, os árabes tinham vivido uma existência tribal de pastorícia e nomadismo no deserto e nas suas franjas férteis. [...] Num século de notáveis empreendimentos, esse mundo foi virado do avesso. [...] O rápido avanço do islão pelos três continentes fortalecia nos fiéis a crença numa missão divina»[13].

As regiões que o islão conquistou ou exerce poder mediante a cobrança de tributos a não-muçulmanos — *dar-el-Islam* — era concebidas como uma única entidade política governada pelo califado, a legítima herdeira da autoridade política que Maomé exercera. As terras situadas para além — *dar-el-harb*, o reino da guerra — deviam ser conquistadas mediante um dever de *jihad* e incorporadas na "ordem do islão" para estabelecer uma paz universal.

Países do islão faziam ocasionalmente tratados com países vizinhos não-muçulmanos. «O que esses tratados não consagravam era um sistema permanente, em que o Estado islâmico devesse interagir em termos iguais com os Estados soberanos não-muçulmanos: "As comunidades do *dar-al-harb* eram consideradas como se estivessem no 'estado natural', pois careciam de competência jurídica para se relacionar com o islão em termos de igualdade e reciprocidade, por não se conformarem com os mesmos padrões éticos e jurídicos". Sendo os princípios internos de um estado islâmico, segundo este ponto de vista, fruto de ordenação divina, as entidades políticas não-muçulmanas eram ilegítimas e nunca poderiam ser aceites como verdadeiramente iguais pelos Estados muçulmanos. Uma ordem mundial pacífica apoiar-se-ia sempre na capacidade de forjar e expandir uma entidade islâmica unitária, e não no equilíbrio entre partes rivais. [...] A perda de territórios que tivessem sido conquistados para o *dar-al-Islam* nunca poderia ser aceite como definitiva, pois isso equivaleria ao repúdio efectivo do legado da fé universal»[14].

Também os cristãos através das cruzadas prosseguiram um desígnio semelhante, mas este espírito desvaneceu-se no mundo ocidental. Em muito pelo facto de o mundo cristão ter adoptado a distinção entre «o que é de César» e o «o que é de Deus», reconhecendo a legitimidade do secular e do pluralismo.

No mundo de hoje que busca a paz entre as religiões, convém recordar que em todas as religiões há palavras e anseios de paz. O judaísmo está centrado no seu povo e nunca teve pretensões à universalidade, o que não se verifica com as outras duas religiões monoteístas. O cristianismo durante muito tempo defendeu que "fora da Igreja não há salvação", o que também lhe imprimiu uma força motriz de expansão universal. Ao longo da história, todas as religiões se "apropriaram de Deus" e mataram em nome de Deus, perseguiram em nome de Deus, pilharam em nome de Deus. Mas hoje os meios técnicos evoluíram e suscitam-nos uma profunda preocupação pela paz e pela convivência e por um *caminhar conjunto* das diferentes religiões.

A Igreja vê-se dotada de um Estado

No século VIII o centro de gravidade do cristianismo desloca-se definitivamente para Ocidente. O dinamismo dos povos germânicos rejuvenesce a antiga população latina, donde virão a nascer as vigorosas nações romanas. A acção dos monges da Irlanda e da Escócia e dos monges anglo-saxões cristianiza as tribos germânicas a leste do Reno. Por contraste, o Oriente vai-se dilacerando com a "Querela das Imagens" e retrai-se sobre si mesmo.

A Igreja Católica era a única potência cultural que subsistiu no Ocidente, sob a chefia do papa e com a ajuda dos monges. Era a única entidade capaz de influenciar de um modo duradouro, isto é, através de uma acção cultural, política e religiosa, os povos germânicos e romanos. A Igreja naturalmente não escapou às influências germânicas, com «elementos politeístas no culto dos santos, crença nos espíritos dos mortos e nos demónios, nas missas para as almas dos defuntos e no purgatório». Noutro pólo, a ordem de Bento de Núrsia — os beneditinos — impõe a obediência ao abade, a renúncia à propriedade e ao casamento, bem como o trabalho manual, na agricultura, no artesanato, no ensino e na cópia de manuscritos antigos. Num período pouco criativo da história do homem, deve-se-lhes uma base mínima de transmissão cultural.[15]

É neste contexto que ascende o reino dos Francos. «Os francos, quando comparados com todos os outros povos germânicos, foram extraordinariamente bem sucedidos na constituição do império a partir da Gália do Norte. A ascensão começou fundamentalmente com Clóvis (481-511), rei dos francos, cuja vitória sobre Siágrio (486), o último governador romano na Gália, é designada, e com razão, pela investigação mais recente, como "tomada de poder" e não como conquista. O domínio de Clóvis não constituiu um domínio estrangeiro. Pelo contrário, baseou-se [como realça K. F. Werner] na "comunhão de interesses entre os galo-romanos, no Norte, e os francos"».[16]

Ao longo do século VIII, o poder efectivo passou cada vez mais dos reis da dinastia merovíngia para os mordomos, ou prefeitos, do palácio (*maior domus*). Carlos Martel (714-741), «conseguiu impor-se a partir de 716, como mordomo do palácio de todo o reino, vencendo uma resistência persistente. Concedia terras (na maior parte das vezes, propriedade da Igreja) aos seus seguidores como recompensa dos serviços militares dos cavaleiros. Esta prática constituiu o requisito, a longo prazo, para o sistema feudal medieval e permitiu-lhe, a curto prazo, a vitória sobre os árabes, na batalha de Poitiers (732). Carlos Martel não salvou o Ocidente, como se afirma frequentemente, de forma simplista; mas com esta vitória conseguiu prestígio para a sua família, entre outras coisas fazendo-a ascender a um lugar de poder a nível europeu».[17]

«Para repelir [os árabes, Carlos Martel] teve de reorganizar o exército e ocorreu-lhe uma ideia inovadora: combinou o princípio da lealdade germânica com a concessão de bens eclesiásticos. Quem se empenhava militarmente com os vassalos recebia terras para uso próprio que, em parte, podia conceder aos seus vassalos. [...] O princípio da sua organização militar sobreviveu, cresceu e acabou por determinar toda a organização da sociedade: combinação de vassalagem e a concessão de feudos. E criou uma pirâmide social: um vassalo superior, por exemplo, um duque, concedia feudos a um seu vassalo, que, por sua vez, tinha os seus vassalos. O Estado territorial romano converteu-se, assim, num Estado com vínculos pessoais».[18]

Com a sua vitória, Carlos Martel trava a islamização da Europa, que já havia conquistado a Península Ibérica. O reino dos Francos e o reino dos Lombardos, em Itália, são os únicos reinos entre os Pirenéus e o Elba na Europa do Oeste, e o papado, em Roma, tomou a decisão de sair do quadro jurídico do Império Romano bizantino e voltar-se para o reino franco. Carlos Martel ainda se recusava a intervir em Itália contra os Lombardos que ameaçavam Roma, mas o seu filho Pepino, *o Breve* (741-768), passou a estar interessado no apoio do papado para lhe dar o aval ao seu golpe de estado contra a decadente dinastia reinante, em 751. «Pela primeira vez um papa (Zacarias) age como fazedor de reis! A qualificação da função ("idoneidade") prevalecia deste modo sobre a legitimidade dinástica. Para suprir a ausência de "sangue real", o carolíngio Pepino, *o Breve*, foi o primeiro rei franco a ser ungido com o óleo santo. [...] Chega-se a rei pela graça de Deus, cujo representante na terra, aos olhos de Roma, não é outro senão o papa». Este acto, diríamos de *papocesarismo*, virá trazer vantagens para ambas as partes: quanto aos Carolíngios, a sua soberania beneficia da "legitimação divina", e quanto aos papas, doravante, nada se poderá fazer sem a sua bênção.

Em 753-754 o papa Estevão II, ameaçado pelos Lombardos e abandonado pelos bizantinos, desloca-se à corte franca para pedir ajuda a Pepino, que lha promete e vai reconquistar os territórios caídos nas mãos dos Lombardos. É a primeira intervenção de uma potência exterior à Itália em favor do papa. No termo de duas campanhas militares, Pepino presenteia "São Pedro" com esses territórios, com um documento de direito de propriedade deposto junto ao túmulo de Pedro em Roma. Assim ficaram estabelecidos os fundamentos económicos e políticos do Estado da Igreja, que subsistirá por mais de onze séculos, até 1870.[19] Mas como veremos, o papa, ao adquirir também o carácter de césar, não dispõe do poder militar e político para defender por si próprio os seus territórios; vai continuar dependente do reino dos Francos.

«Tal foi possível graças à associação à Igreja Romana, concebida pelo conselheiro principal de Pepino, o abade Fulrad, do mosteiro de Saint-Denis. Quando questionado sobre o assunto, o papa Zacarias deu uma resposta que se tornou famosa e legitimadora: será melhor designar como rei aquele que detém realmente o poder ... Esta aliança foi reforçada e aprofundada três anos mais tarde, quando o papa Estevão II visitou o reino dos francos: o papa ungiu o novo rei e a sua família e, em contrapartida, recebeu o compromisso da protecção contra os lombardos, em Itália, bem como algumas promessas territoriais de dimensão pouco clara. Estes acordos significavam muito mais do que uma confirmação da passagem da dinastia dos merovíngios para os carolíngios; eles criaram condições para a estreita coordenação existente entre o império e a Igreja Católica na Alta Idade Média»[20].

Na afirmação do paradigma católico medieval «dois elementos desempenharam um papel relevante nesta evolução: a existência de um Estado pertencente em privado à Igreja e um Império do Ocidente que tem o favor de Roma, protege o papado romano contra

Bizâncio e sob cuja protecção Roma poderá, lenta mas seguramente, alcançar a dominação do mundo»[21].

Paralelamente, temos de reconhecer na Europa uma época de transição que «abrange o período entre os séculos VI e VIII e durante o qual se registou uma passagem progressiva, não abrupta, para o período que designamos por "Idade Média". A mudança decisiva não esteve tanto na islamização do Mediterrâneo quanto nos primórdios de uma reorientação jurídica, cultural, social e económica numa Europa em formação, graças à constituição do magno Império Carolíngio. O processo de autonomização da sociedade em relação à mentalidade antiga foi bastante diferente de região para região; este processo foi muito mais lento no Sul da França e em Itália do que na Europa do Norte e na Europa do Leste»[22]. Mudanças culturais que nesses tempos, tal como em nossos dias, têm um ritmo mais lento no Sul da Europa do que no Centro e no Norte.

Carlos Magno o imperador cristão do Ocidente

Em 798 o papa Leão III fugira da perseguição que lhe movia a aristocracia de Roma e apelou à protecção do rei dos Francos. E Carlos Magno (768-814) pôs-se a caminho para Roma onde, ao estilo dos imperadores bizantinos, convoca um sínodo a que ele mesmo preside e dirige. O sínodo em 23 de Dezembro de 800 delibera elevar Carlos à dignidade de imperador — um rei franco acima dos reis ocidentais. E no dia de Natal o papa coroa este novo imperador com uma coroa preciosa, como "imperador dos Romanos", ganhando prestígio e consolidando a sua posição em Roma. O papa Leão III comportava-se na linha da *Doação de Constantino*: «O imperador Constantino teria pessoalmente entregue a coroa imperial ao papa; mas este recusara-se a cingi-la, por simples modéstia, e deixara o uso dela ao imperador, o que decidira Constantino a instalar-se em Constantinopla com o acordo do papa ...». Para Bizâncio nunca houvera "vagatura de trono", mas em 812 o imperador romano do Oriente tratou o "novo imperador" dos Francos por "irmão" e este renunciou ao carácter romano do seu império. Bizâncio continua a ser a sede do imperador dos Romanos, mas a antiga Roma ficou definitivamente desligada da nova — agora existem dois imperadores, digamos um cristão ortodoxo e outro católico romano.[23]

Carlos Magno é generoso para com o papa, pois confirma e dilata o Estado da Igreja, e "restitui" ao papa outras terras em Itália, entre outras, Veneza, a Ístria, e a Córsega. Carlos Magno, não obstante privilegiar o político, tem uma visão muito teocrática e considera-se também como chefe da Igreja — rei e padre, defensor e dirigente da Igreja, enquanto aos bispos e ao clero incumbem sobretudo o sacrifício e a oração.

E o rei-imperador Carlos Magno considera-se a si mesmo um renovador da formação e da cultura. Com o apoio de um grupo internacional de homens de cultura, incentiva um "renascimento" da Antiguidade cristã tardia, com uma forte marca religiosa, na cultura germânica europeia. Prossegue a reforma iniciada pelo monge anglo-saxão Bonifácio (de seu nome verdadeiro Winfrid) e prosseguida por Pepino, fruto da qual vão surgir: uma correcção da versão latina da Bíblia; a imposição dos bispos, que já não são eleitos pelo povo mas nomeados pelo rei, de «pregarem e visitarem as suas dioceses sem se dotarem de uma corte»; paróquias, criadas em cidades e no campo, e comunidades de cónegos nas catedrais e igrejas colegiadas, etc. É produzida uma reforma da liturgia, que assim se torna menos livre e fica mais presa aos textos litúrgicos, bem como o latim foi adoptado como a língua litúrgica, desconhecida pelos povos germânicos e só compreendida pelo clero. A uniformidade da liturgia era importante para a unificação do reino franco. «A missa tornou-se a prática de piedade da Idade Média e todo aquele que dispõe de meios pode "mandar dizer" centenas de missas, para si mesmo ou para os outros, em favor da sua saúde ou da sua salvação eterna, sem estar ele próprio presente: um procedimento quase infalível, superior a todas as orações».[24]

Desenvolveu-se o "canto gregoriano" que nada tem a ver com Gregório, *o Grande*, mas que foi uma recriação franca que era transmitida oralmente e por isso multiforme e inapreensível quanto mais se recua no tempo. A confissão privada, que havia sido introduzida por monges irlandeses e escoceses, difundiu-se com rapidez por toda a Europa, ao ponto de se converter num elemento característico da Igreja medieval católica romana. Houve uma coisificação da penitência quase para esmagar o penitente ao peso dos seus pecados. Também se assistiu a uma maior intransigência a respeito da moral sexual a nível da Igreja, de acordo com o celibato do clero, e à associação do pecado original ao prazer sexual da relação conjugal. Só o clero tinha "as mãos puras" para tocar coisas sagradas, e aos leigos não lhes é permitido tocar nas santas espécies, deixando de haver comunhão na mão.[25] Assim se desvalorizava a sexualidade e o casamento.

Como aponta Küng, «todos estes desenvolvimentos da Alta Idade Média, sobretudo as inovações e mudanças introduzidas pelos Carolíngios — a liturgia clerical e o sacrifício da missa, as missas privadas e os honorários das missas, o poder episcopal e o celibato presbiteral, a confissão auricular e os votos monásticos, os mosteiros em si mesmos e a piedade para com os defuntos, a invocação dos santos e o culto das relíquias, os exorcismos e as bênçãos, os cantos de suplicação e as peregrinações — não são constantes do cristianismo, mas antes variáveis — medievais, para falar com mais justeza». Isto foi sufocando o cristianismo original e a maior parte destas variantes acabou rejeitada pelos reformadores protestantes.[26]

A busca do poder pela Igreja

O império de Carlos Magno não tinha futuro, pois mantinha a sua unidade política, militar e cultural graças à forte personalidade e engenho do imperador. E na geração seguinte veio a dividir-se em três países — França, Germânia e Itália — que vão sofrer uma profunda degradação económica e cultural, e têm de defrontar os Normandos a oeste, os Húngaros a leste, e a sul os Sarracenos que conquistam a Sicília. Mas o fundamento espiritual e eclesial carolíngio sobrevive e impõe-se a ideia de que é o papa que confere a dignidade imperial.

Esta romanização da Igreja, como acentua Küng, provém de uma falsificação de documentos em larga escala, em que a *Doação de Constantino* foi apenas um exemplo, e que as pretensões romanas ao poder, formuladas ao século V, são retomadas com audácia por Nicolau I (858-867), que vem declarar anátema, isto é excluído da Igreja, todo aquele que não respeite uma decisão doutrinal ou papal. Na mesma linha, e possivelmente de boa fé, este papa também faz suas a *Doação de Constantino* e outras falsificações de menor credibilidade, como as *Decretais Pseudo-Isidorianas*, uma colectânea de cânones atribuídos a Isidoro Mercator, e da qual resultou «o efeito de centrar inteiramente a imagem e o direito da Igreja na autoridade romana»; juntamente com a *Doação de Constantino* «constituem juntas a base jurídica de uma ulterior romanização total da Igreja ocidental e da concomitante excomunhão da Igreja do Oriente».[27]

Segundo algumas interpretações, estas falsificações documentais de invenção e ante-datação, entre os séculos VII e XII, foram feitas ao "serviço da justiça". A intenção inicial poderá ter sido a de reforçar o poder dos bispos face aos poderosos arcebispos e aos sínodos provinciais, mas acabou por ser o papado a vir delas beneficiar, apesar do papa Inocêncio III ter proferido regras para a verificação de documentos e ter proclamado que não se poderiam tolerar falsificações ao abrigo da santidade.[28]

Mas como reflecte, em 1955, Franz Xaver Seppelt historiador católico do papado a propósito das *Decretais Pseudo-Isidorianas*: «O que lhes acarretou a sua má influência foi a negação da ideia de desenvolvimento na vida institucional da Igreja; ela encontra a sua expressão na mania de antedatar disposições bastante mais tardias, como se proviessem de uma época mais antiga, como se as ideias e as exigências de um partido da Igreja do século XIX já estivessem presentes na época pós-apostólica. [...] O sistema de poder da Cúria [...] não pode reclamar-se do Novo Testamento nem da antiga tradição católica. Ele é o fruto de repetidas usurpações do poder ao longo dos séculos e assenta em falsificações que pretendem legalizá-lo juridicamente *a posteriori*»[29]. Mas a falsificação de documentos, operada mediante a sua ante-datação, é um sinal de fraqueza das ideias e das disposições na sua própria época, que procuram ganhar força através da mentira. Há pois um papel para a mentira como caminho para a conquista do poder, que ainda hoje se constata.

Um exemplo desta prática medieval — «epidemia maciça de falsificações»[30] — encontramo-lo na nossa história sobre as Cortes de Lamego, que teriam ocorrido entre o ano de 1139 e o de 1143, e estabelecido que as mulheres tinham direito de sucessão, mas se casassem com um estrangeiro este não podia ser rei de Portugal e governar conjuntamente com a esposa. Até ao século XVIII tal foi aceite como facto histórico inegável. Mas os estudos de Alexandre Herculano na Torre do Tombo dão conta de que as actas originais da reunião não existiam, e que a primeira alusão a estas Cortes era feita numa cópia do século XVII, oriunda do *scriptorium* do Mosteiro de Alcobaça, das mãos de Frei António Brandão. Mediante um conjunto de evidências Alexandre Herculano provou que «as Cortes de Lamego nunca existiram nem foram convocadas. Na realidade, o documento das Cortes de Lamego é apenas fruto de um grande esforço empreendido pelos monges daquele mosteiro para, de algum modo, justificar e basear em premissas sólidas o direito que Portugal tinha a ser independente de Espanha».[31]

Como bem enfatiza Küng, não se pôde julgar a Idade Média apenas pelos critérios da racionalidade moderna e da crítica histórica, mas o papa e a Cúria não tiraram as devidas consequências quando o imperador Otão III, pela primeira vez na Idade Média, declarou que «a *Doação de Constantino* era falsa e proclamou num documento solene que todas as doações que se baseavam nela eram nulas e sem valor». O poeta Dante Alighieri menciona-a na *Divina Comédia* como sendo a raiz da mundanidade papal. A *mentira* não se pode tornar realidade quando se mente em nome da Igreja ou no seu interesse. «É inegável que esta pretensão do papado ao poder, que terá como consequência a ruptura com o Oriente e o protesto dos reformadores no Ocidente, se impôs essencialmente nos séculos XI-XII graças a tais falsificações».[32] Deste modo de usurpação do poder, religioso e secular, veio a emergir e a consolidar-se o *paradigma imperial* na religião cristã do Ocidente católico. Em abono da verdade, convém também referir que este caminho volveu a Europa numa entidade cultural e espiritual, unida pela fé cristã como esta é definida pelo papado.

A tentação do poder foi uma das tentações a que Jesus foi sujeito no deserto (Mat 4, 1-11). A seu respeito Pagola procura elucidar-nos sobre o caminho aberto por Jesus: «A última cena é impressionante. Jesus está a olhar o mundo do cimo duma alta montanha. A seus pés se lhes apresentam "todos os reinos", com os seus conflitos, guerras e injustiças. Aí ele quer introduzir o reino da paz, da justiça e de Deus. O diabo, pelo contrário, oferece-lhe poder e glória se ele o adorar.

A reacção de Jesus é imediata: "Só ao Senhor, teu Deus, adorarás". O mundo não se humaniza com a força do poder. Não é possível impor o poder sem servir ao diabo. Os que seguem Jesus procurando poder e glória vivem "ajoelhados" diante do diabo. Não adoram o verdadeiro Deus»[33].

A Igreja ao longo dos tempos tomou como sua missão um incremento de poder e não tanto, uma procura do "poder mínimo" para transmitir com veracidade a mensagem de Jesus e ser o "ventre mariano" que O vai dando à luz para cada geração. «Sempre que a Igreja põe Deus ao serviço da sua glória e "desce do alto" para mostrar a sua própria dignidade, desvia-se de Jesus. Quando nós os seguidores de Jesus, procuramos "ficar bem", afastamo-nos dele»[34]. Ou como escreveu o teólogo russo Paul Evdokimov em *El amor loco de Dios*, «a Igreja aparece aos seus olhos, não como um "organismo vivo da presença real de Cristo", mas como uma organização estática e um "lugar de auto nutrição"»[35].

A invisibilidade dos paradigmas

Então, «devem justificar-se as falsificações da Idade Média (à maneira da fé em Deus!) argumentando que "todo o crente ... ocupa uma esfera na qual a última palavra não cabe à prova racional"? Semelhante apologética permitira justificar os piores embustes e crimes da história, desde que sejam cometidos em nome de uma realidade não demonstrável racionalmente»[36]. E Küng prossegue: «O conteúdo destas falsificações teve pesadas consequências que se fazem sentir ainda hoje no modo como a Igreja se compreende a si mesma».

E este modo de se «compreender a si mesma» é um "modo de vida", que vai caracterizar o seu *paradigma imperial*. Vamos recorrer a um anacronismo e confrontar os paradigmas "religiosos" com os da ciência moderna. Recordemos o que nesta vertente referimos no Capítulo 1. A *transparência* dos instrumentos durante a acção reflecte-se também a um nível mais abrangente, nos paradigmas científicos e nos religiosos. As filósofas da ciência Isabelle Stengers e Judith Schlanger escreveram a respeito da noção de paradigma de Thomas Kuhn: «para que um paradigma funcione como normativo da prática científica tem de ser invisível»[37]. Esta *invisibilidade* ou, talvez com melhor propriedade, *transparência*, tem muito a ver com o carácter tácito deste "instrumento intelectual" que é o paradigma científico.

Há, porém, uma diferença: a ciência é amoral e os requisitos éticos assentam tão-só nos seus praticantes. As religiões estão para além da ética, mas possuem um alicerce moral. Quando os fariseus questionaram Jesus: «"Mestre, qual é o maior mandamento da Lei?" Jesus disse-lhe: *Amarás ao Senhor, teu Deus, com todo o teu coração, com toda a tua alma e com toda a tua mente*. Este é o maior e o primeiro mandamento. O segundo é semelhante: *Amarás ao teu próximo como a ti mesmo*. Destes dois mandamentos dependem toda a Lei e os Profetas."» (Mt 22, 36-40). Amar e adorar a Deus sobre todas as coisas, sentindo-nos infinitamente pequenos perante o seu mistério — o essencial da religião—, não comporta uma dimensão ética; mas a um nível semelhante, o "amar o próximo" é um fundamento religioso e ético. Portanto, nas religiões o ético não pode ser remetido apenas para os crentes. As *estruturas* eclesiais também o têm de assumir na sua acção, pois a Igreja actua no mundo e para o mundo.

Perante o carácter *invisível* (*transparente*) dos paradigmas para serem eficazes, para serem um *modo de vida e de acção* que funciona quase como uma navegação em piloto automático, reconhecemos que se cria uma dificuldade maior no campo religioso. Daí a necessidade de um exame crítico relativamente frequente sobre a base da acção da Igreja e dos seus praticantes, isto é, da explicitação da algum desse conhecimento tácito numa perspectiva da sua conformidade moral e religiosa com a mensagem de Jesus Cristo. Foi de algum modo o que fez Francisco de Assis no século XII e Martinho Lutero já no começo do século XVI. Ou se quisermos recorrer à linguagem apocalíptica de Marcos (13, 33-37) — «Vigiai!», os crentes e a própria Igreja.

Em nossos dias, idêntico alerta surge com o papa Francisco em "*A Alegria do Evangelho*": «Neste momento não nos serve uma simples "administração". Paulo VI convidou a alargar o apelo à renovação de modo a que ressalte, com força, que não se dirige apenas aos indivíduos, mas à Igreja inteira. [...] Desta consciência esclarecida e operante deriva espontaneamente um desejo de comparar a imagem ideal da Igreja, tal como Cristo a viu, quis e amou, ou seja como sua Esposa santa e imaculada, com o rosto real que a Igreja apresenta hoje»[38].

Como referido no Capítulo 5, cumprindo a necessidade de pontuar Küng com outros historiadores e teólogos do cristianismo, atendamos a Pagola quando discorre a respeito do evangelho de Mateus (5, 1-12a) sobre as Bem-Aventuranças: «Ditosa uma Igreja com alma de pobre porque terá menos problemas, estará mais atenta aos necessitados e viverá o evangelho com mais liberdade. Dela é o Reino de Deus»[39]. Ou ainda quando reflecte sobre Mateus (9, 9-13) , «porque Eu não vim chamar os justos, mas os pecadores». «O gesto mais escandaloso de Jesus foi a sua amizade com pecadores e pessoas indesejáveis. Nunca tinha acontecido algo de semelhante em Israel. O que acontecia com Jesus era inaudito. Jamais se tinha visto um profeta a conviver com pecadores nessa atitude de confiança e amizade. [...] Onde se reproduz hoje, na nossa Igreja, algo semelhante? Confessadamente repetimos que a Igreja é santa, como se temêssemos que ninguém se desse conta. Quando nos chamarão "amigos de pecadores"?»[40].

A reforma do papado

O século X é um "século obscuro" na história da Igreja, com intrigas e lutas, homicídios e actos de violência por parte de papas e anti-papas e não teve consequências mais profundas porque, desde o tempo de S. Agostinho, se estabeleceu o hábito de fazer a diferença entre função e portador da função. Era uma época em que o papado sem a protecção imperial do Ocidente não conseguiria subtrair-se à decadência ou à supremacia de Bizâncio. Otão, *o Grande* (936-973), também sonhou em reestabelecer o Império e «em vez de se apoiar nos duques das tribos sempre prontos a rebelar-se, estribou-se na Igreja e converteu bispos e abades (sem desígnios dinásticos, visto serem celibatários!) em príncipes do reino. Todos nomeados por ele, prestavam juramento de fidelidade, obrigando-se a prestações militares, económicas e políticas. A Alemanha medieval tornou-se então um país de príncipes clericais, que subsistirão até à secularização sob Napoleão, em 1803»[41]. E por tal porta, inesperada, foi crescendo o *paradigma da sociedade de corte* na Igreja católica.

O papa João XXII ao ver-se ameaçado por Berengário, que se proclamara rei de Itália, e por tropas bizantinas que vindas pelo sul ameaçavam Roma, pediu o auxílio de Otão e coroou-o quando ele chegou a Roma. Mas após a partida do imperador, João XXII rompeu com Otão, que voltou a Roma reuniu um sínodo, depôs o papa, e escolheu um leigo para seu sucessor, Leão VII.

Havia sido dado um passo determinante para a *reorganização do papado*, em consequência de três forças históricas provenientes de três direcções diferentes. A primeira, o monaquismo francês, com os beneditinos. «O monaquismo e o papado sustentavam-se mutuamente; muito antes de o papado ter imposto o seu centralismo, já Cluny o fizera: submissão rigorosa dos mosteiros ao seu governo central, cujo poder espiritual predominava. Via-se neles, e não só em Roma, um exército de orantes no campo da batalha espiritual».[42] A segunda força histórica proveio da realeza alemã e a terceira gerou-se no próprio papado.

Henrique III, em meados do século XI, face a três papas que reinavam em simultâneo depôs os três papas nos sínodos de Sutri e de Roma em 1046, e o bispo Suitger de Bamberga, nomeado pelo rei, foi eleito como papa pelo clero e o povo de Roma (Clemente II). Os três papas seguintes, também alemães, foram de facto nomeados pelo imperador: "papas imperiais".

A reforma do papado é assumida por Leão IX, que era bispo de Toul na Lorena. Reformou o clero de Roma como instituiu sínodos regulares e mediante viagens por Itália, França e Alemanha participou activamente nas reuniões do clero e nos sínodos. Lutou denodadamente contra simonia — transmissão de um cargo da Igreja, tais como venda de favores divinos e bens espirituais, a troco de dinheiro ou outra contrapartida material — e o casamento dos padres. Fez dos *cardeais*, representantes mais importantes das igrejas da cidade de Roma uma espécie de senado papal, onde foram incorporados representantes eminentes da reforma para lá dos Alpes. «Estes homens novos em Roma, muito inteligentes e muito empenhados visavam nada mais nada menos que uma ordem nova no mundo», como foi Humberto de Moyenmoutier, um verdadeiro teórico da religião cristã que abre caminhos novos à política papal.[43] Em suma, criou-se uma verdadeira Cúria com um sistema jurídico e administrativo, um colégio de cardeais, um novo sistema de delegados do papa. O primado da jurisdição do papa a todos os crentes, bispos e arcebispos, reis e imperadores. Mas este primado só logrou impor-se à cristandade ocidental. No Oriente da Europa são as estruturas episcopais e sinodais da Igreja antiga que prevalecem.

A influência da realeza alemã no papado vai-se desvanecer com alguma rapidez. Em 1059, no sínodo de Latrão foi decidido que a eleição do papa, como sucessor de Pedro, só compete aos colégio de cardeais, ficando proibida a investidura por um leigo. Assim se consumou a mudança de paradigma na Igreja, do *paradigma ecuménico da Igreja antiga* — a Igreja constitui sempre uma comunidade de igrejas, sem autoridade centralizada a reger todas as igrejas — ao *paradigma medieval católico romano* — «Obedecer a Deus é obedecer à Igreja, e é obedecer ao papa, e reciprocamente».[44] O conflito entre o papa Gregório VII e o rei Henrique IV concretiza isto mesmo; o rei depôs o papa à distância e o papa excomungou-o, tendo ele de vir implorar em pessoa o perdão papal. Com todas as suas vicissitudes históricas e políticas, a Idade Média logrou preservar a substância do cristianismo, mas a diversidade católica cede lugar à uniformidade e centralização romana. A tonalidade de um papa "representante de Pedro" vai evoluir para "representante de Cristo" (*vicarius Christi*) até "representante de Deus" (*vicarius Dei*) que Inocêncio IV (1243-1254) invoca. «Em Roma nunca se conheceu a separação dos poderes, a qual foi igualmente recusada quando veio a tomar forma nos Estados modernos. O papa é e será o dirigente supremo, o legislador absoluto e o juiz supremo da Igreja»[45]. O que não implica necessariamente ser a separação de poderes o mais adequado para a Igreja. Todavia, um poder mais absoluto requeria um exercício de auto-crítica mais frequente e profundo.

Politização e militarização da Igreja Católica

«"Romanização" significa "politização". E, também a tal propósito, é Gregório VII que trava directamente a luta pelo poder com o soberano mais prestigioso da Europa, o rei e imperador alemão. [...] Aos olhos do papa, os imperadores e os reis também lhe devem submissão na qualidade de "homens pecadores"; *sub ratione peccati* ("do ponto de vista do pecado": da moral), os papas não se privaram, nos séculos subsequentes, de intervir indirecta ou directamente nos assuntos seculares. E, dado que o desfecho desta luta pelo poder se mostra inicialmente indeciso, as lutas e as propagandas políticas ardentes prosseguem ainda durante toda uma geração após a morte de Gregório VII, com resultados oscilantes. É apenas em 1122 que se chega a um compromisso acerca da Questão das Investiduras (na Concordata de Worms) [uma luta contra as intromissões das monarcas na nomeação de bispos, abades e mesmo dos papas]»[46].

No tempo de Inocêncio III (1160-1216), Roma é o centro incontestado da Europa e o papa é o senhor do mundo como árbitro e suserano supremo. «O dualismo entre o papa e o imperador, entre a Igreja e o Estado, sempre presente, já se vê, está no entanto completamente subordinado à "hierocracia papal". O papado e o direito canónico interpretam a unidade como uma preeminência da Igreja sobre o Estado; a soberania secular toma então lugar na hierocracia do papado. [...] Para lá de tudo o que possa antever, Inocêncio III, com a sua política do poder que não receia recorrer aos meios de coerção espiritual, à excomunhão e ao interdito, mas também à astúcia, ao embuste à chantagem, enterra definitivamente para o futuro o amor dos povos à sé de Pedro». Bem como procedeu à reorganização da Cúria romana em moldes de uma boa gestão comercial.[47]

«No paradigma da Igreja antiga, o poder da Igreja inscreve-se num sistema de "sinfonia" e harmonia, onde, de facto, o poder secular prevalece sobre o poder espiritual. No Ocidente, porém, desde a Idade Média, a Igreja apresenta-se, através do papado, como uma instituição de poder de primeiríssima ordem, totalmente autónoma, que consegue, a intervalos, submeter quase por inteiro a si mesma o poder secular»[48].

A figura espiritual marcante da primeira metade do século XII foi Bernardo de Claraval (1090-1153), o "imperador secreto da Europa" como foi cognominado, conselheiro de papas e de príncipes, exerceu o papel de um guardião da ortodoxia e foi um pregador fanático da "guerra santa". É o primeiro teórico cristão a justificar teologicamente a morte dos "infiéis", mas o que só teve possibilidade de acontecer pelo apoio papal. «Desde o início, as cruzadas são empresas papais, embora o seu desenrolar concreto escape amiúde em seguida ao papado»[49].

Foi Gregório VII o primeiro papa a projectar uma grande campanha militar contra o Oriente, a fim de obrigar Bizâncio à obediência e reconquistar Jerusalém aos infiéis. Foi um paladino da «guerra santa», vinte anos antes da I Cruzada, e concedeu indulgências para a reconquista da Península Ibérica. Mas traçou o caminho. E a Primeira Cruzada vem a ser proclamada em 1095 por Urbano II. «As cruzadas não constituem simples acidentes de percurso históricos ou subprodutos fortuitos da história da Igreja. São um fenómeno típico do paradigma católico romano. [...] A cruzada diz respeito a toda a cristandade (ocidental)». Só compreensível no entusiasmo religioso que gerou no Ocidente, como tendo adquirido um sentido de peregrinação e mesmo como expressão da vontade (?) do próprio Cristo, pois era o seu representante na Terra que a ela apelava.[50]

«Inocêncio III, talvez desejoso de reintegrar certos grupos heréticos, desempenha um papel dificilmente compreensível na política das cruzadas. Torna-se o papa dos cruzados que também atacam outros cristãos. [...] Inocêncio que prega a cruzada como um "meio de salvação", lança [...] a IV Cruzada (1202-1204), conducente ao desastre da conquista e da pilhagem de Constantinopla, durante três dias, e ao estabelecimento de um império latino com uma organização latina da Igreja, que reduz à escravidão a Igreja bizantina. É certo que não era esta a primeira intenção de Inocêncio, mas, perante o facto consumado, ele vê em tal resultado a obra da divina providência! O objectivo perseguido pelos papas desde o século V — o reconhecimento do primado papal, inclusive em Constantinopla — parece alcançado. Na realidade, porém, dá-se precisamente o contrário: estes acontecimentos selam definitivamente o cisma. Dez anos mais tarde, por ocasião do quarto concílio de Latrão, em 1215, o mesmo papa promulga um decreto chamando a uma nova cruzada na Palestina, que ele próprio teria chefiado se a morte o não houvesse surpreendido no ano seguinte (1216). No entanto, após o assassínio de um legado do papa, é efectuada uma primeira cruzada contra outros cristãos, desta vez contra os Albigenses (cátaros "neomaniqueus") do Sul da França. Esta horrível guerra de vinte anos contra os Albigenses, marcada por atrocidades bestiais de ambos os lados, leva à erradicação de populações inteiras; ela ofende a cruz e constitui uma perversão sem igual da ideia cristã. [...] Não admira que ainda no tempo de Inocêncio tenha germinado em grupos de protesto, de inspiração evangélica, a ideia de que o papa é o Anticristo ... »[51]. De facto, como

João Resina Rodrigues chamou a atenção em entrevista a António Marujo, Jesus não mandou arrancar o joio.[52]

De todos estes conflitos houve ganhos para o papado, ao volver-se com o seu sistema jurídico na instituição central da Europa, ao ver definitivamente abolida a investidura pelos leigos, ao ter contribuído para a desagregação do Império Alemão num conjunto de territórios independentes, e ao permitir alcançar uma autonomia da Igreja perante o Estado e da esfera espiritual sobre outros sectores da vida social.

Mas houve perdas: a ruptura definitiva com a Igreja do Oriente; o fiasco das cruzadas. «Importa igualmente situar as cruzadas no seu tempo, sem no entanto as desculpar. Elas pressupõem a teologia de Agostinho, que justifica o recurso à força por parte da autoridade legítima em defesa de uma justa razão; [para alcançar objectivos espirituais]». Uma preocupante visão de que os fins justificam os meios. Não obstante, confrontemos os "objectivos espirituais" desse tempo com os de Jesus, como referido no Capítulo 4 a propósito do encontro com a samaritana. «Como estavam a chegar os dias de ser levado deste mundo, Jesus dirigiu-se resolutamente para Jerusalém e enviou mensageiros à sua frente. Estes puseram-se a caminho e entraram numa povoação de samaritanos, a fim de lhe prepararem hospedagem. Mas não o receberam, porque ia a caminho de Jerusalém. Vendo isto, os discípulos Tiago e João disseram: "Senhor, queres que digamos que desça *fogo do céu e os consuma?*" Mas Ele, voltando-se, repreendeu-os. E foram para outra povoação» (Lc 9, 51-54). As cruzadas foram como que um *"fogo do céu"*.

Clericalização: uma marca do paradigma medieval católico

"Romanização" também significa "clericalização"; com as decisões do concílio de Latrão de 1059 a proibir o casamento dos padres, que suscitou fortes reacções de oposição particularmente na Alemanha.

É o papa Gregório VII que vai ao ponto de suspender os padres casados. «Mais do que tudo o resto, porém, a lei medieval do celibato, característica do catolicismo romano — hoje, de novo, vivamente contestada, contribuiu para afastar o "clero", a "hierarquia", os "eclesiásticos", o "estado sacerdotal" do "povo" e dos "leigos", inteiramente subordinados a esta hierarquia. O estado de celibatário é agora considerado moralmente "mais perfeito" do que o estado de casamento. A clericalização adquire então dimensões de tal ordem que se acaba por identificar "clero" e "Igreja" — um uso que se conservou, em parte, até aos nossos dias. No que toca às relações de poder, isto significa que os leigos estão de ora avante fora do circuito numa Igreja que incluía até essa altura o clero e os leigos. O clero, administrador dos sinais da graça constitui "só" por si a Igreja»[53].

Também no campo da clericalização há uma diferença profunda entre o paradigma bizantino e o medieval católico. «Nas Igrejas orientais, o clero — à excepção dos bispos — continua casado e fica assim muito mais perto do povo e mais imbricado no tecido social. O clero [secular] celibatário do Ocidente, quanto a si, aparece acima de tudo completamente desligado do povo cristão pelo seu celibato»[54].

«O cristianismo é uma religião do corpo. [...] "Porque no livro do Génesis, se diz que Deus criou o Homem à sua imagem e semelhança, "homem e mulher os criou" e achou que isso era muito bom. Deus mesmo, em Jesus Cristo, assumiu a corporeidade humana na sua fragilidade. E os cristãos têm como núcleo da sua fé a ressurreição de Jesus e a ressurreição dos mortos". A pergunta é: "Como é que uma religião do corpo se dá depois tão mal com o corpo, historicamente?"»[55]. Parece que deixou esbater a certeza bíblica da *bondade do criado*, oriunda da cultura hebraica: «Deus vendo toda a sua obra, considerou-a muito boa» (Gen 1, 31); «Esta é, realmente, osso dos meus ossos e carne da minha carne. Chamar-se-á mulher, visto ter sido tirada do homem. Por esse motivo, o homem deixará o pai e a mãe, para se unir à sua mulher; e os dois serão uma só carne.» (Gen 2, 23, 24). «Abençoando-os, Deus disse-lhes: "Crescei e multiplicai-vos, enchei e dominai a terra. Dominai sobre os peixes do mar, sobre as aves dos céus e sobre todos os animais que se movem na terra."» (Gen 1, 28). Será que a Igreja se deixou nessa época conduzir por uma antropologia desfocada? Esta dificuldade com a "questão do corpo" esteve também bem presente ainda em meados do século XX. «O que se passou com a encíclica *Humanae Vitae*, assinada pelo Papa Paulo VI em 1968, é sintomático: ao ser redigido por uma comissão refeita depois de expulsos os casais e médicos que a compunham, tornou a questão da contracepção artificial quase um dogma e levou muitos católicos ao abandono da Igreja e, mesmo, da fé»[56].

A Inquisição

A Inquisição também se volve numa característica do paradigma medieval católico. «Na Igreja reinou cada vez mais a violência, ao abrigo da teoria dos "dois gládios", segundo a qual o "braço secular" devia emprestar a sua espada à autoridade espiritual contra a heresia e o cisma. [...] De facto, o que representava um caso isolado na Igreja antiga é de ora avante uma instituição regular da Idade Média. [...] O que repugnava à Igreja do século IV torna-se assim uma obrigação na Igreja dos séculos XII–XIII». O aumento do poder da Igreja gerou movimentos contrários de oposição vindos de grupos sociais. «Os leigos não deviam discutir a fé em público nem em privado, mas denunciar todos aqueles que suspeitavam de heresia (encarada como uma doença contagiosa!)». E os heréticos condenados pela Igreja eram entregues ao braço secular, para serem torturados ou queimados. É evidente que «a Inquisição é não só um insulto ao Evangelho, mas também ao sentido da justiça muito divulgada nos nossos dias e que encontrou a sua expressão na Declaração Universal dos Direitos do Homem. [...] Medida pela bitola do próprio Jesus, a Inquisição poderia ter sido apreendida, mesmo na época, como profundamente anticristã».⁵⁷

Como refere José Tolentino Mendonça em entrevista a António Marujo: «A ressurreição é a confirmação, da parte de Deus, do testemunho de Jesus Cristo. É o rompimento radical com a lógica da mortandade, do genocídio e da violência, e a afirmação radical da vida e da legitimidade de todo o anúncio de Jesus Cristo»⁵⁸. E como o significado deste anúncio se esbateu em tantos séculos da história da Igreja! No mesmo diapasão, Resina Rodrigues escreveu sobre as práticas da Igreja contra o Evangelho, como foi o caso da Inquisição: «Qual é a minha solução? Ter paciência. Escrevi uma vez que, se isto fosse uma fábrica e eu engenheiro, eu saía. Mas eu não considero isto uma fábrica da qual sou engenheiro»⁵⁹.

Romano Guardini afirmou: «Fé é ter suficiente luz para suportar as obscuridades»⁶⁰. Diria mesmo que podemos querer abandonar os paradigmas socioculturais da Igreja Católica com mais profundas e extensas obscuridades, o *paradigma imperial* e o da *sociedade de corte* da Igreja, ou minimizá-los, mas não o essencial, o *paradigma dos pobres*. «Derrubou os poderosos dos seus tronos e exaltou os humildes» (Lc 1, 52).

Movimentos de pobreza

«A partir dos anos 70 e 80 do século XII assistiu-se ao desenvolvimento de dois grandes movimentos de penitência e de pobreza não conformistas, que representavam uma ameaça para o sistema romano. Face a um cristianismo enquistado no seu direito, face a mosteiros a abarrotar de riquezas e a um alto clero vivendo no meio do luxo [já numa "*sociedade de corte*"], que descurava o dever da prédica, eles fizeram do seu programa um slogan: "pregação itinerante e pobreza apostólica"»[61]. Primeiros os cátaros, no sul da Europa com uma forte centralização na cidade de Albi, e depois os valdenses, seguidores de Pedro Valdo, comerciante em Lyon, que decidiu encomendar uma tradução da Bíblia em linguagem popular e começou a pregá-la ao povo por cerca de 1174, sem ser sacerdote.

A reacção dos bispos, que veio a ser secundada pelo papa e pelo imperador, foi a da proibição da prédica pelos leigos e a condenação dos heréticos, o que os levou a difundirem-se de um modo subterrâneo e a começarem a ser apelativos. De um modo um pouco surpreendente, é Inocêncio III que habilmente encaminha os movimentos de pobreza para o serviço da Igreja, aprovando as ordens mendicantes dos franciscanos e dos dominicanos.[62]

«Inocêncio III estava bastante consciente das reformas que se impunham na Igreja, motivo que o levara a convocar o quarto concílio de Latrão. No fundo, possuía suficiente sensibilidade para se aperceber de que a Igreja, exteriormente poderosa, era interiormente fraca, de que os movimentos "heréticos" dentro da Igreja se tinham amplificado bastante e de que não se podia vencê-los só pela força». Daí o seu encontro verdadeiramente histórico com Francisco de Assis em 1209, que propunha um ideal: *pobreza, humildade, simplicidade*. A intervenção do cardeal beneditino João de São Paulo, que conhece o bispo de Assis, foi decisiva a favor de Francisco, um dos «grandes criadores da Igreja».[63]

Perante o impasse político que surgiu aquando da eleição do imperador do Sacro Império Romano-Germânico em 1198, com a eleição dupla de Filipe da Suábia e Otão IV da Casa dos Guelfos, Inocêncio III conseguiu igualmente alargar as competências seculares do chefe espiritual da Igreja e formulá-las com mais precisão, «invocando uma proximidade particular do papado em relação a Deus». Nestes termos reivindica o poder de dispor do controlo da coroa imperial, tendo apoiado Otão IV. «O mais importante a longo prazo, além da nova mudança de dinastia, foi a consagração canónica da influência do papa sobre a eleição do rei alemão, o que dificultou repetidamente o restabelecimento de um reinado capaz de acção nos finais do século XIII e no século XIV».[64]

Dada a invisibilidade dos paradigmas sociais da Igreja, o recurso ocasional a um confronto de anacronismo poder ser útil como uma breve iluminação do contraste de tais paradigmas, o *imperial* e o da *sociedade de corte*, com a mensagem de Jesus. Na comunidade primitiva dos discípulos, Jesus não exigia a entrega dos bens à comunidade. «Consentira que Zaqueu só distribuísse metade da sua fortuna; não promulgara leis nem códigos jurídicos; vários dos seus discípulos, entre os quais Pedro, possuíam as suas próprias casas. Mas o que Jesus exigia acima de tudo era a moderação das necessidades, a confiança que triunfa das preocupações, a liberdade interior relativa aos bens materiais. A comunidade primitiva, idealizada ulteriormente, não realizava uma utopia social, antes uma "comunidade de solidariedade social"».[65] Em suma, a Igreja que aumentara em muito o seu poder, possessões e riquezas, carecia de um novo paradigma, o da *moderação* nestas duas vertentes. Inocêncio III que em muito contribuiu no primeiro sentido, também seria o único papa, pelas suas qualidades excepcionais, a poder indicar um novo caminho para a Igreja, que evitasse a Reforma protestante. Mas morrera relativamente cedo para um tal desiderato em 16 de Junho de 1216, num estado de pobreza e de miséria humana extremas. Um profundo desapego pessoal, mas um enorme empenhamento em reforçar o poder da instituição. Algum "poder" na Igreja justifica-se quando «fundado na utilidade comum» dos povos que ficaram sob a sua jurisdição, o que se verificou ao longo da história. Mas depois a "utilidade comum" vai-se esbatendo e o "poder" acabou por se converter, em larga medida, num fim em si mesmo.

PARECE-NOS ÚTIL a respeito do conceito de "propriedade", atendermos a uma crónica de Tolentino Mendonça intitulada "Pensar o uso como alternativa". «Os primeiros teóricos do franciscanismo se envolveram numa polémica jurídica renunciando ao direito de propriedade (*abdicatio iuris*) e aprofundando uma alternativa de vida comum assente unicamente no *uso*».[66] E este autor interroga--se, perante uma problematização colocada pelo filósofo Giorgio Agamben no âmbito do projecto *Homo Sacer* a respeito do direito de propriedade: «A sua proposta é que o conceito de *acção*, que há séculos colocamos como motor e justificação da vida política, seja substituído pela categoria de *uso*. E perguntamos: o que é que o *uso* pode fornecer como instrumento de construção humana e social, que não apareça quer na *acção* quer na *propriedade?* Agamben di--lo com clareza: só o *uso* nos permite configurar verdadeiramente uma forma de vida. O conceito de *acção* é parcial, pois liga-se a cada momento a um motivo; e da mesma forma a propriedade, que implica e reduz o ser na tarefa de ter»[67].

É neste sentido que podemos ler na 1ª Carta de S. Paulo aos Coríntios, incorporando já o modo de tradução do termo grego *hos me*: «Eis o que vos digo, irmãos: o tempo é breve. De agora em diante, os que têm mulher, vivam como não a tivessem; e os que choram, como não chorassem; os que se alegram, como não se alegrassem; os que compram, como não possuíssem; os que usam deste mundo, como não o usufruíssem plenamente. Porque este mundo de aparências está a terminar (1º Cor 7, 29-31)». «Paulo teria diante dos olhos a definição de propriedade do direito romano e contrapõe explicitamente o uso no sentido messiânico às formas de domínio. O chamamento messiânico não é um direito, nem uma propriedade: mas uma *habitação* e um *uso*. [...] O conceito de propriedade é estático; liga-nos ao que detemos, e apenas a isso. O *uso* é uma experiência polar; no *uso* realizamos ao mesmo tempo o gesto de ter e de não ter; cumprimos uma apropriação, mas sem perder de vista o inapropriável. *Usar* significa, por isso, escolher viver nessa tensão entre hábito e perda, entre pátria e exílio. Não será esse o verdadeiro *habitar?*»[68].

Na mesma óptica, devemos interpretar a perspectiva de Polanyi sobre a transmissão do conhecimento tácito numa relação de mestre-aprendiz através da *acção*. Este conhecimento carece de ser corporalizado (*indwelling*), num verdadeiro habitar, como por exemplo, o andar de bicicleta ou de tocar piano, a acção, mas que só alcança a sua verdadeira meta pelo capacidade que interiorizou do uso quer da bicicleta quer do piano.

Notas

[1] KÜNG, H. – *Cristianismo. Essência e história*, p. 316.
[2] *Id.*, pp. 317, 318.
[3] *Id.*, pp. 318, 319.
[4] *Id.*, pp. 319-321.
[5] *Id.*, pp. 322, 323.
[6] KISSINGER, Henry – *A Ordem Mundial. Reflexões sobre o Carácter das Nações e o Curso da História*, D. Quixote, 2014, pp. 15, 16.
[7] KÜNG, H. – *Cristianismo. Essência e história*, pp. 326, 327.
[8] PAGOLA, Jose Antonio – *O Caminho Aberto por Jesus*, Gráfica de Coimbra, 2010, p. 110.
[9] KÜNG, H. – *Cristianismo. Essência e história*, p. 327.
[10] *Id.*, p. 328.
[11] KISSINGER, Henry – *A Ordem Mundial*, p. 16.
[12] *Id.*, pp. 117-119.
[13] *Id.*, pp. 119, 122.
[14] *Id.*, p. 126.
[15] KÜNG, H. – *Cristianismo. Essência e história*, pp. 331, 332.
[16] DIRLMEIER, Ulf – Idade Média Arcaica e Alta Idade Média (séculos VI a XIII), em *História Alemã (do século VI aos nossos dias)*, Edições 70, Lisboa, 2014, p. 28.
[17] *Id.*, pp. 26, 28.
[18] SCHWANITZ, Dietrich – *Cultura. Tudo o que é preciso saber. vol. 1: Da Antiguidade Clássica à Idade Média*, Publicações D. Quixote, Alfragide, 2015, pp. 75, 76.
[19] KÜNG, H. – *Cristianismo. Essência e história*, p. 333.
[20] DIRLMEIER, U. – Idade Média Arcaica e Alta Idade Média, p. 28.
[21] KÜNG, H. – *Cristianismo. Essência e história*, pp. 330, 331.
[22] DIRLMEIER, U. – Idade Média Arcaica e Alta Idade Média, pp. 19, 20.
[23] KÜNG, H. – *Cristianismo. Essência e história*, pp. 334, 335.
[24] *Id.*, pp. 337-339.
[25] *Id.*, p. 342.
[26] *Id.*, p. 344.
[27] *Id.*, p. 350.
[28] *Id.*, pp. 346-348.
[29] *Id.*, p. 349.
[30] *Id.*, p. 347.

[31] Em http://pt.wikipedia.org/wiki/Cortes_de_Lamego; acesso em 7 de Novembro de 2014.
[32] KÜNG, H. – *Cristianismo. Essência e história*, p. 348.
[33] PAGOLA, J. A. – *O Caminho Aberto por Jesus*, p. 40.
[34] *Id.*, p. 41.
[35] *Id.*, p. 57.
[36] KÜNG, H. – *Cristianismo. Essência e história*, p. 349.
[37] STENGERS, I.; SCHLANGER, J. "Les Concepts Scientifiques", Gallimard, Paris, 1991, p. 18.
[38] FRANCISCO, papa – *A Alegria do Evangelho*, p. 23.
[39] PAGOLA, J. A. – *O Caminho Aberto por Jesus*, p. 52.
[40] *Id.*, pp. 82, 83.
[41] KÜNG, H. – *Cristianismo. Essência e história*, p. 351.
[42] *Id.*, pp. 352, 353.
[43] *Id.*, p. 354.
[44] *Id.*, p. 358.
[45] *Id.*, p. 372.
[46] *Id.*.
[47] *Id.*, p. 373.
[48] *Id.*, p. 374.
[49] *Id.*, p. 375.
[50] *Id.*, pp. 374, 375.
[51] *Id.*, pp. 375, 376.
[52] MARUJO, António – *Diálogos com Deus em Fundo*, Gradiva, Lisboa, 2014, p. 95.
[53] KÜNG, H. – *Cristianismo. Essência e história*, p. 378.
[54] *Id.*, p. 379.
[55] MARUJO, A. – *Diálogos com Deus em Fundo*, p. 12.
[56] *Id.*, pp. 12, 13.
[57] KÜNG, H. – *Cristianismo. Essência e história*, pp. 382, 383.
[58] MARUJO, A. – *Diálogos com Deus em Fundo*, p. 32.
[59] *Id.*, p. 96.
[60] PAGOLA, J. A. – *O Caminho Aberto por Jesus*, p. 36.
[61] KÜNG, H. – *Cristianismo. Essência e história*, p. 380.
[62] *Id.*, p. 378.
[63] *Id.*, pp. 384, 385.
[64] DIRLMEIER, U. – Idade Média Arcaica e Alta Idade Média, pp. 62, 63.
[65] KÜNG, H. – *Cristianismo. Essência e história*, p. 386.
[66] José Tolentino Mendonça, "Pensar o uso como alternativa", *Que Coisas são as Nuvens*, Expresso Impresa Publishing, Paço de Arcos, 2015, pp. 197, 198; itálicos nossos.
[67] *Id.*; itálicos nossos.
[68] *Id.*; itálicos nossos.

CAP. 8. A CONTRA-REFORMA E
A CRISE DO PARADIGMA CATÓLICO-ROMANO

No contexto do paradigma católico-romano, Tomás de Aquino (1225-1274), no dizer de Hans Küng representou «o *terceiro poder* ao lado do imperador e do papa, aquele que, no século XIII, substitui os mosteiros como centros de transmissão da cultura: as *universidades* e logo, a *ciência*, que as universidades deviam servir por meio da pesquisa e do ensino. Era do círculo delas que ia emergir finalmente um paradigma do cristianismo verdadeiramente novo, que já não estaria sob a alçada do imperador nem do papa»[1].

A síntese teológica de Tomás de Aquino e a universidade medieval

A teologia de Tomás de Aquino nada tinha de ortodoxo no seu tempo, pois implicava aceitar a filosofia de Aristóteles, «uma filosofia "pagã", considerada perigosa na época». A atenção que Aristóteles prestava ao mundo empírico «poderia levar, segundo se julgava, ao desinteresse pelo céu, por Deus e pela sua Revelação? A ciência não se tornaria para si mesma no seu próprio fim? Uma vez mais, em 1263, Urbano IV renovara a proibição de traduzir e estudar Aristóteles — em vão, é bem certo»[2].

Desde 1255, a Faculdade das Artes de Paris inseria no seu programa o estudo de Aristóteles. No entender de Küng, «é a data do nascimento da faculdade de filosofia, que já não queria ser apenas a antecâmara da teologia, mas dispor da sua autonomia; é também a data do nascimento do universitário, do professor, do intelectual»[3].

Aristóteles chegou ao mundo europeu ocidental em larga medida comentado e completado pela filosofia arábico-judaica. Era uma filosofia mais avançada, proveniente de Espanha, tendo-se destacado neste domínio o jurista e médico muçulmano de Córdova Ibn Rushd, conhecido por Averróis (1126-1198). Tomás de Aquino tomou em suas mãos este desafio, perante um agostinianismo que intuía já estar em crise. «Nesses tempos novos, já ninguém podia limitar-se a citar as únicas autoridades do passado: a Bíblia, os Padres da Igreja, os concílios e os papas — que se contradiziam muitas vezes uns aos outros. Era necessário procurar apoio muito mais intensamente do que até então na *razão* e na análise conceptual se acaso se queria clarificar certos problemas». Fê-lo com objectividade e acuidade lógica, conferindo autonomia às realidades temporais, embora reinterpretando as afirmações das autoridades não no seu quadro histórico, mas por respeitosa reverência.[4]

Tal como para Agostinho, o projecto de Tomás de Aquino era um projecto teológico, «um discurso responsável sobre Deus». «Parte da hipótese de que a filosofia recebe a sua própria justificação não da autorização da Igreja, mas da exacta natureza da ordem da Criação. Não foi, de facto, o Deus criador em si mesmo que dotou o homem de inteligência e de razão? O conhecimento é "filho de Deus", porque Deus é o "senhor das ciências" [...]. A tomada a sério de tais afirmações leva a uma viragem libertadora de toda a teologia — uma viragem para o empírico; uma viragem para a análise racional; uma viragem para a pesquisa científica».[5]

Tomás reconhece dois modos de conhecimento, digamos duas direcções: aquilo de que é capaz a razão natural e o que emana da fé. Mas igualmente reconhece dois níveis de conhecimento: 1) o que o homem conhece a partir "de baixo", no horizonte da experiência; 2) o que conhece "de cima", na própria perspectiva de

Deus, que nos é dado na Sagrada Escritura, as verdades reveladas sobrenaturais. Na perspectiva de Tomás de Aquino, a razão humana possui assim uma vasta esfera para levar a efeito um conhecimento autónomo. Küng condensa bem esta perspectiva de dois princípios organizadores na imagem abaixo,[6] em dois andares — os níveis filosóficos de ser e de causalidade —, que longe de se contradizerem estão basicamente em harmonia.

O paradigma católico medieval da teologia

Fé (mistérios)	Graça	Moral cristã	Igreja (papa)	Teologia	Cristão
Razão (evidências)	Natureza	Direito natural	Estado (imperador)	Filosofia	Humano

Em duas longas obras, *Suma contra os gentios* e *Suma Teológica*, Tomás de Aquino conduz o *paradigma católico medieval* à sua maturidade, elevando em muito a craveira da Teologia, porque alcançou um notável equilíbrio entre *fé* e *razão*; valoriza a razão sem apoucar a fé. Não conduziu a um novo paradigma religioso, porque se manteve preso das ideias do mundo helénico e da Antiguidade e, no que diz respeito às verdades da fé, continuou ligado à teologia agostiniana, tendo mesmo reforçado a visão da Igreja gregoriana, onde tudo emana do papado.[7] Mas a sua acção beneficiou e potenciou um novo meio — a Universidade — que no dizer de Stephen d'Irsay foi «o maior dos monumentos que nos legou a Idade Média».[8]

A teologia tomista é essencialmente uma teologia universitária racional, elaborada por professores e para ser ensinada com os recursos usuais do tempo — gramática, dialéctica, *disputatio* — logo uma teologia escolástica. «É verdade que Tomás de Aquino reivindicou para os teólogos uma função docente *magistral*, que, ao contrário da função docente *pastoral* dos bispos, não assenta na autoridade, mas na argumentação e na competência científica. Mas integrou no sistema dogmático da teologia o desenvolvimento político e jurídico de um papalismo absoluto, tal como o conheceu essa segunda metade do século XIII»[9]. Chegando ao ponto de afirmar perante os gregos : «A submissão ao papa de Roma é indispensável à salvação»[10].

«A ironia da história quer no entanto que poucos teólogos hajam contribuído em tão alto grau, indirectamente, para a destabilização do papado como Tomás de Aquino — sem intenção, já se vê —, por causa da sua filosofia política. [...] Não só revalorizou a razão face à fé, a natureza face à graça, a ética natural face à moral cristã, a filosofia política face à teologia, mas também, de facto, o *Estado face à Igreja*. Eis um factor particularmente importante para o processo de secularização e de emancipação cujos fundamentos são lançados nessa época! [...] Tomás estabelece as bases de um humanismo que se desenvolverá posteriormente. O indivíduo humano não é simplesmente um ser submetido à autoridade — Estado ou Igreja —, não é simplesmente um súbdito obediente que recebe ao fim e ao cabo todos os seus direitos do papa. É um cidadão livre, com direitos e deveres naturais»[11].

Tomás de Aquino não escreveu uma única palavra sobre as cruzadas. A *Suma contra os gentios* não é uma apologética cristã face ao islão. «Ao invés de quase todos os apologistas latinos e bizantinos anteriores, ele recusa, felizmente, toda a polémica, limitando-se a argumentar com um grande rigor. [...] A sua argumentação dirige-se a pessoas já convertidas. Só alguns indivíduos isolados concebem, na época, um autêntico diálogo inter-religioso. O diálogo até mesmo com os judeus, que ainda era de uso corrente na Paris do século XII, interrompeu-se em resultado das cruzadas, das expulsões dos judeus, dos *progroms* e de todas as correspondentes atrocidades»[12].

Tomás estava longe de "canonizar" a sua teologia, pois tinha consciência do carácter contextual em que a havia formulado. «Mas era a crise da escolástica sistemática e especulativa — no nominalismo da Idade Média tardia (o occamismo), ela afastara-se cada vez mais da Bíblia e do mundo e, de tanto se perder em conclusões racionais, descurara as verdades fundamentais da fé e o seu cunho existencial — que iria preparar o terreno para uma nova mudança de paradigma no sentido da Reforma»[13].

Luzes e sombras na Igreja da Idade Média

Num breve balanço sobre a Idade Média, atentemos, mais uma vez, em Küng. «O papa e o imperador, as *lutas pelo poder* e contra os heréticos, as cruzadas e as ordens mendicantes, a excomunhão e a Inquisição, a universidade e a teologia, resumir-se-á a isto toda a Idade Média cristã? É claro que não»[14]. Sobre a Universidade já realçámos a posição de Stephen d'Irsay, mas neste cenário de luzes e sombras, do lado luminoso encontramos os castelos, as catedrais românicas e góticas; «"escolásticas de pedra", pois nelas se reúnem, de maneira única, a razão e a fé, com a sua técnica refinada do arco quebrado e a sua mística de luz, com a extrema variedade das suas esculturas, dos seus vitrais e a estrita unidade da arquitectura que conduz ao encontro das alturas ...»[15]. Mas também foi uma idade obscura, de grandes fomes e epidemias, de povos que mal sabiam ler e escrever.

«As grandes festas do ano litúrgico representavam uma *vivência comunitária*, a qual era bem-vinda para se esquecer por instantes a miséria das massas nas cidades medievais. No entanto, a celebração litúrgica regular, nos domingos e dias de festa, também constituía um *controlo social*, que integrava amenamente cada indivíduo na vida colectiva, à qual ninguém podia escapar nesse tempos de mobilidade restrita. A sociedade e a Igreja estavam demasiado imbricadas, a vida social era também a vida da Igreja e inversamente»[16]. Mas a estruturação da Europa medieval é devedora também aos mercados e feiras não só no seu carácter nacional, mas mesmo, especialmente na Europa central, ao seu carácter "internacional".

O paradigma católico romano preservou a substância cristã: «o mesmo Evangelho, o mesmo rito de entrada (o baptismo), o mesmo rito comunitário (Eucaristia) e o mesmo *ethos* (seguir Cristo). [...] A história da autêntica vivência cristã e a história de uma Igreja que se impõe como instituição, como poder político, são duas coisas completamente diferentes! Neste sentido, é indiscutível que a cristandade medieval considerou a *caridade* como seu dever particular, essa caridade que se exprime na preocupação com os pobres e com os que sofrem. E podemos mesmo interrogar-nos se uma tal preocupação constante com os doentes, que foi a do próprio Jesus, não se tornou na especificidade do cristianismo que o distingue de outras religiões. Os bispos e os diáconos organizam desde muito cedo os *cuidados aos doentes* [e aos pobres] das comunidades cristãs. Constroem-se hospitais a partir do século IV. E na Idade Média os cuidados prestados aos doentes desenvolvem-se em toda a parte com o apoio dos conventos, sobretudo após a reforma cluniziana, mas também por intermédio das ordens hospitalares de cavaleiros e civis»[17].

O ÚLTIMO IMPERADOR da dinastia saxónica, Henrique II (1002-1004), chegou ao trono não por linhagem, mas por eleição, por não haver sucessor designado. «Foi a primeira vez que dignitários eclesiásticos se associaram a eleitores seculares para tomarem uma decisão conjunta — este facto também será importante para o futuro. Portanto, o direito sucessório não se conseguiu impor no império, apesar de as sucessões anteriores entre pais e filhos terem ocorrido sem qualquer problema»[18].

Henrique II desejava expressamente «a *Renovatio regni Francorum*, em vez da *Renovatio imperii Romanorum*, o que significava [...], de alguma forma, uma ruptura com a política imperial da tradição carolíngia. [...] Obteve os meios para esta política sobretudo da Igreja imperial, que ele apoiou generosamente (criação da diocese de Bamberg), mas da qual exigiu, simultaneamente prestações como nenhum governante antes dele. Esta atitude baseava-se na convicção que o rei ungido deveria garantir a protecção e o bem-estar da Igreja, podendo, em contrapartida, também exigir da mesma apoio incondicional e ilimitado. O imperador sentia-se tão seguro na sua actuação que também apoiou a reforma da vida monástica e eclesiástica com origem em Cluny. As consequências não eram, certamente, previsíveis».[19]

Nesta asserção, Hans Küng aponta-nos um novo paradigma para o cristianismo, não de índole estritamente religiosa mas de índole sociocultural: o *paradigma da caridade cristã*, ou, como o temos vindo a apelidar, o «*paradigma da Igreja dos pobres*». E também distingue: «A história da autêntica vivência cristã e a história de uma Igreja que se impõe como instituição, como poder político, são duas coisas completamente diferentes!» Por outras palavras, os *paradigmas socioculturais* revestem elementos religiosos, mas contêm em si elementos de *poder* e de *autoridade*.

Como referido anteriormente, o *paradigma da Igreja dos pobres* desempenha um papel essencial na missão religiosa da Igreja, mas vem sempre acompanhado pelo *paradigma imperial* e pelo *paradigma da sociedade de corte* que deviam ser temperados pelo "tanto quanto baste". Veremos que não foi assim ao longo dos tempos, mas voltemos desde já o nosso olhar para o essencial.

José Antonio Pagola enriquece esta essência com a "missão curadora" de Jesus: «Contemplando a multidão, encheu-se de compaixão por ela, pois estava cansada e abatida, como ovelhas sem pastor» (Mt 9, 36). «Nem os representantes de Roma nem os dirigentes religiosos de Jerusalém se preocupavam com aquela gente do povo. Esta compaixão de Jesus não é um sentimento passageiro. É a sua forma de olhar as pessoas e de viver preocupado com o seu bem. A sua forma de encarnar a misericórdia de Deus. Desta sua compaixão nasce a decisão de chamar os "doze apóstolos" para os enviar às "ovelhas perdidas da casa de Israel"».[20]

No evangelho de Marcos, o chamamento dos primeiros discípulos é dos primeiros actos públicos de Jesus, após o seu baptismo por João Baptista. «Passando ao longo do mar da Galileia, viu Simão e André, seu irmão, que lançavam as redes ao mar, pois eram pescadores. Jesus disse-lhes: "Vinde após mim; eu vos farei pescadores de homens". Eles, no mesmo instante, deixaram as redes e seguiram-no» (Mc 1, 16-18). E Pagola prossegue: «Para isso, ele mesmo lhes dá "autoridade", mas o que lhes oferece não é um poder sagrado para que o utilizem segundo a sua própria vontade. Não é um poder de governar o povo como os romanos, que "governam as nações com o seu poder". É uma "autoridade" para fazer o bem, "expulsando os espíritos malignos" e "curando toda a enfermidade e doença". A *autoridade* que há na Igreja arranca e baseia-se nesta compaixão de Jesus pelo povo. Está orientada para curar, aliviar o sofrimento e fazer o bem. É uma dádiva de Jesus»[21].

Ao longo da história, encontramos na Igreja quer a "autoridade para fazer o bem" quer o "poder de governar como as nações", que acabam por se concentrar em paradigmas socioculturais distintos. «Está a abrir-se um abismo inquietante entre o progresso técnico e o nosso desenvolvimento espiritual. Dir-se-ia que o homem não tem força espiritual para animar e dar sentido ao seu incessante progresso. [...] A nossa primeira tarefa, também hoje, é proclamar que Deus está perto de nós, empenhado em salvar a felicidade da humanidade. [...] "Curar enfermos", isto é, libertar as pessoas de tudo o que lhes rouba vida e faz sofrer. Curar a alma e o corpo dos que se sentem destruídos pela dor e angustiados pela dureza desapiedada da vida. "Ressuscitar os mortos", isto é, libertar as pessoas de tudo o que bloqueia as suas vidas e mata as suas esperanças. Despertar de novo o amor à vida, à confiança em Deus, à vontade de luta e desejo de liberdade em tantos homens e mulheres em que a vida vai morrendo pouco a pouco. "Limpar os leprosos", isto é, limpar esta sociedade de tanta mentira, hipocrisia e convencionalismo. Ajudar as pessoas a viver com mais verdade, simplicidade e honradez. "Expulsar os demónios", isto é, libertar as pessoas de tantos ídolos que nos escravizam, nos possuem e pervertem a nossa convivência. Onde se estão a libertar as pessoas, aí se está a anunciar Deus»[22].

Já no Antigo Testamento, Amós, que era pastor ou um criador de rebanhos, se sentiu chamado por Deus a uma pregação profética ao povo de Israel, toma como tema dominante o *castigo*: contra a ostentação da riqueza a exploração dos pobres e dos oprimidos, a fraude, as injustiças sociais, o culto carente de compromisso ético. Em suma, condenar por missão profética. «Assim fala o Senhor: "Por causa do triplo e do quádruplo crime de Israel, não revogarei o meu decreto. Porque vendem o justo por dinheiro e o pobre, por um par de sandálias; esmagam sobre o pó da terra a cabeça do pobre, desviam os pequenos do caminho certo. Porque o filho e o pai dormem com a mesma jovem, profanando o meu santo nome"» (Am 2, 6,7). «Ouvi isto, vós que esmagais o pobre e fazeis perecer os desvalidos da terra, dizendo: "Quando passará a Lua-nova, para vendermos o nosso trigo, e o sábado, para abrirmos os nossos celeiros, diminuindo o efá, aumentando o siclo e falseando a balança para defraudar? Compraremos os necessitados por dinheiro e o pobre por um par de sandálias, e venderemos até as alimpas do nosso trigo." O Senhor jurou contra a soberba de Jacob: "Não esquecerei jamais nenhuma das suas obras."» (Am 8, 4-7).

«Ninguém recebeu de Jesus "autoridade" para condenar mas para curar»[23]. Então como aceitar as perseguições da Igreja, as excomunhões, a proclamação de heréticos, etc.? Uma possível interpretação é que se enquadram em distintos paradigmas socioculturais: o condenar enquadrado pelos *paradigmas imperial* e de *sociedade de corte*, enquanto a missão curadora pelo *paradigma da igreja dos pobres*. Ou, por outras palavras, *formas de poder* versus *formas de serviço*.

RETOMANDO O DOMÍNIO do religioso, Küng mostra-se surpreendido com a rejeição da *mística* pela Igreja Romana, nomeadamente a partir da ocasião em que já não era vista como um enriquecimento, mas como o essencial. «Os conflitos com a Igreja Católica romana, que receava perder o seu monopólio sobre a Palavra e o sacramento, acompanharam as manifestações místicas como se fossem a sombra delas. Mas porque motivo aqui [o paradigma católico romano medieval], ao invés do Oriente [o paradigma do cristianismo antigo helenístico], a reacção é sempre a da excomunhão, da repressão, da Inquisição. [...] Ainda hoje, também na esfera do protestantismo, a rejeição perante a mística vai da desconfiança à rejeição. [...] As razões de semelhante repúdio são, uma vez mais, as de uma semi-identificação com Deus ("autodivinização", "panteísmo", "justificação pelas obras"), de uma inferioridade que não quer saber da Igreja ("subjectivismo"), de uma depreciação da Criação ("maniqueísmo", "quietismo"). Mesmo que tais críticas careçam frequentemente de qualquer fundamento objectivo, elas não deixam de explicar por que motivo, até aos nossos dias, a mística se situou à margem da teologia e da Igreja. [...] Acolhida com a maior desconfiança, suspeita de heresia, por vezes até reprimida, só conseguiu sobreviver na melhor das hipóteses, em conventos e em pequenos grupos de "iniciados", sem deveras renovar profundamente a vida da Igreja. O paradigma católico romano, definitivamente fixado desde a Idade Média, foi quando muito inquietado pela mística; esta nunca o abalou. Assim, para a Idade Média e para a Reforma, a norma da espiritualidade cristã não é a fusão mística, mas a oração, expressão da fé confiante em Deus»[24].

Todavia, a *mística* não é uma vocação universal, acessível a todos. Acresce que a "percepção" de Deus é muito mais tácita do que explícita, logo, em larga medida intransmissível pela pregação e, daí, pela Igreja. Requer uma transmissão de "conhecimento" tácito para tácito — o *conhecimento inefável* referido no Capítulo 3 — o que só poderá decorrer numa relação de mestre para aprendiz, em pequenos grupos e muito mais pela acção do que pela palavra. Como refere José Tolentino Mendonça, «o poeta Rainer Maria Rilke ajuda-nos na procura de um sentido. Diz ele: "As coisas estão longe de ser todas tão tangíveis e dizíveis quanto se nos pretenderia fazer crer; a maioria dos acontecimentos é inexprimível e ocorre num espaço em que nenhuma palavra nunca pisou"»[25].

A piedade mariana

A piedade medieval também é incompreensível sem a piedade mariana. A veneração de Maria surge na Igreja do Oriente onde havia uma antiquíssima tradição pagã do culto das deusas-mães da Ásia Menor e que acabou por ser cristianizada no concílio de Éfeso, em 431, quando Maria, reconhecida como a que «concebera Cristo» (*christotokos*), passou a ser reconhecida como «a que concebera Deus» (*theotokos*); um título desconhecido pela Bíblia e que iria conduzir a fórmulas ainda mais sujeitas a mal entendidos, como «Mãe de Deus». No Ocidente as expressões de piedade mariana foram mais tardias, só havendo notícia no século V de um hino dirigido a Maria, atingindo o seu apogeu com o monge cisterciense Bernardo de Claraval (1090-1153).[26]

A Igreja da Idade Média não proclamou novos dogmas marianos. Tal só se verificou nos últimos dois séculos, com Pio IX e Pio XII. O primeiro destes papas, proclama dois novos dogmas, um mariano e outro sobre a infalibilidade papal. Em 1854, num espírito de conservantismo anti-revolucionário de oposição às Luzes, e sem qualquer fundamento bíblico, promove formalmente à categoria de dogma a Imaculada Conceição (Maria preservada do pecado original). Pio XII, em 1950, proclama o dogma da Assunção, a assunção corporal de Maria à glória celeste.[27]

Na história de Portugal a Imaculada Conceição e a devoção a Maria desempenharam um papel de relevo. «A História de Portugal regista dois momentos altos na recuperação da sua independência: a Revolução 1383-1385 e a Restauração de 1640. [...] A Solenidade da Imaculada Conceição liga estes dois acontecimentos decisivos na História da independência de Portugal e no contexto das Nações Europeias. Segundo secular tradição foi o condestável D. Nuno Alvares Pereira quem fundou a Igreja de Nossa Senhora do Castelo em Vila Viçosa e quem ofereceu a imagem da Virgem Padroeira, adquirida na Inglaterra. Este gesto do Contestável reconhece que a "mística" que levou Portugal à vitória veio da devoção de um povo a Nossa Senhora da Conceição. Aliás, já desde o berço [da nacionalidade], aquando da conquista de Lisboa por D. Afonso Henriques, havia sido celebrado um pontifical de acção de graças, em Lisboa, em honra da Imaculada Conceição. A espiritualidade que brotava da devoção a Nossa Senhora da Conceição foi novamente sublinhada no gesto que D. João IV assumiu ao coroar a Imagem de Nossa Senhora da Conceição de Vila Viçosa como Rainha de Portugal nas cortes de 1646. Esta espiritualidade imaculista foi igualmente assumida por todos os intelectuais, que na Universidade de Coimbra defenderam o dogma da Imaculada Conceição sob a forma de um juramento solene»[28].

O historiador, patriarca de Lisboa desde Maio de 2013, cardeal Manuel Clemente, em entrevista a António Marujo, afirmou a respeito da devoção mariana em Portugal: «A grande devoção mariana até aos séculos XII, em Portugal, tem muito a ver com a festa da maternidade divina, como se Maria estivesse a ajudar também o país a nascer». Sentimento talvez reforçado por, na realidade da ordem natural, o nosso primeiro rei, D. Afonso Henriques, tivesse de lutar contra sua mãe, D.ª Teresa, para que a pátria pudesse nascer. E uma "maternidade divina" permitia superar o "pecado original" do nascimento de Portugal.

«A segunda grande devoção é a de Agosto, a Senhora da Assunção — todas as sés portuguesas da Idade Média são dedicadas a ela. E quando vem a Restauração de 1640, é a Imaculada Conceição, que um homem como o padre António Vieira identifica com a restauração do mundo que ligava à recriação de Portugal. Quando chegamos aos séculos XIX e XX, reparamos que uma certa vontade de regeneração de Portugal — o sentimento genérico da sociedade portuguesa até aos nossos dias — pode ter afirmações de tipo esquerdista, eliminando as causas da decadência, e outro católico, que diz que Portugal vai outra vez renascer quando for outra vez cristão e mariano. É interessante verificar que a vida portuguesa é sempre interpretada em ambiente mariano»[29].

Seguidamente o cardeal Clemente discorre sobre a nostalgia da regeneração do Portugal dos Descobrimentos. «Mesmo em Quinhentos, tirando alguma euforia inicial, as pessoas admiravam-se com o que faziam. O próprio Camões admira-se com o que pode fazer a "pequena casa portuguesa". Rapidamente se repara que não estamos à altura de tanta coisa. Esta mescla de se ter feito muito, de não se conseguir aguentar tanto e de se contradizer tantíssimo, está sempre presente na História portuguesa. Um povo que teria um milhão de habitantes no início do século XVI, com cem mil homens disponíveis, daqui deste canto da Europa até à quarta parte nova — o Brasil, depois a Ásia — é uma coisa tão desmesurada que fica sempre o sentimento que somos uma gente especial. Porque nos calhou a nós?

Depois vem a argumentação geográfica, mas essas respostas não esvaziam o sentimento de que há uma *desmesura* que nos explica. Ainda hoje, Portugal multiplica-se em cinco: de Leiria para cima, de Leiria para baixo, Madeira, Açores e a diáspora. E isto com muitas subdivisões. E quando encontramos qualquer destas divisões portuguesas, não tardamos a divisar, em relação a qualquer acontecimento, uma certa decepção do que se faz, uma vontade de se fazer e uma nostalgia de uma grandeza que nunca se atingiu. Isto é o português. A saudade — que tem sentimentos congéneres — vem desta desmesura. As pessoas têm um ideal para o país que é muito maior do que o seu esqueleto»[30].

As aparições de Fátima em 1917 foram interpretadas em Portugal como uma ressurreição da pátria decadente pelo esquecimento da missão cristã do país. O cónego Formigão apresenta a Virgem Maria como a «Padroeira da Nação» e «fez grande caso de Fátima estar "situada precisamente no centro geográfico do país"»[31], um sinal de um santuário nacional. No mesmo sentido o Cardeal Cerejeira, que centralizou as organização católicas em Fátima, afirmou: «Não foi a Igreja que impôs Fátima [ao povo], mas Fátima que se impôs à Igreja». Talvez sem grande exagero, se possa afirmar que foi o povo português que impôs Fátima à Igreja.

Atentemos na reflexão que o papa Francisco nos quer transmitir, a este respeito, em "A Alegria do Evangelho": «As formas próprias da *religiosidade popular* são encarnadas, porque brotaram da encarnação da fé cristã numa cultura popular. Por isso mesmo, incluem uma relação pessoal, não com energias harmonizadoras, mas com Deus, Jesus Cristo, Maria, um Santo. Têm carne, têm rostos. Estão aptas para alimentar potencialidades relacionais e não tanto fugas individualistas. Noutros sectores da nossa sociedade, cresce o apreço por várias formas de "espiritualidade do bem-estar" sem comunidade, por uma "teologia da prosperidade" sem compromissos fraternos ou por experiências subjectivas sem rostos, que se reduzem a uma busca interior imanentista»[32]. E um pouco mais adiante nesta mesma exortação apostólica sublinha: «Na piedade popular, por ser fruto do Evangelho inculturado, subjaz uma força activamente evangelizadora que não podemos subestimar. Seria ignorar a obra do Espírito Santo. Pelo contrário, somos encorajados a encorajá-la e a fortalecê-la para fortalecer o processo de inculturação, que é uma realização nunca acabada. As expressões da piedade popular têm muito que nos ensinar e, para quem as sabe ler, são um lugar *teológico* a que devemos prestar atenção particularmente na hora de pensar a nova evangelização»[33].

JOSÉ TOLENTINO MENDONÇA, em crónica no *Expresso* sob o lema "O século de Fátima", escreve: «Fátima sedimentou, por um lado, a sua identidade no espaço do catolicismo oficial, repropondo uma espiritualidade ao alcance não já apenas das elites religiosas mas acessível a todos (ao facto não será indiferente os videntes serem crianças e provirem de uma cultura campesina), mas ao mesmo tempo tornou-se um pólo de atracção de uma religiosidade em bruto e heterogénea, um porto para peregrinos em diferentes estádios do crer. Até um certo olhar providencialista em relação ao papel de Portugal no concerto do mundo, tão típico da ideologia do Quinto Império, encontrou mais consistência sociológica em Fátima do que nas esquecidas trovas do sapateiro [Bandarra] de Trancoso. É curioso que Pessoa achava que o catolicismo não tinha grandes possibilidades de renovação, e uma das razões era ser um sistema metafísico demasiado complexo e, nesse sentido, antipopular. [...] Quando se quebrar a casca dos pietismos, de um lado, e dos preconceitos antipietistas, de outro, poder-se-á talvez fazer justiça ao papel civilizacional representado por Fátima. Vai nessa direcção a frase de Vitorino Nemésio: "Com Fátima entrou um certo sinal de eterno nos arranjos humanos da História... Mesmo que não passasse disso, o mundo passou a valer um pouco mais". E o mesmo Nemésio coloca o dedo na ferida quando diz que Fátima foi sempre olhada de lado pela intelligentsia lusitana e reduzida a um episódio irrelevante das massas»[34].

No contexto histórico-religioso que temos vindo a explanar, «Fátima tornou-se com o tempo um espaço agregador da expressão do religioso, dos seus itinerários e da sua diversidade», mas na sua "centralidade" pode ainda significar a necessidade vital de equilíbrio entre a Norte e a Sul de Leiria para a viabilidade da nação portuguesa, portanto um sinal de coesão territorial. Em toda esta perspectiva é de reflectir sobre a notícia de 15 de Julho de 2011 no *Correio da Manhã* de que a sede da Conferência Episcopal portuguesa passará de Fátima para Lisboa com a construção da nova sede a ser edificada no espaço do antigo campo de futebol do Seminário dos Olivais.[35]

Será que os órgãos da Igreja, por momentos, deixaram de escutar o povo? Com a agravante de um tal desiderato vir a cair no horizonte do Centenário das Aparições de Fátima. Para o comum português surge a Igreja contra a própria Igreja, o que significa uma Igreja a actuar segundo paradigmas socioculturais distintos, pelo que antagónicos. Resta saber, pois, em que sentido se está a operar a mudança — do *paradigma da igreja dos pobres* para os paradigmas *imperial* e da *sociedade de corte*, ou em sentido inverso? Daí que uma tal incongruência a respeito de Fátima se afigurar como um fruto dos *paradigmas da sociedade de corte* e *imperial*.

INDEPENDENTEMENTE da *ressonância* que o dogma da Imaculada Conceição e a devoção mariana possam ter em certos povos ou culturas e nos seus percursos históricos, estão indissociavelmente ligado à doutrina do pecado original abordada no Capítulo 6, associada a uma visão negativa da sexualidade quando não destinada à procriação, bem como à obsessão do celibato no paradigma católico romano. Mas Küng reflecte sobre esta associação entre papalismo e marianismo em ordem a uma imagem ecuménica de Maria, quando discorre sobre a posição de Pio XII, em 1950: «Na linha do seu triunfalismo romano, sem cuidar das reservas protestantes, ortodoxas e mesmo no seio do próprio catolicismo [...] proclama o dogma da Assunção (a assunção corporal de Maria na glória celeste). [...] Não se trata, no entanto, de escamotear, ou mesmo de destruir, o significado de Maria para o nosso tempo a partir das origens, a fim de a alijar dos chavões misóginos e dos estereótipos paralisantes. O objectivo deve consistir em abrir caminho a uma imagem *verdadeiramente ecuménica de Maria*, para que possa adquirir sentido em todas as Igrejas a frase de Lucas: "De hoje em diante, me chamarão bem-aventurada todas as gerações"»[36].

O cisma do Ocidente

Como bem ilustra Hans Küng, em contraste com os *paradigmas religiosos* que no seio do cristianismo se vão sucedendo uns aos outros com o curso da história, os *paradigmas socioculturais*, uma vez estabelecidos, perduram até aos dias de hoje. E um deles é o *"paradigma imperial"*, profundamente ligado à procura e ao exercício do poder.

«A crise do papalismo, do marianismo e da obsessão com o celibato, que os próprios católicos tradicionais não podem deixar de ver, desenha-se desde a Idade Média tardia. [Mas] ninguém suspeitava que a dominação papal sobre o mundo soçobraria tão rapidamente — para dar lugar [temporariamente] a um papado sem poder!». Numa das suas primeiras bulas, *Clericis laicos infestos*, Bonifácio VIII escreve algo de profético: «A Antiguidade já transmite à cidade os sentimentos hostis que os leigos cultivam contra os clérigos». Como mostrou Walter Ullmann, um reconhecido historiador do pensamento político medieval, o papado hierocrático vai entrando em declínio, ao passo que os *Estados nacionais* vão-se afirmando como «sistemas em progresso» na esfera do poder e do direito.[37]

Nos finais do Renascimento o feudalismo começou a ser suplantado pela economia monetária e na Itália surge um conjunto de cidades-Estado, fruto das rotas comerciais para o Oriente e começa a emergir uma burguesia influente. Portugal de há muito se havia estabelecido num Estado territorial, mas é no século XVI que outras nações europeias se vão começar a afirmar como Estados, Espanha, França, Inglaterra, com excepção da Alemanha que veio a ser uma «nação-tardia».

«O papado travou um combate de morte contra os imperadores alemães e as suas pretensões à universalidade. O Império medieval, enquanto instituição europeia de aspiração universal chega então ao fim». Emerge entretanto o Estado francês sustentado por uma nova consciência nacional, que também coloca em questão o papado como instância de poder universal. Por sua vez o papado procura defender a soberania de um «Estado teocrático universal» com argumentos teológicos, mas já sem o apoio de intelectuais inovadores, que nas universidades vão desenvolvendo argumentos a favor do soberano francês e do inglês. Para os Estados a tarefa fica facilitada por uma credibilidade moral abalada a nível papal, e vai ser agravada por excomunhões, interditos, «guerras santas» e medidas inquisitoriais. Para Küng, «no apogeu da Idade Média, o grande problema teológico era o da reconciliação entre a fé e a razão. Na Idade Média tardia, porém, conta cada vez mais a nova consideração do homem — já inaugurada por Tomás de Aquino — como ser natural, o entendimento do direito natural e do Estado como corporação natural dos cidadãos; é também a época do desenvolvimento das ciências físicas e naturais, da língua nacional e do canto em língua vernácula (em lugar do latim), enfim, do aperfeiçoamento da própria ideia de "indivíduo". Perante a ordem instituída de uma vez para sempre pela Igreja, instala-se um novo subjectivismo».[38]

No papa conjugam-se duas missões: uma de poder imperial e outra de orientador e autoridade institucional em nome de Cristo em ordem à salvação. É sobre a primeira vertente, mais ligada ao *paradigma imperial* que Küng disserta, apesar de estar a lidar com paradigmas religiosos. Contudo, esta separação de missões também se revela um exercício difícil pelo carácter de "invisibilidade" dos paradigmas, para serem eficazes na sua acção.

Bonifácio VIII foi escolhido como papa em 1294, mas envolveu--se em diversos conflitos, com o imperador Alberto I da Germânia, com a poderosa família dos Colonna, com Dante Alighieri e, o mais grave de todos, com o rei de França Filipe IV, o Belo. Quer o papa quer o rei de França são homens ciosos de poder, mas Filipe IV foi mais arguto porque convocou os três estados do reino e, em cortes, conseguiu um apoio nacional unânime. «Pela primeira vez, o papado encontra-se não frente a um rei, mas frente a todo um povo. Filipe apela para um concílio geral». Enquanto o papa se preparava para excomungar o rei, é tornado prisioneiro por tropas de Filipe no castelo de Anagni. Recusou-se a anular a sua decisão, acabando por ser libertado pelos habitantes locais; mas desgostoso com a humilhação morreu passado um mês. O seu sucessor foi o arcebispo de Bordéus que tomou o nome de Clemente V, mas permaneceu em França por razões de saúde, instalando-se em Avinhão.[39]

«Aquilo a que se chama em Roma o "cativeiro de Babilónia" dos papas em Avinhão dura setenta anos. Uma coisa é certa pelo menos: os papas são agora todos franceses e, do ponto de vista político, estão largamente dependentes da coroa de França, sem que isto perturbe o bem lubrificado funcionamento da administração central. Pelo contrário, o aparelho dos funcionários pontificais, a administração financeira e o cerimonial conhecem um desenvolvimento prodigioso (tal como o nepotismo). Embora politicamente dependentes da França, os papas de Avinhão não renunciam às suas pretensões romanas». Mandam edificar um novo palácio pontifício, adquirem o condado de Avinhão, impõem uma fiscalidade curial dificilmente imaginável em nossos dias e «o papado romano — que detinha até aqui o poder de direcção religiosa e moral — torna-se a primeira potência financeira da Europa; arrecada sem dó nem piedade os seus créditos seculares, os quais justifica espiritualmente, recorrendo a todos os meios à sua disposição: órgãos executivos do papado, excomunhões e interditos»[40].

Como tão facilmente se esqueceu Evangelho? «Nenhum servo pode servir a dois senhores; ou há-de aborrecer a um e amar o outro, ou dedicar-se a um e desprezar o outro. Não podeis servir a Deus e ao dinheiro» (Lc 16, 13).

NO SÉCULO XVI vai emergindo uma paulatina oposição ao papado no seio das universidades e na burguesia de florescentes cidades alemãs e italianas. Mais relevante neste percurso, foi a obra de Marsílio de Pádua, o *Defensor pacis* (1324), na qual desenvolveu uma «teoria moderna do Estado com a sua separação entre o profano e o divino em matéria de direito, de lei e de consciência: soberania do povo, independência do poder secular relativamente à Igreja, independência dos bispos relativamente ao papa, mas também da comunidade relativamente à hierarquia». Em Munique, o teólogo inglês Guilherme Occam, um incondicional defensor dos direitos imperiais face ao papado, «fustiga as personalidades dos papas contemporâneos e critica os seus plenos poderes em matéria profana», mas foi um dos defensores da infabilidade papal em matéria de fé. A Europa vê-se dividida entre a obediência romana e a obediência avinhoa, cisma para o qual só se vê saída através de um concílio geral. [41]

Em 1409 houve um concílio geral em Pisa para suprimir esta divisão da Igreja sendo eleito um novo papa, mas como nenhum resignou, a Igreja viu-se com três papas, situação que acabou com o concílio de Constança que teve lugar entre 1414 e 1418, o único concílio ecuménico que se efectuou na Alemanha, e que constitui «a maior conferência internacional da Idade Média». A convicção que se estabeleceu era a de que o órgão supremo da Igreja era o concílio e não o papa. Foi eleito papa Martinho V, cujo legitimidade bem como dos papas subsequentes, pressupõe a legitimidade do próprio concílio no modo de abordar a questão papal. Após o concílio restaurou-se rapidamente o absolutismo papal e foi adiada a necessária reforma da constituição da Igreja, que também não interessava aos monarcas reinantes, pois ambos tinham pela frente a burguesia urbana culta em plena ascensão. «Donde a disposição do papado e das monarquias para assinar concordatas».[42]

Os *paradigmas imperial* e da *sociedade de corte* não soçobram com o Cisma do Ocidente; mantiveram-se com uma força redobrada, com dois papas e duas cúrias bem activos. Foi preciso esperar cinco séculos e meio, o concílio Vaticano II (1961-1965), para que nos seus documentos a Igreja valorizasse o apostolado dos leigos — «os leigos podem exercer o seu trabalho apostólico ou como indivíduos ou reunidos em várias comunidades ou associações»; «vivifiquem os leigos a sua vida com a caridade e manifestem-na nas obras o melhor que puderem».

O Renascimento e a Igreja católica

O *Rinascimento* é visto como um prelúdio à «idade moderna», com o aparecimento de uma humanidade livre e responsável. Em Itália, muito em especial, este período da história marca um apogeu em matéria de artes e de cultura, que na vertente artística se inicia com Giotto e termina com Miguel Ângelo. Mas o Renascimento também traduz uma renovação dos estudos latinos e gregos, em sequência do surto das artes gráficas. É inseparável do contexto medieval, e representa um regresso renascido à cultura pagã da Antiguidade Clássica, não só pelo estudo, mas procurando imitá-la e aperfeiçoá--la, levando a um recuo da escolástica medieval. Contudo, para a Igreja não representou um regresso ao paganismo.

«Os maiores humanistas, de Nicolau de Cusa a Erasmo de Roterdão e ao estadista Tomás Moro em Londres, passando por Marsílio Ficino e a sua academia platónica de Florença, trabalham em prol da *renovatio Christianismi*, além de procurarem promover uma piedade laica dentro do espírito do humanismo reformador e da Bíblia. Esta — cada vez mais acessível, desde o século XIV, na língua popular — transformou-se para alguns numa verdadeira fonte de inspiração»[43].

Küng caracteriza este período como «uma importante corrente espiritual e cultural no seio da Idade Média tardia» e fazendo apelo ao historiador francês especialista na Idade Média, Jacques Le Goff, enfatiza: «Longe de assinalar o fim da Idade Média, o Renascimento — os Renascimentos — é um fenómeno característico de um longo período medieval, de uma Idade Média sempre em busca de uma autoridade no passado, de uma idade de ouro pretérita».[44]

O Renascimento assistiu a uma crescente italianização do papado e da Cúria, mas também «das antigas ambições dos papas sobre o mundo onde só subsiste um Estado territorial italiano de tamanho médio, com um governo também neste caso completamente italianizado. Desde a Paz de Lodi, em 1454, o Estado eclesiástico já não é mais do que um dos cinco grandes principados italianos (dos *Cinque Principati*) [...]. Em tais condições, os papas procuram exprimir aos olhos de todos que a capital da cristandade é também o centro de arte e da cultura — donde as suas construções gigantescas e o seu mecenato artístico. Tudo isto, no entanto, foi obtido à custa de uma recusa de reformar a Igreja. Qualquer reforma teria requerido dos papas e da sua Cúria uma profunda mudança de mentalidade».[45]

Fruto desta inércia, deste enquistamento católico no espartilho medieval, vieram a surgir novas Igrejas cristãs protestantes, no início portadoras de um profundo dinamismo religioso, político e social: luterano, anglicano, reformado e o das Igrejas livres. Na Europa, metade do *Imperium romanum* foi arrancado à Igreja Católica, a que se veio juntar um pouco mais tarde a América do Norte. «Constitui-se gradualmente, em oposição patente ao cristianismo protestante do Norte e do Oeste da Europa (e mais tarde também da América do Norte), um catolicismo mediterrânico de tipo italiano e espanhol. Não só a sua influência iria fazer-se sentir desde muito cedo nas regiões católicas da Alemanha, como ele ainda seria exportado para a América do Sul. [...] Perante um movimento reformador inicialmente muito poderoso, mas que em seguida perdeu amiúde algum do seu impulso, temos um sistema e um instrumento de poder romano reduzido a metade, é bem verdade, mas que recobrou uma força histórica! [...] A reforma católica não proveio de Roma, mas de Espanha! A Espanha unificada pelo casamento de Isabel I de Castela-Leão com Fernando II de Aragão, concluíra em 1492 a Reconquista cristã mediante a tomada da mui muçulmana Granada»[46]. Com a união dos Reinos de Castela-Leão e Aragão, nascia, pode-se dizer, o primeiro "Estado forte" na Europa, claro que não no sentido dos estados modernos da Europa dos Oitocentos, e que vai ser dominante por algum tempo nas relações com a Igreja. Como Kissinger nos alerta, ao jeito de mensagem para os nossos dias da União Europeia, «a história europeia mostra que a unificação nunca foi conseguida por meios sobretudo administrativos. Ela dependeu sempre de um unificador — a Prússia no caso da Alemanha; o Piemonte, na Itália —, sem cuja liderança (e vontade de criar factos consumados) a unificação teria sido um nado-morto. Que país ou instituição desempenhará esse papel? Ou será preciso formar uma nova instituição, ou um novo grupo interno, que desbrave o caminho?»[47].

Para o conjunto dos seis países que formavam a "Comunidade do Carvão e do Aço", um tal papel poderia ter sido prosseguido pelo eixo Franco-Alemão, mas hoje, com a multiplicidade de países e a amplitude de culturas após a Queda do Muro de Berlim, tal afigura-se impossível e o melhor ao alcance da União Europeia parece ser uma "união" burocrática. Mas o que cabe agora realçar, é que foi Castela o precursor de todo este caminho, ao actuar como unificador da Espanha da Reconquista cristã.

A partir da Reconquista cristã, a Espanha começara «a expulsar sem piedade os muçulmanos e os judeus que se recusavam a converter-se; nesse mesmo ano, a descoberta da América e depois a conquista do México, em 1521, haviam lançado os alicerces de um império colonial rico em metais preciosos. A Espanha estava agora em concorrência com a França, potência dominante no continente. [...] O rude catolicismo espanhol, marcado pela Reconquista, não evocará antes de mais a desastrosa reorganização da Inquisição, no tempo do inquisidor-mor Tomás de Torquemada, que esteve na origem de uns nove mil autos-de-fé (*actus fidei*: "acto de fé", execuções, quase sempre pelo fogo)? Não evocará acima de tudo a polícia e a justiça de Estado secretas que seviciaram principalmente os judeus e os mouros muçulmanos convertidos (não raro apenas superficialmente) ao cristianismo e que se voltariam, mais tarde, contra os humanistas erasmianos?

No entanto, importa não esquecer também a *reforma* da Igreja, que fora intensamente estimulada por Erasmo antes de conduzir a uma renovação dos conventos e do clero, à fundação da universidade de Alcalá e de outras cidades, bem como uma admirável edição poliglota da Bíblia — tudo isto com o apoio do poder secular, sob a direcção do humanista Francisco Jiménez de Cisneros, um franciscano ascético, que Isabel nomeou arcebispo de Toledo e primaz de Espanha».[48]

Em 1540 o papa Paulo III aprova uma ordem religiosa de um novo tipo, a *Sociedade de Jesus* do cavaleiro e oficial basco Inácio de Loiola, que na sequência de um ferimento de guerra teve uma experiência para um despertar de uma vida nova. Os jesuítas, muito motivados do ponto de vista religioso pelos *Exercícios* de Inácio —— «com a sua espiritualidade activa, voltada para o mundo» —, são geralmente de origem citadina, como os pastores protestantes, oriundos de camadas médias e superiores da sociedade, vão exercer a sua actividade pastoral e pedagógica predominantemente nos colégios, nas universidades, nas missões.

O concílio de Trento

O concílio convocado por Paulo III para uma cidade do Tirol italiano, em Trento, aberto em 1545, dividiu-se em três períodos com interregnos devido a divergências políticas e religiosas, para só terminar em 1563. Aguardado pela cristandade, reclamado pelo imperador Carlos V, ia sendo protelado pela Cúria. Acabou por ser um concílio papal e não um concílio ecuménico como o de Constança, pelo que os protestantes se recusaram a participar nele. Teve lugar uma reforma católica através de decretos doutrinais e decretos disciplinares, com novos procedimentos para a formação para o sacerdócio, a vida religiosa e a pregação, mas também sobre a organização da pastoral, das missões, dos cuidados com os pobres e com os doentes. «Perante as reivindicações de Lutero — perfeitamente justificadas em nome da Escritura e da tradição antiga! —, que solicitava a língua do povo numa liturgia para o povo [...], uma tal continuidade era muito simplesmente fatal. Até ao Vaticano II [quatrocentos anos depois], a missa latina medieval manter-se-ia a expressão fundamental do culto católico, [...]. Tudo é agora regulado oficialmente nos mínimos pormenores [...]. Já não há o mais pequeno lugar para a espontaneidade, a emotividade, a criatividade; já não está em causa uma participação activa do povo. Este queda-se simples espectador, mudo perante o jogo sagrado do clero, um espectáculo cujo esplendor a música barroca não faz mais do que aumentar: está-se na presença de uma liturgia de clérigos cada vez mais regulada e solene».[49]

O historiador alemão Ernst Hinrichs também reconhece neste concílio algumas reformas relevantes, mas essencialmente o seu sucesso para a sobrevivência da confissão católica. «A formação teológica dos sacerdotes passou a ser assegurada, pela primeira vez, através da criação dos seminários, a residência dos bispos nas suas dioceses tornou-se obrigatória e o abuso das prebendas foi proibido. [...] O Conselho de Trento foi o primeiro a transformar o catolicismo numa confissão bem-sucedida na luta pela sua existência. Só agora este obtinha muitas das características modernas que lhe eram completamente estranhas antes do cisma da Igreja: por exemplo, o uso generalizado do latim, a forte acentuação da hierarquia eclesial e, sobretudo, a orientação centralista coerente de toda a Igreja para Roma. A Igreja ficou, assim, preparada para a luta pelo terreno perdido na época da Contrarreforma e da reforma católica»[50].

DADO A MISSA LATINA medieval ser expressão fundamental do culto, a manutenção do latim mais vincou o *paradigma da sociedade de corte*, e mesmo do *paradigma imperial*, no seio do catolicismo. «Naquela ocasião, Jesus tomou a palavra e disse: "Bendigo-te, ó Pai, Senhor do Céu e da Terra, porque escondeste estas coisas aos sábios e aos entendidos e as revelaste aos pequeninos"» (Mat 11, 25). «A gente simples e ignorante, os que não têm acesso a grandes conhecimentos, os que não contam na religião do templo, estão a abrir-se a Deus com coração limpo. Estão dispostos a deixar-se ensinar por Jesus. O Pai está a revelar-lhes o seu amor através dele. Entendem Jesus como ninguém»[51].

Isto é bem revelador de que o concílio de Trento não procurou nenhuma conciliação com os protestantes, mas é em muito um concílio confessional, de Contra-Reforma. Tal não significa que não houvesse algumas medidas de uma verdadeira "reforma católica". Na vertente dominante, o concílio de Trento está ao serviço da recatolização do autoritarismo e dogmatismo, procurando reconquistar o terreno perdido e impedir a expansão do protestantismo; mas não foi um meio de reconciliação e de reunião, nem aproximou o catolicismo do Evangelho para os mais simples. Foi fortificado o centralismo romano com o reforço da Inquisição e, em 1564, foi publicado o Índex tridentino dos livros proibidos a todos os católicos.[52]

A Igreja vivia e lutava para continuar a viver na «*cristandade*». «A cristandade presumia que toda a sociedade era cristã e católica, que estava definida em termos eclesiais e eclesiásticos e era supervisionada por um grupo de homens que tinham saber e controlavam a sociedade; [uma *sociedade clericalmente tutelada*]»[53].

«Em toda a parte onde tal era possível, a restauração católica foi imposta politicamente e se necessário também militarmente.

Esta estratégia confessional, feita de pressão diplomática e de intervenção militar, conduziu na Europa, durante a segunda metade do século XVI, a um verdadeiro desenfreamento de actos de violência, de "combates de fé", de "guerras de religião" [...]. O que importa sublinhar é que os antagonismos político-religiosos acabaram por levar, com o levantamento da Boémia, à terrível Guerra dos Trinta Anos»[54].

A Igreja permaneceu assim no quadro do paradigma medieval católico romano. Entretanto, foram introduzidas algumas reformas no catolicismo, medidas moralizadoras como a proibição da venda de indulgências e, muito em especial, uma sistematização da liturgia. Certos aspectos doutrinais foram positivos, como o de formular a doutrina católica numa linguagem mais bíblica do que escolástica e conseguiu amalgamar, de um modo sem precedente, fé e teologia, liturgia e direito canónico. Na mesma linha de reformismo, foi fundada a "Congregação do Oratório" por Filipe Néri em 1565, em Roma — uma sociedade de vida apostólica para clérigos seculares, sem votos de pobreza e obediência, mas dedicada à educação cristã de jovens e do povo e a obras de caridade.

«A afirmação da universalidade da Igreja que Carlos [de Habsburgo, o imperador do Sacro Império Romano], se propusera sustentar não viria a concretizar-se. Tanto a unidade religiosa como a política entraram em ruptura. O esforço necessário para a concretização das ambições inerentes ao cargo ultrapassava as capacidades de um só indivíduo. [...] Carlos propôs-se abdicar dos títulos dinásticos e dividir o seu vasto império, e fê-lo de uma forma que traduzia o mesmo pluralismo que derrotara a sua demanda de unidade. [...] Abandonando os fundamentos religiosos do seu império, Carlos atribuiu aos príncipes o direito de escolherem as orientações confessionais nos seus territórios. Pouco mais tarde, abdicou do título de sacro imperador romano, entregando a responsabilidade do império, das suas rebeliões e conflitos externos ao seu irmão

Fernando. Depois, Carlos retirou-se para um mosteiro numa zona rural de Espanha e aí viveu uma vida de recolhimento»[55].

Em suma, no mundo europeu «religião e política nunca se fundiram num edifício único, motivando a frase humorística e muito verdadeira de Voltaire de que «o Sacro Império Romano "não era sacro, nem império, nem romano"»[56].

A Guerra dos Trinta Anos e a Paz de Vestefália

A reforma protestante foi despoletada em 1517, quando Martinho Lutero afixou na porta da igreja do castelo de Wittenberg 95 teses que proclamavam a relação directa dos indivíduos com Deus, pelo que o caminho de salvação não era proveniente de nenhuma ordem eclesial estabelecida mas da consciência individual. Como enfatiza Henry Kissinger, «a Reforma Protestante destruiu o conceito de ordem mundial fundado nas "duas espadas" do papado e do império. A própria cristandade cindira-se e estava em guerra»[57]. Era a Guerra dos Trinta Anos (1618-1648), envolvendo príncipes protestantes do norte da Alemanha e príncipes católicos do sul da Alemanha e da Áustria, na qual cerca de um quarto da população da Europa Central, cerca de metade nos campos e um terço nas cidades, caiu vítima do combate, da doença ou da fome. Inicialmente uma guerra civil e uma guerra de religião, melhor uma *guerra confessional*, volveu-se em seguida numa guerra internacional europeia.

«Em teoria, os soberanos católicos aliados do imperador estavam obrigados a acorrer em oposição às novas heresias. No entanto, postos perante a escolha entre a unidade espiritual e o ganho estratégico, não foram poucos os que escolheram o último. Entre os primeiros estava a França. Em períodos de convulsões generalizadas, um país onde seja preservada a autoridade doméstica fica em boa posição para explorar o caos dos países vizinhos em benefício de objectivos internacionais mais elevados. Um conjunto de sofisticados e implacáveis ministros franceses reconheceu a oportunidade e agiu sem hesitação»[58].

Entre eles destacou-se o cardeal Richelieu, que entendeu para a França ser a fragmentação da Europa Central uma necessidade política e militar. A ameaça que pendia sob a França era estratégica, e não religiosa ou metafísica: «"Se o partido [protestante] for completamente devastado, o peso da Casa da Áustria abater-se-á sobre a França". Ao apoiar uma diversidade de pequenos Estados na Europa Central, enfraquecendo a Áustria, a França cumpria o seu objectivo estratégico»[59].

«Richelieu viu a agitação na Europa Central não como um apelo às armas em defesa da Igreja, mas como um meio de minar o domínio imperial dos Habsburgos. Embora o rei de França fosse apelidado de *Rex Christianissimus* desde o século XIV, a França pendeu — primeiramente, de forma discreta, depois, acentuadamente — para o apoio à coligação protestante dos príncipes da Suécia, da Prússia e do norte da Alemanha. Fê-lo pelo frio calculismo do interesse nacional»[60]. Era seu guia a *raison d'*état, já influenciada pelos princípios que Maquiavel propunha nos seus tratados sobre a governação.

«Às acusações indignadas de que, como cardeal, tinha deveres para com a Igreja Católica eterna e universal — que exigiriam um alinhamento contra os príncipes revoltosos protestantes do norte e do centro da Europa —, Richelieu contrapôs os seus deveres de ministro de uma entidade política temporal, mas vulnerável. A salvação seria o seu propósito pessoal, mas, como estadista, era responsável por uma entidade política desprovida de alma para que pudesse ser redimida. "O homem é imortal, a sua salvação é do além", afirmou. "O Estado carece de imortalidade, a sua salvação é de agora ou nunca"»[61].

A denominada Paz de Vestefália que foi pioneira num novo conceito de *ordem internacional*, começou a ser preparada já o conflito permanecia há 23 anos. Foi fruto de várias conferências e reuniões, os católicos na cidade de Münster e os protestantes em Osnabrück, e congrega três acordos complementares assinados em momentos diferentes. «A guerra destroçara toda a ilusão de universalidade e solidariedade confessionais. [...] A Paz de Vestefália tornou-se um ponto de viragem na história das nações, porque os elementos que instituiu eram tão simples como abrangentes. O Estado — e não o império, a dinastia ou a confissão religiosa — era afirmado como parede mestra da ordem europeia. Ficou estabelecido o conceito de soberania do Estado. Foi afirmado o direito de cada parte signatária escolher livremente e sem interferência a sua própria estrutura institucional e a orientação religiosa, e cláusulas inéditas garantiram que seitas minoritárias pudessem praticar a sua fé em paz e ficassem livres do espectro da conversão forçada»[62]. Foi o fim da concepção da Igreja universal como fonte última da legitimidade e perante a dissolução do Sacro Império Romano, o conceito ordenador da Europa passou a ser o do *equilíbrio de poder*. É através do *paradigma imperial* que a Igreja mais interage com o poder secular, pelo que é no contexto deste paradigma que a própria Igreja vai moldar e ser moldada pela «*ordem mundial*». A Paz de Vestefália «iria alterar e determinar a face da Alemanha e da Europa durante séculos. E, tal como toda a história do império nos cento e cinquenta anos anteriores, também esta paz exprimia praticamente em cada uma das suas disposições o complicado entrelaçamento entre questões de fé, de poder e de constituição»[63].

As percepções sociais em mudança

Todo este ambiente de turbulência e conflitos de finais do século XVII colocou as sociedades europeias numa crise de ordem espiritual, social e política. O que vai implicar mudanças profundas de conceitos e valores, mas também de percepções e comportamentos.

«A percepção do tempo e do espaço constituem a base da nossa orientação no mundo. Ambas estão sujeitas a mudanças históricas e culturais. A relatividade histórica e cultural da percepção do tempo foi descoberta em finais do século XVIII. Ela é fundamental para a compreensão moderna do mundo. Até aí, o tempo e a sua repartição no mundo cristão da Europa possuía um carácter sacral. Ele fora criado por Deus, para os seres humanos, e era finito». Finitude que logo nas primeiras comunidades cristãs, assume uma perspectiva apocalíptica. Durante a Idade Média, a história passou a ser interpretada na sequência de quatro impérios, Assírio, Persa, Grego e Romano. «O Sacro Império Romano da Nação Germânica fora uma continuação do Império Romano, pelo que o seu declínio representou o fim do mundo. Nesta perspectiva, o caos da Guerra dos Trinta Anos, que ameaçou a existência do império, possuía um carácter apocalíptico. Muitos foram aqueles que, nessa altura, esperaram o "fim do mundo" para um futuro próximo. No entanto, no final do século XVII operou--se uma mudança progressiva desta perspectiva religiosa da história, pelo menos entre as pessoas cultas: a ideia do império como parte da história da salvação secularizou-se; a posição do imperador foi afectada pela soberania dos príncipes; a manutenção da paz deixou de ser tarefa sua, enquanto representante de Deus na Terra, para passar a ser um objectivo comum dos Estados, garantido pelo equilíbrio das potências. A doutrina dos impérios mundiais deu lugar a uma periodização neutra do ponto de vista religioso».[64]

«A *percepção alterada do tempo* constituía a característica dominante de finais do século XVIII, enquanto a atenção especial aos problemas do espaço fora típica do período anterior. A medição e a repartição do espaço constituíam uma preocupação central na ciência e na arte. [...] Depois da astronomia, o interesse da arte de medição voltou-se rapidamente para o levantamento topográfico da Terra. [...] A medição e a ordenação do espaço encontraram uma expressão artística e política particular na arquitectura do *Barroco*.

[...] A geometrização constituía uma expressão de um Universo estruturado hierarquicamente por Deus e, portanto, de um pensamento que procurava criar e manter estruturas de ordenação também no domínio das relações sociais»[65].

A Contra-Reforma também colocou a arte ao seu serviço, através do *barroco* que se revelou mais criativo e original em busca de uma síntese de ilusão artística. Foi o último estilo comum a toda a Europa, mas já não logrou unificar um continente divido em confissões e nações. «Também para a Igreja católica romana o barroco representou mais um reboco sumptuoso da fachada religiosa e uma auto-representação cerimonial, com numerosos elementos dimanantes da ilusão, do que um renovamento da substância religiosa que, conforme vimos, permanecia marcada no seu todo pela Idade Média». Por outras palavras, o paradigma da Contra-Reforma é o antigo paradigma medieval católico romano, enriquecido com elementos novos e por vezes brilhantemente restaurados. «Se a Contra-Reforma se revelou mais original (porque a liberdade era aí maior) na esfera artística, já por outro lado se mostrou menos original em teologia (porque era a mais manietada)».[66] Mas «a geometrização perderia o seu valor simbólico religioso e, portanto, também político e social, com a secularização do mundo e a temporalização da percepção, em finais do século XVIII»[67].

A crise do paradigma católico romano

Como aponta Hans Küng, o paradigma religioso católico romano atinge a sua plena crise nos séculos XVII e XVIII. Várias razões são apontadas, que se vêm sobrepor à do surgimento do protestantismo no século XVI. Com excepção de Bento XIV, a insignificância dos papas perante o absolutismo esclarecido dos príncipes; as perseguições aos protestantes que foram prejudicais aos países onde tiveram lugar, como em França; bem como a Inquisição na sua luta contra o jansenismo francês. Depois a rejeição da ciência moderna — «a descoberta e a aplicação de um novo método de filosofar, o entusiasmo que acompanha as descobertas [científicas], uma certa elevação de ideias que em nós produz o espectáculo do universo, [...] terão suscitado nos espíritos uma fermentação viva, [...] [que] varreu com uma espécie de violência tudo o que se lhe apresentava pelo caminho»[68] —, das teorias do Estado moderno, e naturalmente uma reacção contra a divisa da Revolução Francesa «liberdade, igualdade, fraternidade».

«A revolução assentava num princípio semelhante ao que o islão proclamara um milénio antes e o comunismo proclamaria no século XX: a impossibilidade da coexistência pacífica entre países com diferentes religiões ou concepções diversas da verdade, e a competição dos assuntos internacionais numa competição global entre ideologias a ser prosseguida por todos os meios disponíveis e com a mobilização de todos os elementos da sociedade»[69]. A ordem veio a ser restaurada a seu tempo por Napoleão, mas em 1804 ao ser coroado como imperador, e ao contrário de Carlos Magno, «recusando ser legitimado por outro poder que não o seu», tomou a coroa imperial das mãos do papa e coroou-se a si mesmo. O certo é que todo este conjunto de rejeições converteu o Estado Pontifício no estado mais retardatário na Europa do século XIX.[70]

«Não surpreende que, em vez de efectuar a unidade na fé entre católicos e protestantes como pretendiam os partidários das Luzes, se tenha acabado numa ruptura entre clericais e anticlericais (conservadores e liberais/radicais); esta foi sobretudo desastrosa para os países latinos. Uma tal ruptura seria igualmente exportada para o Novo Mundo, ou melhor, para a América Latina, onde persistiu em parte até aos nossos dias»[71].

Já em meados do século XIX, o papa Pio IX dedica-se com todo o empenho a repudiar toda a ideia moderna, o que veio colocar os católicos de alguma forma num certo tipo de gueto. Em 1864 vem a publicar a encíclica *Syllabus errorum modernorum* (Elenco dos erros modernos) em número de oitenta, como as sociedades bíblicas, o casamento civil, a liberdade religiosa, a liberdade de imprensa, etc.. «De facto, o mundo moderno instalou-se, em larga medida, sem e contra Roma e continua o seu caminho sem se deixar impressionar muito pela utopia retardatária, hostil a toda a reforma, de uma burocracia vinculada aos Estados Pontifícios e que tem nostalgia da Idade Média. [...] Roma, desarmada, não sabe enxergar os sinais dos tempos, fecha-se sobre si mesma [...]»[72].

E no entanto, como enfatiza Anselmo Borges, «a Igreja lutou contra a modernidade, embora, por outro lado, os grandes valores da modernidade venham fundamentalmente da Bíblia. Não é por acaso que é no Ocidente que se dá a modernidade, a secularização, a separação da Igreja e do Estado, que tem a ver com a autonomia, os direitos humanos ... São valores que vêm da Bíblia, mas que os iluministas tiveram de impor contra a Igreja oficial. [...] Por outro lado, o cristianismo trouxe ao mundo a ideia da dignidade divina de todos os seres humanos, independentemente da cor, etnia, sexo, posição social, nacionalidade ou religião»[73].

Em 1869 dá-se abertura do concílio Vaticano I que vem a proclamar a infalibilidade papal em matéria de doutrina, que Küng interpreta como fruto de uma veneração que Pio IX suscitou pelo papel de «vítima de forças não cristãs» que assumiu, mas que também pode ser fruto da consciência que este papa ia tomando da perda dos valores religiosos na sociedade do século XIX. Posteriormente foram condenados por Pio X as «forças não cristãs» com sanções de colocação no Índex de escritos, de excomunhão e destituição os teólogos reformadores, apelidados de «modernistas», atitude que prossegue, já após a 2ª Guerra Mundial, com Pio XII.[74] É apenas com João XXIII que o concílio Vaticano II (1962-1965) conduz a uma verdadeira mudança de época.

No entanto, justo é realçar a admiração que a Igreja católica suscita pela sua continuidade histórica, presença supranacional e identidade na fé, pela contribuição secular para o desenvolvimento da cultura e pela sua preocupação social e de voluntariado. Sem contudo se ignorar a existência frequente ao longo da história de provas de autoritarismo eclesiástico que conduziu ao dogmatismo e a outro forma de autoritarismo, também presente no judaísmo e no islamismo, um excessivo juridismo.[75]

Notas

[1] KÜNG, H. – *Cristianismo. Essência e história*, p. 389.
[2] *Id.*, pp. 390, 391.
[3] *Id.*, p. 391.
[4] *Id.*.
[5] *Id.*, p. 393.
[6] *Id.*, p. 394.
[7] *Id.*, pp. 397, 400.
[8] D'IRSAY, S. – *Histoire des Universités Françaises et Etrangères*, 2 vols. Paris, 1935, citado por VÍTOR SERRÃO em *História das Universidades*, Lello & Irmão Editores, Porto, 1983 e em V. Serrão, "Património artístico da Universidade de Lisboa, entre saberes e afectos: estudo, salvaguarda e divulgação de um conjunto monumental ímpar" em *Património da Universidade de Lisboa. Ciência e Arte*, MARTA C. LOURENÇO e MARIA JOÃO NETO (coords.), Tinta da China, Lisboa, 2011, p. 229-241.
[9] KÜNG, H. – *Cristianismo. Essência e história*, p. 399.
[10] TOMÁS DE AQUINO , *Contra errores Graecoum*, 2º parte, cp. 36; citado por KÜNG, H. – *Cristianismo. Essência e história*, p. 400.
[11] KÜNG, H. – *Cristianismo. Essência e história*, pp. 400, 401.
[12] *Id.*, p. 402.
[13] *Id.*, p. 405.
[14] *Id.*, p. 405; itálico nosso.
[15] *Id.*, p. 406.
[16] *Id.*, pp. 407, 408.
[17] *Id.*, p. 409.
[18] DIRLMEIER, Ulf – Idade Média Arcaica e Alta Idade Média (séculos VI a XIII), p. 43.
[19] *Id.*, p. 43.
[20] PAGOLA, José Antonio – *O Caminho Aberto por Jesus*, p. 88.
[21] *Id.*; itálico nosso.
[22] *Id.*, pp. 89, 90.
[23] *Id.*, p. 91.
[24] KÜNG, H. – *Cristianismo. Essência e história*, pp. 420, 421.
[25] TOLENTINO MENDONÇA, José – *Pai-nosso que estais na Terra*, Ed. Paulinas, 2ª ed., 2011, p. 20.

²⁶ KÜNG, H. - *Cristianismo. Essência e história*, pp. 423, 424.
²⁷ *Id.*, p. 425.
²⁸ COUTO, Francisco; COELHO, Senra - A Imaculada Conceição e a história de Portugal, *Agência Ecclesia*, publicado em 8 de Dezembro de 2014. Disponível em http://www.snpcultura.org/imaculada_conceicao_e_historia_portugal.html; acesso a 2 de Janeiro de 2015
²⁹ MARUJO, António - *Diálogos com Deus em Fundo*, entrevista ao Doutor Manuel Clemente, ao tempo bispo do Porto, pp. 217, 218.
³⁰ *Id.*, p. 218.
³¹ RAMOS, Rui - A Segunda Fundação (1890-1926), *História de Portugal* (JOSÉ MATTOSO, dir.), vol. 6, Círculo de Leitores, Lisboa, 1994, p. 611.
³² FRANCISCO, papa - *A Alegria do Evangelho*, Edições Paulinas, Prior Velho, 2013, nº 90, p. 67.
³³ *Id.*, nº 126, p. 90.
³⁴ TOLENTINO MENDONÇA, José - *Que coisas são as nuvens*, Expresso Crónicas, Paço de Arcos, 2015, pp. 115, 116.
³⁵ Em http://www.cmjornal.xl.pt/nacional/portugal/detalhe/sede-episcopal-vai-para-lisboa.html; acesso em 1 Feveiro de 2015.
³⁶ KÜNG, H. - *Cristianismo. Essência e história*, pp. 425, 426.
³⁷ *Id.*, pp. 427, 428.
³⁸ *Id.*, pp. 428, 429.
³⁹ *Id.*, pp. 429, 430.
⁴⁰ *Id.*, p. 430.
⁴¹ *Id.*, pp. 430-432.
⁴² *Id.*, pp. 437, 438.
⁴³ *Id.*, p. 442.
⁴⁴ *Id.*.
⁴⁵ *Id.*, p. 443.
⁴⁶ *Id.*, p. 446.
⁴⁷ KISSINGER, Henry - *A Ordem Mundial*, p. 114.
⁴⁸ KÜNG, H. - *Cristianismo. Essência e história*, pp. 446, 447.
⁴⁹ *Id.*, pp. 450-452.
⁵⁰ HINRICHS, Ernst - Da Reforma à Paz de Vestefália (finais do século XV a 1648), *História Alemã*, pp. 138, 139.
⁵¹ PAGOLA, J. A. - *O Caminho Aberto por Jesus*, p. 115.
⁵² KÜNG, H. - *Cristianismo. Essência e história*, p. 458.
⁵³ MARUJO, A. - *Diálogos com Deus em Fundo*, p. 214.
⁵⁴ KÜNG, H. - *Cristianismo. Essência e história*, p. 459.
⁵⁵ KISSINGER, Henry - *A Ordem Mundial*, pp. 28, 29.
⁵⁶ *Id.*, p. 26.
⁵⁷ *Id.*, p. 32.
⁵⁸ *Id.*, p. 33.
⁵⁹ *Id.*, p. 36.
⁶⁰ *Id.*, p. 35.
⁶¹ *Id.*.
⁶² *Id.*, pp. 39, 40.
⁶³ HINRICHS, E. - Da Reforma à Paz de Vestefália, pp. 154, 156.
⁶⁴ GESTRICH, Andreas - Da Paz de Vestefália ao Congresso de Viena (1648-1814), *História Alemã*, p. 189.
⁶⁵ *Id.*, p. 191; itálicos nossos.
⁶⁶ KÜNG, H. - *Cristianismo. Essência e história*, pp. 460-462.
⁶⁷ GESTRICH, A. - Da Paz de Vestefália ao Congresso de Viena (1648-1814), p. 192.

[68] LE ROND D'ALEMBERT, Jean – citado por HENRY KISSINGER, *A Ordem Mundial*, p. 53.
[69] KISSINGER, Henry – *A Ordem Mundial*, p. 58.
[70] KÜNG, H. – *Cristianismo. Essência e história*, p. 469.
[71] *Id.*, p. 470.
[72] *Id.*, pp. 474, 475.
[73] MARUJO, A. – *Diálogos com Deus em Fundo*, pp. 264, 265.
[74] KÜNG, H. – *Cristianismo. Essência e história*, pp. 477-479.
[75] *Id.*, p. 481.

CAP. 9. O PARADIGMA PROTESTANTE REFORMADOR

Numa entrevista de António Marujo a Manuela Silva em 2008, a pretexto do lançamento da obra *"Pelos Caminhos da Fé. À Esquina do Terceiro Milénio"*, é abordada a exclusão social e o paradoxo de uma Igreja preocupada com os pobres mas que tem «um défice manifesto em tudo o que se refere à denúncia dos processos de empobrecimento e suas causas». A entrevistada lança também uma perspectiva muito clarificadora sobre os paradigmas socioculturais da Igreja para os tempos presentes. «A Igreja em Portugal e no mundo ocidental, em geral, identifica-se mais com a classe média e média alta do que com os pobres. Ao contrário do que sucede, por exemplo, na América Latina, a Igreja em Portugal tem estado pouco inserida no meio dos mais pobres. Ora, as igrejas são as pessoas que vivem neste sistema. Só um grau de consciencialização superior ao que neste momento existe permitirá viabilizar novos modelos e fazer aparecer novos actores sociais, de que este mundo tanto precisa. [...] A Igreja em Portugal, em termos genéricos, é ainda demasiadamente dependente de um modelo clerical, sacramentalista e, do ponto de vista institucional, fortemente hierarquizado»[1]. Esta perspectiva implica que o papa Francisco, ao ser proveniente de uma cultura latino-americana, está bem mais atento ao *paradigma da igreja dos pobres* que sobressai muito mais do que nas culturas católicas da velha Europa.

"Desadaptar a Igreja"

«Desadaptar a Igreja» é o título de um artigo de opinião que Frei Bento Domingues publicou recentemente no jornal *Público*. «Este Papa anda a desadaptar a Igreja. Pode parecer estranho, mas já deu muitos sinais de que é isso mesmo que pretende. Importa saber em que sentido. [...] Quando se falava de adaptação da Igreja ao mundo moderno pensava-se sobretudo na sua descolagem do "antigo regime", do seu imaginário e privilégios. Daí o repetido toque a finados do chamado "constantinismo" e da cristandade medieval, às vezes, de forma anacrónica. [...] Importa salientar que, mesmo no interior do mundo católico, nunca faltaram pessoas, movimentos e grupos que, no meio de grandes obstáculos e condenações vergonhosas, prepararam a grande viragem do Vaticano II. Sem ele e o reconhecimento oficial da liberdade religiosa, os católicos estariam hoje sem espaço para viver, de forma responsável, a crescente complexidade cultural. A "desorientação" atribuída ao Concílio (1962-65) revelou apenas a falta de liberdade com que se tinha vivido, em diversas épocas e âmbitos, no interior da Igreja Católica. Para "sentir com a Igreja" era recomendada uma estranha e irracional atitude: se vires que uma coisa é preta, mas a hierarquia disser que é branca, conforma-te com a voz da hierarquia!»[2]. Claro que este modo de "sentir com a Igreja" é uma menorização do valor da razão! Mas mais, esta falta de coerência é invariavelmente um indicador da presença de uma "mina" escondida de interesses de poder, vaidade, prestígio e invejas.

Recuemos um pouco na história. «O absolutismo estava estritamente associado à ascensão da *sociedade da corte*, isto é, aos esforços dos príncipes para atraírem os nobres anteriormente independentes para as suas cortes, a fim de os tornar servidores do Estado — público da autorrepresentação do monarca e actores da vida social na corte —, personificado na pessoa do monarca. O surgimento das sociedades da corte constituiu um *fenómeno europeu* tanto em regiões protestantes como católicas, nas cortes eclesiásticas ou seculares. O exemplo que era tomado como modelo, tanto do ponto de vista arquitectónico como organizacional, era a corte de Luís XIV, em Versalhes. [...] Quase todas as cortes (mesmo as dos príncipes eclesiásticos) mantiveram uma estranha tensão entre o enaltecimento artístico do soberano, através da mitologia pagã da Antiguidade, e a sua identidade cristã, entre a sua divinização alegórica e a sua humildade cristã, também ela ostensiva. [...] As próprias cortes dos príncipes eclesiásticos albergavam, por vezes, 200 a 300 pessoas»[3]. No Arquivo da Universidade de Coimbra existe um Livro de Matrículas do Colégio das Artes. Pode nele ler-se o registo de matrícula de D. Alexandre de Bragança, filho dos duques de Bragança, que viria a ser inquisidor-geral e arcebispo de Évora, com indicação de todo o seu séquito que nesse ano o acompanhava em Coimbra. Para além do capelão era um séquito de 35 pessoas, criados e criados de criados.[4]

Podemos até admitir que o *paradigma da sociedade de corte* dirá mais respeito ao exercício do poder no seio da Igreja e o *paradigma imperial* às relações de poder Estado/Igreja. Mas há que reconhecer que ao nível da análise de quimiometria que apresentámos, uma tal distinção não é plenamente objectiva. O que esta análise por métodos estatísticos nos fornece, como referido anteriormente, é uma distinção entre "formas de poder" — o *paradigma imperial* e o *paradigma da sociedade de corte* — e "formas de serviço" (diaconia) — o *paradigma da igreja dos pobres*.

Em 13 de Março de 2013 foi eleito papa o arcebispo de Buenos Aires Jorge Mario Bergoglio, o primeiro papa nascido no continente americano e o primeiro pontífice não europeu em mais de 1200 anos. Um papa «com nítida vontade de não se adaptar ao império idolátrico do dinheiro, aos seus interesses e ambientes — dentro e fora da Igreja —, nem às seduções do fausto e do carreirismo eclesiásticos, dentro e fora do Vaticano. Escolhe, por isso, o nome e o paradigma de um clássico desadaptado ao mundo dos negócios, preocupado apenas em seguir Cristo pobre no meio dos pobres, sem ressentimento, respirando uma incansável poética da realidade de Deus e da natureza. Chama-se Francisco de Assis.

Os gestos, as atitudes e o programa deste Papa (*Alegria do Evangelho*) revelaram-se completamente dissonantes com os costumes inveterados da Cúria vaticana, das cúrias diocesanas, das burocracias paroquiais e com os tiques do catolicismo convencional. Esse não era o mundo de Cristo, manso e humilde de coração para com todos os aflitos e oprimidos, mas implacável perante os responsáveis pelas periferias sociais, culturais e religiosas do seu tempo. Bergoglio vê o mundo económico, social, político e religioso com o olhar do Evangelho e quer que a Igreja não se adapte a uma religião e a uma economia que matam»[5].

Em suma, no contexto que temos vindo a apresentar, a "desadaptação" da Igreja é um afastamento dos seus modos de vida implicados nas "formas de poder" do *paradigma imperial* e, sobretudo, do *paradigma da sociedade de corte*, tão marcadamente europeu, e um viver a sua missão o mais próximo possível do Evangelho, de acordo com "formas de diaconia" do *paradigma da igreja dos pobres*.

Lutero e a questão fundamental

No Capítulo 3 já nos referimos à posição de Eduardo Lourenço sobre «a grande divisão, a divisão fundamental que marca a História e o espírito europeu em todos os níveis, foi efectivamente a revolta de Lutero, quer dizer, um outro tipo de proposição religiosa — a partir dos textos». Como Descartes enfatizou, «uma verdade é mais facilmente descoberta por um homem do que por uma nação». E esse homem foi Martinho Lutero que inaugura uma nova era no século XVI — um novo paradigma religioso no cristianismo. Os profetas não estão certos em tudo, mas por inspiração e intuição conseguem captar alguma "verdade essencial" num dado momento histórico. Naquela época, uma *verdade essencial* era a necessidade de libertação das consciências dos constrangimentos que pesavam sobre elas — o institucionalismo, o sacramentalismo, o intelectualismo e o moralismo da Igreja — em ordem a uma «teologia da justificação do pecador».[6]

Não é possível compreender da Europa no século XVI sem ter em conta a enorme influência da Igreja em todos os níveis da vida de então. «A influência da Igreja significava muitíssimo mais do que o mero domínio dos órgãos políticos importantes. A Igreja antes da Reforma era uma instituição universal, dirigida a partir de Roma. [...] Roma significava papado. Na época da Renascença, esta instituição suprema da cristandade ocidental, com os seus papas *bons vivants*, virados para prazeres mundanos, levou o seu ponto alto, senão mesmo à perversão, um processo que já se havia iniciado na Alta Idade Média, aquando dos conflitos do papa com reis e imperadores — o processo de secularização. Quando Lutero nasceu (1483), o papado era muito mais um poder secular e político do que uma instituição eclesiástica e pastoral — dotado de um Estado próprio, o Estado pontifício, de uma grande administração própria e de um sistema financeiro diferenciado, com pessoal diplomático formado e de relações políticas com todos os Estados do mundo ocidental latino. Que outro poder podia orgulhar-se de exercer tanta influência nos Estados que concorriam com ele, através do clero nacional de cada um dos mesmos, de contar com tanta lealdade e, portanto, com tantas possibilidades de acção política como o papado?»[7].

«Este processo de secularização manifestava-se de forma particularmente flagrante no sistema financeiro da Igreja. "Não havia forma de considerar defensável [...] a desproporção das exigências fiscais da Cúria, que levaram — precisamente na Alemanha — a que esta fosse acusada de uma exploração desenfreada; também não era defensável o recuo, senão mesmo o desaparecimento puro e simples, do sentido e dos objectivos espirituais das exigência monetárias da Cúria". Cargos eclesiásticos de todos os tipos, dispensas de normas eclesiásticas, isenção até das proibições mais rigorosas da Igreja, obtendo a salvação da alma ou fuga ao sofrimento do purgatório, graças ao pagamento de indulgências — era possível obter tudo isto em e através de Roma, a troco de dinheiro. E isto era um escândalo, precisamente também de acordo com o pensamento da época — não em casos concretos, mas no contexto de um fiscalismo curial orientado para conseguir grandes maquias de dinheiro»[8].

E a pressão fiscal de Roma exerca-se nas igrejas nacionais, a nível de bispos, abades, mosteiros, sacerdotes. Como refere o historiador alemão Ernst Zeeden, de origens protestantes mas que se converteu ao catolicismo, o facto de «a Igreja, presente em numerosos cargos e instituições, se ter transformado de tal maneira num instituto social [levou a] que as funções espirituais associadas a estes cargos se desvaneceram»[9]. E é sobre este desvanecimento das funções espirituais da Igreja papal que Lutero vai fazer incidir o seu criticismo, pois era um monge da rigorosa ordem mendicante dos Agostinhos eremitas.

«Nenhuma das preocupações reformadoras de Lutero era inteiramente nova. Até então, porém, as coisas não estavam maduras. Chega agora o momento oportuno, bastando o génio religioso para congregar essas preocupações, encontrar as palavras que as exprimam e encarná-las pessoalmente. Lutero era o homem indicado, o homem da conjuntura»[10].

Hans Küng aponta as razões que conduziram à mudança de paradigma e que vamos resumir: i) «a derrocada da hegemonia mundial do papado» com o cisma do Ocidente e o surto dos estados nacionais; ii) «a substituição da economia natural por uma economia monetária, a invenção da imprensa, a sede de formação e de bíblias»; iii) «o centralismo da Cúria, a sua avidez financeira sem freio e a sua oposição obstinada a qualquer reforma, [...] enfim, o tráfico de influências [e de indulgências] para a reconstrução [da Basílica] de São Pedro, encarado na Alemanha como o cúmulo da exploração»; iv) «o predomínio da nobreza no alto clero e o fosso que se alargara entre este alto clero e o baixo clero, bem como a mundanidade dos ricos príncipes-bispos e dos conventos que era o resultado de semelhante conjuntura, [bem como] os abusos inauditos causados pela obrigação do celibato e a proliferação de um proletariado clerical, pobre e sem formação»; v) «o carácter retrógrado das instituições: proibição do empréstimo a juros, isenção de imposto para os eclesiásticos, os quais escapavam à justiça civil, monopólio escolar do clero, encorajamento da mendicidade, dias feriados demasiado numerosos»; vi) «uma superstição e uma cultura das relíquias desmedido entre o povo, [...] uma piedade popular legalista, [...] um mal-estar no seio dos homens cultos das cidades, a opressão e a exploração dos camponeses».[11]

Se durante o Renascimento o *paradigma imperial* teve altos e baixos, o que nos parece mais marcante nesta reflexão de Küng foi a perda do sentido religioso da Igreja de Roma, a intensificação do *paradigma da sociedade de corte* e a reacção social que ia discretamente suscitando. «Este conjunto de sintomas indica uma crise abissal de toda a sociedade ao mesmo tempo que uma incapacidade da teologia, da Igreja e da sociedade tradicionais para a superar»[12].

A passagem decisiva para o rasgo reformador luterano, de um regresso à forma primitiva da Igreja, encontra-se em São Paulo: «É que nele é revelada a justiça de Deus, que vem da fé e conduz à fé, conforme está escrito: O que é justo pela fé, esse viverá» (Rom 1, 17). Lutero não fala da «justiça impiedosa do Deus juiz, segundo a qual nenhum pecador pode sobreviver ao Juízo, mas da justiça que é graça, dom de Deus».[13] Uma graça que é a acção divina que define e transforma o homem, e uma fé que não é uma adesão a verdades intelectuais, mas o abandono confiante de qualquer homem ou mulher a Deus. Lutero discerniu «uma abordagem existencial imediata da doutrina da justificação de Paulo — a qual, desde muito cedo, deixou de ser entendida no seu teor original. Ninguém soubera fazê-lo durante os mil e quinhentos anos que o precederam, nem sequer Agostinho». O que não implica que certos escritos de Lutero não sofram de exageros e visões unilaterais.[14] Mas é sobretudo a sua *teologia da justificação* que fundamenta o seu apelo público à reforma lançada à Igreja, mormente «determinadas práticas e estruturas institucionais introduzidas e incentivadas por Roma, e manifestamente contrárias ao Evangelho»[15].

Em 31 de Outubro de 1999, foi assinada uma declaração conjunta sobre a Doutrina da Justificação pela Fé, redigida e aprovada pela Federação Luterana Mundial e pela Igreja Católica. O preâmbulo do documento diz que a declaração «quer mostrar que, com base no diálogo, as Igrejas luteranas signatárias e a Igreja Católica romana estão agora em condições de articular uma compreensão comum de nossa justificação pela graça de Deus na fé em Cristo. Esta Declaração Comum não contém tudo o que é ensinado sobre a justificação em cada uma das Igrejas, mas abarca um consenso em verdades básicas da doutrina da justificação e mostra que os desdobramentos distintos ainda existentes não constituem mais motivo de condenações doutrinais». A declaração pode ser resumida neste trecho: *«Confessamos juntos que o pecador é justificado pela fé na acção salvífica de Deus em Cristo; essa salvação é-lhe presenteada pelo Espírito Santo no baptismo como fundamento de toda a sua vida cristã. Na fé justificadora o ser humano confia na promessa graciosa de Deus; nessa fé estão compreendidos a esperança em Deus e o amor a Ele».*[16]

Na essência, Lutero pretendia um retorno da Igreja e da sua teologia ao Evangelho de Jesus Cristo. «Após o Vaticano II, a própria teologia católica reconhece que a teologia escolar neo-escolástica ou o concílio de Trento, a grande escolástica ou a patrística constituem afinal critérios secundários face a esse critério primeiro, fundamental e obrigatório para todos os tempos: a Escritura, o Evangelho, a mensagem cristã originária». Isto é, quatrocentos anos após o concílio de Trento, o concílio Vaticano II vem mostrar quanto Trento esteve prisioneiro do seu tempo e dar forças às palavras de Descartes acima referidas.[17]

Ao tempo, a crítica à Igreja no seio dos paradigmas socioculturais era a crítica secular; Lutero não foi sensível a esta crítica, vindo a fazê-la no campo estrito dos paradigmas religiosos, o que não impede que o seu criticismo não extravasasse, posteriormente, para o campo sociocultural.

O paradigma reformador protestante

«Embora tenhamos de partir do princípio de que, por volta de 1500, grande parte da população alemã era analfabeta, o país desta época transmite uma imagem de grande vivacidade espiritual. A crítica à situação da Igreja e das suas instituições, manifestada no período anterior à Reforma, e que não se limitou a procurar na técnica, ainda recente, de impressão de livros o caminho para a esfera pública, contribuiu, certamente, de forma considerável para tal. Antes de Lutero já havia debates acesos sobre a Igreja e o império e sobre as necessárias reformas da "cabeça e dos membros" de ambas as instituições — não só em fóruns académicos de humanistas, mas também em casas de homens "comuns" ou na rua»[18]. Mas será que este ambiente de contestação implicava um desejo de abandono da Igreja por parte da sociedade alemã? Hinrichs responde-nos de forma clara: «No entanto, estes debates não se baseavam numa vontade assumida de passar para a ordem mundana, deixando de lado a grande e velha Igreja. Pelo contrário, os debates radicavam numa piedade reforçada e intensa em forte expansão por volta de 1500. As peregrinações, a intensificação do culto das relíquias e dos santos, o enorme sucesso das campanhas de indulgências, as muitas fundações piedosas, os sucessos quantitativos e qualitativos da assistência aos pobres, prestada pela Igreja, entre muitas outras coisas, constituem testemunhos permanentes da prática religiosa desta época. Esta só se transformou repentinamente numa crítica acérrima à Igreja quando e onde os abusos se tornaram evidentes».[19]

A crítica racional à Igreja feita no contexto de uma secularização, estava restrita aos intelectuais, os humanistas, que não eram clérigos. Dado, porém, que o humanismo germânico proliferou no contexto de uma expansão significativa do sistema educativo, vai ganhar ressonância na própria sociedade. Tal «não teria sido possível sem a "arte alemã" praticada desde 1450: a *impressão*. A partir de 1470 verificou-se na Alemanha, pelo menos nas cidades, uma procura crescente da educação — ao nível mais baixo, nas escolas urbanas de *leitura* e *escrita*, mas também no "topo", nas escolas superiores e nas universidades. De acordo com uma estimativa cautelosa, por volta de 1500 havia cerca de 400.000 leitores activos, isto é, aproximadamente 3 a 4% da população total»[20].

Em meados de 1518, Lutero publicou um "Sermão sobre a Indulgência e a Graça", que resume os pensamentos centrais das 95 teses de 1517. Esta obra «tornou-se rapidamente um êxito de vendas, o primeiro da história da Reforma. Terão sido vendidos 60.000 exemplares em dois anos! Deste modo, a causa de Lutero, que nestes escritos ainda não tinha sido apresentada de forma desenvolvida, tornou-se irreversivelmente uma causa geral, pública — nessa altura ainda contra a sua vontade!»[21]

As teses de Lutero não eram de modo algum revolucionárias, mas ao serem despoletadas pela "polémica das indulgências" «teve o efeito de uma enorme ruptura de um dique que puxou rapidamente outros temas e a pessoa do seu autor para o conflito de opiniões. De repente, discutiam-se os sacramentos; a autoridade exclusiva da

Escritura (*sola scriptura*), já postulada por Lutero na lição sobre a Epístola aos Romanos, foi propagada contra a tradição teológica e a autoridade papal, e a pretensão da Cúria a ser o representante de Cristo foi subitamente posta em causa».[22]

CONTRA TODAS AS TRADIÇÕES, leis e autoridades que vieram a acrescentar-se ao longo dos séculos, Lutero estabelece o primado da Escritura (*sola scriptura*), o primado de Cristo (*solus Christus*), o primado da graça e da fé: «"só a graça" (*sola gratia*) do Deus misericordioso, tal como ele se revelou na cruz e na ressurreição de Jesus Cristo, e a fé incondicional (*sola fides*) do homem nesse Deus, a sua absoluta confiança».[23]

«O paradigma reformador de Lutero, inteiramente edificado sobre a Bíblia, representará a partir de então a grande alternativa ao paradigma católico romano medieval, que é sujeito a uma crítica radical». Conceitos consagrados, normas e critérios modificam-se no novo paradigma. «Lutero emprega *categorias da pessoa*: o Deus misericordioso, o homem pecador, o Juízo que justifica, a confiança, a certeza na esperança. Ao passo que a teologia anterior contemplava uma ordem estática, estamos agora mais na presença de uma dinâmica histórica». Enquanto no catolicismo prevalece uma lógica aristotélica binária e o princípio da contradição — «antes pecador, agora justo» —, na teologia luterana prefere-se uma lógica difusa e formulações paradoxais que procuram conciliar os contrários — «pecador e justo ao mesmo tempo» — e mais realistas. A teologia protestante envereda também por uma explicação da Escritura estritamente linguística e gramatical, suscitando um fascínio teológico e estético. «Muitos sentiam-se cativados pela coerência interna, pela transparência completamente natural e pela eficácia pastoral das respostas de Lutero, pela nova simplicidade e pela força criadora da língua tão visíveis na teologia luterana».[24]

Lutero, ao empregar *categorias da pessoa*, elimina o medo da sexualidade que havia entrado na Igreja com um certo espírito gnóstico e com Santo Agostinho. Anselmo Borges aponta-o numa entrevista concedida a António Marujo: «É necessário distinguir entre a Bíblia, onde se encontra um dos livros mais exaltantes do amor erótico, que é o *Cântico dos Cânticos*, e, depois, o mal-estar do cristianismo histórico em relação à sexualidade, que provém fundamentalmente dos gnósticos e de Santo Agostinho. Santo Agostinho é herdeiro de uma escola gnóstica, o maniqueísmo, que leva a gnose à radicalidade. [...] Todos são concebidos em pecado e desse pecado original só o baptismo liberta. Assim, não hesitou em "enviar" para o Inferno as crianças não baptizadas, porque vinham com o pecado original ... . A sexualidade também tem a ver com o prazer e este confronta-se com o poder. Na medida em que a Igreja se tornou uma instituição de poder, tem muita dificuldade em lidar com o prazer e a autonomia. Não sabe, por isso, lidar com a sexualidade, com as pessoas que estão no mundo de modo autónomo. Essa é uma das questões fundamentais da Igreja»[25].

Lutero vem não só vem equacionar o problema da sexualidade na Igreja, como o da autonomia de pensamento, e vem introduzir uma revolução coperniciana na teologia. «A forma nova como Lutero compreende a Palavra e a fé, a justiça de Deus e a justificação do homem, a mediação de Jesus Cristo e o sacerdócio universal de todos os fiéis, conduz à sua nova concepção, revolucionária, bibliocêntrica e cristocêntrica de toda a teologia». Esta nova concepção teológica, deixa de ver Deus como um "Deus abstracto", mas sim "um Deus para nós" que nos autoriza a contar com a sua graça. Também o homem é objecto de uma reinterpretação, a partir da oposição entre obras e fé, entre letra e espírito, entre escravidão e liberdade. A Igreja passa a ser vista «não [como] um aparelho burocrático de poder e dinheiro, mas uma Igreja renovada, uma Igreja-comunidade que viva o sacerdócio universal dos fiéis». E os sacramentos são vistos não como «rituais que conferem quase mecanicamente a "graça", mas promessas de Cristo e sinais da fé confiante no Deus misericordioso».[26]

«Estas novas abordagens teológicas deviam conduzir infalivelmente a uma crítica radical da forma medieval do cristianismo. Crítica de uma Igreja que se afastara do Evangelho na sua doutrina e na sua prática, que se tornara uma Igreja mundana e legalista»[27]. São uma procura de reestabelecer o cristianismo na sua forma original — (Re)-forma. E o novo paradigma foi aceite e veio a volver-se, com uma rapidez surpreendente, numa nova tradição religiosa. Em suma, para Lutero «o Evangelho, fonte de inovação!»[28].

O protestantismo conduz a uma mudança de *paradigma religioso*, mas não a uma mudança de *fé*; só que estes conceitos não estavam tão claros no tempo de Lutero. Quer do lado dos protestantes quer do lado dos católicos as coisas foram levadas a extremos — o papa um "Anticristo"; os luteranos uns heréticos — que mais dificultaram uma tal percepção, e se ergueram, de facto, como obstáculos epistemológicos.

Fraquezas da Reforma

A Reforma também adquiriu um "duplo rosto". «Na esfera da influência luterana, as missas privadas e a falange da pradaria de missas desapareceram em larga medida, bem como as inumeráveis festas de santos, a confissão auricular, os conventos e a obrigação do celibato para o clero secular». Lutero casou-se com uma antiga religiosa, Katharina von Bora, de quem teve seis filhos. Por volta de 1530, o entusiasmo popular pelo movimento evangélico ia-se esbatendo, até porque muitos não estariam preparados para a "liberdade do cristão" e se viam sem o apoio eclesial e também moral, com a derrocada do sistema romano.[29]

«Os pastores luteranos tinham perdido, sem dúvida, vários privilégios legais e financeiros — que haviam sido motivo de anticlericalismo — e a família do pastor transformava-se no centro social e cultural da comunidade. Todavia, o "sacerdócio universal" dos fiéis não estava apesar de tudo realizado e o fosso entre o clero e os leigos subsistiria em muitos sítios. A formação universitária dos pastores, que não tardou a generalizar-se, e os casamentos entre filhos e filhas dos pastores conduziram [...] a um novo estado clerical, mais intelectual, é verdade, precursor de uma religião intelectualizada que se afastava sobremaneira da cultura popular»[30]. E o campo protestante não conseguiu preservar a sua unidade. «Desde o início fervilharam os agrupamentos, comunidades, assembleias, movimentos, bem como os panfletários isolados, que perseguiam objectivos diferentes e usavam estratégias diversas na realização da Reforma. Considerando os grandes campos que se opunham, o protestantismo alemão começou por dividir-se entre Reforma de "esquerda" e Reforma de "direita", depois entre luteranismo alemão, zuinglianismo suíço e calvinismo — por fim, surgiram dissensões até mesmo no seio do luteranismo e do calvinismo»[31].

Em 1523 rebentou a "Guerra dos Camponeses" nos países de língua alemã, que atingiu o seu auge na primavera e no verão de 1525, e foi a maior e mais generalizada revolta popular na Europa antes da Revolução Francesa, bem compreensível pelas deploráveis condições económicas em que viviam. Perante as atrocidades cometidas pelos camponeses, Lutero receou que uma tal revolução comprometesse a sua Reforma perante os governantes e «apela às autoridades para que intervenham sem dó nem piedade (com a "espada") contra esta revolta altamente repreensível a seus olhos»[32]. «A Reforma popular transformou-se em Reforma dos príncipes e dos magistrados, o que surtiu o efeito de as Igrejas luteranas, libertas do "cativeiro da Babilónia", não poderem instaurar uma organização eclesial autónoma, passando antes para debaixo da alçada dos príncipes ou das cidades»[33].

«O ideal da Igreja cristã livre» que Lutero proclamou nos seus escritos-programas não se concretizou. Reconhecia a doutrina dos "dois reinos", o do Estado e o da Igreja, mas não podendo instaurar uma organização eclesial autónoma, a Reforma veio a reforçar o poder político: «O príncipe local tornava-se afinal de contas uma espécie de papa no seu território! O resultado era menos uma sacralização do príncipe que uma domesticação política — e até mesmo, no início, uma secularização — da religião. A liberdade de consciência e de culto ficava votada ao esquecimento, a última palavra cabia às autoridades civis. [...] Mas o luteranismo não elaborara uma doutrina que reconhecesse o direito de resistência ao príncipe. [...] Bem vistas as coisas, a Alemanha luterana não deu portanto origem à Igreja cristã livre; ela conferiu o poder sobre a Igreja aos magistrados e aos príncipes, um poder não raramente exercido de modo pouco cristão, que só chegaria ao fim — um fim merecido — na Alemanha com a revolução nascida da Primeira Guerra Mundial».[34]

Depois da morte de Lutero em 1546, o luteranismo só conseguiu impor-se de modo duradouro na Alemanha e nos países escandinavos, mas o facto de constituir uma "potência mundial" é mérito da outra Reforma que partiu de Zurique e de Genebra. Se o protestantismo viu no seu seio o "desaparecimento" do *paradigma imperial* que poderia ter evitado uma divisão tão precoce e acentuada, não foi tão eficaz em suprimir o *paradigma da sociedade de corte*, se bem que no seu seio este se manifeste bem menos "aristocrático" do que no catolicismo. Durante largos tempos, e ainda hoje, se pensa nalguma Igreja que «quanto mais numerosos forem os seus membros e maior o seu poder, mais perto estarão de Deus». Todavia, não é esta linguagem divina, que propõe ao homem «adorar Deus em espírito e verdade». Convém todavia reconhecer que o caso da Reforma parece implicar para a Igreja a necessidade de uma certa dose de *paradigma imperial* — tanto quanto baste, porque «a dose faz o veneno» — para manter a *unidade da fé*, que não se deve confundir com uniformidade da fé. Pois, como refere Anselmo Borges, «o poder é fundamental para perceber os grandes problemas na História da Igreja, concretamente na sua contradição com o cristianismo originário»[35]. E o cristianismo originário não era um cristianismo uniforme, bem pelo contrário.

O protestantismo de Calvino

O suíço Ulrico Zuínglio (1484-1531) nascido em Wildhaus, não havia sido monge nem asceta, mas era um padre de formação escolástica, que havia sido nomeado pregador da catedral de Zurique. Era um humanista cristão na linha de Erasmo e um partidário da reforma católica interna e moderada, mas com um pendor político e capacidade de decisão, muito focado em "como será salvo o meu povo?". Ataca sem descanso o sistema romano, esforçando-se por eliminar tudo o que não é manifestamente cristão, mas também todos os elementos carecidos de fundamento bíblico, o que é «uma concepção de todo em todo nova na Igreja». Vem a conseguir implantar uma *igreja sinodal*, gerida directamente pelas cidades.[36]

Em meados de 1530, vários factores políticos dão origem a uma batalha entre os Cantões protestantes e católicos; Zuínglio pega em armas e acaba por morrer no ano seguinte na batalha de Cappel. Parecia que a Reforma na Suíça não iria prosseguir e mesmo expandir--se, apesar do seu sucessor, Heinrich Bullinger, ser um líder muito capaz. Mas passado o tempo de uma geração, entra em cena João Calvino (1509-1564) que apesar de não ser monge nem padre, é um homem piedoso, jurista e professor na Universidade de Orleães e posteriormente em Paris, que vai lançar as bases de uma união entre todas as Igrejas reformadas da Europa, uma união que vai transpor fronteiras territoriais e temporais. Aliás «se houve reformador que nunca pensou em termos nacionais, mas antes europeus [...] foi Calvino»[37].

Nos tempos conturbados da época de perseguições religiosas é chamado a Genebra em 1541 e vai tomar bem a sério a aplicação da Reforma nessa cidade — «Toda a vida oficial e privada da cidade, toda a vida quotidiana, escolar, económica, política e científica deve tornar-se um "culto". É uma cristianização total da vida comum!»[38]. O seu programa decorre em larga medida da obra que publicou em 1536, *Institutio christianae religionis*, considerada a obra mais concisa e persuasiva sobre a Reforma. Calvino orienta os seus esforços para a prática e ordenamento da vida cristã pela obediência interior do coração e nesse sentido «estuda seriamente Lutero, em simultâneo com a Bíblia e os Padres da Igreja», o que o vai transformar num líder reformador de enorme alcance.[39]

Sendo um «homem de ordem e de paz, nascido num mundo de violência», conseguiu ultimar para a Europa o que Lutero havia logrado para a Alemanha. «Parte da culpa da cristandade decadente, que requer uma melhor *ordem de salvação*», no sentido de uma prática de toda a vida cristã. Calvino desenvolve este seu entendimento explicitando quatro pontos relevantes: i) «Qualifica explicitamente de *boa* a Lei veterotestamentária resumida nos dez mandamentos — o homem, é bem certo, só pode cumpri-los pela graça de Deus — porque ela exige antes de tudo a obediência interior do coração; submete todo o homem ao senhorio de Deus e não tem outro objectivo senão o amor a Deus e ao homem; ii) A Lei não só dá testemunho do pecado e da graça e remete para o castigo, como ainda incita a *progredir*; iii) As *boas obras* realizadas na vida quotidiana do mundo em razão da fé são perfeitamente louváveis e merecem ser incentivadas; iv) Em simultâneo com a justificação pela fé, importa assim sublinhar também, para a vida cristã, a santificação pelas obras». A clareza e a lógica e vigor da exposição, especialmente na última edição de *Institutio*, vieram a considerá-la como «a mais importante dogmática cristã entre Tomás de Aquino e Schleiermacher», e que no entendimento de Küng é a consumação teológica do *paradigma reformador* inaugurado por Lutero.[40]

«No ano de 1539, Calvino demarca-se no entanto da doutrina de todos os outros reformadores num ponto decisivo: a questão da predestinação eterna de cada homem para salvação ou a perda. [...] Uns acreditam, outros não. Porquê? Calvino encontra a resposta na Escritura — onde a poderia encontrar senão aí? Lemos na Epístola aos Efésios: "Foi assim que Ele nos escolheu [os crentes] em Cristo antes da fundação do mundo". [...] As boas obras não são certamente causa de salvação, mas não deixam de ser [...] os sinais exteriores, visíveis, da *eleição*. A consciência do crente "é também reforçada pela contemplação das obras, na medida em que elas são o testemunho de que Deus habita e reina em nós". [...] O novo paradigma reformador só raramente tomou de um modo tão claro uma figura social: é agora a aristocracia espiritual dos eleitos no mundo que substitui a aristocracia espiritual dos monges da Igreja antiga ou da Idade Média *ao lado* do mundo. Na vida e na profissão, estes eleitos no mundo deverão empenhar-se tão activamente quanto possível, em dar muitas vezes provas de heroísmo (infelizmente, também se mostrarão implacáveis nalguns casos) durante o combate pela glória de Deus. A meditação e a oração não têm o seu lugar aparte, num convento, mas no seio da vida quotidiana».[41] A teologia de Calvino é *radicalmente teocêntrica* — tudo foi criado para glória de Deus; as criaturas, os homens são seus instrumentos de autoglorificação, incluindo Satanás.

«Por toda a parte o calvinismo mostra-se não só um cristianismo reformado de maior vitalidade que o luteranismo, mas também um movimento subversivo, uma força política animada de ideias inovadoras»[42].

O filósofo alemão Karl Emil Maximilian Weber, ("Max" Weber, 1864-1920), considerado um dos fundadores da Sociologia, percepcionou no "espírito calvinista" um dos pressupostos psicológicos mais importantes do "espírito capitalista" moderno, por suscitar um activismo moral e económico na colectividade dos "eleitos". «Calvino procede deliberadamente a uma reavaliação e a uma revalorização do trabalho: faz o elogio do trabalho físico. Este nada tem de desonroso para o homem, pelo contrário é honroso — para maior glória de Deus, justamente! Não surpreende que os adeptos de Calvino sejam particularmente numerosos entre os artífices e os comerciantes, que serão os motores do capitalismo moderno. Enquanto a hierarquia católica se põe quase sempre ao lado da nobreza e da ordem estabelecida, o calvinismo está antes ao lado das forças económicas, políticas e também científicas, às quais pertence o futuro»[43].

Esta ética comporta o risco de rotular como "não-eleitos" todos os que não são bem sucedidos na vida profissional. Mas a verdade é que a nível da Europa são os países da Reforma que conheceram o maior desenvolvimento económico, e mesmo cultural. Na América do Norte também a riqueza e o bem-estar são considerados «sinais de eleição divina».

A obra mais famosa de Max Weber é "A Ética protestante e o espírito do capitalismo" que foi publicada em 1904 e 1905, sob a forma de artigos, e com a qual iniciou as suas reflexões sobre a sociologia da religião. Em contraste com a visao de Karl Marx (1818-1883), que desenvolve uma concepção materialista da História, da supremacia da materialidade sobre a ideia, Max Weber intui existir numa religião, o protestantismo, o "espírito do capitalismo", como uma ética de vida para o crente — uma orientação para a dedicação ao trabalho e a busca da riqueza como dever moral.

O teólogo e pastor da Igreja presbiteriana em Portugal António Dimas de Almeida clarifica a perspectiva weberiana, numa entrevista de António Marujo. «A tese de Weber é que a ética calvinista (dos séculos XVIII e XIX) dá um impulso, mas não é a única causa, ao aparecimento de uma nova racionalidade económica que é o capitalismo, que surge a partir do princípio religioso da dupla predestinação. Os puristas calvinistas do século XVIII viviam uma angustia existencial, sem saber se estavam salvos se estavam perdidos — um coisa que para nós, hoje é bizarra. "Será que Deus me predestinou para a salvação?" Como raciocinavam eles?

"Se Deus me abençoar nos negócios, é sinal de que Deus me salvou."
E portanto, produziam, trabalhavam, investiam. Um princípio religioso leva a uma actividade económica»[44].

NÃO HAVIA LIBERDADE religiosa e tolerância na Genebra reformada, pois a Inquisição, a tortura e a fogueira continuavam a ser realidades. Mas a concepção presbiteral e sinodal da Igreja instituída por Calvino favoreceu a formação de uma *comunidade*, e subsequentemente de uma sociedade que «conferia a si mesma a sua própria ordem, libertando-se do soberano e do Estado absolutistas». E «restituiu uma intensa vida ao *direito de resistência* (já reconhecido na Idade Média) e invocou igualmente, em certas ocasiões, o direito à revolução violenta em França e na Holanda, em Inglaterra e na Escócia».[45]

Graças ao prestígio que granjeou, Calvino tinha amigos e discípulos que espalharam a sua mensagem, mas graças também ao académico que ele era, através da correspondência de escritos teológicos e científicos que trocou, da difusão de livros e de documentos, criou e beneficiou de uma *rede de Igrejas* que volveu o protestantismo numa potência religiosa mundial.[46] Genebra havia-se transformado num verdadeiro centro ecuménico, mas apesar da sua paixão pela unidade da protestantismo, Calvino tal como Lutero, não conseguiu evitar a crescente fragmentação em tendências e Igrejas opostas. Sente-se a falta, como acima apontámos, de uma certa dose de *paradigma imperial* no protestantismo. Küng bem o enfatiza: «A tónica posta tão fortemente no indivíduo crente e na sua consciência, depois da falta de vínculos eclesiásticos e a ausência de autoridade supra-regional não terão conduzido, por seu lado, a uma *fragmentação* progressiva e, finalmente, a uma *atomização* da cristandade protestante que retirou muito da sua credibilidade ao próprio paradigma reformador?»[47]

A Tabela 9.1 apresenta a constituição das Igrejas cristãs na perspectiva de Küng, desde as Igrejas de comunhão (*communio*, *koinonía*) dos primeiros tempos, a que seguiu a Igreja católica romana, até às Igrejas luteranas e reformada. Como podemos facilmente reconhecer, é a Igreja católica que tem a hierarquização mais acentuada de todas as Igrejas cristãs e na qual, naturalmente, será mais marcada a vivência do *paradigma da sociedade de corte*. No extremo oposto encontramos a Igreja da Reforma calviniana que assume uma grande centralidade dos leigos, conferindo, assim, um certo impulso ao aparecimento da democracia política. «Inspirando-se no Novo Testamento, Calvino estabelece o ministério do pastor, que se ocupa da pregação e da administração dos sacramentos; do doutor que ensina; do ancião ou do presbítero, que conduz a comunidade local — e que é leigo; e do diácono. E não há hierarquia»[48].

Tabela 9.1 Constituição das Igrejas cristãs.[49]

Igrejas de comunhão século I	Igreja católica desde século XI	Igreja luteranas desde século XVI	Igreja reformadas desde século XVI
	papa (Cúria)		
concílio ecuménico	concílio ecuménico		
papa + patriarcas orientais	cardeais	governador (magistrado)	sínodo geral
metropolitas + bispos	arcebispos + bispos	superintendentes	sínodo regional
padres + diáconos	padres	pastores	pastores, doutores, anciãos, diáconos (consistórios)
povo	povo	povo	povo

DADA A "INVISIBILIDADE" dos paradigmas para os seus praticantes, como referimos, é muitas vezes necessário confrontá-los com o Evangelho. «Jesus chamou-os e disse-lhes: "Sabeis que os chefes das nações as governam como seus senhores, e que os grandes exercem sobre elas o seu poder. Não seja assim entre vós. Pelo contrário, quem entre vós quiser fazer-se grande, seja o vosso servo; e quem no meio de vós quiser ser o primeiro, seja vosso servo. Também o Filho do Homem não veio para ser servido, mas para servir e dar a sua vida para resgatar a multidão"» (Mt 20, 25-28). A história da Igreja mostra que cedo se perderam estas palavras de Jesus; a busca do prestígio e do poder toldaram os espíritos não só na Cúria romana, mas em outras "Romas" do catolicismo.

Durante a nomeação de vinte novos cardeais, em 14 de Fevereiro de 2015, o papa Francisco alertou a hierarquia da Igreja Católica precisamente contra os perigos de um excessivo *paradigma de sociedade de corte* nela vigente. Quanto ao novo posto diante da igreja, afirmou que ser um cardeal não deve ser tomado como um posto decorativo, ou algo acessório como um título honorário; é necessária cautela para que o orgulho inflado não prevaleça. Lembrando que nem mesmo os dignitários estão imunes de tal sentimento. Como relatou a comunicação social, o discurso do papa centrou-se em torno de dois pedidos: que estes novos cardeais sejam humildes e que trabalhem com justiça.

O papa Francisco não só alertou para os escolhos do *paradigma da sociedade de corte*, como tem vindo sempre a incentivar a Igreja a privilegiar o *paradigma sociocultural da igreja dos pobres* — «O caminho da Igreja, desde o Concílio de Jerusalém em diante, é sempre o de Jesus: o caminho da *misericórdia* e da integração. Isto não significa subestimar os perigos nem fazer entrar os lobos no rebanho, mas acolher o filho pródigo arrependido; curar com determinação e coragem as feridas do pecado; arregaçar as mangas em vez de ficar a olhar passivamente o sofrimento do mundo. O caminho da Igreja é não condenar eternamente ninguém; derramar a misericórdia de Deus sobre todas as pessoas que a pedem com coração sincero; o caminho da Igreja é precisamente sair do próprio recinto para ir à procura dos afastados nas "periferias" essenciais da existência; adoptar integralmente a lógica de Deus; seguir o Mestre, que disse: "Não são os que têm saúde que precisam de médico, mas os que estão doentes. Não foram os justos que Eu vim chamar ao arrependimento, mas os pecadores" (Lc 5, 31-32). [...] Amados novos Cardeais, esta é a lógica de Jesus, este é o caminho da Igreja: não só acolher e integrar, com coragem evangélica, aqueles que batem à nossa porta, mas sair, ir à procura, sem preconceitos nem medo, dos afastados revelando-lhes gratuitamente aquilo que gratuitamente recebemos. "Quem diz que permanece em [Cristo], deve caminhar como Ele caminhou" (1 Jo 2, 6). A disponibilidade total para servir os outros é o nosso sinal distintivo, é o nosso único título de honra! [...] Verdadeiramente, amados irmãos, é no evangelho dos marginalizados que se joga, descobre e revela a nossa credibilidade!»[50].

«Os cristãos num mundo onde morrem de fome milhões de pessoas, só podem viver envergonhados. A Europa não tem alma cristã e "despede" como delinquentes os que vêm à procura de pão. [...] Eram dois os problemas mais angustiantes na Galileia: a fome e as dívidas. Era o que mais fazia sofrer Jesus. Quando os seus discípulos lhe pediram para os ensinar a rezar, saíram do mais fundo do coração de Jesus duas petições: "Pai, dai-nos o pão necessário"; "Pai, perdoa as nossas dívidas, pois também nós perdoamos aos nossos devedores"»[51].

E qual é o panorama em nossos dias, após dois séculos de cristianismo? Em vésperas do "Fórum Económico Mundial" de Davos, foi publicado pela organização humanitária *Oxfam* um relatório que projecta a evolução da distribuição da riqueza no mundo. Em 2016 a fortuna dos 1% mais ricos do mundo ultrapassará a que é detida pelos restantes 99% da população.[52] Ultrapassaram-se em muito quaisquer *limites naturais de coesão* entre o capital e o trabalho. Estamos, em palavras do papa Francisco, perante uma «economia que mata!»

As "Duas Espadas"

Como referido no Capítulo 8, Henry Kissinger entende que «a Reforma Protestante destruiu o conceito de *ordem mundial* fundado nas "duas espadas" do papado e do império», pois o mundo cristão viu-se envolvido na Guerra dos Trinta Anos. Não obstante, na sua polaridade religiosa as "duas espadas" permanecem como uma marca do *cristianismo* e mesmo de *ocidentalidade* segundo a frase de Jesus, registada nos Evangelhos de Mateus, Marcos e Lucas: «Dai a César o que é de César, e a Deus o que é de Deus» (Mt 22, 21; Mc 12, 17; Lc 20, 25).

Quando no Capítulo 5 referimos o estudo do perfil das citações científicas nas diferentes áreas disciplinares por métodos estatísticos de quimiometria, o método de componentes principais (*principal component analysis* (PCA)) traz-nos essa marca na *segunda componente principal* PC_2, a das culturas religiosas, nas vertentes de *cesaropapismo* e de *papocesarismo*;[53] mesmo países como a Rússia e a Ucrânia verificam este padrão. Nesta componente, estamos a ver a Igreja em acção em dois dos seus paradigmas socioculturais: *paradigma imperial* e *paradigma da sociedade de corte*. Há, porém um outro paradigma, o *paradigma da religião dos pobres*, que se reconhece na primeira componente principal (PC_1), a da *função social da ciência*, porque a ciência, para além de ser uma actividade intelectual e uma prática, é também uma actividade social. É em PC_1 que ciência e religião se encontram em consonância; tal implica reconhecer que há também uma *função social para a religião*. Já em PC_2, isto se não verifica, pois PC_1 e PC_2 são ortogonais entre si.

O conflito da Igreja com Galileu deu-se com a Igreja a exercer o seu múnus segundo o *paradigma imperial*. Neste contexto interroguemo-nos: o conflito e a condenação de Galileu teriam ocorrido se a Igreja estivesse mais focalizada a exercer o seu múnus segundo o *paradigma da religião dos pobres*? Aliás, numa perspectiva religiosa, Galileu estava correcto quando invocou uma frase que já remontava a Santo Agostinho: «A Bíblia não diz como vai o céu, mas como se vai para o céu». Não se tratava, pois, de uma questão de fé. E, como hoje reconhecemos, «para nós, trabalhadores da Ciência, todo o progresso deve ser visto como um verdadeiro milagre: o milagre que nasce desta colaboração de Deus connosco, quando Ele nos inspira, nos ajuda a compreender as forças do mundo que criou, nos sugere como encontrar o que procuramos ou como construir o que sonhamos, nos leva a saber mais e a poder mais»[54].

Ou, em qualquer circunstância, o conflito era inevitável, porque a Igreja ainda não tinha experimentado, é certo que de forma muito lenta, o salutar "atrito" do conhecimento religioso com o científico?

O dualismo das duas espadas, já abordado no Capítulo 4, surge também na via que Galileu abriu para a *ciência moderna* — um equilíbrio de sustentação mútua entre *teoria* e *experiência*. Na Idade Média, apesar da superioridade tecnológica da China em relação à Europa na construção, na imprensa, no papel, na pólvora, nas porcelanas, etc., este país não evoluiu para a ciência moderna dado o predomínio na sua cultura de *filosofias holísticas*, que negam a possibilidade de se poderem estudar partes do mundo isoladas — negam a *análise* do mundo — e perceber uma parte sem conhecer o todo.[55] Encontramos o mesmo tipo de holismo no islamismo, que não separa religião de política, pelo que, «na versão purista do islamismo, o Estado não pode ser o ponto de partida de um sistema internacional, porque os Estados são *seculares*, logo, ilegítimos; podem, quando muito, alcançar uma espécie de legitimidade provisória até ao advento de uma entidade religiosa de maior âmbito. [...] É a pureza, e não a estabilidade, o princípio fundador desta concepção de ordem mundial»[56].

Diga-se em abono da verdade que estas filosofias holísticas não travaram o progresso económico, médico, científico e técnico nessas regiões do mundo até ao Renascimento. Todavia, o aparecimento da ciência moderna criou novos modos de estabelecer um "diálogo divino com a Criação" que progressivamente se colocou em paralelo com o da Revelação. Também a Igreja de Roma passou por fases de uma interpretação literal da Bíblia, criou ordens militares religiosas, encetou guerras de Cruzadas, que morreram ao longo da história, para conduzirem a formas mais enriquecedoras de se relacionar com Deus e com o homem e as sociedades.

E uma dessas riquezas é a *perspectiva dualista*, que está mais de acordo com a estrutura cerebral e mental do ser humano. Foi mais uma vez realçada na encíclica *Fides et Ratio* de João Paulo II de 14 de Setembro de 1998: «A fé e a razão (*fides et ratio*) constituem como que as duas asas pelas quais o espírito humano se eleva para a contemplação da verdade. Foi Deus quem colocou no coração do homem o desejo de conhecer a verdade e, em última análise, de O conhecer a Ele, para que, conhecendo-O e amando-O, possa chegar também à verdade plena sobre si próprio».

Mas para nos apercebermos melhor, diríamos mesmo com a riqueza da linguagem metafórica, do potencial das perspectivas dualistas — César e Deus, razão e fé, análise e síntese — vêm-nos à mente, uma vez mais, o modo polanyiano de entender o conhecimento tácito, oriundo da Psicologia da *Gestalt*: «a percepção no ser humano não é a mera soma dos dados sensoriais; passa por um processo de reestruturação que vai configurar a informação segundo uma "forma", uma *Gestalt*, forma essa que é destruída quando se tenta separá-la nos seus componentes». Tomemos o exemplo já referido de um estereoscópio que é um instrumento no qual há duas imagens do mesmo objecto, uma observada pelo olho direito, outra pelo esquerdo. A imagem fruto da *integração tácita* adquire uma profundidade *tridimensional*, que cada uma das duas imagens não possui por si mesma. Neste caso atendemos de uma forma *subsidiária* às duas imagens e de um modo *focal* à sua integração. Porém, esta integração é destruída se o focal muda da integração para qualquer uma das imagens.[57]

Como referimos no Capítulo 1, ao capturarmos a dimensão do tempo com a de espaço, as imagens de estereoscopia ajudam-

-nos a fazer um salto perceptual para uma ordem lógica superior, onde podemos reconhecer o espaço e o tempo como variáveis unificadas em vez de separadas. E mais, uma fotografia de estereoscopia de uma bola a saltitar permite percebemos como ela se pode comportar quer como uma partícula quer como uma onda.[58] Eis a analogia de que partimos para o dualismo onda/partícula a uma escala microscópica. Mas podemos elevarmo-nos a uma linguagem metafórica perante os versos de Maria Helena Teixeira — «Às vezes é difícil medir espaços/quando os tempos escolhem estar de fora/da mesma rua da vida» — no poema a "Rua da Vida" da obra *O Vento Ainda Sopra*.[59] E será numa perspectiva metafórica de uma "tridimensionalidade estereoscópica" que podemos reconhcer na religião cristã a Trindade de Deus. A Revelação aponta-nos nessa direcção, em que o número "três" significa, na linguagem simbólica da Bíblia, a totalidade. Todavia uma "totalidade" que já não separa o tempo e o espaço.

Notas

[1] MARUJO, A. – *Diálogos com Deus em Fundo*, Gradiva, Lisboa, 2014, pp. 205, 206.
[2] FREI BENTO DOMINGUES – Desadaptar a Igreja, *Público*, 11 de Janeiro de 2015, em http://www.publico.pt/sociedade/noticia/desadaptar-a-igreja-1681793 ; acesso a 18 de Janeiro de 2015.
[3] GESTRICH, A. – Da Paz de Vestefália ao Congresso de Viena, p. 176, 177; itálicos nossos.
[4] Colégio das Artes (F); Livros de matrículas (SR), «Matrículas das Escolas Menores, 1570-1587», fl. 2v-3 Cota: AUC-IV-1aE-4-3-8; apresentado na exposição documental integrada no ciclo CULTURA CIÊNCIA CULTO organizado pelo Museu da Ciência da Universidade de Coimbra de 26 de Janeiro a 26 de Fevereiro de 2016.
[5] FREI BENTO DOMINGUES – Desadaptar a Igreja.
[6] KÜNG, H. – *Cristianismo. Essência e história*, p. 489.
[7] HINRICHS, E. – Da Reforma à Paz de Vestefália, pp. 115, 116.
[8] *Id.*, p. 116.
[9] Citado por HINRICHS – *Id.*, p. 117.
[10] KÜNG, H. – *Cristianismo. Essência e história*, p. 489.
[11] *Id.*, p. 490.
[12] *Id.*.
[13] *Id.*, p. 492.

[14] *Id.*, p. 495.
[15] *Id.*, p. 498.
[16] Em http://pt.wikipedia.org/wiki/Martinho_Lutero, acesso em 20 de Janeiro de 2015.
[17] KÜNG, H. – *Cristianismo. Essência e história*, pp. 494, 495.
[18] HINRICHS, E. – Da Reforma à Paz de Vestefália, p. 107.
[19] *Id.*, pp. 107, 108.
[20] *Id.*, p. 109; itálicos nossos.
[21] *Id.*, p. 122.
[22] *Id.*.
[23] KÜNG, H. – *Cristianismo. Essência e história*, p. 498.
[24] *Id.*, p. 500.
[25] MARUJO, A. – *Diálogos com Deus em Fundo*, pp. 263, 264.
[26] KÜNG, H. – *Cristianismo. Essência e história*, p. 501.
[27] *Id.*.
[28] *Id.*, p. 506.
[29] *Id.*, p. 517.
[30] *Id.*, p. 518.
[31] *Id.*, p. 519.
[32] *Id.*, p. 520.
[33] *Id.*, p. 523.
[34] *Id.*, pp. 523-524.
[35] MARUJO, A. – *Diálogos com Deus em Fundo*, p. 270.
[36] KÜNG, H. – *Cristianismo. Essência e história*, p. 526.
[37] *Id.*, p. 541.
[38] *Id.*, p. 529.
[39] *Id.*.
[40] *Id.*, pp. 530-532.
[41] *Id.*, pp. 532-534.
[42] *Id.*, p. 542.
[43] *Id.*, p. 535.
[44] MARUJO, A. – *Diálogos com Deus em Fundo*, p. 293.
[45] KÜNG, H. – *Cristianismo. Essência e história*, p. 540.
[46] *Id.*, p. 541.
[47] *Id.*, p. 544.
[48] MARUJO, A. – *Diálogos com Deus em Fundo*, p. 292.
[49] KÜNG, H. – *Cristianismo. Essência e história*, pp. 538, 539.
[50] Em http://www.zenit.org/pt/articles/francisco-nao-tenham-a-tentacao-de-estar-com-jesus-sem-querer-estar-com-os-marginalizados-isolando; acesso em 18 de Fevereiro de 2015.
[51] PAGOLA, J. A. – *O Caminho Aberto por Jesus*, p. 140.
[52] Em http://www.publico.pt/economia/noticia/metade-da-riqueza-mundial-vai-pertencer-aos-1-mais-ricos-em-2016-1682655; acesso em 8 de Março de 2015.
[53] ALMEIDA, João A. S.; PAIS, Alberto C. C.; FORMOSINHO, Sebastião J. – 100 Anos da Química em Portugal sob os Auspícios da SPQ. Parte IV. Marcas culturais na ciência europeia, *Química. Bol. Soc. Port. Quim.*, 126, 21-26 (2012). COVA, Tânia F. G. G.; ALMEIDA, J. A. S.; PAIS, A. C. C.; FORMOSINHO, S. J., Uma visão das culturas do mundo através da ciência: o papel do conhecimento tácito, *Interdisciplinaridade e Universidade*, RAFAEL AMARO, António, GARRIDO, Álvaro, AVELÃS NUNES, João (Coords.), Imprensa da Universidade de Coimbra, 2016, pp. 71-95.
[54] SIMÕES-PEREIRA, J. M. S. – Milagres colaboração entre Deus e nós, *Mensageiro de Santo António*, nº 2, ano XXXI, Fevereiro de 2015, p. 13.

[55] FORMOSINHO, S. J.; OLIVEIRA BRANCO, J. – *A Pergunta de Job*, Universidade Católica Editora, 2003, p. 25.
[56] KISSINGER, Henry – *A Ordem Mundial*, p. 145; itálico nosso.
[57] Mark T. MITCHELL, Mark T. – *Michael Polanyi. The art of knowing*, ISI Books, Wilmington, Delaware, 2006, p. 72.
[58] CHAPMAN, Kelly – *Complexity & Creative Capacity*, ver Fig. 5.3.
[59] TEIXEIRA, Maria Helena – *O Vento Ainda Sopra*, Chiado Editora, 2016, p. 17.

CAP. 10. O ANGLICANISMO: UMA VIA ENTRE DOIS PARADIGMAS

O protesto contra o sistema romano começou em Inglaterra bem mais cedo do que os de João Huss na Boémia e de Lutero na Alemanha. No século XIV, o professor da universidade de Oxford, John Wyclif (1328-1384) lançara um protesto «contra o papado, "instituição do Anticristo", contra a hierarquia, adversa à Escritura, contra as ordens mendicantes a que o papado concedera privilégios, contra os usos não bíblicos, desde a veneração dos santos e das imagens, à confissão auricular e às indulgências». Wyclif foi, a seu modo, um precursor de Calvino, pois via a Igreja como uma "comunidade de predestinados", pelo que a legislação de ruptura com Roma que Henrique VIII vem impor, em 1532-1534, representa um ponto de chegada para um movimento em ordem a uma Igreja nacional que remontava à Idade Média.[1]

Ante a longa espera do pedido de anulação do seu casamento com Catarina de Aragão ao papa Clemente VII, pela incapacidade de esta gerar um herdeiro homem que ambicionava, em 1531 Henrique VIII coagiu a hierarquia inglesa a reconhecê-lo como "chefe da Igreja de Inglaterra", vindo a suprimir todos os mosteiros cujos bens são confiscados em benefício da coroa. Revelava assim que o seu objectivo era o de um aumento de poder, mas não o de fazer regressar a Igreja a qualquer fórmula (*forma*) dos primeiros tempos.

Thomas Cranmer (1489-1556) que foi um dos líderes da "Reforma Inglesa" e arcebispo de Cantuária, durante os reinados de Henrique

VIII, Eduardo VI e ainda nos começos do reinado de Maria I, anulou o primeiro casamento de Henrique VIII. Küng e tantos outros louvam a sua moderação reformadora, mas questiona-se se não terá sido demasiadamente dócil com o rei, contrastando a sua atitude com a de Sir Tomás Moro, o porta-voz da *House of Commons* e depois chanceler-mor, que com grande serenidade e sem provocações não abdicou das suas convicções e foi mandado executar pelo rei. Uma grave e injusta sentença aplicadas pelo rei e pelo Estado contra um homem de honra, consequência de uma atitude despótica e de vingança pessoal do rei, pelo que «o caso de Thomas More ainda pesa hoje seriamente sobre o anglicanismo», que não tomou em devida consideração a sua justa resistência baseada na fé contra a arbitrariedade do rei e do Estado.[2]

A ruptura que Henrique VIII estabelece é com Roma, conquistando o seu poder, mas não com a fé católica. «A jurisdição e o poder depositados outrora nas mãos de Roma encontram-se agora nas mãos do rei ou do arcebispo de Cantuária».[3] A "reforma" a que a Igreja inglesa é sujeita não provém do povo, mas do Parlamento, por ordem do rei, pelo que «o povo inglês sente bastante menos a necessidade de uma reforma do que os cristãos do continente».[4]

É inquestionável que a Reforma dividiu a Inglaterra, com um elevado número de protestantes a refugiar-se na Holanda e em Genebra e outros a emigrar para a América do Norte. A vizinha Escócia volta-se para o calvinismo e institui uma Igreja presbiteriana. Com a evolução dos tempos, quer no campo religioso quer no político, a Igreja inglesa vai-se ver confrontada com três opções — i) Um *retorno a Roma*, que os católicos ingleses anteviram como possível no reinado de Jaime I (1603-1625) mas que falharam na sua "Conspiração das Pólvoras"; ii) Um *governo presbiteriano republicano* na linha de Calvino, que recusava qualquer forma de Igreja de Estado mas ansiava pela liberdade religiosa, e que ganhou alento com Oliver Cromwell (1599-1658) que se empenhou numa revolta contra o Estado e contra a Igreja de Estado. Fruto das lutas desse tempo, houve perseguições aos puritanos em Inglaterra, que em 1620 embarcaram no *Mayflower* e vêm a estabelecer-se nas colónias da América do Norte. Assim não admira que das «treze colónias inglesas iniciais, cerca de 85% hajam sido de espírito puritano». iii) Em 1660 regressa ao poder a dinastia dos *Stuarts* que reestabelece a *Igreja de Estado episcopaliana* anglicana e persegue sem piedade os dissidentes protestantes. A *Glorious Revolution* (gloriosa por ser em grande parte não violenta) de 1688 teve como objectivo o impedir uma recatolização, mas só com Guilherme de Orange, em 1689, o Parlamento vem a proclamar o "Acto de Tolerância" que, pela primeira vez na Europa, erige em lei a *liberdade de consciência*. Tratava-se de uma lei aplicável aos protestantes, que passam a poder celebrar abertamente o seu culto, se bem que continuem a não poder ser membros do Parlamento, funcionários de estado ou universitários; a lei não se aplicava aos católicos e aos antitrinitários.

O anglicanismo associa dois paradigmas religiosos

«Desde o início, a Igreja Anglicana integrara, de modo original, elementos do *paradigma católico medieval* e do *paradigma protestante reformado*: apresentava-se como a "terceira via" entre o catolicismo romano e o protestantismo. Talvez toda a Igreja Católica pudesse apresentar-se assim se Roma se [não] tivesse mostrado logo à partida inacessível às solicitações de Lutero. O anglicanismo, à sua maneira muito inglesa, figura o tipo intermédio de uma Igreja inimiga dos extremos»[5].

Um século e meio após a morte de Henrique VIII, a Igreja anglicana encontrou a sua estrutura fundamental e assim permaneceu não só em Inglaterra, mas nas Igrejas episcopalianas dos Estados Unidos e na *Anglican Communion* a nível mundial. «*A Escritura ao mesmo tempo que a tradição*: os anglicanos acreditam que a Escritura contém tudo o que é necessário para a salvação. Mas estão igualmente convencidos da importância de uma tradição contínua, que a despeito das rupturas e das vicissitudes da história da Igreja, remonta à Igreja indivisa dos Padres e, para além desta, à Igreja do Novo Testamento em si mesma»[6].

O teólogo inglês Richard Hooker (1554-1600) com a obra *Lawes of Ecclesiastical Politie*, cujos primeiros quatro volumes foram publicados em 1594, a que se seguiu um quinto volume em 1597, e mais outros três outros postumamente, lançou os fundamentos hermenêuticos da religião anglicana: «A verdade da *Escritura* impõe-se a partir do momento em que é clara e sem ambiguidades. Onde é menos clara deve achar a sua explicação na *tradição* da Igreja ou então precisamos de recorrer a um terceiro elemento, a *razão*, para a elucidarmos. No que se refere ao objecto central das controvérsias, a doutrina da justificação, os "39 artigos" confessam a justificação só pela fé, mas sublinham igualmente a importância das obras»[7].

The Book of Common Prayer, um título abreviado de um conjunto de livros de oração da Igreja anglicana, cuja primeira versão remonta a 1549, tem uma linha directriz que se concentra no essencial, pugnando pela simplificação no espírito da Bíblia e da Igreja Antiga, dando o primeiro lugar ao baptismo, à Eucaristia e à oração. A Igreja Anglicana privilegia a leitura pública e privada da Bíblia, mas incentiva as festas e a expressão da alegria e musicalidade, sem uma uniformidade litúrgica excessiva. A estrutura eclesial fica-se pela ordenação dos padres e pela sucessão apostólica dos bispos, o que não torna excessivo na Igreja anglicana o *paradigma da sociedade de corte*. E a sua unidade é alcançada pela lealdade e comunhão dos bispos anglicanos com o arcebispo de Cantuária, um *primus inter pares*. Trata-se de uma organização eclesial com uma larga tolerância, que «removeu para muito longe os limites do dogma e da doutrina. [...] A liberdade religiosa para os dissidentes é uma consequência desta posição, tal como o lugar atribuído às diferentes correntes no seio da Igreja Anglicana: a *High Church* (de carácter católico), a *Low Church* (de tendência protestante e biblista) e a *Broad Church* (liberal esclarecida). [...] A Igreja Anglicana distingue-se sempre por uma teologia sólida [...], mas também por uma boa organização, onde os leigos estão fortemente representados, e por um importante trabalho educativo e social».[8]

Nesta estrutura com um mais débil *paradigma imperial*, Küng reconhece que a Igreja Anglicana implantou-se em quase todo o mundo, acompanhando o império colonial inglês, nomeadamente na América do Norte, Austrália, Nova Zelândia e África do Sul, dando «provas de maior tolerância para com os diferentes grupos e comunidades de Igreja do que as Igrejas do continente europeu». Mas reconhece igualmente que «a estrutura complexa [diversificada] das Igrejas anglicanas dá também lugar a fricções e tensões, sobretudo entre os que insistem na unidade e as forças centrífugas, tanto mais que a Igreja anglicana não tem centro incontestado que permita tomar as decisões requeridas por questões importantes».[9]

Richard Hooker já se preocupava com a unidade da Igreja e do Estado e, de facto, a vida da Igreja anglicana está estreitamente ligada à nação inglesa. Não que o Estado financie a Igreja, que desde a Idade Média possui ricas fundações e benefícios, mas a maioria dos ingleses não parece desejar uma maior separação da Igreja do Estado. É o rei ou a rainha que nomeia formalmente os bispos e deões; modificações no direito eclesiástico e litúrgicas requerem o acordo do Parlamento e do monarca; os ritos da coroação são ritos da Igreja anglicana. Como Küng intui, quiçá um certo descomprometimento ou uma maior distância entre Igreja e Estado, sem hostilidade, possa vir a ter viabilidade no futuro para que a Igreja anglicana cumpra mais cabalmente a sua missão profética.[10]

As igrejas protestantes não têm episcopado, o que se não verifica com a Igreja anglicana que preserva o episcopado histórico, de «sucessão apostólica». E são hoje questões desta índole que se erguem como obstáculos à reunificação entre a Igreja anglicana e a Igreja metodista, que em Inglaterra não é de constituição episcopaliana. Mais controversa foi a ordenação das mulheres que a *Church of England* autorizou em 1994, aceitando a passagem de uma pequena fracção do seu clero para a Igreja Católica. A circunstância de o bispo de Londres Graham Leonard ter sido ordenado padre católico *sub conditione* («sob condição» de não haver já sido ordenado de modo válido anteriormente) «mostra com clareza que, aos olhos de Roma, a invalidade das ordenações anglicanas, afirmada durante muito tempo, já não é inequívoca»[11].

Os desafios colocados pelo anglicanismo

Como Küng admite, «é evidente que a Igreja Anglicana, com a sua doutrina e a sua prática, representou sempre um desafio para a Igreja Católica, a qual se obstina no seu paradigma medieval e se esforça por ignorar as justificadas petições da Reforma. Dever-se-á falar igualmente disto em qualquer abertura ecuménica. De facto, o sistema romano ainda entrava a solução das questões que se põem e dá cada vez mais azo a permanentes irritações, tensões e oposições, que culminam num verdadeiro corte subterrâneo entre uma "Igreja de cima" (Roma) e uma "Igreja de baixo" (a base)»[12].

Sem dúvida a menor intensidade do *paradigma imperial* e do *paradigma da sociedade de corte* na Igreja Anglicana do que na Igreja Católica é algo que deve ser objecto de reflexão entre os católicos. Também mostra um caminho já testado historicamente, é certo que muito no contexto de uma cultura britânica. «Maiores liberdades podem naturalmente constituir uma ameaça para a unidade e convém ter a prudência (também isto faz parte da tradição anglicana) de não abandonar precipitadamente alguns elementos tradicionais, preciosos em períodos de mutação social acelerada. [...] A história da comunidade eclesial anglicana pode precisamente mostrar aos católicos que a Comunhão Anglicana, apesar de estruturas mais folgadas, dá provas de uma muito maior coesão do que outras famílias confessionais protestantes [mais individualistas] que só criaram "fundações mundiais" (luteranas, reformadas) numa época recente»[13].

Recordemos o já referido no Capítulo 9, que o papa Francisco procura alertar os católicos, em geral, e a hierarquia da Igreja Católica, «em ordem a um processo de reforma missionária ainda pendente», contra os perigos de um excessivo *paradigma de sociedade de corte* nela vigente, como tem vindo sempre a incentivar a Igreja a privilegiar o *paradigma sociocultural da igreja dos pobres*. «Verdadeiramente, amados irmãos, é no evangelho dos marginalizados que se joga, descobre e revela a nossa credibilidade!»[14]

DE ALGUM MODO o surto reformador e a Contra-reforma católica acabam por se neutralizar, e o próprio paradigma reformador vai adquirindo um carácter conservador na sua consolidação. A situação da mulher perante as religiões cristãs é para Küng sintomática desta evolução.

Robert Bartlett, professor na Universidade de Saint Andrew, num programa sobre a Idade Média, faz notar que o homem medieval compreendia e via o mundo como um local de mistério, mesmo de encantamento. O mundo era um livro escrito por Deus, mas este "mundo medievo" acabou, e evoluiu para a concepção de um lugar para ser dominado e mesmo explorado em favor da humanidade. A respeito da sexualidade na época medieval, não obstante a Igreja ter pregado o ódio à carne, ter promovido o culto da virgindade e ter condenado a mulher a ser a herdeira pecaminosa de Eva, Bartlett trouxe evidências da existência de paixões generosas e complexas entre homens e mulheres, a ponto de os tempos medievos terem feito surgir o "amor cortês", o amor romântico.[15]

Quando Lutero pretende um retorno ao Evangelho, tal deveria ter implicado consequências para o papel e a situação da mulher na Igreja, frisada por Paulo: «Não há judeu nem grego; não há escravo nem livre; não há homem nem mulher, porque todos sois um só em Cristo Jesus» (Gal 3, 28). «Foi um dos muitos méritos do teólogo Martinho Lutero o facto de ter percebido melhor do que os seus predecessores o ser humano na sua corporeidade e na sua sexualidade: a comunidade de vida do homem e da mulher e as relações entre homem e mulher, o marido e os filhos são para Lutero um dado fundamental da existência humana. A teóloga evangélica Gerta Scharffenorth define assim a posição de Lutero — "o homem e a mulher como criaturas de Deus são ambos criados como imagem de Deus; a sua condição sexuada não lhes pertence; são dons de Deus, a respeitar como tais"». Com Lutero há uma valorização do casamento e da mulher no tocante à defesa da instrução e educação das raparigas, mas a sociedade permaneceu inteiramente patriarcal. «Das ideias-força de Lutero sobre a fraternidade e a amizade entre homens e mulheres, só subiste, na prática, a obrigação de se casar. [...] Sob o império da ortodoxia protestante do século XVII, as guerras, a recessão económica e a multiplicação dos trabalhos remunerados fora de casa conduzem mesmo a relegar outra vez a mulher à estreita esfera doméstica. A mulher fica excluída de todas as funções eclesiais relevantes; só a catequese e a sacristia lhe são acessíveis».[16]

A complicar o curso da evolução do papel da mulher na religião e na sociedade sobreveio a "caça às bruxas", cujas razões psicológicas e políticas ainda permanecem por esclarecer com exactidão. «Não foi a Reforma mas o movimento das Luzes que desembaraçou a Europa da caça às bruxas, dos processos de bruxaria e das fogueiras de bruxas»[17].

O Iluminismo foi um movimento que se prolongou dos anos 80 do século XVII ao início do século XIX, e que demonstrou uma enorme unidade, fruto de uma «confiança geral no poder da razão, isto é, na capacidade que o ser humano possui de pensar, sentir e actuar sem contradições e de uma forma que pode ser justificada. [...] O Iluminismo significava, assim, o conhecimento e a libertação do ser humano por si mesmo ou — tal como disse Kant, na sua famosa definição de 1784 — a "saída do ser humano da menoridade de que ele próprio é culpado". Um dos pontos de partida essenciais do Iluminismo consistiu na crítica à Bíblia, à religião e, sobretudo, à Igreja. As incoerências da tradição bíblica já causavam escândalos em finais do século XVII. A ideia de Deus, assim como a prática religiosa e eclesial, tinham de ser compatíveis com as regras da razão. "Deus é a razão", disse Johann Christian Edelmann [um adepto das ideias de Espinoza], em meados do século»[18].

A caminho da modernidade

Não foi apenas o papel da mulher que pautou as religiões cristãs em interacção e imersão com variados grupos e ambientes sociais. Houve a «consolidação espiritual e institucional das confissões cristãs, que se afastaram umas das outras desde a ruptura da fé comum, para redundarem numa forma mais ou menos estável de Igreja em termos de dogma, de constituição e de modo de vida religiosa e moral». Neste processo de confessionalização, até aos finais do século XVII, as *confissões* aprofundam e endurecem as suas posições, ao ponto de a unidade eclesial já não ser possível. A teologia da controvérsia, apoiada por uma prédica de controvérsia, fazia ressaltar as diferenças entre as confissões para exaltar a própria e apoucar as outras, não hesitando em recorrer a efabulações e à mentira. «Até mesmo o protestantismo, originariamente tão oposto a toda a tradição, não pôde evitar uma identificação com a sua própria tradição depois de a sua administração, o seu direito, a sua confissão de fé e a sua liturgia terem tomado corpo».[19]

O poder estatal aprofundou este evolução, constituindo-a numa verdadeira disciplina social eclesial e estatal, que «alastrou até às aldeias, abarcando mesmo esferas até então completamente privadas, no sentido de um comportamento cristão uniforme, como a Idade Média cristã nunca havia conhecido. [...] No protestantismo, a disciplina social era em múltiplos aspectos — no tocante, por exemplo, à dança, aos jogos de azar, ao consumo de álcool, ao carnaval — nitidamente mais estrita que no catolicismo. De facto, a Contra-Reforma, num intuito estratégico, adaptou-se mais à piedade popular; ao invés, o protestantismo, dirigido por pastores letrados que eram ao mesmo tempo funcionários do Estado, acentuou a sua distância em relação à cultura popular, de tal forma que a Reforma surgiu gradualmente como a religião mais *racional*, mas também a mais marcada pelo Estado, pelo poder secular».[20]

Enquanto nas ciências físicas e naturais a substituição de um paradigma se impõe de maneira duradoura, nas ciências humanas tal não se verifica necessariamente. «O curso da história não pode manifestamente impor à força o abandono definitivo de um paradigma da teologia e da Igreja. Ao invés, porém, a Igreja e a teologia prisioneiras de um tal paradigma não podem deter a marcha do tempo. O risco é então de um corte entre a Igreja, a teologia e a religião, de um lado, e a sociedade, de outro lado. [...] A própria ortodoxia protestante, com as suas ramificações e as suas diferenciações cada vez mais complexas, acabou por minar o paradigma reformador e achou-se cada vez mais mergulhada na crise». Crise que se manifestou desde muito cedo nos Países Baixos. Reconhecidos pela sua tolerância, tendo oferecido refúgio a Descartes e a tantos judeus expulsos da Espanha e de Portugal, entre eles Bento Espinosa, bem como a não-conformistas e a "seitas", vêem-se a partir de 1604 a levar ao movimento inverso a representantes da teologia de humanismo dentro do espírito de Erasmo de Roterdão. Não obstante, com a maior liberdade concedida à *razão* face à teologia, o protestantismo estava melhor preparado para os *tempos da modernidade* do que o catolicismo.[21]

«Enquanto no catolicismo o papa decidia da interpretação da Bíblia e não consentia que alguém se desviasse da sua interpretação, no protestantismo de origem reformadora podia-se sempre reivindicar uma leitura pessoal (que não era necessariamente luterana ou calvinista) da Bíblia e alegar a sua própria *decisão em consciência* contra as declarações dogmáticas da Igreja e portanto desenvolver a partir daqui uma ética de responsabilidade»[22]. E este caminho fez surgir o *pietismo* que se revê na «experiência viva da fé e da comunidade crente» e o «ser cristão não se realiza simplesmente na declaração judicial da justificação, mas no renascimento para a vida nova da qual temos a experiência espiritual, e numa santificação que passa pela acção. A Igreja é desde logo entendida não como uma instituição de salvação, mas como uma comunidade dos irmãos e das irmãs que tiveram a experiência do renascimento».[23]

De 1690 a 1730 o pietismo volve-se numa força determinante no protestantismo alemão, renovando um já mortiço paradigma reformador e conferindo «uma vitalidade mais intensa à vida cristã, iluminando e revigorando igualmente a vida social e política dos homens. Graças a uma religiosidade tornada mais ardente e interiorizada, graças a uma prática de vida cristã renovada e a um empenhamento pedagógico e caritativo impressionante, ele alcançou uma autêntica renovação do paradigma reformador já impregnado de rigidez. [...] Na época, a distância era curta entre a piedade pietista iluminada e o discurso das *Luzes* sobre a luz da razão, passando pela experiência da transcendência, marcada pela luz, da teologia natural inglesa (a "físico-teologia") ... »[24].

No mesmo passo em que o pietismo defendia a interiorização do cristianismo e a superação dos conflitos confessionais entre protestantes, em prol de uma prática de devoção do coração e de uma reforma de vida, dedica-se intensamente a actividades caritativas e ao sistema de educação básica.[25]

Os fundamentalismos

Como aponta Küng, os conceitos do "fundamentalismo" tornaram-se populares pelos inícios do século XX, e designam certas correntes no protestantismo, no catolicismo, no islamismo e mesmo no judaísmo. As suas raízes provêm do paradigma protestante reformador quando, entre 1910 e 1915, alguns líderes do movimento evangélico e teólogos de Princeton, nos Estados Unidos, publicaram uma série de textos sob o título geral *The Fundamentals*, o que a seus olhos seriam os «fundamentos» da verdadeira fé cristã.

«É fundamentalista todo aquele que — sendo de tradição luterana, calvinista, pietista ou de uma Igreja livre — confessa a inspiração literal e, logo, a inerrância [ausência de erro] incondicional da Bíblia». Isto é, «entendem que o Espírito Santo deu exactamente as palavras das Sagradas Escrituras aos homens santos dos tempos antigos; e em que a sua inspiração divina não apresenta graus diferentes, mas se reporta de maneira igual e completa a todas as partes desses escritos, os escritos históricos, poéticos, doutrinais e proféticos». Trata-se da «inspiração verbal», tal como se pensava de um modo natural na Antiguidade e na Idade Média.[26]

«Para Lutero as palavras isoladas da Escritura não são palavras de Deus enquanto tais, mas só na medida em que dão testemunho do Verbo de Deus feito carne, que é Jesus Cristo». Mas a ortodoxia luterana e calvinista não fez sua esta leitura do seu Padre da Igreja. É a doutrina da Escritura infalível que se torna o fundamento da teologia e da Igreja Reformada. Portanto, não é Cristo o fundamento, mas a doutrina da Bíblia infalível, pelo que a «ortodoxia protestante instalou, sem o querer, os fundamentos do fundamentalismo para as necessidades da sua teologia ofensiva [contra a teologia] e defensiva [a respeito da teologia tridentina]»[27]. Para os genuínos fundamentalistas, que já não vivem nos tempos da Reforma mas da modernidade, as maiores ameaças para a inerrância da Bíblia são as ciências físicas e a crítica histórica das Sagradas Escrituras. «O efeito de choque provocado pela crítica histórica é muito mais forte na América do que na Europa, a qual está melhor preparada para o enfrentar. [...] É então claro que o fundamentalismo, em sentido próprio, é um produto da defensiva e da ofensiva contra as ciências físicas, a filosofia e a exegese modernas, para salvar a inspiração verbal e a infalibilidade da Bíblia contra as ameaças da modernidade. [...] Obrigado à defensiva, o fundamentalismo revela-se mais protestante do que os protestantes».[28]

As reacções contra a *modernidade* não ficaram restringidas ao catolicismo e ao protestantismo, se bem que os movimentos protestantes hajam logrado impor em certas zonas do sul dos Estados Unidos a proibição do ensino da teoria da evolução nas escolas e mesmo o ensino obrigatório do "criacionismo". O fundamentalismo é uma questão universal, se bem que mais profunda nas religiões monoteístas e menos intensa em religiões mais místicas, como as da Índia.

Como enfatiza Küng, «uma religião (e através dela também o crente individual) poderá preservar o seu fundamento, a sua identidade e a sua certeza de possuir a verdade se não tomar à letra cada palavra da Sagrada Escritura? Resposta: as preocupações dos fundamentalistas são legítimas, mas as suas soluções são fatais»[29]. Lutero, não tinha nada de fundamentalista, como também Jesus ou mesmo S. Paulo na proclamação da "Boa Nova". Mas foi o confronto novo com o Evangelho que constitui a grande força do protestantismo.

A concentração no Evangelho é o núcleo sólido do protestantismo e, com o Concílio Vaticano II, o catolicismo vem a recentrar-se também no Evangelho e a reconhecer o estatuto de Igrejas a outras comunidades cristãs, em ordem a uma atitude ecuménica. A leitura frequente da Bíblia pelos leigos católicos é agora incentivada, tendo cessado a interdição do passado.

«Uma religião que não confere uma identidade, mas dissocia o homem e deixa-o sozinho com as suas contradições, não o liga ao absoluto, antes pelo contrário impede o acesso a ele. Mas é igualmente inegável que a necessidade de identidade religiosa não se confunde com o fundamentalismo, que "encarna uma identidade ameaçada, amedrontada, insegura e agressiva por essa mesma razão". [...] A identidade pode, por conseguinte, viver-se sem exclusivismo, pode viver-se no reconhecimento da pluralidade de outros caminhos para Deus»[30].

E um desses caminhos pode beneficiar do seguinte desiderato: Como conciliar o mais possível o livro da Revelação com o da Criação que, com as suas limitações, nos proporciona a ciência? Génesis, significa "origem", e o livro da Sagrada Escritura com esta designação é um Livro das Origens que procura responder teologicamente a perguntas que todos os povos fizeram, muitas vezes a partir de situações de desgraças colectivas. Perguntas tais como: «Donde viemos?»; «Qual o nosso destino?». As respostas do povo de Israel são elucidativas: «Deus chamou terra à parte sólida, e mar, ao conjunto das águas. E Deus viu que isto *era bom*» (Gn 1, 10); «A terra produziu verdura, erva com semente, segundo a sua espécie, e árvores de fruto, segundo as suas espécies, com a respectiva semente. Deus viu que isto *era bom*» (Gn 1, 12); «Deus fez dois grandes luzeiros: o maior para presidir ao dia e o menor para presidir à noite; fez também as estrelas. Deus colocou-os no firmamento dos céus para iluminar a Terra, para presidirem ao dia e à noite, e para separarem a luz das trevas. E Deus viu que isto *era bom*» (Gn 1, 16-18); «Deus criou, segundo as suas espécies, os monstros marinhos e todos os seres vivos que se movem nas águas, e todas as aves aladas, segundo as suas espécies. E Deus viu que isto *era bom*» (Gn 1, 21); «Deus fez os animais ferozes, segundo as suas espécies, os animais domésticos, segundo as suas espécies, e todos os répteis da terra, segundo as suas espécies. E Deus viu que isto *era bom*» (Gn 1, 25).

O Génesis aponta para a enorme riqueza da Criação, ao longo dos diferentes períodos — apresentados como "dias" — e que entendemos dever ser adicionada também à própria Revelação. É um pouco como o explorar o cosmos, tal como os portugueses e espanhóis exploraram os oceanos — um espírito novo, numa outra escala. Mas neste desiderato, ao mesmo tempo, como não perder a simplicidade, pois Jesus não complica a vida; bem pelo contrário, torna mais simples e humilde?

Em busca de um holismo enriquecido

Como referido no Capítulo anterior, as filosofias holísticas não travaram o progresso económico, médico, científico e técnico na China e no Império Persa até ao Renascimento. No mundo islâmico, o Califado dos Abássidas, entre os séculos VIII e XIII, foi influenciado pelos preceitos do Corão e das tradições do Hadiz, um corpo de leis, lendas e histórias sobre a vida de Maomé. Um desses dizeres — «A tinta dos cientistas vale tanto quanto o sangue dos mártires» — evidencia o valor do conhecimento. Durante esse período, o mundo muçulmano converteu-se no centro intelectual indiscutível da ciência, filosofia, medicina e educação, enquanto que os abássidas lideravam a causa do conhecimento e se estabeleciam na "Casa da Sabedoria", uma biblioteca e centro de traduções, em Bagdad, onde estudiosos muçulmanos e não-muçulmanos tentaram reunir e traduzir todo o conhecimento mundial para a língua árabe.[31]

Escutemos agora o bioquímico e sacerdote jesuíta Luís Archer: «Houve uma fase em que a ciência e a religião se consideravam duas coisas muito próximas. A ciência estudava a natureza e, acreditando--se que a natureza foi criada por Deus, a pessoa que estudava a natureza contemplava a acção de Deus. Mesmo Teilhard de Chardin ainda tem muito essa posição de, perante a natureza, ter uma atitude de contemplação, uma atitude mística. Enquanto eram *ciências da observação* [e do senso comum] não havia razões de discordância.

Eram dois caminhos. Isto modificou-se quando a ciência passou a ser uma construção, fazendo coisas que a natureza não fez, melhorando, transplantando algo de um indivíduo para outro»[32].

Foi o aparecimento da ciência moderna que, ao criar novos modos de estabelecer um "diálogo e intervenção com e na Criação", surgiu como a querer colocar-se em paralelo com a própria Revelação. O conhecimento das leis da natureza e, através delas, ao abrir caminhos para modificar a própria natureza, confere à *ciência moderna* e à *razão* o serem uma fonte de *poder*. Francis Bacon (1561-1626), considerado o fundador da ciência moderna, proclama isto mesmo, «saber é poder».

«A ciência deve restabelecer o *imperium hominis* (império do homem) sobre as coisas. A filosofia verdadeira não é apenas a ciência das coisas divinas e humanas. É também algo prático. *Saber é poder*. A mentalidade científica somente será alcançada através do expurgo de uma série de preconceitos por Bacon chamados ídolos. O conhecimento, o saber, é apenas um meio vigoroso e seguro de conquistar poder sobre a natureza»[33]. Como refere Anselmo Borges, «o poder é fundamental para perceber as grandes temáticas na História da Igreja, concretamente na sua contradição com o cristianismo originário»[34], mas também na sua relação com a ciência moderna, pois vai estabelecer-se um conflito entre o dogma e o pensamento racional moderno. Como reflecte Carlos Fiolhais, «a ciência pode ser fonte de poder, mas não pode ter o poder»[35]. Aqui assenta uma grande diferença com a religião, quando as correspondentes Igrejas buscam deter o poder.

Razi Naqvi, em *"Can Science Come Back to Islam"*, debruça-se sobre a mesma temática: «O nascimento da ciência moderna, um empreendimento surpreendente, que teve lugar primeiramente na Europa, fez muito para aliviar o estrangulamento da Igreja sobre a sociedade; também liberta os pensadores do jugo das autoridades antigas (como Aristóteles e Ptolomeu), e começaram até a expor as suas ideias nos "dialectos vernáculos" da Europa, em vez do latim ou do grego, que tinham sido até então consideradas como as únicas línguas europeias dignas para um discurso solene».[36]

Não é que o *holismo oriental* estivesse incorrecto ou fosse mal dirigido; simplesmente revelou-se "prematuro" e nas suas culturas tornou demasiado árdua a continuação do progresso científico, até porque tais culturas manifestam uma profunda desconfiança sobre o *raciocínio lógico*; para o taoísmo, o que interessa é a sabedoria intuitiva. «*Disputation is a proof of not seeing clearly*».[37]

No mundo ocidental, onde não existiam as dificuldades erguidas por um pensamento holístico primitivo, triunfou, não sem dificuldades, o pensamento racional. Em culturas onde, para além do modo de ver holístico, se adicionaram obstáculos religiosos, triunfou o dogma.

RETOMEMOS A QUESTÃO acima formulada: como conciliar o livro da Revelação com o da Criação que, com as suas limitações, nos proporciona a ciência? E vamos recorrer aos domínios da Medicina na busca deste caminho. Não é por acaso que o século XX foi apelidado de «século da saúde». Os países desenvolvidos foram contemplados com uma crescente esperança de vida, uma enorme baixa na mortalidade infantil, o controlo de epidemias e doenças infecciosas que devastaram as populações ao longo da história, e puderam usufruir dos progressos alcançados a respeito de cancro ou nas doenças coronárias e na cirurgia cardíaca, etc.. E o que seria da medicina moderna sem a radiografia, a electrocardiografia, a angiografia, a tomografia computorizada, a ressonância magnética nuclear, os antibióticos, os anestésicos, etc.? Como se conseguiram conciliar os progressos na investigação a nível molecular, reducionista, com uma visão mais global das doenças e do doente?

No século XX a ciência assumiu uma *função social* para com as ciências da vida e da saúde. Aí pelos começos da década de 1990, nos Estados Unidos começou-se a tomar consciência de que o que era bom para as Escolas e as Faculdades de Medicina não era necessariamente bom para a educação médica. As escolas deviam ser financeiramente fortes para pagarem bons salários aos professores que despendessem mais tempo a cuidar dos seus pacientes e menos no ensino e na investigação. Paralelamente, as escolas de medicina e os hospitais universitários optimizariam o seu desempenho financeiro se os pacientes fossem admitidos rapidamente e lhes fossem concedido baixa o mais cedo possível, mas tal dificultava o ensino porque era encurtado o período de contacto entre o estudante de medicina e o paciente. A verdade é que educação médica, prática médica e investigação médica estão inextricavelmente ligadas, sendo necessário manter uma *visão global* para a Medicina. Um exemplo paradigmático neste campo é o do hematologista George R. Minot (1885-1950) que foi prémio Nobel da Medicina em 1934. Sobre ele escreveu Kenneth Ludmerer em *"Time to Heal"*: «Apesar de ele sentir uma grande alegria quando estava debruçado horas a estudar esfregaços de sangue sob um microscópio, continuamente lembrava aos seus alunos que "estudar o sangue de um paciente não é o mesmo que estudar o paciente" e, ao longo da sua carreira, manteve-se um notável professor de clínica e um excelente médico de cabeceira. Continuou a ver os seus pacientes até à jubilação, mas sempre alertou contra o perigo de deixar a pesquisa científica interferir com a visão da medicina como um todo. Para este Prémio Nobel era "essencial que todos os médicos, independentemente das respectivas áreas de interesse, deveriam manter as mãos sobre os doentes"»[38]. A medicina beneficia enormemente dos avanços tecnológicos e informáticos para uma medicina em que o diagnóstico médico se baseie em evidência estatística e na investigação clínica (*evidence based medicine*), mas o médico e o doente continuarão a ver-se no consultório ou no hospital, porque nem os computadores nem os *robots* substituirão o juízo do médico.

O que é indiscutível é que a necessidade de uma visão global para a Medicina não se perdeu, mas saiu muito fortalecida com a investigação nos seus campos de interesse. O holismo médico ficou muito enriquecido com as inúmeras perspectivas parciais que lhe foram abertas pela investigação da ciência moderna.

Como já referido, numa das metodologias estatísticas para o estudo da *configuração de todas as áreas científicas*, a Análise de Componentes Principais, a ciência revela duas componentes: a primeira, componente principal (PC_1), é a da *função social da ciência*, na qual a "Medicina Clínica" desempenha um papel de grande relevo. A segunda componente (PC_2), de muito menor magnitude, é de culturas religiosas; a nível europeu, de *papocesarismo* e de *cesaropapismo*, isto é, de relações de poder entre a Igreja e o Estado. No eixo PC_1 a presença da religião é notória quando verificamos que no pólo onde predomina a "Medicina Clínica" se encontram os países protestantes do norte da Europa, Holanda e Países Escandinavos. Isto leva-nos a reconhecer a presença do *paradigma da religião dos pobres* na primeira componente principal, a da *função social da ciência*. Dir-se-á que há também uma função social da religião, o *paradigma da religião dos pobres*. É em PC_1 que ciência e religião se encontram em *consonância*! Eis pois a perspectiva que se nos oferece quando examinamos a religião por estes métodos quimiométricos da ciência e que encontra *ressonância* com a perspectiva do papa actual. Recordemos que na exortação apostólica "A Alegria do Evangelho", o papa Francisco afirma que «para a Igreja a *opção pelos pobres* é mais uma categoria teológica que social, política ou filosófica». Paralelamente, o papa Francisco escarmenta-nos contra o *paradigma da sociedade de corte*, que figura na componente principal-2, a das culturas religiosas, e é *ortogonal* à primeira componente principal.

Como existem duas componentes principais, a este nível de análise, a perspectiva científica mostra-nos o seguinte sobre os paradigmas socioculturais da religião: o paradigma *imperial* e o da *sociedade de corte* reforçam-se mutuamente e são antagónicos do paradigma da opção pelos *pobres*, aquele que contém em si mesmo o mais essencial da mensagem dos Evangelhos. Este fundamento é concordante com a mensagem e a acção do papa Francisco, no que significa de vontade de que a Igreja passe de um paradigma de poder e vaidades para um paradigma de serviço e humildade.

É essencialmente este o sentido de um exame da religião visto através da "lente" da ciência que pretendemos dar à busca de um *holismo enriquecido*, mas com a consciência de que a religião nos deve aportar algo de *transcultural* e de *sentido último*. A legitimidade divina que Jesus concede ao poder secular de César é bem distinta da perspectiva islâmica. Mas mesmo no campo católico, podemos ter um breve exemplo da rejeição do enriquecimento proporcionado pela modernidade — os Estados Pontifícios no século XIX. Digamos que nele não havia separação entre o poder religioso e o poder político, e a rejeição da modernidade levou-o, no seu *"holismo atrofiado"*, a ser o Estado mais retardatário da Europa do século XIX: a rejeição até se ergueu contra os caminhos de ferro em construção, a vacinação, a iluminação a gás, as pontes suspensas.

Mas no seio da Igreja católica houve sacerdotes que se dedicaram à ciência moderna, começando logo em Nicolau Copérnico, que era cónego católico. Razi Naqvi afirma isto mesmo: «O que diferencia, mais do que qualquer outra coisa, a Europa pós-renascentista do mundo islâmico é a participação voluntária do clero cristão na investigação científica e a fatídica abstinência dos sacerdotes muçulmanos desta actividade»[39].

Razi Naqvi prossegue a sua análise e alerta para que vozes contra uma interpretação literal do Corão já surgiram no passado, como a de Sir Syed Ahmed Khan (1817-1898). Mas a maioria dos sacerdotes islâmicos denunciaram Sir Syed como apóstata e outros foram mais longe apregoando que "Deus o devia destruir". «Em retrospectiva, a tentativa de Sir Syed em persuadir os muçulmanos indianos a afastarem-se [de uma interpretação literal do Corão] estava condenada ao fracasso; ele poderia muito bem ter tentado convencer os planetas a abandonar as suas órbitas e irem pulando para uma galáxia diferente. Uma tão profunda mudança de atitudes precisa de um século (ou mais) de uma educação liberal generalizada, da criação de uma atmosfera onde pensadores clamando por mudança, modernização e diversidade possam expressar a sua opinião sem medo de serem perseguidos»[40].

E este autor procura, perante alguns indicadores, fazer um balanço do mundo cristão na Europa e do "mundo islâmico". «Olhe em redor do mundo contemporâneo, e veja onde encontra a educação escolar gratuita, a paridade (ou quase isso) entre os sexos, a igualdade (ou quase isso) entre as gerações, a liberdade (mais do que em muitas outras partes do mundo) para expressar pontos de vista políticos, a liberdade de praticar a fé que confessa professar, e sujeitá-la aos testes de uma pesquisa [histórico-científica] e até mesmo a críticas severas, licença para traduzir livros estrangeiros, bibliotecas que adquirem tais livros, lojas que os vendem, e leitores que os pedem emprestados ou compram estes livros provocativos, e pergunte a si mesmo — se também considera estes sinais como mudanças de progresso — como surgiram tais avanços. Estas mudanças, que têm origem na Europa Ocidental, foram impulsionadas por uma série de factores: o protestantismo, Swedenborgianism [...], o agnosticismo, o darwinismo, a interacção de forças económicas, as duas Grandes Guerras. É muito pouco provável que qualquer coisa que se aproximasse deste nível de progresso tivesse sido alcançado se a Europa Ocidental se tivesse mantido fiel às doutrinas do catolicismo durante o último par de séculos»[41]. E o caso acima referido dos Estados Pontifícios parece confirmar esta asserção de Naqvi.

De facto, o cardeal Carlo Maria Martini afirmou estar a Igreja Católica cerca 200 anos desactualizada. E Razi Naqvi parte desta opinião para a comparar com o Islamismo. «Como o Islão não tem uma "Igreja", só se pode falar de algo nebuloso tal como o mundo muçulmano, e se usarmos como indicadores a adesão a uma interpretação literal do Corão e a aversão à investigação científica, não podemos evitar a conclusão de que a actual Igreja Católica está bem à frente do Islão contemporâneo em muitos aspectos importantes. [...] Se tomarmos a intolerância religiosa e o fanatismo como critério, o mundo muçulmano contemporâneo pode ser razoavelmente comparado com a Europa do século XVII»[42].

«Sou levado a concluir, com base nas provas apresentadas anteriormente [...] que, tanto quanto a tolerância religiosa está em causa, as atitudes no mundo muçulmano não são mais esclarecidos do que aquelas que marcaram perniciosamente a Europa nos finais do século XVI e nas primeiras décadas do seguinte. O fanatismo religioso e o confessionalismo sectário desune os muçulmanos contemporâneos nas preocupações interiores e no comportamento exterior, nas respostas inconscientes e nas escolhas conscientes, de uma forma que evoca os acontecimentos horríveis que afligiram a vida dos cristãos europeus quatro séculos atrás»[43].

Notas

[1] KÜNG, H. – *Cristianismo. Essência e história*, pp. 544, 545.
[2] *Id.*, pp. 553, 554.
[3] *Id.*, pp. 545, 546.
[4] *Id.*, p. 545.
[5] *Id.*, p. 551.
[6] *Id.*.
[7] *Id.*.
[8] *Id.*, pp. 551, 552.
[9] *Id.*, p. 552.
[10] *Id.*, p. 554.
[11] *Id.*, p. 557.
[12] *Id.*, p. 556.
[13] *Id.*, p. 557.
[14] Em http://www.zenit.org/pt/articles/francisco-nao-tenham-a-tentacao-de-estar-com-jesus-sem-querer-estar-com-os-marginalizados-isolando; acesso em 18 de Fevereiro de 2015.

[15] Em http://www.stumbleupon.com/su/6CWFWi/1Ch0rf7Pt:XfYOLhU1/topdocumentaryfilms.com/inside-the-medieval-mind; acesso em 18 de Fevereiro de 2015.
[16] KÜNG, H. – *Cristianismo. Essência e história*, p. 558.
[17] *Id.*, p. 567.
[18] GESTRICH, A. – Da Paz de Vestefália ao Congresso de Viena, pp. 192, 193.
[19] KÜNG, H. – *Cristianismo. Essência e história*, pp. 569, 571.
[20] *Id.*, pp. 568, 569.
[21] *Id.*, pp. 572, 573.
[22] *Id.*, p. 574.
[23] *Id.*, pp. 576, 577.
[24] *Id.*, pp. 579, 580.
[25] GESTRICH, A. – Da Paz de Vestefália ao Congresso de Viena, p. 200.
[26] KÜNG, H. – *Cristianismo. Essência e história*, pp. 586, 587.
[27] *Id.*, p. 588.
[28] *Id.*, pp. 588, 589.
[29] *Id.*, p. 594.
[30] *Id.*, p. 598.
[31] Em http://pt.wikipedia.org/wiki/Califado_Abássida; acesso em 24 de Março de 2015.
[32] MARUJO, A. – *Diálogos com Deus em Fundo*, p. 282.
[33] Em http://pt.wikipedia.org/wiki/Francis_Bacon; acesso em 24 de Abril de 2015.
[34] MARUJO, A. – *Diálogos com Deus em Fundo*, p. 270.
[35] Entrevista em Youtube.com/correiodecoimbra, João Paiva conversa com Carlos Fiolhais, *Correio de Coimbra*, 2 de Julho de 2015, pp. 3-5; p. 4.
[36] RAZI NAQVI, K. – *Can Science Come Back to Islam?*", German Amazon Distribution, Leipzig, 2015, p. 12. «*The birth of modern science, an astonishing enterprise, which took place at first in Europe, did much to loosen the stranglehold of Church on society; it also liberate thinkers from the yoke of ancient authorities (like Aristotle and Ptolemy), and they even began to expound ideas in the "vernacular dialects" of Europe, instead of Latin or Greek, which had until then been considered as the only European languages fit for a solemn discourse»*.
[37] CAPRA, F. – *The Tao of Physics*, Fontana Paperbacks, 1983, pp. 121-126.
[38] LUDMERER, Kenneth M. – *Time to Heal*, Oxford University Press, New York, 1999, p. 45. «*Even as he found great joy poring for hours at a time at blood smears under a microscope, he would continually remind students that "studying his [patient] blood does not study the patient", and throughout his career he remained an outstanding clinical teacher and a bedside doctor. He continued to see private patients until his retirement, and be warning about letting research interfere with one's view of medicine as a whole. To this Nobel laureate it was "essential that every doctor, regardless of his field of interest, should keep his hands on patients"».*
[39] RAZI NAQVI – Can Science Come Back to Islam?", p. 51; «*What sets apart, more than anything else, post-Renaissance Europe from the Islamic world is the voluntary participation of the Christian clergy in scientific research and the fateful abstinence of Muslim priests from this activity».*
[40] *Id.*, p. 119; «*In retrospect, Sir Syed's attempt to persuade Indian Muslims to walk away was doomed to miscarry; he might as well have tried to convince the planets to abandon their orbits and rattle off towards a different galaxy. Such a profound change in attitudes needs a century (or more) of widespread liberal education and the creation of an atmosphere where thinkers clamouring for change, modernization and diversity can express their opinion without fear of persecution.»*
[41] *Id.*; «*Look around the contemporary world, and see where you find free school education, parity (or very nearly so) between the genders, equality (or very nearly*

so) between generations, freedom (more than in many other parts of the globe) to express one's political views, liberty to practice one's avowed faith, and subject it to searching examination and even severe criticism, license to translate foreign books, libraries that acquire, shops that sell, and readers who borrow or buy those provocative books, and ask yourself — if you too regard these as changes of progress — how such advances came about. These changes, which originate in Western Europe, were driven by a variety of factors: Protestantism, Swedenborgianism (see below), agnosticism, Darwinism, the interplay of economic forces, the two Great Wars. It is very unlikely that anything approaching this level of progress would have been realized if Western Europe had adhere to the doctrines of Catholicism during the last couple of centuries.»

[42] *Id.*; «*Since Islam does not have a "Church", one can only speak of something nebulous, such as the Muslim world, and if you use adherence to a literal interpretation of the Qur'ān and aversion to scientific enquiry as two indicators, we cannot avoid the conclusion that the present-day Catholic Church is well ahead of contemporary Islam in many important respects. [...] If we take religious intolerance and bigotry as an index, the contemporary Muslim world can quite reasonably be compared to seventeenth century Europe.*»

[43] *Id.*, p. 169; «*I have been led to conclude, on the basis of the evidence that has been presented above [...] that so far as religious toleration is concerned, attitudes in the Muslim world are no more enlightened than those which blighted Europe at the closest of the sixteenth century and the first few decades of the next. Religious bigotry and denominational divides the inner concerns and outward behaviour, the unconscious responses and the conscious choices of contemporary Muslims in a manner that evokes the horrid events which afflicted the lives of European Christians four century ago*».

CAP. 11. O PARADIGMA DA MODERNIDADE

Como afirma Hans Küng, «a revolução da modernidade era antes de tudo uma *revolução do espírito*! [...] O saber é poder e a ciência moderna deve permitir que a humanidade satisfaça, sem qualquer conflito, todas as suas necessidades; deve igualmente possibilitar uma política construtiva, graças a peritos científicos e técnicos, e portanto, a uma paz universal. A ciência é efectivamente a primeira grande potência da modernidade ascendente»[1].

A ciência moderna vai transformar o seu tempo numa idade da fé na *razão* e no *progresso*, mas não vai contribuir de um modo determinístico para uma era de liberdade e de paz.

O equilíbrio político dos poderes

A Guerra dos Trinta Anos conduziu a uma profunda crise na Europa Central com estagnação de população, recuo da agricultura, do comércio e do artesanato, e subida dos preços. Se, como aponta Küng, os paradigmas religiosos anteriores viram o Mediterrâneo como o centro das nações, o paradigma da modernidade, graças às navegações de portugueses e espanhóis e às suas descobertas de novas terras e de novas gentes, vai participar do deslizamento do centro da gravidade política para o Atlântico e para as nações atlânticas, com destaque para os Países Baixos. As Províncias Unidas dos Países Baixos, ao fim de uma guerra de oitenta anos (1567-1648), haviam logrado conquistar a sua independência em relação à maior potência europeia durante os séculos XVI e XVII, a Espanha. «Foi sobretudo durante o armistício, o qual durou doze anos (até 1609), que com a sua rica burguesia que sustentava o Estado e a Companhia das Índias Orientais, formaram a maior frota mercante da época, edificaram um império colonial na Ásia Oriental e fizeram de Amesterdão o porto mais importante e a plataforma giratória do comércio mundial. Com a criação de um banco absolutamente "moderno" (1609), Amesterdão também se tornou o centro da finança europeia. Os Países Baixos tiraram partido do afluxo de judeus provenientes da Península Ibérica, os quais se mostraram muito activos e eficientes neste país livre». Os novos tempos vão pertencer, em larga medida, às potências marítimas protestantes, mas a hegemonia da Europa vai ser assumida pela França, beneficiando da sua dimensão, de ser também uma potência marítima atlântica e de ter conseguindo manter-se como um estado católico, mas sem um zelo especial na aplicação da Contra-Reforma.[2] «Tudo está assim pronto para que a *idade francesa* substitua definitivamente a "idade espanhola", uma idade francesa que será representada com brilho inigualável por [...] Luís XIV»[3].

O Estado centralizado de Luís XIV levou a bom termo algumas guerras de conquista, abriu uma nova era para a sua corte em Versalhes, e Paris converte-se numa nova capital da cultura, onde predomina uma estética geometricamente ordenada, como se as artes, a arquitectura e o urbanismo estivessem sujeitos a uma matematização. «O Rei-Sol, que não sonha senão com a "glória" para si mesmo e a "grandeza" para a França, reina sem dúvida sobre o país mais povoado, mais unificado e melhor organizado da Europa»[4]. Mas o declínio vai surgir a partir de 1680, fruto de sucessivas despesas militares e do esbanjamento do luxo da corte que vão conduzir o Estado francês à falência, e se vê agravado com a Guerra da Sucessão de Espanha (1701-1713), na qual Luís XIV reivindicava a coroa de Espanha para o seu neto. Fruto de toda esta política, a população da França sofre um rápido declínio, de 21 milhões em 1700 para 18 milhões em 1715, o orçamento de Estado tem uma dívida equivalente a dezoito orçamentos anuais, passando a depender de financeiros privados e o povo acolhe a morte do rei como uma libertação. Os seus sucessores não vão conseguir alterar as estruturas sociais, já insustentáveis no tempo do rei-Sol, que se vão constituir como uma das causas da Revolução Francesa.[5]

Com a queda do Sacro Império Romano-Germânico, a Europa vê-se como uma «justaposição de Estados territoriais modernos iguais em direitos». Mas nesta configuração, a quem deve pertencer o poder supremo, onde nem o imperador nem o papa já podem desempenhar um tal papel? São agora os reis que ambicionam uma tal autoridade suprema. Em larga medida com Thomas Hobbes (1588-1679), um teórico do absolutismo, vai ser estruturado um direito natural secularizado — o Estado é um produto natural de um contrato entre o povo e o governo, que já não faz apelo à graça de Deus e a finalidades sobrenaturais. O primeiro lugar cabe agora à *nação* e não à religião.[6] E a Europa moderna vai ser uma Europa das nações!

«É realmente isto que caracteriza a modernidade: já não se trata, por certo, da luta entre o papa e o imperador, como no paradigma da Idade Média, ou entre os católicos e os protestantes, como no paradigma da Reforma, mas da luta em prol da hegemonia nacional na Europa»[7]. A procura do bem de cada Estado de per si, conduziu a guerras puramente seculares, o que não impede de serem utilizadas as religiões, ou com mais precisão, as confissões religiosas, também como armas. Remonta ao século XV a ideia da busca de um equilíbrio duradouro de poder entre as nações (*balance of power*), objectivo que foi procurado pela Inglaterra, que se viria a converter na maior potência marítima e colonial. Contudo, a ordem internacional baseada num *balance of power*, como a do Tratado de Vestefália, não foi eficaz para estabelecer uma paz duradoura na Europa.

A Revolução Científica

Foi Nicolau Copérnico (1473-1543), um religioso cónego polaco nascido em Toruń na província da Prússia, que estabeleceu os fundamentos de um sistema novo no mundo — não é o Sol que anda à volta da Terra, mas esta que orbita à volta do Sol. A ideia remontava a Aristarco de Samos, mas Copérnico desenvolve-a de um modo teórico e hipotético. Johannes Kepler (1571-1630) corrige e desenvolve em muito o modelo copernicano, com base nas observações astronómicas do dinamarquês Tycho Brahe (1546-1601). Mas tais estudos só pareceram realmente ameaçadores para a imagem bíblica tradicional com o físico italiano Galileo Galilei (1564-1642), que descobriu, com a ajuda de um telescópio construído segundo um modelo holandês, as fases de Vénus, quatro satélites de Júpiter e as massas estelares da Via Láctea, bem como mostrou que a Terra não representava, como se admitia, uma "singularidade" no universo. A tais observações associou a simplicidade das leis do movimento pendular e do movimento dos corpos sob a acção da gravidade. Galileu julgou que as marés constituíam uma prova científica de que a Terra se move em volta do Sol, mas estava errado. A prova verdadeira só surge duzentos anos depois, em 1838, quando o astrónomo alemão Friedrich W. Bessel observou e mediu a paralaxe da estrela Cygni 61, em relação às estrelas vizinhas e mais distantes, usando o diâmetro da órbita da Terra como linha de base.[8]

O caminho traçado por Copérnico, Kepler e Galileu foi mais um caminho de simplicidade na interpretação dos movimentos dos astros, um caminho de beleza estética para a física e para a astronomia. Passado duas gerações, Newton confirma as conclusões de Galileu e desenvolve uma teoria da gravitação universal que confere uma visão global, articulada e muito convincente do novo sistema do mundo. Mas lentamente a Igreja foi-se sentindo ameaçada até desencadear o «caso Galileu», e a Inquisição começou a atacar a ciência em força. E não foi um caso isolado, pois se veio a repetir com a teoria da evolução das espécies e muitos cientistas foram abandonando a Igreja.

A actuação da Inquisição levou o filósofo René Descartes a viver e trabalhar em países protestantes onde os meios inquisitoriais não existiam. No seu *Discurso do Método* faz nascer a filosofia moderna, com base na certeza da matemática, da geometria — um novo ideal do conhecimento, um novo modo de pensamento. Mas esta obra estabelece uma outra ruptura: «o conhecimento humano enquanto tal é sempre produzido pelo indivíduo!», como um meio de realização de uma prática racional. «Penso, logo existo», a minha existência é o fundamento da minha certeza. «O lugar da certeza original é transferido de Deus para o homem. Quer isto dizer que já não se parte, como no paradigma medieval ou reformador, da certeza de Deus para chegar à certeza de si mesmo, antes se partindo da certeza de si mesmo para chegar à certeza de Deus!».[9]

Com Descartes, «*"moderno"* tornar-se-á sinónimo de sede de certeza, de racionalidade estrita ao abrigo de toda a influência emotiva, aspiração a um grande sistema de filosofia, das ciências físicas e naturais e das ciências humanas»[10]. Progressivamente a confiança na razão autónoma vai conduzir a um sentimento de superioridade. Kant aprofunda estas questões em duas obras: *A Crítica da Razão Pura* em 1781 e em *A Crítica da Razão Prática* em 1788, e ao propor o lema iluminista «atreve-te a pensar» vai possibilitar que as ciências modernas se estabeleçam na Universidade com autonomia da teologia e do monopólio da Igreja. Todavia a crítica de Kant não exclui a *fé*, como uma verdade do coração, e em matéria de conhecimento de Deus socorre-se não da *"razão teórica"*, mas da *"razão prática"* que se manifesta no agir do homem, um agir moral.[11] Posteriormente, já em meados do século XX, Michael Polanyi argumenta que a própria razão tem por molduras fiduciárias o inexprimível da acção prática; daí o considerar a sua perspectiva como *pós-crítica*.

«O que para o Renascimento representou a renovação dos estudos clássicos, representam-no para a modernidade nascente a matemática, as ciências físicas e naturais e a nova filosofia. [...] Eis que se desenvolve uma vida intelectual independente da Igreja e cada vez mais contra ela»[12]. Se o absolutismo ainda tinha em estima a ordem, a disciplina, a autoridade e o dogma da Igreja, o *progresso* que a valorização da razão vai impondo fortalece o primado da razão sobre a fé, a natureza sobre a graça, a filosofia sobre a teologia, o mundo sobre a Igreja, o que é humano sobre o cristão. E o «desenrolar da história é percebido como racionalmente progressivo e progressivamente racional. [...] A fé num progresso sem fim tornar-se-á uma verdadeira religião de substituição».[13]

Na modernidade verifica-se por meados do século XVII não só um esgotamento religioso, mas também, mormente nos países protestantes, uma progressiva tolerância religiosa. Tomou-se consciência do alto preço que se pagou pela expulsão dos judeus em Espanha e em Portugal, dos muçulmanos em Espanha, dos huguenotes na França de Luís XIV. Os judeus e os muçulmanos expulsos contribuíram em muito para o desenvolvimento e o bem-estar de cidades como Amesterdão e Istanbul, os huguenotes foram bem sucedidos na Holanda, na Prússia e em Inglaterra. E os países católicos da Península Ibérica viram-se atrasar no progresso científico, técnico e económico.[14]

Teologia contextual

As guerras religiosas são cada vez mais consideradas inumanas e nada cristãs, o mesmo sucedendo com a caça às bruxas e a sua condenação à fogueira. E o primeiro a pô-lo em causa foi o jesuíta Friedrich von Spee. O contacto com outros povos e outras culturas foi fornecendo a consciência da relatividade do cristianismo aos moldes europeus. «Muitas vezes, a relação do cristianismo com outras religiões foi uma relação de invasão e subjugação. Consciente do seu poder, a Igreja esforçou-se por impor a sua fé e implantar o seu sistema religioso, contribuindo para destruir culturas e desligar populações inteiras das suas próprias raízes. Esta operação "colonizadora" nascia, sem dúvida, de um desejo sincero de tornar cristãos todos os povos, mas não era a maneira evangélica de tornar presente o Espírito de Cristo em terras pagãs»[15].

Quando no século XVII os missionários europeus encontraram no Extremo Oriente sociedades altamente civilizadas, que não haviam sido influenciadas pela cultura europeia, o choque "colonizador" agudizou-se. Geraram-se problemas como a "Questão dos Ritos" na China, com reflexos negativos para o cristianismo nesta nação, presentes ainda nos dias de hoje.[16] «Esta disputa pode ser retratada como uma confrontação entre uma concepção do catolicismo segundo uma linha mais "ortodoxa", intransigente e baseada na cultura europeia, e uma adaptação católica aos hábitos, ritos e usos locais chineses, profundamente enraizados numa sociedade milenar fortemente influenciada pelo confucionismo»[17]. Eram os ritos chineses formas de idolatria e superstição, como pretendiam os dominicanos, ou eram cerimónias sociais, políticas e civis, sem nenhuma intenção religiosa, como defendiam os jesuítas, nomeadamente Matteo Ricci?

Houve alguns passos notáveis neste caminho de missionação, como a permissão dada em Março de 1656, pelo papa Alexandre VII, do uso da língua chinesa na liturgia. Uma notável excepção à Contra-Reforma que vedava este uso das línguas vernáculas. Mas as rivalidades e intrigas entre ordens religiosas no seio da Congregação para a Propagação da Fé (*Propaganda Fide*), com o decurso dos tempos levou a que o papa Clemente XI, em Março de 1715, emitisse a bula "*Ex illa die*" a condenar os ritos chineses. O Imperador chinês Kang-Hi, não tendo chegado a acordo com o delegado papal que foi comunicar uma tal decisão, decretou a proibição da actividade evangelizadora dos missionários europeus na China.

O historiador José Mattoso aporta-nos uma problemática relevante neste contexto: «A Idade Média era "mais" tolerante e menos dogmática»; «uma concepção pragmática da realidade, muito diferente da doutrina»[18]. Tolerância que se foi perdendo na Idade Moderna. Enquanto o pensamento ocidental se construiu mais a partir da oposição dos contrários — preto, branco; bem, mal; luz, trevas ... — do que da sua complementaridade, o pensamento oriental busca a harmonização dos contrários. Se bem que na Idade Média as regras fundamentais eram apresentadas com toda a sua exigência, a prática era muito mais maleável. «A evangelização da Índia, e depois da China e do Japão, com os missionários portugueses preocupava-se muito mais com o dogma do que se preocupava o clero na época medieval. Isso manifesta-se de forma muito clara na questão dos ritos chineses, quando se perde tudo o que os jesuítas haviam alcançado. Se tivesse havido uma atitude mais tolerante, poderia depois ir-se purificando a crença e a prática e encontrar também uma forma que utilizasse os padrões culturais chineses, conciliando-os com o cristianismo. Em vez disso, a rigidez só leva a diminuir, a humanizar excessivamente a prática de contacto com outras culturas»[19].

A IGREJA ESTAVA a lidar com a "teologia contextual", termo que começou a ser usado a partir de 1972, mas que corresponde a uma problemática presente desde os começos do cristianismo. A "teologia contextual" assume o intento de compreender a fé cristã em termos de um contexto particular. Vai ter em conta a situação de vida, social e cultural da época e do lugar em que é elaborada. Mas o Evangelho tem de ser pregado de forma inteligível a todo o mundo habitado. Uma teologia muito ocidentalizada, que pressupõe o princípio da não-contradição sobre o qual assenta a lógica ocidental, cria "obstáculos epistemológicos" numa cultura como a indiana, onde as coisas podem ser e não ser ao mesmo tempo.

Como expõe Ronaldo Lidório, «Jesus ensina-nos diversas vezes que a transmissão do conhecimento do Evangelho não será uma acção realizada sem a participação comunicativa da Igreja. Esta participação envolve duas acções principais: a vida e testemunho da Igreja, bem como a atitude de proclamar, expor, o Evangelho de Cristo. Esta comunicação do Evangelho, portanto, numa perspectiva transcultural, necessita de um trabalho de "tradução" em duas áreas específicas: a língua e a cultura. As línguas dispõem de códigos diferentes para viabilizar a comunicação e o mesmo ocorre com a cultura. [...] Contextualizar o Evangelho não é reescrevê-lo ou moldá-lo à luz da Antropologia, mas sim traduzi-lo linguística e culturalmente para um cenário distinto a fim de que todo homem compreenda o Cristo histórico e bíblico»[20].

O autor desenvolve a sua reflexão a partir da Carta ao Romanos do apóstolo Paulo. «Há alguns elementos bíblicos neste precioso texto que nos ajudam a pensar em alguns princípios de contextualização. Há uma verdade universal e supra-cultural: Deus é soberano e dono de toda glória. Esta verdade fundamenta a proclamação do Evangelho. [...] A mensagem pregada por Paulo é contextualizada expondo Deus em relação à realidade da vida e queda humana. Porém não é inculturada, pregando um Deus aceitável, mas sim um Deus verdadeiro. Se amenizarmos a mensagem do pecado contribuiremos para a incompreensão do Evangelho. [...] Apesar de o Evangelho ser supra-cultural e atemporal, para todos os povos em todos os tempos, cada cultura, por si, possui uma fórmula própria de elaboração de perguntas a serem respondidas pela Palavra»[21].

Ronaldo Lidório debruça-se sobre três passagens do livro de Actos nas quais Paulo proclama o Evangelho. Primeiramente a um grupo formado só por judeus; numa segunda ocasião, a judeus mas com presença de gentios simpatizantes do judaísmo; finalmente a gentios dissociados do mundo judaico.

Para os judeus a «sua forma de pregação seguia a mesma dinâmica que ele viria a usar em todo o seu ministério entre os Judeus:

demonstrando a partir da comprovação escriturística que Jesus é o Messias esperado (Act 17, 1-3). Paulo bem sabia que se alguém desejasse mostrar aos judeus que uma pessoa era o Messias, teria que fazê-lo através das Escrituras. Por isso a sua abordagem foi baseada nas Escrituras, centralizada na promessa do Messias e promotora de evidências de que este era Jesus. Paulo aqui falava aos filhos de Israel, que se viam como os filhos da Promessa e, portanto, em toda sua pregação ele utilizava elementos históricos e marcos da relação entre Deus e o Seu povo escolhido»[22].

A segunda situação é apresentada em Actos 13, 14-16, na qual encontramos Paulo em travessia de Perge para a Antioquia da Pisídia, indo num sábado à sinagoga. «Interessante como Paulo neste caso prega a Cristo a partir do "Deus de Israel", e se fundamenta no Antigo Testamento para lhes apresentar o Messias, por saber que os gentios ali presentes não apenas conheciam o Antigo Testamento mas também procuravam segui-lo. Porém a sua pregação tem também um forte teor moral e escatológico, que a distingue da primeira em Actos 9, apenas para aos judeus, demonstrando a sua sensibilidade para um auditório misto, mesmo que prioritariamente judeu e judaizante. No verso 39, Paulo utiliza um texto de inclusão (todo aquele), que se contrapõe ao discurso mais exclusivo que seguia com os judeus, dizendo que todo aquele que cresse seria salvo. Certamente os gentios judaizantes, fora da história biológica de Israel, se viam aí incluídos: um Messias judeu para judeus e gentios»[23].

O terceiro cenário é apresentado em Actos 17, 16-31, onde Paulo proclama Cristo para gentios que nenhum conhecimento tinham das Escrituras. «Paulo está em Atenas, o centro filosófico do mundo da época, e é conduzido até o areópago pelos epicureus e estóicos. Neste momento Paulo encontrava-se num cenário totalmente paganizado sem pressupostos judaizantes. O sermão de Paulo desta vez não se iniciou nas Escrituras vetero-testamentárias ou mesmo na promessa do Messias. Paulo pregou-lhes Deus, a partir das evidências da criação e do deus desconhecido, "pois este que adorais sem conhecer é precisamente aquele que eu vos anuncio" (Act 17, 23). Passa então a apresentar-lhes os atributos de Deus que: "criou o mundo e tudo o que nele se encontra, Ele, que é o Senhor do céu e da terra" (Act 17, 24); "fez, a partir de um só homem, todo o género humano para habitar em toda a face da Terra" (Act 17, 26); "[fixou a sequência dos tempos e os limites para a sua habitação], a fim de que os homens procurem Deus e se esforcem por encontrá-lo, mesmo tacteando, embora não se encontre longe de cada um de nós" (Act 17, 27); "Sem ter em conta estes tempos de ignorância, Deus faz saber, agora, a todos os homens e em toda parte, que todos se têm de arrepender" (Act 17, 30); "pois fixou um dia em que julgará o universo com justiça, por intermédio de um Homem, que designou, oferecendo a todos motivos de crédito, com o facto de o ter ressuscitado de entre os mortos" (Act 17, 31). Note que no verso 24, Paulo utiliza *Theos* para se referir ao "Deus que fez o mundo", sendo o mesmo termo utilizado (*Theos*) para mencionar o deus desconhecido. Ele utiliza a ideia existente de deus para apresentar revelacionalmente o Deus da Palavra, criador de todas as coisas. O fim da mensagem é o mesmo: Jesus que morreu e ressuscitou»[24].

Em suma, parece ser evidente que o apóstolo Paulo jamais compromete a autenticidade da mensagem bíblica, mas comunica-a com *aplicabilidade cultural* de forma que haja boa comunicação e compreensão para os seus interlocutores. Num contexto transcultural, Paulo procurou com que: i) o Evangelho fosse uma mensagem relevante para os seus diferentes interlocutores; ii) os ouvintes pudessem entender os princípios cristãos em relação à cosmovisão vigente nas suas culturas; iii) os frequentadores do areópago de Atenas pudessem ver os valores do Evangelho como respostas para os conflitos diários das suas vidas.

A Teologia na modernidade

«A Querela dos Ritos contribuiu bastante para anuviar o espírito universal, no qual encontramos o primeiro europeu que tomou a sério, filosoficamente, a estrutura pluralista da humanidade, com as suas raças e as suas culturas de igual valor, e que trabalhara em prol da reconciliação não só entre Igrejas cristãs [...], mas entre as culturas ocidental e oriental —referimo-nos ao grande ecumenista que foi Gottfried Wilhelm Leibniz»[25]. Não só o famoso matemático e físico Leibniz (1646-1716), mas outros intelectuais, foram-se apercebendo, no espírito das Luzes, da perda de exclusividade do cristianismo junto das elites europeias. E a ideia de tolerância vai-se impondo ao confessionalismo: não ao monopólio de uma religião ou mesmo a dominação de duas religiões. Não somente a tolerância para com diferentes confissões cristãs, mas para com diversas outras religiões.

Morre Leibniz e passado oito anos nasce outro filósofo alemão igualmente eminente, Immanuel Kant (1724-1804). Como anteriormente referido, Kant lança a divisa da *Aufklärung* (Luzes), movimento preparado na Alemanha por um pietismo individualista, espiritualista, mas indiferente aos dogmas e ao controlo da Igreja Católica. É um apelo que vai para além do de Lutero a uma nova *forma* da Igreja; é o reconhecimento que a humanidade está a alcançar a maioridade: «"Tem a coragem de te servires do teu próprio entendimento! Eis a divisa da *Aufklärung*". Contra quem se eleva afinal esta divisa? Contra as autoridades eclesiásticas de todas as confissões que regem o pensamento. [...] A influência omnipresente e demasiado pesada da religião, da Igreja e da Teologia, característica da Idade Média europeia, mas também da Reforma, tornou-se insuportável para esta idade da razão».[26] Afinal a divisa das Luzes é contra o *poder intelectual* da Igreja, uma outra forma do *paradigma imperial/paradigma da sociedade de corte*. «Na medida em que se procura libertar todo o pensamento humano das autoridades de que ele dependia até aí para só confiar nos princípios inerentes à razão, trata-se de uma autêntica *revolução cultural*. De facto, se as Luzes se rebelam contra as autoridades eclesiásticas, elas também põem fundamentalmente em causa toda a autoridade — com excepção da que pertence à razão»[27].

Para Küng encontramos aqui outra característica da modernidade: cultura e religião afastam-se uma da outra e começa o processo de *secularização*, que já não é a mera transferência do património da Igreja para o Estado ou para a sociedade para lhe darem um uso profano, mas a de subtrair à influência da Igreja sectores importantes da vida humana, como a ciência, a economia, a política, o direito, a educação, a medicina, a assistência social, etc.. «Finalmente, a palavra "emancipação" significará a própria autodeterminação do homem face a uma autoridade que pede uma obediência cega e a um poder não legitimado».[28]

Fruto de todos estas revoluções, da ciência moderna, das culturas e da secularização, assistiu-se: i) a um enorme progresso das ciências; ii) a uma ordem social totalmente nova, com base na liberdade de crença, no Estado de direito natural, na abolição dos privilégios da nobreza e do clero; iii) a uma revalorização do indivíduo, com o direito à vida, à propriedade, à emancipação social e à política das cidades e dos burgos.

Perante esta revolução científica e cultural, a teologia tradicional começou a reconhecer que «as antigas estruturas de plausibilidade começam a aluir» e a própria Escritura vai ser submetida a análises histórico-críticas, sendo precursor neste campo o oratoriano francês Richard Simon (1638-1712), contemporâneo de Descartes e de Galileu. Um clérigo que começou a reconhecer factores de bondade e de beleza na obra da Criação que deviam enriquecer a Revelação. Claro que a obra *"História Crítica de Antigo Testamento"* (1678) foi mandada confiscar pelo bispo de Paris e o próprio autor excluído do Oratório. Este sinal precursor que surgiu no seio do catolicismo não vingou, mas vai ser retomado e prosseguido no seio do protestantismo. De novo se destaca Leibniz, que não pretende virar as Luzes contra a religião, «mas aspira a fazer advir as luzes na e com a religião».[29]

Mesmo no protestantismo alemão, a entrada da *Aufklärung* na religião foi muito lenta. Diversos intelectuais colocam no mesmo plano a razão e a Revelação, mas sempre sem atacar o dogma. Inicialmente, seguindo o fio condutor da visão cartesiana, buscando os seus modelos na matemática e nas ciências físicas. Nas suas interpretações, progressivamente a história do próprio Jesus passa a depender de uma explicação racional. E o Evangelho, uma mensagem inspirada pelo Espírito de Deus e de Jesus Cristo, é para o crente mensagem de Deus que liberta e salva a humanidade.

A maturidade teológica no espírito da modernidade é alcançada com Friedrich Schleiermacher (1768-1834), um dos co-fundadores da Universidade de Berlim. Com a obra "*Sobre a Religião. Discursos às Pessoas Cultas dentre os Seus Depreciadores*" mostra que não há contradição entre a cultura moderna e a convicção religiosa. No seu entender a religião não tem a ver com sistematização e teorização, mas é «uma experiência misteriosa na qual o homem é posto em movimento pelo mundo da eternidade». A religião quer ter a experiência da totalidade.

«A *religião* não aspira a conhecer e explicar o universo em sua natureza, como a *metafísica*, nem aspira a continuar o seu desenvolvimento e aperfeiçoá-lo através da liberdade e da vontade divina do homem, como a *moral*. A sua essência não está no pensamento nem na acção, mas sim na *intuição* e no *sentimento*. Ela aspira a intuir o Universo; quer ficar contemplando-o piedosamente em suas manifestações e acções originais; quer fazer-se penetrar e preencher pelas suas influências imediatas, com passividade infantil»[30].

Esta relação viva com o Eterno, esta dependência absoluta de Deus, reveste-se de características originais em cada indivíduo, pelo que a tolerância é sempre aconselhável. Os dogmas, os enunciados doutrinais, não são a religião mas reflexões sobre a religião. Em Schleiermacher há a preocupação de evitar a visão antropomórfica de Deus, preferindo usar palavras como o "infinito", o "universo", a "totalidade". Mas reconhece igualmente que «o infinito nunca é apreensível senão no finito: exterioriza-se e manifesta-se numa infinita variedade de formas». Pelo que quem pretenda compreender a "religião" deve procurar compreender as diferentes religiões — a "configuração" de todas as religiões (a Totalidade) — o que não é de modo algum uma perspectiva estritamente panteísta, nem um misticismo da unidade. Requer, porém, um ponto de partida: o ser crente de alguma religião.[31] Foi também o pai da hermenêutica bíblica e reconhece como essência do cristianismo o seu carácter *redentor*, a relação entre corrupção e redenção, e o "mediador" é Jesus Cristo. Digamos que Schleiermacher se vai situar entre o racionalismo hegeliano e o romantismo alemão. Foi considerado radical pelos ortodoxos e visionário pelos racionalistas, mas influenciou, mais do que qualquer outro teólogo, o pensamento protestante do século XIX.[32]

No Capítulo anterior vimos simbolicamente como Deus operou a criação e no seu termo «cria a humanidade, como homem e mulher, e coloca-os no centro da mesma criação para que vivam em harmonia com Deus, consigo mesmos, como os demais homens e mulheres e com toda a criação. Tal é o projecto original. Existe maior ideal de felicidade? Deus vendo toda a sua obra considerou-a muito boa (Gn 1, 31). [Mas o homem caiu na tentação de ser como Deus, prescindindo d'Ele]. Diante do fracasso do homem, Deus intervém restaurando-o e salvando-o. Os profetas, por exemplo, falam do retorno do exílio com palavras de alegria e imagens de júbilo (Is 35). Deus não quer a morte do homem que se afastou do seu caminho, mas que reconsidere, se converta e viva (Ez 18, 23)»[33].

O *opus magnum* de Schleiermacher é *A Fé Cristã* (1821-1822) que se inscreve numa orientação firmemente histórica, assume uma configuração ecuménica e parte de experiências religiosas da comunidade dos crentes. Duas frases de Santo Anselmo no anterrosto da obra são bem significativas: «Não busco, na realidade, conhecer para acreditar, antes creio para conhecer. Com efeito, quem não crê não terá a experiência disto mesmo, e quem não tiver experiência, então não conhecerá»[34]. E demarca-se da «doutrina das duas naturezas» sobre Cristo — «em Cristo a consciência de Deus é propriamente o princípio constitutivo da pessoa. A sua consciência de Deus deve compreender-se como uma pura e autêntica revelação, como a verdadeira e autêntica inabitação do ser de Deus no finito»[35]. «É precisamente "esta equivalência do divino" em Cristo e no Espírito Santo, e também a equivalência "de ambos com o Ser em si" que representa para Schleiermacher "a essência da doutrina trinitária"»[36].

Num balanço crítico à teologia moderna de Schleiermacher, Küng reconhece que este teólogo da modernidade «deu certamente todo o devido lugar à função profética, sacerdotal e real de Jesus. Mas não concedeu o lugar central, fundamental para os escritos neotestamentários, ao escândalo da cruz e à esperança da ressurreição»[37].

As Luzes e o Absolutismo

Os monarcas absolutos de bom grado admitiam as exigências das Luzes no que diz respeito à libertação do Estado e da sociedade das cadeias religiosas. Mas desenvolveram-se igualmente exigências na sociedade contra os monarcas. E o caso paradigmático é a Revolução Francesa. A gestão de Luís XIV e dos seus sucessores conduziu à ruína do Antigo Regime: vagas de inflação, revoltas de famintos, massas populares sem trabalho e a viver na miséria.

A bancarrota do Estado levou Luís XVI a convocar os Estados Gerais para Versalhes em 1 de Maio de 1789, o que os reis de França já não faziam desde 1615.

A Revolução não se destinava a atacar a Igreja, pois se bem que o episcopado se aliava à nobreza, tal como já se havia verificado na Alemanha no tempo da Reforma, o baixo clero, pelas suas origens e desamparo social, solidarizava-se com o terceiro estado, os 98% de sem-privilégios. Uma marca forte das divisões criadas no seio da própria Igreja, e no seu clero, pelo *paradigma da sociedade de corte*. O mais importante escrito revolucionário sobre o "Terceiro Estado" vem de Emmanuel-Joseph Sieyès, um eclesiástico, representativo de muitos outros do baixo-clero. O poder vem de Deus para o povo; o povo pode delegar o poder ao príncipe mas também pode retirá-lo.

Após a abertura dos Estados Gerais, e face à recusa da introdução de reformas por parte dos outros dois estados, o terceiro estado constituiu-se em Assembleia Nacional e considerou-se o único representante da vontade da nação e o único parceiro autorizado da coroa. Foi o acto fundador da Revolução. O povo vem a ser o único soberano, representado pela Assembleia Nacional. E a *nação* surge como um valor moderno na ordem política e social. Mas a Revolução só se imporá mediante acções violentas, sob o lema *liberdade* política, *igualdade* social, *fraternidade* espiritual. Daí a Assembleia Nacional ter abolido todos os privilégios feudais e todos os direitos e privilégios particulares dos estados sociais, das cidades e das províncias.[38]

«A Revolução ocupa um lugar tão importante na consciência histórica francesa como a Reforma na da Alemanha». Inspirada na pensamento iluminista e na Revolução Americana de 1776, a Assembleia Constituinte da França aprova, em 26 de Agosto de 1789, a *Declaração dos Direitos do Homem e do Cidadão* e assim lançou as bases de uma nova ordem social, pois não é uma declaração "burguesa" mas a magna carta da democracia moderna, uma missão para toda a humanidade. Daí o eco sem precedente que encontrou por toda a Europa e, juntamente com o movimento da independência americano, marca o *paradigma moderno esclarecido* que se impõe também na ordem política.[39]

A IGREJA EM FRANÇA era uma *religião de Estado* e vê os seus bens confiscados pela Assembleia Nacional em Outubro de 1789 e vendidos em hasta pública para sanear a situação de bancarrota nacional, os conventos e ordens religiosas suprimidos, para além dos excessos cometidos durante o período do Terror.

Com o serviço militar obrigatório, o exército adquiriu uma importância cada vez maior na sociedade e «será necessário esperar pelas duas grandes guerras mundiais do século XX para que se tornem nítidas as tremendas consequências da mudança de paradigma da época moderna no tocante à condução da guerra (guerra dos povos), guerra total». Mas igualmente a Revolução, com um fundamento assente apenas na razão, despreza a tradição, chegando-se ao ponto de «a democracia acabar por ser elevada à categoria de nova "Igreja", com o seu próprio culto e os seus enunciados de fé: a deusa da Razão toma o lugar de Deus».[40]

A Igreja foi, no entender de Hans Küng, a principal vítima da Revolução, mais ainda que a nobreza, que mais tarde veio a resgatar parte dos seus bens. «A Igreja, que constituíra um Estado dentro do Estado, perdeu não só o seu poder secular, que se estendera à educação, aos cuidados prestados aos doentes e aos pobres, mas também as suas propriedades fundiárias, que eram consideráveis, e sobretudo uma fracção importante do seu clero: por emigração (cerca de 40.000), por execução e deportação (de 2000 a 5000), mas também por demissão (igualmente vários milhares)». Esta Igreja nunca mais voltou a ser o que fora até 1789 e a descristianização, já emergente com o absolutismo, impõe-se agora de um modo flagrante. Estabelecem-se duas culturas, a republicana laica e a católica conservadora, e a Igreja vai-se ver fechada num gueto cultural até ao Concílio Vaticano II.[41]

Será que o lema «*liberdade, igualdade, fraternidade*» era contrário aos princípios da Igreja, como Roma e os católicos conservadores assim o entenderam? Gregório XVI (1765-1846), papa desde 1831, chegou mesmo a considerá-lo como anti-cristão. Todavia «tem um fundamento na Igreja primitiva, o qual, como vimos, foi sepultado desde muito cedo sob estruturas de poder hierárquico. Na nossa análise de paradigmas [religiosos] devem ter ressaltado duas coisas: o ideal cristão primitivo da liberdade, da igualdade e da fraternidade (*paradigma judeo-cristão apocalíptico* e *paradigma do cristianismo antigo helenístico*), bem como o seu encobrimento já na Igreja antiga (*2º paradigma*) e, por maioria da razão, no paradigma medieval (*3º paradigma*). Revivificado, só parcialmente, pela Reforma (*4º paradigma*), este ideal impôs-se finalmente de uma maneira imperiosa com a Revolução Francesa (paradigma moderno esclarecido, *5º paradigma*). "Liberdade, igualdade, fraternidade": "os cristãos — alguns já haviam pensado nisto em 1789 — aperceberam-se desde então de que as três palavras tinham efectivamente uma ressonância evangélica", escreveu Jean Comby, historiador francês da Igreja, ao concluir um artigo intitulado "*Liberdade, igualdade, fraternidade. Princípios para uma nação e para uma Igreja*". As divisas democráticas da Revolução Francesa não eram necessariamente, a princípio, slogans hostis à Igreja. A Igreja Católica e, em larga medida, as outras Igrejas, não as compreenderam na época ou não queriam compreendê-las. Porquê? Porque se tinham elas mesmas afastado em demasia da liberdade, da igualdade e da fraternidade evangélicas primitivas»[42]. Só com João XXIII em 11 de Abril de 1963, na encíclica *Pacem in Terris*, um tal lema é reconhecido como de raiz cristã, sob a divisa «*justiça, caridade, liberdade*».

Mesmo em França, o sangrento "consulado" de Robespierre tornou-o rejeitado, não havendo ruas ou praças onde o seu nome figure. A figura de Napoleão suscita ódios e admirações. É incontestável o seu mérito em matéria de organização jurídica, administrativa, financeira e científica da França, que ainda hoje perdura em larga medida, mas nele o princípio nacional sempre superou o dos interesses da humanidade. Henry Kissinger compara Napoleão com líderes como Kautilya, estadista e filósofo indiano dos séculos IV e III a. C., e Qin Shi Huang, o imperador que unificou a China em 221 a. C., pelo facto de todos eles partilharem o propósito estratégico de conquista de todos os outros Estados, ultrapassando um equilíbrio de poder internacional existente, como caminho para a vitória. «Segundo a tese de Kautilya, os Estados estão obrigados à prossecução do interesse próprio, mais do que a glória. O governante hábil procuraria aliados entre os vizinhos dos seus vizinhos, tendo por objectivo um sistema de alianças em que o conquistador ocuparia o centro». Como uma roda em que os aliados são os aros. «O inimigo, por mais poderoso que seja, ficará debilitado ao ser comprimido entre o conquistador e os seus aliados».[43]

O fomento de *nacionalismo* que a estratégia napoleónica vai suscitar na Europa, com a subsequente unificação da Itália e da Alemanha, acaba por redundar em detrimento da França, pois a Grã-Bretanha veio a ser a potência mundial do século XIX.

A Revolução da Indústria e da Técnica

A Inglaterra já vivera a sua "Gloriosa Revolução" (1688-1689), que levou à substituição do rei Jaime II, católico, da dinastia Stuart, por Guilherme de Orange, protestante, príncipe holandês de Orange, e o seu sistema político adquirira um carácter parlamentar, um século antes da Revolução Francesa. É nela que vão ter lugar as revoluções técnicas da *máquina a vapor*, inventada pelo inglês James Watt em 1765, da *máquina de fiar* hidráulica inventada pelo inglês James Hargreaves no ano de 1767, do *tear mecânico* construído pelo francês Joseph Marie Jacquard em 1804, do *caminho de ferro* quando em

1814, William Hadley inventou a sua locomotiva a vapor "*Puffing Billy*", e provou ser possível fazer aderir a locomotiva aos "*rails*"; nascia, assim, o caminho de ferro cuja primeira linha para serviço público foi inaugurada em Inglaterra no ano de 1825 entre Stockton e Darlington. A invenção da máquina a vapor possibilitou mover grandes embarcações sem depender dos ventos, o que foi realizado por Robert Fulton com o *Clermont* em 1807. Ao tentar preparar o agente anti-malária, quinina, por oxidação da anilina obtida a partir do carvão, o inglês William H. Perkin, sintetizou em 1856 um corante que veio a ser denominado mauveína por referência à cor da flor da malva silvestre.

As fábricas passaram a estar equipadas com máquinas e dá-se a substituição do trabalho artesanal pelo assalariado. A mecanização da produção, a produção do aço, o uso extensivo do carvão como fonte de energia, e a criação de novos mercados, a intensificação do capitalismo e da banca, a liberalização da economia vão trazer grandes mudanças ao tecido social e às mentalidades. A agricultura também sofreu a sua revolução mediante o uso de máquinas, o arroteamento, os adubos artificiais, mas de maior consequência foi a crescente urbanização de cidades industriais e a modificação que tal acarretou nas paisagens, na qualidade do meio ambiente e na geração de um proletariado de miséria, daí gerando novos conflitos de classes. Paralelamente, houve uma explosão demográfica resultante da desinfecção das águas de consumo, e da melhoria dos cuidados médicos e de higiene.

A Inglaterra converte-se na maior potência comercial do século XVIII, o que lhe permitiu estabelecer uma política de equilíbrio a nível da Europa e expandir a sua hegemonia além-mar criando um novo "Império Britânico". Império que lhe permitirá manter a hegemonia por mais de um século, mas que vai cessar no último terço do século XIX, dado que, por recurso a novas formas de energia (a electricidade e o petróleo), ao florescimento de novas indústrias (electrónica, química e construção de maquinaria), a Alemanha e os Estados Unidos passam a poder competir em condições de igualdade com a própria Inglaterra.

Mas não são apenas estas as razões da perda de hegemonia do Império Britânico. A elas se somam as provenientes consequências da dívida contraída durante as guerras napoleónicas (1803-1815). Para as melhor compreendermos, ouçamos Thomas Piketty: «Como fazer para reduzir significativamente uma dívida pública elevada tal como a actual dívida europeia? Existem três métodos principais, que podemos combinar em diferentes proporções: o *imposto sobre o capital*, a *inflação* e a *austeridade*. O imposto excepcional sobre o capital é a solução mais justa e a mais eficaz. À falta disso a inflação pode desempenhar um papel útil: foi, aliás, assim que na história a maior parte das dívidas públicas mais significativas foram absorvidas. A pior solução, quer quanto a justiça quer eficácia, é uma cura prolongada pela austeridade. E, no entanto, é essa a solução que está a ser seguida actualmente na Europa»[44].

Este autor recua na história e apresenta-nos o caso inglês, mas extraindo também lições para os dias de hoje. «O exemplo histórico mais interessante de uma cura prolongada de austeridade é o Reino Unido no século XIX. [...] Foi preciso um século de excedentes primários (cerca de 2-3 pontos de PIB por ano em média de 1845 a 1914) para se desembaraçar da sua enorme dívida pública resultante das guerras napoleónicas. No total, ao longo desse período, os contribuintes britânicos pagaram mais em juros de dívida do que consagraram às suas despesas com educação. Trata-se de uma opção que foi, sem dúvida, do interesse dos detentores dos títulos de dívida. Mas é pouco provável que essa escolha fosse do interesse geral do país. Podemos perfeitamente imaginar que o atraso educativo britânico contribuiu para o declínio do Reino Unido nas décadas seguintes. É certo que se tratava de uma dívida superior a 200% do PIB (e não apenas de

100% como actualmente), e a inflação no século XIX era quase nula (enquanto hoje toda a gente admite um objectivo de 2%). Podemos assim esperar que a austeridade europeia se satisfaça em durar apenas dez ou vinte anos (no mínimo), e não um século. Seria, apesar de tudo, demasiado tempo. Podemos legitimamente considerar que a Europa deve fazer melhor para preparar o seu futuro no contexto da economia global do século XXI — em vez de consagrar vários pontos do PIB por ano em excedente primário à sua dívida pública, enquanto os países europeus destinam geralmente menos de um ponto do PIB às suas universidades»[45].

Um exemplo paradigmático desta transição de poder económico é o da síntese química de corantes que começou em Inglaterra com William Perkin (1838-1907). Mas a Alemanha tinha uma melhor sistema educativo de investigação em química graças à escola de Justus von Liebig (1803-1873), e estava preparada para investimentos a longo prazo, ao contrário do industrial inglês que investia a curto-prazo e tinha de lidar com as dificuldades inerentes ao regime de austeridade em vigor no país. O sistema de patentes também desempenhou um papel de relevo neste surto de desenvolvimento, não obstante Perkin ter patenteado a sua invenção. No prazo de uma geração a indústria dos corantes deixava as costas britânicas para se instalar na Alemanha e, em menor grau, na Suíça e na França. Em 1881, a Alemanha estava a produzir metade dos corantes artificiais do mundo, para em 1900 se situar nos 85%. Foi uma das maiores e mais rápidas transformações industriais da história. Qual a razão? Porque tirando Perkin e alguma meia dúzia de químicos, a Grã-Bretanha não possuía químicos suficientemente treinados e de talento, capazes de produzir inovações. A Alemanha dispunha da famosa escola de Justus Liebig que foi professor em Giessen aos 21 anos. Liebig preparou inúmeros doutorados em química, doutores através da investigação, com um forte incentivo à publicação de artigos científicos. Este eminente químico alemão encontrava problemas de pesquisa para os seus estudantes resolverem, tal como hoje fazem os orientadores de doutoramentos.

Temos de atender ainda a especificidades próprias deste domínio da Química. «Numa época em que ainda não se podiam utilizar rotineiramente, na investigação em Química Orgânica, a análise estrutural por difractometria de raios X, nem a ressonância magnética nuclear, nem mesmo a espectrografia no infra-vermelho [metodologias que essencialmente só ficaram disponíveis comercialmente depois da Segunda Grande Guerra], o esclarecimento da estrutura dum composto orgânico natural tinha de seguir o caminho penoso de se estudarem as composições e propriedades dos produtos das reacções do mesmo. Como prova final da estrutura da molécula original só era aceite a síntese química (passando muitas vezes por uma cadeia de numerosos passos) a partir de compostos mais simples com estruturas já estabelecidas anteriormente»[46]. Pois bem, neste domínio a Alemanha dispunha de equipas com um elevado número de estudantes de investigação para produzirem as inúmeras sínteses destinadas a «verificar ou falsificar (na terminologia de Karl Popper) hipóteses estruturais» de compostos orgânicos para corantes artificiais. Na Inglaterra, as equipas de investigação em química orgânica eram de muito menor dimensão, pois não havia no país um número suficiente de químicos bem treinados.

A FRANÇA DEU AO MUNDO as suas ideias políticas, mas consequência da Revolução e das guerras em que se envolveu, sofreu um enorme atraso económico. A época do Terror já havia feito repensar as consequências da profunda irreligiosidade das Luzes e dos exageros do racionalismo. Pelo menos na Alemanha assistira-se a uma irrupção do *subjectivo* e do sentimento religioso, com destaque para Schleiermacher, bem como da filosofia da história com Johann Gottfried von Herder (1744-1803), o que pré-anunciava um regresso ao romantismo.

«Surgido nos anos 1790, o próprio *romantismo*, com a sua transfiguração *a posteriori* da estrutura social medieval e a sua negação das Luzes, não consegue mais do que refrear a evolução do mundo moderno; por um lado, ele traz sábias correcções mas não o trava. O romantismo sob uma forma muito progressista, com um pequeno círculo de escritores de Jena e de Berlim atraídos pela estética [...]: põem em relevo o sentimento, a imaginação, a naturalidade; interessam-se pelos contos e as lendas, os mitos e a mística. Mas na mesma ordem de ideias, o romantismo adquire um nítido tom religioso e até católico [...]. Na época da Restauração [1814-1848], o romantismo torna-se um grande movimento internacional [...] e dá lugar a um importante surto de religiosidade»[47].

Foi um interlúdio contra-revolucionário, com um triunfo fugaz da reacção, mas que não travou as forças democráticas liberais nem a partilha do poder entre o Rei e o Parlamento, nem tão pouco o enraizamento dos direitos fundamentais.

A Revolução Social e a Secularização

Em finais do século XIX as partes do mundo mais avançadas em termos económicos, a Europa e a China, eram sociedades agrárias, com a grande maiora da população a residir em aldeias e a viver da agricultura. Em finais do século, na Europa dá-se uma transição de enormes dimensões, com os camponeses a abandonarem os campos, as cidades a expandirem e a surgir uma nova classe de operários da indústria. «Na cidade anónima, as pessoas tornam-se mais móveis, vivem em sociedades mais diversas e pluralistas e têm identidades fluidas que já não são determinadas pelos costumes da aldeia, da tribo ou da família. Estas relações sociais novéis dão origem [...] a formas novas de identidade, como o *nacionalismo* ou a formas novas de filiação religiosa universalista»[48].

Como referimos, a indústria foi uma das grandes forças da modernidade, mas o processo de produção capitalista vai dar origem a novos conflitos de classes. Surge uma classe do "proletariado", uma classe de pessoas afectadas negativamente pelo desenvolvimento socioeconómico dado os salários excessivamente baixos, a exploração do trabalho infantil e das mulheres, as condições insalubres de alojamento e trabalho e a insegurança social. Era o «*laisser faire, laisser passer*» do liberalismo das cidades industriais inglesas, que foi conduzindo a estas condições inumanas para o homem como ser que trabalha. É o socialismo científico de Karl Marx e, subsequentemente, de Friedrich Engels, que vai marcar profundamente o movimento operário na Europa — «a interpretação do regime capitalista enquanto contraditório, ou seja, dominado pela luta de classes». A política e o Estado são considerados por Marx como fenómenos secundários relativamente aos fenómenos essenciais, os económicos e sociais. Num tal enquadramento, a supressão das contradições entre as classes, e entre as forças de produção e as relações de produção, levaria ao desaparecimento do Estado e da política. Como argumenta Raymond Aron, a visão de Marx implica que a política é definida pela classe que exerce o poder e o Estado como o instrumento de dominação da mesma classe. Mas sendo o Estado o conjunto das funções administrativas e directoriais de uma colectividade, o seu desaparecimento só pode ter um carácter simbólico, porque o que perece é o carácter de classe do Estado em causa.[49]

A essência do capitalismo é, acima de tudo, a busca do lucro, o que vai fomentar a proletarização e a pauperização do proletariado, conduzindo à autodestruição do capitalismo por revolta das massas populares.[50] E o socialismo vai tomar um carácter internacional com o aparecimento de organizações internacionais de operários.

Esse carácter internacional diz respeito à classe operária pela sua concentração urbana e pela comunidade psicológica que criaram entre si e lhes conferiu um sentimento de unidade. Por contraste, nessa época os camponeses têm um modo de produção através de um intercâmbio com a natureza e não com a sociedade, no qual uma família se basta a si própria, produzindo a maior parte do que consome, o que em lugar de os conduzir ao estabelecimento de relações recíprocas os leva a um isolamento, agravado ainda pelo mau estado dos meios de comunicação. «A parcela [de terra], o camponês e a sua família; ao seu lado, uma outra parcela, um outro camponês, uma outra família. Um certo número destas famílias forma uma aldeia e um certo número de aldeias um departamento. [...] Mas não constituem uma classe na medida em que apenas existe entre os camponeses parcelares uma ligação local e em que a semelhança dos seus interesses não cria entre eles nenhuma ligação nacional nem nenhuma organização política»[51].

A política autoritária e reaccionária do Estado e da Igreja no período da Restauração vai suscitar novas revoluções e intensifica o processo de desclericalização e de descristianização. Os movimentos de protesto reivindicam uma nova ideologia de liberalismo, a que o teólogo escocês "ilustrado", Adam Smith (1723-1790), vai dar resposta com uma obra sobre economia política, *"Uma Investigação sobre a Natureza e as Causas da Riqueza das Nações"* (1776), na qual aconselha «a justiça e a harmonia social sobre o fundo de um livre jogo da oferta e da procura, ou seja, com base na concorrência económica sem entraves dentro da órbita do mercado auto-regulador (e da sua "mão invisível") — logo sem intervenção do Estado. Não se reterá praticamente da obra de Smith senão o princípio da economia de mercado, em detrimento do princípio ético»[52].

«A maior parte das Igrejas europeias [anglicana, católica, luterana] levou tempo a aperceber-se, simplesmente, da importância da revolução industrial. Viviam todas nas conchas dos seus paradigmas tradicionais; estavam fechadas sobre si mesmas. Julgavam-se na posse de verdades, de instituições e de posições "eternas", intangíveis. [...] O que continuará ainda possível durante algum tempo nos sectores rurais, mostra-se assim cada vez mais impossível nas aglomerações urbanas, cujo crescimento se torna dramático: já não será mais viável manter as Igrejas à margem do processo de transformação social. [...] Como era grande a miséria das massas nos bairros industriais e a dimensão atingida pela descristianização. [...] Nem nas Igrejas da Grã-Bretanha nem nas do continente europeu se pôs seriamente em causa a justiça da ordem social vigente. Depois de remediar os abusos sociais mais gritantes, julgava-se não ser necessário cuidar de reformas mais alargadas das estruturas»[53]. Isto ilustra como as Igrejas colectivamente demonstram enorme dificuldade em reconhecer os «sinais dos tempos»; tal não implica que um ou outro membro do clero tenha intuições notáveis que lhe permite escapar da enclausura intelectual e social dos paradigmas, como o bispo católico de Mainz, Wilhelm Emmanuel Ketteler (1811-1877).

Só em 1892, com Leão XIII, vem a lume a primeira encíclica social *Rerum novarum*, a que seguirá com Pio XI, em 1931, a segunda encíclica social *Quadragesimo anno*. No entender de Küng, «uma coisa, porém, causa perplexidade: no século XIX, todos os que tomavam iniciativas novas e procuraram um novo ponto de partida intelectual e espiritual foram suspeitados, refreados e frequentemente sufocados pelas autoridades eclesiásticas — não só no catolicismo romano, que não tinha o Estado em grande estima, mas também no protestantismo e no anglicanismo que, em parte, se apoiavam ainda mais no Estado e no monarca. Nesses tempos conturbados, a unidade e a coesão da Igreja apareciam efectivamente, mais do que nunca, como os valores supremos, tendendo a excluir qualquer visão do mundo divergente da visão oficial»[54].

A "Declaração Americana da Independência" surgiu a 4 de Julho de 1776 e nela estava expressa a noção de direitos individuais. Na Europa, a "Declaração dos Direitos do Homem e do Cidadão" veio com a Revolução Francesa em 1789. Mas em boa verdade qualquer delas deveria ter contemplado os direitos da mulher que só no fim da 1ª Grande Guerra vê os países industriais concederem-lhe o direito de voto. Todavia, o movimento das sufragistas já havia logrado garantir o sufrágio feminino em 1893 na Nova Zelândia, graças ao movimento liderado por Kate Sheppard (1847-1934). «É preciso esperar pelo fim da 2ª Guerra Mundial, até 1960-1970, para ouvir, em toda a sociedade e na Igreja, um novo discurso sobre a igualdade dos direitos e a parceria entre homens e mulheres, tomando em consideração a diferença de sexos. Chega então à maturidade uma nova geração de mulheres que proclama mais energicamente do que as gerações anteriores que não é contraditório ser cristão e trabalhar em prol da emancipação social».[55] Em Portugal, só após a Revolução de 25 de Abril de 1974 as mulheres passam a poder votar de pleno direito.

NA EUROPA a secularização vai-se impondo na sociedade, ao mesmo tempo que a revolução das Luzes, que abarca uma desmitificação do mundo com a capacidade que a ciência moderna veio conferir à humanidade de intervir na própria natureza, conduz a uma emancipação do controlo da religião. Já em 1830, Alexis de Tocqueville ao visitar os Estados Unidos da América tinha verificado como ali era grande a piedade, como as comunidades se tinham desenvolvido e aproveitado da sua liberdade em relação ao Estado, e como emergira uma situação eclesial pluralista na qual as Igrejas assumiam inúmeras funções sociais. Tocqueville mostrou-se surpreso ao reconhecer que numa das vertentes da modernidade americana há sempre um círculo de compaixão que se vai espalhando e alargando em função das pessoas com quem sentimos empatia. Na Europa, por contraste, ainda muito marcada socialmente por uma divisão de classes, havia-se desenvolvido uma visão menos receptiva ao cristianismo, e intelectuais e políticos estavam persuadidos de que a religião iria desaparecer na vaga da secularização.

«A experiência histórica muito diferente dos Estados Unidos na sua atitude face à religião mostra que a fé cristã, ao reatar com as suas origens, nada tinha a objectar à "autonomia" das esferas seculares da filosofia e das ciências, da arte e da cultura, e que se poderia perfeitamente viver a fé cristã neste mundo tornado "laico" e "secular". [...] Na Europa, porém, [...] frente às correntes modernas sempre mais poderosas, o protestantismo conservador concentrou-se na interpretação literal da Bíblia (é o fundamentalismo), enquanto o catolicismo romano [...] não só submeteu as suas estruturas de organização a uma centralização e burocratização sem precedentes, como ainda as sacralizou (infalibilismo). Pôde assim desenvolver-se de ambos os lados uma piedade defensiva antimoderna, não raro fortemente imbuída de emotividade. [...] Não nos surpreende, desde logo, que as Igrejas não hajam logrado ganhar a confiança dos intelectuais críticos e ainda menos penetrar no proletariado industrial das cidades que ia crescendo enormemente»[56].

«Para os crentes, o cristianismo já não é uma realidade que determina todas as coisas, mas uma realidade entre outras». A ideologia política e as ciências fomentavam uma fé na razão e na ciência, no progresso, na democracia, na nação, na humanidade, que justificava a indiferença religiosa e mesmo o ateísmo.

A laicização, como tudo na vida, tem o seu reverso. «Outrora, apesar das dificuldades que podia encontrar na religião, o homem sentia-se amparado e sustentado, da infância à velhice, pelas estruturas tradicionais com fundamento religioso: a começar pelas da vida familiar e do *habitat* e indo até às da política, do Estado e da Igreja, passando pelo trabalho e pelas festas. As Igrejas, com os seus modelos de interpretação e as suas formas de vida, pautavam a vida humana quotidiana. De ora avante, os homens tornam-se cada vez mais os "regedores da sua própria vida" — de acordo com a expressão da pedagogia contemporânea, inspirada pelo existencialismo: "Sentem-se entregues a si mesmos, são para si mesmos o material e a tarefa"». Dir-se-ia, uma excessiva *individualização*, sem precedentes, a que escapa o sentido da vida.[57]

Não obstante a profunda secularização que o mundo ocidental está a sofrer, não se pode falar de um desaparecimento da religião. Neste tocante falharam os prognósticos de alguns sociólogos e politólogos. Mais certo parece ter estado o sociólogo francês Roger Bastide (1898-1974), ao apontar para a evidência de que «o religioso não morre, desloca-se».

Notas

[1] KÜNG, H. – *Cristianismo. Essência e história*, p. 615.
[2] *Id.*, pp. 606-608.
[3] *Id.*, p. 609.
[4] *Id.*, p. 614.
[5] *Id.*, pp. 614, 615.
[6] *Id.*, p. 610.
[7] *Id.*, p. 611.
[8] Em http://cdcc.usp.br/cda/dispositivos/paralaxe/index.html; acesso em 29 de Março de 2015.
[9] KÜNG, H. – *Cristianismo. Essência e história*, pp. 619, 620.
[10] *Id.*, p. 620.
[11] *Id.*, pp. 621, 622.
[12] *Id.*, p. 623.
[13] *Id.*, pp. 626, 627.
[14] *Id.*, p. 628.
[15] PAGOLA, José Antonio – *O Caminho Aberto por Jesus. Mateus*, p. 154.
[16] FORMOSINHO S. J.; OLIVEIRA BRANCO, J. – *A Dinâmica da Espiral*, pp. 200-202.
[17] Em http://pt.wikipedia.org/wiki/Controvérsia_dos_ritos_na_China ; acesso em 1 de Abril de 2015.
[18] MARUJO, A. – *Diálogos com Deus em Fundo*, pp. 336, 331.
[19] *Id.*, p. 332.
[20] Em http://www.monergismo.com/textos/missoes/teologia-biblica-contextualizacao_lidorio.pdf; acesso em 5 de Março de 2015.
[21] *Id.*.
[22] *Id.*.
[23] *Id.*.
[24] *Id.*.
[25] KÜNG, H. – *Cristianismo. Essência e história*, p. 630.
[26] *Id.*, p. 631.
[27] *Id.*.
[28] *Id.*, p. 632.
[29] *Id.*, pp. 634, 635.
[30] Em http://pt.wikipedia.org/wiki/Friedrich_Schleiermacher; acesso a 4 de Abril de 2015.
[31] KÜNG, H. – *Cristianismo. Essência e história*, p. 644-647.

[32] Em http://pt.wikipedia.org/wiki/Friedrich_Schleiermacher; acesso em 28 de Abril de 2015.
[33] "Catequese de Adultos de inspiração catecumenal. I A Busca do Deus Vivo", Secretariado da Coordenação Pastoral, Diocese de Coimbra, trad. *A la búsqueda de Dios*, , S.A., 2005, pp. 80, 81.
[34] KÜNG, H. – *Cristianismo. Essência e história*, p. 654.
[35] *Id.*, p. 658.
[36] *Id.*, p. 657.
[37] *Id.*, p. 658.
[38] *Id.*, pp. 661-663.
[39] *Id.*, p. 663.
[40] *Id.*, pp. 667-668.
[41] *Id.*, pp. 670-672.
[42] *Id.*, p. 674.
[43] KISSINGER, Henry – *A Ordem Mundial*, pp. 227, 228.
[44] PIKETTY, Thomas – *O Capital no século XXI*, Círculo de Leitores, Lisboa, 2014, p. 831; itálicos nossos.
[45] *Id.*, p. 837.
[46] HEROLD, Bernardo J. – Período inicial de formação em Química Orgânica, em *Fernando Pinto Coelho. O mestre e o professor universitário*, S. J. FORMOSINHO e H. D. BURROWS (coords.), Imprensa da Universidade de Coimbra, 2013, p. 162.
[47] KÜNG, H. – *Cristianismo. Essência e história*, p. 679.
[48] FUKUYAMA, Francis – *Ordem Política e Decadência Política. Da Revolução Industrial à globalização da democracia*, D. Quixote, Alfragide, 2015, p. 62.
[49] ARON, Raymond – *Karl Marx*, D. Quixote, Alfragide, 1991, p. 124-126.
[50] *Id*, pp. 28, 29, 45, 68.
[51] *Id.*, pp. 111-112.
[52] KÜNG, H. – *Cristianismo. Essência e história*, p. 685.
[53] *Id.*, pp. 687, 688.
[54] *Id.*, p. 690.
[55] *Id.*, p. 698.
[56] *Id.*, pp. 699, 700.
[57] *Id.*, p. 701.

CAP. 12. DA CRISE DA MODERNIDADE A UM PARADIGMA ECUMÉNICO

A crise da modernidade tornou-se manifesta com a 1ª Guerra Mundial. Karl Barth (1886-1968), um teólogo cristão-protestante pastor da Igreja Reformada, foi o precursor no criticismo da modernidade. Se esta constituiu um impulso sem precedente em ordem à inovação, com base nos valores-chave da *razão*, do *progresso* e da *nação*, a verdade é que conduziu a condições que ameaçam a existência da própria humanidade. O progresso científico e técnico foi enorme, mas não foi acompanhado de um progresso moral ao mesmo nível que se apercebesse e controlasse os riscos daí decorrentes; faltou uma certa *harmonia* neste desenvolvimento. Julgo ser nesta perspectiva que podemos interpretar o apelo aos ideais perenes de inteireza da Grécia Antiga formulado por Sophia de Mello Breyner Andresen no poema "O rei de Ítaca" na sua obra *O Nome das Coisas*: «A civilização em que estamos é tão errada que / Nela o pensamento se desligou da mão».

As forças da modernidade e os modos erróneos de a combater

Nesta caminhada aberta pela ciência moderna, pelo progresso e pela secularização, a absolutização moderna da *nação* desligou-a da humanidade, e os avanços da ciência e da técnica amplificaram os poderes e os interesses bem como os modos de "resolver" os conflitos daí decorrentes. A *razão* também sofreu o mesmo processo de absolutização, mas a *pessoa* humana não é só razão; é também sentimento, vontade, estética, e, na sua relação com os outros, é também línguas, mentalidades e culturas. Esta percepção, contra o conhecimento geométrico e matemático de Descartes, já havia sido explicitada por Blaise Pascal a respeito do conhecimento global e intuitivo, e do conhecimento de experiência feito.

A crença no *progresso* também foi abalada com os problemas ambientais que o desenvolvimento da indústria e mesmo a urbanização desenfreada criaram. O Arq. José Baganha, presidente da INTBAU (*International Network for Traditional Building, Architecture and Urbanism*) portuguesa, em entrevista ao *Expresso*, divulga o grande desiderato da INTBAU: procurar em todo o mundo preservar a identidade dos lugares (aldeias ou cidades) e a qualidade de vida das respectivas populações. «Temos de começar a actuar nas periferias no sentido de aplicar este conceito simples, mas muito eficaz: *criar comunidade*. Isto consegue-se disponibilizando os equipamentos e as oportunidades de que as pessoas precisam para se sentir bem nesses lugares e com uma identidade própria. [...] É muito melhor investir nesta estratégia do que continuar a gastar rios de dinheiro em mais auto-estradas, mais linhas de metropolitano ou caminho de ferro para ir buscar as pessoas cada vez mais longe ao local onde vivem (ou onde apenas dormem) para as transportar para o local onde trabalham e depois o inverso. [...] Hoje não há dúvida de que a forma tradicional de cidade, que passa por fazer cidade o mais adaptada possível ao meio onde se insere, ao seu clima, aos materiais naturais locais, à sua cultura, é o caminho por onde devemos seguir».[1]

O *ultramodernismo*, representado pelo filósofo alemão Jürgen Habermas, apela a um reforço da modernidade para sair da crise a que ela mesma conduziu. Isto parece irrealista quando lhe é formulada a questão: «[Será que] só a razão pode curar a razão?»

O *pós-modernismo* proclama o fim da modernidade, mas oferece, em alternativa, o "pluralismo radical" e o relativismo, o *anything goes* do filósofo austríaco Paul Feyerabend (1924-1994). Sendo contra a metodologia, pois todas têm as suas limitações, conduz a uma anarquia de orientações de pensamento. O *relativismo científico* chega mesmo a proclamar que a ciência é uma construção social para a qual os factos são irrelevantes. Como escreveu o historiador José Mattoso, «o pós-modernismo demoliu teorias e convicções, mas não construiu nada de novo».

O *antimodernismo* que esteve em voga nos tradicionalistas — toda a *inovação* é uma ameaça à ordem estabelecida —, mormente na Igreja Católica, que se agarrou ao paradigma católico romano medieval no qual a mesma Igreja detinha o poder e exercia uma forte influência social, procura responder à evolução permanente suscitada pela modernidade com o "imobilismo".[2]

«O ultramodernismo, o pós-modernismo e o tradicionalismo são, pois, todos eles umas reacções erróneas à modernidade, uns caminhos sem saída. Se o cristianismo quer sobreviver ao seu segundo milénio, deve, em vez de condenar a modernidade, reconhecer o seu valor humano, [...] e deve, ao mesmo tempo, lutar contra os desvios inumanos e os efeitos destrutivos da modernidade»[3].

Problemas globais suscitados pela modernidade

Küng reconhece que após as duas Grandes Guerras os conteúdos intelectuais e sociais mudaram e entrámos numa nova era, caracterizada pela pluralidade de projectos de existência, de modelos de comportamento, de concepções científicas, de sistemas económicos, de modelos sociais, de comunidades de fé. Uma tal pluralidade não exclui a procura de consensos sociais, nomeadamente na ecologia, na questão da participação das mulheres na Igreja, numa distribuição mais equitativa da riqueza, na pluralidade religiosa.

Comecemos pela ecologia. Na obra "*Beyond Growth*", o economista ecológico americano Herman Daly expõe um conjunto de princípios económicos e políticos básicos para um desenvolvimento sustentável. A economia do futuro tem de reconhecer que já vivemos num "Mundo Cheio", quando aquela economia em que ainda vivemos foi construída para um "Mundo Vazio". Por isso alerta: «Uma política económica não deve pugnar por uma maximização do consumo ou da produção, mas pelo contrário minimizá-los, mantendo o nosso *stock* de capital com o mínimo de consumo ou produção possíveis»[4]. Esgotar combustíveis fósseis, recursos minerais, florestas e solos é consumo de capital, mas a verdade é que os consumos das actividades de insustentabilidade são tratados no PIB do mesmo modo que tarefas com sustentabilidade, as que conduzem a um verdadeiro rendimento. No PIB, não só nós acumulamos capital positivo (riqueza), como também acumulamos capital negativo (*illth*) na forma de depósitos de resíduos tóxicos e resíduos nucleares. E despreocupadamente falamos sempre em "crescimento económico", quer haja produção de mercadorias quer estejamos a diminuir as riquezas naturais. Tal só se compreende no contexto tradicional de uma economia que assume terem as fontes e os sumidouros uma capacidade infinita.

Acresce que numa actividade humana existe sempre o risco de o sujeito ser influenciado pelos objectivos da medida. Políticas que pretendam maximizar os PIBs podem ter o efeito perverso de maximizar a poluição e a perda de recursos naturais. Não se espera que os economistas e os políticos abandonem o PIB até que se invente um indicador de verdadeiro crescimento, mas pelo menos é útil reconhecer as suas limitações de maior monta. Aliás, até 1940 não se dispunha deste tipo de indicador e o mundo não estagnou.[5]

Neste contexto foram propostos indicadores como o ISEW (*Index of Sustainable Economic Welfare*) que para alguns países desenvolvidos revela um crescimento até cerca de 1980, tal como o PIB, mas em contraste com este indicador que continua a crescer, o ISEW apresenta um decréscimo ou uma estabilização a partir desta data.[6]

Sobre o papel da mulher na Igreja católica, Laura Ferreira dos Santos lastima a influência que o *androcentrismo*[7] tem no cristianismo e, numa entrevista a António Marujo, recorda o caso de um violinista alemão, no período do nazismo, não poder tocar Beethoven, pois os judeus não podiam tocar música "alemã". E interroga-nos: «Quando as mulheres, do lado católico, são impedidas de celebrar uma eucaristia, não se está no fundo também a dizer que elas não têm "qualidade" ou mérito suficiente para o fazer, impedidas de tocar uma música que só deve ser tocada por homens?»[8]

Choque de civilizações

No enquadramento do paradigma moderno, as guerras entre os príncipes deram lugar às guerras entre nações, que culminaram na 1ª Grande Guerra. Após 1918 surgira a oportunidade da construção de uma ordem mundial mais pacífica, procurada, em vão, pela Sociedade das Nações de 1920. Não obstante, já emergiam as ideologias do fascismo, do comunismo e do nazismo que vieram a moldar os blocos em conflito na 2ª Grande Guerra. Após a *guerra das ideologias*, na perspectiva de Samuel Huntington (1927-2008), prosseguindo a senda do historiador inglês Arnold Toynbee (1889-1975) explanada na monumental obra "*A Study of History*" em doze volumes, o mundo parece encaminhar-se para uma *guerra de civilizações*. Aquele economista americano, que foi professor na Universidade de Harvard, caracteriza uma *civilização* mediante "círculos culturais" que vão para além dos limites da nação, compreendendo línguas, história, religião, costumes, instituições. E reconhece oito civilizações: ocidental, confuciana, japonesa, muçulmana, hindu, eslava-ortodoxa, latino-americana e africana. Critica-se-lhe o interpretar sistematicamente os conflitos políticos e económicos em termos de conflitos étnicos, religiosos e culturais, mas a realidade é que as rivalidades étnicas e religiosas representam as *estruturas subterrâneas*, prontas a inspirar e atear conflitos. Como aponta Küng, tais estruturas «representam a dimensão cultural em profundidade de todos os antagonismos e dos conflitos entre povos, uma dimensão sempre presente e que não se deve descurar».[9]

Já Toynbee, ao arrepio de muitos historiadores e politólogos, conferiu às religiões um papel fundamental na política mundial. Visão consonante com este papel é partilhada por Hans Küng: «A convicção religiosa [*faith*, "fé"] e a família, o sangue e as crenças [*belief*], eis aquilo com que os homens se identificam e pelo qual lutam e morrem»[10]. E no tocante às religiões, para além das naturais e tribais, devemos considerar as *religiões proféticas* (judaísmo, cristianismo e islamismo), *religiões indo-místicas* (hinduísmo e budismo) e *religiões sapienciais* (confucionismo/taoismo e religiões japonesas).[11]

Qual é a alternativa ao choque de civilizações? Küng contrapõe a paz entre *confissões* e entre *religiões* no contexto de um novo paradigma, o *paradigma ecuménico*, pois retomando uma frase de Mahatma Gandhi (1869-1948), «não haverá paz no mundo, sem paz entre as religiões». E haverá algum conjunto de critérios que nos orientem neste problema global? A ciência tem diversas áreas científicas, 21 no *Essential Science Indicators*; a verdade, porém, é que a maioria dos praticantes da ciência se situa fundamentalmente numa destas áreas. Tal como Schleiermacher reconhece, também na religião nos temos de situar geralmente em alguma delas para caminharmos para este visão ecuménica.

Mais uma vez comecemos com Küng ao reconhecer no cristianismo algumas das perspectivas que se podem erguer como obstáculos epistemológicos a este desiderato. «O que é extraordinário é que o *espírito do Nazareno* conseguiu sempre romper, apesar das falhas das pessoas, das instituições e das constituições, desde que os fiéis já não se contentavam com palavras e se punham a segui-lo de uma maneira muito prática. A verdade do cristianismo não é apenas verdade para *conhecer*, mas verdade que faz *viver*. Como se explica que nem os imperadores pagãos, nem os "ditadores cristãos", nem os papas ávidos de poder, nem os inquisidores sinistros, nem os bispos mundanos, nem os teólogos fanáticos hajam logrado extinguir este espírito? Por que razão a hierarquia nunca conseguiu eliminar totalmente o serviço diaconal e a dogmática nunca pôde suplantar de todo o seguimento de Jesus?»[12].

Sempre surgiram grandes santas e santos ao longo dos séculos que captaram o espírito de Jesus nas diferentes épocas, «os ideais cristãos primitivos de um amor que se dirige tanto ao mais próximo quando ao mais longínquo». Todos eles «dão testemunho da força escondida do cristianismo, ou seja, daquilo que constitui a sua verdadeira história espiritual! [...] Não, a fé em Cristo não se reduz à promessa consoladora de um além; ela conduz também a protestar e a opor-se às condições injustas aqui e agora, nutrida e encorajada como é por uma nostalgia indissipável do "absolutamente outro"».[13]

Herbert Marcuse escreveu que «"o desenvolvimento científico, privado de direcção e de sentido, está a converter o mundo numa imensa fábrica", e vai produzindo não apenas máquinas que se parecem homens, mas "homens que cada vez mais se assemelham a máquinas" (Ignazio Silone)»[14]. É sobre esta pessoa humana, frustrada pela ausência de sentido para a sua existência, que José Antonio Pagola desenvolve a sua reflexão. «Cada um é livre para escutar Deus ou lhe virar as costas. Mas, em qualquer caso, há algo que devemos recordar, ainda que seja escandaloso e contra-cultural: viver sem sentido último é viver de maneira "in-sensata"; agir sem escutar a voz interior da consciência é ser um "in-consciente". É, provavelmente, o medo o que mais paralisa os cristãos no seguimento fiel de Jesus Cristo. Na igreja actual há pecado e fragilidades, mas há sobretudo o medo de correr riscos. Começamos o terceiro milénio sem audácia para renovar criativamente a fé cristã. Não é difícil assinalar alguns destes medos. Temos o medo ao novo, como se "conservar o passado" garantisse automaticamente a fidelidade ao evangelho. É verdade que o Concílio Vaticano II afirmou de forma contundente que na Igreja deve haver uma "constante reforma", pois, "como instituição humana dela necessita permanentemente". No entanto, não é menos verdade que o que move a Igreja nestes tempos não é tanto um espírito de renovação, mas antes um instinto de conservação». A Igreja tem medo de assumir tensões e conflitos, tem medo da investigação teológica criativa, tem medo de antepor a misericórdia acima de tudo, há medo de acolher os pecadores como Jesus fazia; «mete medo escutar apenas Jesus»![15]

O que nos lembra o servo que enterrou o talento que o seu senhor lhe tinha entregue. E como escreveu Pagola, «este servo não entende em que consiste a sua verdadeira responsabilidade. Pensa que está a responder às expectativas do senhor conservando o talento seguro, ainda que improdutivo. Não conhece o que é uma fidelidade activa e criativa. Não se implica nos projectos do seu senhor. Quando este chega diz isso claramente: "Aqui está o que te pertence". [...] Se nunca nos sentimos chamados a seguir as exigências de Jesus para lá do que sempre foi ensinado e mandado; se não arriscamos nada para fazer uma Igreja mais fiel a Jesus; se nos mantemos alheios a qualquer conversão que nos possa complicar a vida; se não assumimos a responsabilidade do reino como o fez Jesus, procurando "vinho novo em odres velhos" é porque temos necessidade de aprender a fidelidade activa, criativa e arriscada a que a parábola nos convida»[16].

Prosseguindo no mesmo trilho, Pagola discorre sobre a parábola dos "vinhateiros homicidas" para declarar: «O reino de Deus não é a Igreja. Não pertence à hierarquia. Não é destes ou daqueles teólogos. O seu único dono é o Pai. Ninguém se pode sentir proprietário da sua verdade nem do seu espírito. O reino de Deus está no povo que produz "os seus frutos" de justiça, compaixão e defesa dos últimos. [...] Deus não é propriedade de ninguém. A sua vinha só a ele pertence. E se a Igreja não produzir os frutos que ele espera, Deus continuará a abrir novos caminhos de salvação»[17].

Volvamos ainda o nosso olhar para o historiador José Mattoso, que foi monge beneditino e reconhece que a vocação monástica permanece em si como o primeiro apelo interior. A verdade é que a confiança absoluta no poder da razão tornou as análises sociais, e mesmo as religiosas, muito cortantes. «Os antagonismos, fundamento do pensamento ocidental, em que se baseia a visão da realidade, são muitas vezes parciais. [*Será*] *por isso* [*que*] *vai ao Oriente buscar a ideia da oposição dos contrários?* Exactamente. O Ocidente precisava de mais maleabilidade e da consciência de que a realização do ser é tão pluriforme que ninguém pode abarcar essa totalidade. Não é por processo de oposição que caminharemos para o pleno do ser humano»[18].

O primado do Direito: uma função social da religião na Idade Média

Uma pré-condição para a vida política é a existência de *instituições*, que encarnem «"padrões estáveis, valorizados e recorrentes" que persistem para além do mandato dos seus líderes. São essencialmente regras persistentes que moldam, limitam e canalizam o comportamento humano». No decurso da história vieram a desenvolver-se três instituições políticas fundamentais: o *Estado*, o *primado do Direito* e a *responsabilização democrática*. Os seres humanos trazem no seu código genético a sociabilidade, quer pela selecção de parentesco quer pelo altruísmo recíproco, e uma tal sociabilidade natural atravessa todas as culturas e períodos históricos. No início da humanidade, os primeiros 40.000 anos, os indivíduos organizaram-se no que os antropólogos designam por sociedade de bandos, pequenos grupos de caçadores-recolectores quase todos geneticamente aparentados. Há cerca de 10.000 anos verificou-se uma transição para as sociedades tribais, «organizadas em torno da crença no poder do parentesco e dos descendentes ainda não nascidos»; tais sociedades, todavia, carecem de uma autoridade central.

A transição social seguinte foi a emergência do Estado, com um poder central e hierarquizado. Uns são de carácter patrimonial: «a comunidade é considerada propriedade pessoal do governante e a administração do Estado é essencialmente o prolongamento da sua casa», mantendo-se em funcionamento as formas naturais da sociabilidade, de recurso à família e aos amigos. Pelo contrário, o Estado moderno é impessoal. A China foi a primeira civilização a dispor de um Estado moderno, cerca de dezoito séculos antes dele surgir na Europa, mas em ambas fruto de uma «competição militar prolongada e generalizada», que desencadeou incentivos para tributar populações, criar hierarquias administrativas para o aprovisionamento dos exércitos, e fazer o recrutamento e a selecção por mérito e não por laços naturais.[19]

Para o recrutamento dos seus funcionários administrativos, no século III a. C., a China criou um exame de acesso ao funcionalismo público, que veio a ser implementado de forma regular por dinastias posteriores. Os árabes e otomanos aprisionavam miúdos não-muçulmanos que capturavam ou retiravam às famílias e que educavam como soldados e administradores leais ao governante e sem laços com a sociedade. Na Europa, durante a Idade Média, «a Igreja Católica mudou as regras da herança para dificultar a transferência de recursos dos grupos de parentesco alargado para os seus descendentes imediatos. Como resultado, entre as tribos bárbaras germânicas, o parentesco alargado desapareceu em uma ou duas gerações depois da sua conversão ao cristianismo. O parentesco foi substituído por uma forma mais moderna de relacionamento social assente num contrato, conhecido por feudalismo».[20]

«O primado do Direito, entendido como regras que são vinculativas até para os agentes mais poderosos da sociedade, teve as suas origens na religião. A única autoridade capaz de criar regras vinculativas que impunham respeito aos guerreiros foi a autoridade religiosa». Em certas culturas, as autoridades religiosas eram em larga medida órgãos jurídicos para interpretar e fazer cumprir as leis. Na Índia, os brâmanes era uma classe superior às dos xátrias, guerreiros que detinham o poder político e o rajá tinha de obter legitimação de um brâmane. No Islão a *sharia* era da competência dos ulemas. «O primado do Direito foi institucionalizado de forma mais profunda na Europa Ocidental, devido ao papel da Igreja Católica. Foi apenas na tradição ocidental que a Igreja emergiu como um agente político centralizado, hierárquico e rico em recursos, cujo comportamento podia afectar de forma dramática o destino de reis e imperadores. O acontecimento que marcou a autonomia da Igreja foi a Questão das Investiduras, que eclodiu no século XI e que opôs a Igreja ao sacro imperador romano, tendo como base a interferência deste último nas questões religiosas».[21]

Desde o século VII era corrente no Reino dos Francos, na Itália e em Espanha que os reis, os imperadores ou os nobres fundassem bispados e abadias, nomeando ou depondo os clérigos locais e controlando as suas acções. Claro que tais investiduras inúmeras vezes visavam interesses pessoais ou os do reino, e iam corrompendo o clero. Entre os anos de 900 e 1050 surgiram reacções contra tais abusos a partir dos mosteiros de Cluny em França e de Görze na Alemanha, tendo a Igreja logrado alcançar o direito de nomear os padres e os bispos, «e emergiu como guardiã de um direito romano ressuscitado assente no *Corpus Juris Civilis* ou Código Justiniano (século VI)». A polémica centrava-se na separação entre o poder imperial e a Igreja, o fim da simbiose que se tinha criado no sistema da Igreja imperial, mas a "Querela das Investiduras" foi bem para além do conflito em torno do envolvimento de leigos na investidura em cargos eclesiásticos.[22]

Foram tempos em que a Igreja desempenhou uma importante *função social*, a de impor o primado do Direito. A Inglaterra criou uma tradição igualmente forte, baseado no Direito Comum, mas este mais promovido pelos monarcas normandos do que pela Igreja.

«Por conseguinte, na Europa Ocidental, o Direito foi a primeira das três grandes instituições a emergir. A China nunca desenvolveu uma religião transcendental; talvez por essa razão, nunca desenvolveu um verdadeiro primado do Direito. O Estado chinês surgiu antes do primado do Direito e até hoje a lei nunca existiu como restrição fundamental ao poder político. Na Europa, a sequência foi ao contrário: o Direito antecedeu a ascensão do Estado moderno. Quando os monarcas europeus aspiraram a comportar-se como imperadores chineses, a partir de finais do século XVI, e a criar Estados modernos, centralizados e absolutistas, tiveram de o fazer no quadro de uma ordem jurídica que limitou os seus poderes. Por conseguinte, mau grado as suas aspirações, poucos soberanos europeus adquiriram os poderes absolutos do Estado chinês. Este tipo de regime só se implantou na Rússia, onde a Igreja Ortodoxa esteve sempre subordinada ao Estado»[23].

Em suma, numa linguagem dos tempos modernos, nos começos da Baixa Idade Média, a Igreja foi um *motor* de desenvolvimento social em ordem ao primado do Direito em grande medida através do seu *paradigma imperial*. Mas foi-o igualmente, de um modo mais global, no povoamento europeu, no desenvolvimento da agricultura, na ocupação do território, na educação, etc.. Raquel Gonçalves-Maia bem o enfatiza em "*Causarum Cognitio*. O Conhecimento das Causas": «O carácter cultural que veio a instalar-se na sociedade europeia ocidental, durante a Idade Média, foi decidido em larga medida pela Igreja cristã. A Igreja tinha, obviamente, funções espirituais. Mas as suas atribuições iam muito mais longe. A alfabetização ficou a cargo da Igreja, assim como a educação em geral, a administração pública e até, já na Alta Idade Média, a aplicação das leis e os cuidados médicos. Não admira ... As condições sociais de vivência no Período Medieval são as inerentes ao Feudalismo vigente, uma organização de pequenas unidades territoriais, com um senhor e muitos servos, bem diferente da organização estatal; a sua economia era uma economia de subsistência e não uma economia de progresso. A Igreja, por seu lado, era uma instituição estruturada, politicamente estruturada, o mais próximo possível de um funcionalismo estatal. Tinha funcionários e hierarquia: presbíteros, diáconos, bispos ... e até um *Ponteais Maximus* (Sumo Pontífice) — um "construtor de pontes", entenda-se, entre a Terra e o Céu»[24].

COMPREENDE-SE UM POUCO a nostalgia da Igreja por esses tempos medievos. Mas no tempo presente, «o milagre da política moderna é termos ordens políticas simultaneamente fortes e capazes mas limitadas a actuar apenas nos parâmetros estabelecidos pela lei e pela escolha democrática. [...] Ser uma democracia liberal politicamente desenvolvida significa ter os três conjuntos de instituições — o Estado, o primado do Direito e a responsabilização processual — *em equilíbrio*. Um Estado poderoso sem restrições é uma ditadura; um Estado fraco e limitado por uma multidão de forças políticas subordinadas é ineficaz e frequentemente instável»[25].

Como escreveu Fukuyama, «os países em desenvolvimento e a comunidade internacional que os procura ajudar vêem-se confrontados com o problema de "chegar à Dinamarca". [...] Refiro-me menos à Dinamarca real do que a uma sociedade imaginada que é próspera, democrática, segura, bem governada e com um baixo nível de corrupção». Este desiderato não foi uma utopia irrealizável, mas materializou-se largamente neste país do norte da Europa e noutros próximos, ainda mais a norte. «A comunidade internacional gostaria de transformar o Afeganistão, a Somália, a Líbia e o Haiti em lugares idealizados como a "Dinamarca", mas não faz a mínima ideia de como lá chegar». Nem compreende suficientemente bem como a própria Dinamarca lá conseguiu chegar. [26]

Após 1970, o mundo viu crescer o número de *democracias eleitorais* de 35 para 120 até 2013.[27] Mas democracias eleitorais não são necessariamente *democracias liberais*, como ficou bem exemplificado na história europeia da primeira metade do século XX. Por finais do século XX, o Ocidente desenvolvido menosprezou estas realidades e quis impor a todo o mundo a democracia política como modelo adequado e suficientemente eficaz para todas as culturas, como se o desenvolvimento social e cultural andasse em paralelo com o desenvolvimento económico. O resultado é que destabilizou profundamente o mundo islâmico do Médio Oriente e do Norte de África, Líbia, Síria, Iraque, etc., e hoje está incapaz de resolver os desastres resultantes da busca desesperada de tantas pessoas, refugiados e migrantes, que simplesmente procuram viver e ter condições de trabalho algures na Europa, mas inúmeras vez morrem em desastres marítimos na ânsia de alcançar a porta da ilha de Lampedusa ou de outras na Grécia, na Hungria, etc..

Será que verdadeiramente as democracias ocidentais são um governo do povo? Será que a política detém o primado sobre a economia? «O Estado tem mostrado a sua impotência perante os abusos do poder financeiro e que o sistema democrático não resolve os problemas actuais. Ninguém acredita no discurso político, nem mesmo quem o pronuncia. Os interesses corporativos viciam a democracia. O "governo do povo", a democracia, não defende os direitos dos pobres e dos excluídos. Favorece quem já tem poder»[28]. E daí se voltar a caminhar para um forte desequilíbrio económico.

O capitalismo da mundialização e os desequilíbrios da riqueza

Sobre esta problemática atendamos ao economista francês Michel Beaud na obra "O desequilíbrio do Mundo. Da Terra, dos Homens e do Capitalismo". De uma forma breve, mas clarificadora, pontualiza bastante bem a evolução do capitalismo. «Com o capitalismo, a economia distingue-se fortemente das outras dimensões da sociedade; as motivações com a procura do lucro e as dinâmicas da acumulação, de inovação e de alargamento da área de mercado dão-lhe não apenas uma forte capacidade de auto-reprodução, mas também uma capacidade de reprodução alargada que o leva a avançar muito para além das sociedades onde iniciou o seu processo. É evidente que a história mostra que quando o capitalismo se inicia num país é frágil; precisa do Estado e das camadas activas e empreendedoras da sociedade. Todos os capitalismos são, portanto, marcados pela sociedade onde se desenvolveram. Mas, à medida que ganha força e amplitude, dá provas de autonomia: interessa-se por outros mercados, procura outras alianças, por vezes, outros apoios; a sua reprodução tende a autonomizar-se da reprodução da sociedade onde se formou. Hoje, o capitalismo já não está limitado às duas dimensões dos seus primeiros tempos, o nacional e o internacional; é cada vez mais multinacional e mundial. [...] Preocupado com a única resposta para as necessidades solváveis (para as quais existe um poder de compra), não apenas ignora as necessidades não solváveis, ainda que sejam essenciais, como também contribui para o aumento de novas necessidades em camadas e classes sem poder de compra, isto é, incapazes de as satisfazer»[29].

Com a *mundialização*, a política vai-se esbatendo perante a evolução e a desregulação dos mercados. «Os processos de mundialização, acentuando as interdependências, reforçam ainda as ameaças da nova fatalidade económica, porque surgiu uma situação completamente nova na História: sociedades cada vez mais dependentes da economia; os estados, as empresas, as actividades territorializadas cada vez mais tributárias das tensões e sobressaltos de uma pluralidade de redes multinacionais e mundiais, produtivas, comerciais, monetárias, financeiras, e em que ninguém está em posição de poder controlar as respectivas dinâmicas»[30]. E Beaud compara o mundo actual com o do liberalismo clássico. «Em primeiro lugar, contrariamente às regras do liberalismo "clássico", a nova moda liberal não se acompanhou, em lado nenhum, de uma definição clara das responsabilidades do Estado — ou das novas formas estatais pluri ou internacionais. Em segundo lugar, a não ser talvez, de uma certa forma, no quadro da Comunidade (depois União) Europeia se desenvolveu uma política *anti-trust*, que tinha sido um dos elementos das políticas liberais anteriores. O que é paradoxal, quando observamos o enorme peso das firmas muito grandes de hoje. [...] Finalmente é a mundialização que pesa mais: ao originar a diversificação das concorrências e a acentuação dos problemas exteriores, reforça, em cada país, a reivindicação de menos regulamentação»[31]. Neste contexto, «para cada produto "mundial", para cada mercado "mundial", as grandes escolhas estratégicas são da responsabilidade de três a doze firmas. Em suma, algumas centenas de firmas. É um pequeno número de oligopólios que faz a "mundialização" das mercadorias principais»[32]. E a desigualdade no mundo acentua-se.

Sobre "A Secreta Tomada de Poder pelas Grandes Empresas", o prémio Nobel da economia Joseph E. Stiglitz escarmenta-nos. «Os Estados Unidos e o mundo estão envolvidos num grande debate sobre novos acordos comerciais. Estes pactos costumavam ser apelidados de "acordos de livre-comércio"; na verdade, eram acordos comerciais *geridos*, adaptados aos interesses das grandes empresas, principalmente nos EUA e na União Europeia. [...] Estes acordos vão muito além do comércio, regulando também o investimento e a propriedade intelectual, impondo alterações fundamentais aos modelos jurídicos, judiciários e regulamentares, sem contribuições ou responsabilização por parte de instituições democráticas. A parte talvez mais injusta, e mais desonesta, de tais acordos diz respeito à protecção dos investidores. Naturalmente, os investidores têm de ser protegidos contra a apropriação das suas propriedades por governos desonestos. Mas não é para isto que são tomadas estas provisões. [...] O verdadeiro propósito destas provisões é entravar regulamentos de saúde, ambientais, de segurança, e mesmo financeiros, destinados à protecção da economia e dos cidadãos Americanos. As empresas poderão processar governos pela reparação plena de qualquer redução nos seus lucros futuros *esperados* decorrente de alterações regulamentares»[33].

E este professor da Universidade da Colúmbia prossegue no seu alerta. «Esta não é apenas uma possibilidade teórica. A Philip Morris está a processar o Uruguai e a Austrália por estes exigirem rotulagem de advertência nos cigarros. [...] Por isso agora a Philip Morris exige ser compensada por lucros perdidos. No futuro, se descobrirmos que qualquer outro produto causa problemas de saúde (pensem no amianto), em vez de enfrentar processos pelos custos impostos sobre *nós*, o fabricante poderia processar os governos por impedirem-no de matar mais pessoas. [...] E, embora as grandes empresas possam instaurar processos, outros não podem fazê-lo. Se existir uma violação de outros compromissos, por exemplo laborais ou de normas ambientais, os cidadãos, os sindicatos e os grupos da sociedade civil não dispõem de qualquer recurso. Se alguma vez existiu um mecanismo unilateral de resolução de disputas que viola princípios básicos, este é um deles»[34].

Estes acordos são altamente nocivos para os sistema de justiça e para uma equilibrada acção política a favor dos cidadãos. E conclui: «A questão é se devemos permitir que as abastadas grandes empresas usem provisões ocultas, em alegados acordos comerciais, para impor como viveremos no século XXI».

EM 1989, o 1º QUINTO mais rico do mundo recolhia 82,5% dos rendimentos e o último quinto, dos mais desfavorecidos, recebia tão-só 1,5%.[35] Nos dias presentes a desigualdade ainda é mais acentuada, mas já com os dados de 1989, Beaud lançava um grito de alerta. «Totalitarismo? Evidentemente, não se podia tratar de um totalitarismo político, com a figura de um *Führer* ou de um pequeno pai dos povos, a ditadura político-policial, a propaganda e a mistura de adesão das massas e do terror de massa, que se desenvolveu na Alemanha hitleriana e na URSS estalinista. Só poderia tratar-se de totalitarismo no sentido de um sistema, ao mesmo tempo, redutor e englobante/totalizante, de "um sistema que estruturalmente engloba todas as funções da sociedade". Sem dúvida que nós não estamos aí. Mas não estaremos nós na queda que aí se desenvolve? Um sistema redutor: o cálculo reducionista; o dinheiro, critério ordinário e supremo. Um sistema englobante/totalizante: a generalização das relações de dinheiro, das relações mercantis, do cálculo económico; o poder da espiral do consumo mercantil»[36].

O economista francês Thomas Piketty deu a lume em 2013 uma história do "capital", como o título indica. «"Capital", para Piketty, tem um sentido lato (na verdade bastante conforme com o uso comum do termo), e significa o mesmo que "património", ou "riqueza": designa todo e qualquer "activo" (financeiro ou não financeiro, produtivo ou não produtivo) em que seja possível investir e que possa, por isso, proporcionar um retorno, seja este um retorno explícito (sob a forma, por exemplo, de rendas, dividendos, juros, ou lucros) seja este um retorno implícito (como, por exemplo, a renda de habitação que *não* se paga quando se tem casa própria). Segundo Piketty, só este conceito de capital (nada usual na ciência económica) permite compreender o capitalismo e estudar a desigualdade económica no sistema capitalista — só esse conceito de capital permite desenvolver os métodos e explorar as fontes que conduzem à compreensão dos mecanismos da distribuição desigual do património, isto é, dos mecanismos que explicam a desigualdade não apenas (*e não tanto*) como um fenómeno resultante de diferenças salariais (ou de rendimentos do trabalho) quanto de diferenças na repartição da riqueza (e, portanto, no retorno do capital)».[37]

A concepção do capitalismo de Piketty «implica, por um lado, prezá-lo como um extraordinário produtor de riqueza, de inovação, de tecnologia, de bem-estar, em suma: de desenvolvimento — mas, por outro, implica condená-lo como um sistema que tende a repartir a riqueza de um modo demasiado desigual e, na verdade, injusto e anti-democrático»[38].

O *coeficiente de Gini*, um indicador de desigualdade em honra do estatístico e sociólogo italiano Corrado Gini (1884-1965) que o propôs em 1912, varia entre *zero* (0), no caso de igualdade completa, e *um* (1) em caso de desigualdade absoluta, quando um grupo infinitamente pequeno detém a totalidade dos recursos disponíveis. Como Piketty demonstra, na *Belle Époque* (1871-1914) a desigualdade dos patrimónios na Europa atingia um coeficiente de Gini (G) de 0,85, que não está longe da desigualdade absoluta, pois se trata de uma das sociedades mais desigualitárias da história europeia.[39]

A grande inovação histórica no século XX foi a criação de uma "classe média" nos países desenvolvidos. As guerras que assolaram a Europa durante o século XX indiscutivelmente diminuíram as desigualdades, quase inteiramente devida à queda nos rendimentos mais elevados de capital, pois a desigualdade nos salários apresenta uma enorme estabilidade a longo prazo. O nível de salários alterou-se no século XX, mas hierarquias salariais mantiveram-se mais ou menos as mesmas.[40]

A desigualdade nos países escandinavos para os rendimentos de trabalho, com $G=0,19$ no período de 1970-1980, na análise de Piketty não está longe da igualdade absoluta.[41] O capital está sempre mais desigualmente distribuído do que o trabalho e, mesmo nos países escandinavos, é $G=0,58$ para a propriedade de capital; a desigualdade total dos rendimentos (trabalho e capital) conduz a $G=0,26$ (1970-1980). Para Portugal, em 2009, o indicador da desigualdade total é $G=0,337$.

Piketty debate as limitações do tipo de indicadores sintéticos, como o *coeficiente de Gini*, que atraiçoam o carácter multidimensional do problema e prefere apresentar tais desigualdade mediante quadros de distribuição como o da Tabela 12.1, que obrigam a uma maior coerência e transparência dos dados. E a previsão de Piketty é que a *desigualdade forte* do presente nos Estados Unidos em 2010 evoluirá para uma *desigualdade muito forte* em 2030, com 60% dos rendimentos nos 10% mais ricos em 2030 e apenas 15% nos 50% mais pobres; o coeficiente de Gini alcançará o valor $G=0,58$.

Tabela 12.1 A desigualdade total de rendimentos (trabalho e capital) no século XX e inícios do XXI.[a]

Parte dos diferentes grupos no total dos rendimentos	Desigualdade fraca (países escandinavos, 1970-1980)	Desigualdade média (» Europa, 2010)	Desigualdade forte (»Estados Unidos 2010, » Europa, 1910)
10% mais ricos "classes superiores"	25%	35%	50%
1% dos mais ricos (classes dominantes)	7%	10%	20%
9% seguintes (classes desafogadas)	18%	25%	30%
40% do meio (classes médias)	45%	40%	30%
50% dos mais pobres (classes populares)	30%	25%	20%
Coeficiente de Gini	0,26	0,36	0,49

[a] Piketty, "Capital", Quadro 7.3, p. 371.

«Se acumularmos o crescimento total da economia norte-americana ao longo dos trinta anos que precederam a crise, isto é, de 1977 a 2007, verificamos que os 10% dos mais ricos se apropriaram de três quartos deste crescimento; só os 1% mais ricos absorveram cerca de 60% do crescimento total do rendimento nacional norte-americano ao longo desse período; relativamente aos 90% restantes, a taxa de crescimento do rendimento médio foi assim reduzida para menos de 0,5% ao ano»[42]. Estas desigualdades provêm da ascensão dos "supersalários", quadros dirigentes das grandes empresas, sejam eles dos sectores financeiros quer não-financeiros, «por vezes cinquenta ou cem vezes o rendimento médio, ou até mais».

«Estes números são incontestáveis, e são também impressionantes: o que quer que no fundo possamos pensar sobre a legitimidade das desigualdades de rendimentos, são números que merecem ser analisados com maior atenção. É difícil imaginar uma economia e uma sociedade que funcionam eternamente com uma divergência de tal forma extrema entre grupos sociais»[43]. Os desequilíbrios internacionais tem algum contributo para estas desigualdades, mas os desequilíbrios internos norte-americanos são quatro vezes maiores do que os desequilíbrios internacionais. No opinião de Piketty, «um factor que pode ainda ser mais importante do que as desigualdades norte-americanas é a subida estrutural da relação capital/rendimento (nomeadamente na Europa), acompanhada pelo enorme aumento das posições internacionais ilíquidas»[44].

Em suma, o desafio que se coloca em muitos países desenvolvidos é o da esmagadora diferença entre os rendimentos líquidos do capital e os rendimentos líquidos do trabalho. Como refere Martim Avillez Figueiredo no *Expresso*, «as dinâmicas fiscais em vigor na Europa tornam possível que um empregado pague mais impostos sobre o seu trabalho do que um milionário sobre os rendimentos do seu capital, o que tem o efeito perverso de perpetuar [e incrementar] as desigualdades»[45]. Piketty propõe a criação de um imposto global sobre a riqueza acumulada, um imposto progressivo sobre o capital. Será solução, ou no presente trata-se de uma questão insolúvel, no contexto de uma concorrência exacerbada entre países para atrair capital? Se o for, acabaremos por ver confirmadas as preocupações de Beaud. Na mesma linha de pensamento, como refere Fukuyama, «nas duas últimas gerações, a riqueza tornou-se extremamente concentrada nos Estados Unidos e o poder económico conseguiu comprar influência política». Assiste-se à manifestação da decadência política com a repatrimonialização do Estado, com a captura de partes do governo por grupos de interesses bem organizados.[46]

A contradição fundamental do capitalismo

Como escreve Piketty, «durante demasiado tempo, os economistas procuraram definir a sua identidade com base nos supostos métodos científicos. Na realidade, esses métodos assentam sobretudo num uso imoderado dos modelos matemáticos, que frequentemente não passam de uma desculpa que permite ocupar o território e mascarar a vacuidade do propósito. Demasiado energia foi despendida, e continua a sê-lo ainda hoje, em puras especulações teóricas, sem que os factos económicos que se procura explicar ou os problemas sociais e políticos que se procura resolver tenham sido claramente definidos. [...] Esses métodos levam frequentemente a desprezar os *ensinamentos da história* e a esquecer que a experiência histórica permanece a nossa principal fonte de conhecimento»[47].

A profunda investigação histórica deste autor permitiu-lhe concluir: «No século XX foram as guerras que fizeram tábua rasa do passado e que reduziram fortemente a rentabilidade do capital, dando desse modo a ilusão de uma ultrapassagem estrutural desta contradição fundamental.»

E qual é esta contradição fundamental? O capitalismo tem uma contradição lógica: os patrimónios provenientes do passado recapitalizam-se mais depressa do que o ritmo de progressão da produção e dos salários. A taxa de crescimento do nosso planeta no seu conjunto não deverá ultrapassar 1%-1,5% ao ano, no longo prazo. Enquanto a rentabilidade média do capital será 4% a 5%, pelo que deveremos estar a regressar à contradição referida que se verificou ao longo da história, e como era ainda nas vésperas da Primeira Guerra Mundial. Então qual a solução? Para Piketty «a melhor solução é o imposto progressivo anual sobre o capital. Desse modo é possível evitar a espiral desigualitária sem fim, preservando simultaneamente as forças da concorrência e os incentivos a que novas acumulações primitivas se produzam incessantemente»[48].

Contudo, escarmenta-nos: «A dificuldade é que [...] o imposto progressivo sobre o capital, exige um altíssimo grau de cooperação internacional e de integração política regional. Trata-se de uma solução que não está ao alcance dos Estados-nações nos quais se fundaram os anteriores compromissos sociais»[49].

NÃO É TÃO-SÓ a desigualdade da riqueza que preocupa os homens. Em muitos lugares do mundo, e nomeadamente na Europa, a questão que se vai colocando é a do *desemprego*. O papa Francisco abordou-a num encontro com trabalhadores em Cagliari em Setembro de 2013. «Deus quis que no cerne do mundo não houvesse um ídolo, mas o homem, o homem e a mulher que, mediante o próprio trabalho, levassem em frente o mundo. Mas agora, neste sistema desprovido de uma ética, no centro existe um ídolo, e o mundo tornou-se idólatra deste "deus-dinheiro". É o dinheiro que manda! [...] [Com efeito,] comanda todas aquelas coisas que servem este ídolo. E o que acontece? Para defender este ídolo, todos se aglomeram no centro, enquanto decaem as extremidades; decaem os idosos, porque neste mundo não há lugar para eles! Alguns falam deste hábito da "eutanásia escondida", de não os curar, de não os ter em consideração... "Sim, deixemos de lado...". E decaem os jovens, que não encontram um trabalho, e a sua dignidade. Mas pensemos, num mundo onde os jovens — duas gerações de jovens — não encontram trabalho! Este mundo não tem um futuro. Por quê? Porque eles já não têm dignidade! É difícil ter dignidade sem trabalhar. É nisto que consiste o vosso sofrimento aqui. Este é o pedido que, dali, vós gritáveis: "Trabalho", "Trabalho", "Trabalho". É um pedido necessário. Trabalho quer dizer dignidade, trabalho significa trazer o pão para casa, trabalho quer dizer amar! Para defender este sistema económico idolátrico chega-se a instaurar a "cultura do descarte": descartam-se os avós e descartam-se também os jovens. Quanto a nós, devemos dizer "não" a esta "cultura do descarte". Nós temos o dever de dizer: "Queremos um sistema justo! Um sistema que nos faça ir todos em frente". Devemos dizer: "Nós não queremos este sistema económico globalizado, que tanto nos danifica!". No centro deve estar o homem e a mulher, como Deus deseja, e não o dinheiro!»[50].

Um alerta no mesmo sentido, mas oriundo de um especialista nestas matérias, pois trata-se de Marc Chesney, professor de finanças na Universidade de Zurique, surge em obra recente intitulada *"De la grande Guerre à la crise permanente"*. «Os mercados financeiros e os principais bancos atingiram uma dimensão, uma complexidade e um grau de opacidade que são muito preocupantes e que lhes permite aumentar ainda mais o seu poder. A nível internacional, os líderes eleitos, quer de esquerda quer de direita, aplicam muitas vezes uma única e mesma política económica, uma que atenda aos interesses da aristocracia financeira, o que faz acentuar ainda mais a crise e escurece as perspectivas do futuro: é paradoxal que uma pequena minoria da população mundial esteja na situação de impor a sua vontade sobre toda a sociedade. Hoje é em nome da satisfação dos mercados financeiros, que por natureza permanecem insatisfeitos, que as gerações atuais estão a sofrer. Em 1914, foi em nome da nação, que a juventude europeia foi sacrificado nas valas comuns de uma guerra longa e cruel. Então, como agora, a democracia está posta em cheque, porque as políticas não correspondem aos interesses e aspirações da maioria. Resolver esta crise, curar esse cancro que invade a sociedade exige essencialmente o respeito pelos princípios básicos, em vez da utilização de receitas de gosto amargo: em primeiro lugar, temos de revitalizar a democracia — tirá-la do seu estado de coma —; em segundo lugar, há que colocar o sector financeiro no seu devido seu lugar, isto é, ao serviço da economia e da sociedade. É nisto em que Marc Chesney está interessado, neste julgamento implacável, em que mostra como os lobbies do sector financeiro estão empenhados em bloquear qualquer tipo de progresso neste sentido»[51].

A CRISE DO EURO, muito presente na Grécia de Abril a Junho de 2015, confirmou de modo pleno a visão de Chesney. Mas ela vem associada a uma crise da modernidade que referimos acima e se vem intensificando, dado os desequilíbrios sociais que está a gerar. Numa iniciativa promovida na Casa da Música, no Porto, em Junho de 2015, tendo como tema o admirável mundo novo, a cientista de inteligência artificial Manuela Veloso apresentou o conceito que designa de "autonomia simbiótica" e afirmou que «no futuro, é inevitável a coexistência e o benefício mútuo entre máquinas e humanos». Também o economista Tyler Cowen acredita no potencial das máquinas. No debate, o autor do blog "Revolução Marginal" deixou claro que «o mercado laboral vai mudar radicalmente». «De cada vez que tentarmos competir com um computador, vamos perder», afirmou, salvaguardando: «A chave do sucesso continua a estar nas pessoas».[52]

É sobre esta inevitável mudança no mercado laboral provocada pela robotização do trabalho que se pronuncia João Duque, pois vai agravar no mundo desenvolvido a crise da modernidade. É a robotização na medicina com a cirurgia robótica, são os automóveis sem condutor, será no futuro a limpeza das nossas casas a ser feita por um *robot*, são já as portagens das vias rápidas e os *shuttles* nas ligações entre terminais de aeroportos, são os *check-in* nos aeroportos, é o armazenamento e empacotamento robotizado de artigos nas empresas de distribuição, etc., etc.. «A invenção do dinheiro com as suas múltiplas funções permitiu o uso racional dos consumos, a gestão da escassez e a resposta à natural ambição humana de crescimento. Mas se um dia não for necessário trabalho humano, de que viverão estes seres?»[53].

Idêntica preocupação foi expressa por António Murta, fundador (1988) da Enabler empresa integradora de sistemas de informação focada em retalho, e concretizado por cenários sobre a percentagem de empregos em risco nos Estados Unidos em 2017 devido à computorização, que no pior cenário será alta em 47% dos casos, média em 19% e baixa em 33%. O que leva Nicolau Santos no seu comentário a concluir, «o mundo produz cada vez mais e melhor com cada vez menos pessoas. Não vai acabar bem».[54]

Sem dúvida o trabalho humano não se extinguirá, pois haverá sempre o conhecimento tácito que implica a pessoa. Todavia, nesta perspectiva será bastante residual. Pelo que João Duque prossegue na sua análise. «Se o trabalho ficar sem remuneração, conduzirá a que a maior parte da população não tenha poder aquisitivo. E só o capital (ou a detenção dos meios e das matérias-primas) terá remuneração. Se assim for, mais e mais gente terá de viver de subsídios e transferências de rendimentos do capital para o trabalho... Porque se as pobres gentes não receberam o suficiente para comprarem os bens produzidos pelas máquinas, nem o capital conseguirá remunerar-se. Isto é, à medida que o trabalho for substituído por máquinas tenderemos a viver cada vez mais de subsídios e ter de tributar cada vez mais o capital. Parte deste percurso está já a ser percorrido: o trabalho está cada vez mais desvalorizado. Mas (ainda) não o da tributação do capital. Pelo contrário... Mas um dia ele vai ter de se inverter»[55].

Os perigos parecem evidentes. Mas o que mais «assusta é que todo este processo parece estar a ocorrer a uma velocidade superior à capacidade de ajustamento das nossas capacidades»[56].

Depois da 1ª revolução industrial, com o aparecimento da máquina a vapor, da 2ª com a electricidade e a cadeia de montagem, e da 3ª com a electrónica e a robótica, surge a 4ª revolução industrial que combinará numerosos factores como a internet dos objectos ou a *"big data"* para transformar a economia. Esta 4ª revolução industrial implicará a perda de cinco milhões de empregos nos próximos cinco anos nas principais economias mundiais, como foi tema principal do *World Economic Forum* (WEF) que se realizou em Davos, na Suíça, de 20 a 23 de Janeiro de 2016.[57]

NÃO OBSTANTE Francis Fukuyama ter revisto em muito a sua visão em que defendia que «o triunfo do capitalismo de mercado e da democracia liberal se tornaria o fim último de qualquer forma de governo e o fim da história evolutiva da política», explanada na obra de 1992 "O Fim da História e o Último Homem", continua a acreditar que a democracia liberal e um *capitalismo regulado* são a melhor forma de governo do planeta. Em entrevista recente enfatiza que «a *regulação* é um acto político e não existe regulação a não ser através do sistema político. O sector financeiro não foi adequadamente regulado, nem aqui na Europa nem nos Estados Unidos».[58]

E fruto desta falta de regulação adequada, este filósofo e economista político declara: «O capitalismo sozinho produz enorme desigualdade, poluição, formas variadas de injustiça. O capitalismo também produz muita riqueza e dá às pessoas empregos, oportunidades e crescimento económico, mas precisa de ser regulado e isso é um acto político. Agora que passaram 30 anos sobre o período de desregulação Reagen/Thatcher sabemos que fomos demasiado longe, deixámos os mercado à solta e a comunidade política democrática precisa de exercer o seu poder político para promover mais redistribuição e controlo dos excessos do capitalismo, não para o destruir mas para o preservar»[59].

Uma Encíclica para uma ecologia integral

As preocupações com o meio ambiente são também um fruto da crise provocada pela modernidade. Se no passado a Igreja teve intervenções papais a nível das condições do proletariado e da economia, produzindo doutrina neste campo (a doutrina social da igreja), é muito bem-vinda uma carta encíclica sobre a temática da sustentabilidade ambiental do mundo actual.

A encíclica "*Laudato Sí*" (Louvado Sejas) do papa Francisco é uma longa carta sobre o cuidado da casa comum da humanidade e da criação, uma «herança comum, cujos frutos devem beneficiar a todos». Traduz uma visão ecológica de enorme abrangência. Vivemos num mundo onde os recursos naturais não são infinitos, como julgámos, e a economia ainda assim o considera, o que tem vindo a degradar o ambiente e a agravar as desigualdades sociais no mundo. Pelo é preciso uma revolução ética e económica contra a mudança climática e a desigualdade. E esta encíclica cuida precisamente em estabelecer um diálogo entre a fé e a ciência, o cuidado para com os mais pobres e o conhecimento vigente, pois, como realça o Santo Padre, «uma verdadeira abordagem ecológica se torna sempre uma abordagem social». Daí a encíclica realçar sempre a pessoa humana e a sua dignidade na relação entre as pessoas e a natureza, e preocupa-se com a fraqueza da reacção política internacional para lidar com o meio ambiente. Uma política submetida à tecnologia e à finança, com o interesse económico a prevalecer sobre o bem comum e a manipular a informação para não afectar os seus projectos.[60]

«O urgente desafio de proteger a nossa casa comum inclui a preocupação de unir toda a família humana na busca de um desenvolvimento sustentável e integral, pois sabemos que as coisas podem mudar. O Criador não nos abandona, nunca recua no seu projecto de amor, nem Se arrepende de nos ter criado. A humanidade possui ainda a capacidade de colaborar na construção da nossa casa comum. Desejo agradecer, encorajar e manifestar apreço a quantos, nos mais variados sectores da actividade humana, estão a trabalhar para garantir a protecção da casa que partilhamos. Uma especial gratidão é devida àqueles que lutam, com vigor, por resolver as dramáticas consequências da degradação ambiental na vida dos mais pobres do mundo. Os jovens exigem de nós uma mudança; interrogam-se como se pode pretender construir um futuro melhor, sem pensar na crise do meio ambiente e nos sofrimentos dos excluídos»[61].

A visão consumista do ser humano, associada a uma economia que pretende a maximização do lucro sem peias éticas, sociais ou mesmo legais, tem tentado homogeneizar as culturas e debilitar a imensa variedade cultural, levando a negligenciar a complexidade dos problemas locais. Quantas vezes são extraídos recursos naturais de regiões pobres, para serem valorizados em sociedades mais ricas, e devolvendo os respectivos resíduos a essas regiões pobres, que cada vez ficam mais pobres e com o ambiente mais degradado. «Estes problemas estão intimamente ligados à *cultura do descarte*, que afecta tanto os seres humanos excluídos como as coisas que se convertem rapidamente em lixo»[62].

«A água potável e limpa constitui uma questão de primordial importância, porque é indispensável para a vida humana e para sustentar os ecossistemas terrestres e aquáticos. [...] A pobreza da água pública verifica-se especialmente na África, onde grandes sectores da população não têm acesso a água potável segura, ou sofrem secas que tornam difícil a produção de alimento. [...] Uma maior escassez de água provocará o aumento do custo dos alimentos e de vários produtos que dependem do seu uso. Alguns estudos assinalaram o risco de sofrer uma aguda escassez de água dentro de poucas décadas, se não forem tomadas medidas urgentes. Os impactos ambientais poderiam afectar milhares de milhões de pessoas, sendo previsível que o controle da água por grandes empresas mundiais se transforme numa das principais fontes de conflitos deste século». E, no entanto, a água é um recurso escasso que está acima de toda a análise de impacto ambiental de uma região.[63]

A abrangência desta encíclica fica bem patente quando o papa se debruça sobre o excesso de informação da "sociedade de espectáculo" em que vivemos. «A isto vêm juntar-se as dinâmicas dos *mass*-media e do mundo digital, que, quando se tornam omnipresentes, não favorecem o desenvolvimento duma capacidade de viver com sabedoria, pensar em profundidade, amar com generosidade. Neste contexto, os grandes sábios do passado correriam o risco de ver sufocada a sua sabedoria no meio do ruído dispersivo da informação. Isto exige de nós um esforço para que esses meios se traduzam num novo desenvolvimento cultural da humanidade, e não numa deterioração da sua riqueza mais profunda. A *verdadeira sabedoria*, fruto da reflexão, do diálogo e do encontro generoso entre as pessoas, não se adquire com uma mera acumulação de dados, que, numa espécie de poluição mental, acabam por saturar e confundir»[64].

Toda a humanidade deve ser envolvida na construção da nossa casa comum, que envolve a procura prioritária do acesso ao *trabalho* para todos, como condição básica de dignidade humana. A escravidão que ainda se verifica em certas sociedades é bem o contrário deste apelo de dignidade e de desejo divino. «A cultura do relativismo é a mesma patologia que impele uma pessoa a aproveitar-se de outra e a tratá-la como mero objecto, obrigando-a a trabalhos forçados, ou reduzindo-a à escravidão por causa duma dívida. É a mesma lógica que leva à exploração sexual das crianças, ou ao abandono dos idosos que não servem os interesses próprios. É também a lógica interna daqueles que dizem: "Deixemos que as forças invisíveis do mercado regulem a economia, porque os seus efeitos sobre a sociedade e a natureza são danos inevitáveis"»[65].

O ambiente onde vivemos influencia o nosso modo de viver, sentir, agir e, mesmo, de pensar. Já referimos a política do INTBAU de "criar comunidade". A encíclica *Laudato Sí*, cujas palavras iniciais são as primeiras do "Cântico das Criaturas" de Francisco de Assis em 1224, atende igualmente à vertente da arquitectura e do urbanismo. «Dada a relação entre os espaços urbanizados e o comportamento humano, aqueles que projectam edifícios, bairros, espaços públicos e cidades precisam da contribuição dos vários saberes que permitem compreender os processos, o simbolismo e os comportamentos das pessoas. Não é suficiente a busca da beleza no projecto, porque tem ainda mais valor servir outro tipo de beleza: a qualidade de vida das pessoas, a sua harmonia com o ambiente, o encontro e ajuda mútua. Por isso também, é tão importante que o ponto de vista dos habitantes do lugar contribua sempre para a análise da planificação urbanista»[66].

O papa Francisco tem vindo a revelar, desde o início do seu pontificado, uma grande atenção às *culturas dos povos*. E a encíclica renova este seu cuidado cultural. «Se tivermos presente a complexidade da crise ecológica e as suas múltiplas causas, deveremos reconhecer que as soluções não podem vir duma única maneira de interpretar e transformar a realidade. É necessário recorrer também às diversas riquezas culturais dos povos, à arte e à poesia, à vida interior e à espiritualidade. Se quisermos, de verdade, construir uma ecologia que nos permita reparar tudo o que temos destruído, então nenhum ramo das ciências e nenhuma forma de sabedoria pode ser transcurada, nem sequer a sabedoria religiosa com a sua linguagem própria»[67].

Finalmente, o papa Francisco aborda a justiça geracional num sentido muito amplo, o da capacidade de cada um sair de si mesmo rumo ao outro, a qualquer outro, privilegiando os pobres: «A dificuldade em levar a sério este desafio tem a ver com uma deterioração ética e cultural, que acompanha a deterioração ecológica. O homem e a mulher deste mundo pós-moderno correm o risco permanente de se tornar profundamente individualistas, e muitos problemas sociais de hoje estão relacionados com a busca egoísta duma satisfação imediata, com as crises dos laços familiares e sociais, com as dificuldades em reconhecer o outro. Muitas vezes há um consumo excessivo e míope dos pais que prejudica os próprios filhos, que sentem cada vez mais dificuldade em comprar casa própria e fundar uma família. Além disso esta falta de capacidade para pensar seriamente nas futuras gerações está ligada com a nossa incapacidade de alargar o horizonte das nossas preocupações e pensar naqueles que permanecem excluídos do desenvolvimento. Não percamos tempo a imaginar os pobres do futuro, é suficiente que recordemos os pobres de hoje, que poucos anos têm para viver nesta terra e não podem continuar a esperar»[68].

«A consciência da gravidade da crise cultural e ecológica precisa de traduzir-se em novos hábitos». E um deles prende-se com resistir ao mecanismo consumista compulsivo do mercado, optando por uma moderação no consumo. Como referimos anteriormente, não vivemos num "Mundo Vazio" na terminologia de Herman Daly!

«Viver a vocação de guardiões da obra de Deus não é algo de opcional nem um aspecto secundário da experiência cristã, mas parte essencial duma existência virtuosa»[69]. E o papa apela a todos nós, a cada um na sua religião, para reconhecermos que o universo desenvolve-se em Deus — «E, portanto, há um mistério a contemplar numa folha, numa vereda, no orvalho, no rosto do pobre. O ideal não é só passar da exterioridade à interioridade para descobrir a acção de Deus na alma, mas também chegar a encontrá-Lo em todas as coisas, como ensinava São Boaventura: "A contemplação é tanto mais elevada quanto mais o homem sente em si mesmo o efeito da graça divina ou quanto mais sabe reconhecer Deus nas outras criaturas"»[70].

Há pois um caminhar para um *paradigma ecuménico e inter-religioso* também na vertente ambiental. «Não podemos ignorar que, também fora da Igreja Católica, noutras Igrejas e Comunidades cristãs – bem como noutras religiões – se tem desenvolvido uma profunda preocupação e uma reflexão valiosa sobre estes temas que a todos nos estão a peito». E neste contexto o papa toma como exemplo de grande significado o do patriarca ecuménico Bartolomeu que chamou a atenção para «as raízes éticas e espirituais dos problemas ambientais, que nos convidam a encontrar soluções não só na técnica mas também numa mudança do ser humano; caso contrário, estaríamos a enfrentar apenas os sintomas. Propôs-nos passar do consumo ao sacrifício, da avidez à generosidade, do desperdício à capacidade de partilha, numa ascese que "significa aprender a dar, e não simplesmente renunciar. É um modo de amar, de passar pouco a pouco do que eu quero àquilo de que o mundo de Deus precisa. É libertação do medo, da avidez, da dependência"».[71]

Doenças curiais e os paradigmas socioculturais da Igreja

Na sua segunda encíclica o papa recorda-nos «o modelo de São Francisco de Assis, para propor uma sã relação com a criação como dimensão da conversão integral da pessoa. Isto exige também reconhecer os próprios erros, pecados, vícios ou negligências, e arrepender-se de coração, mudar a partir de dentro»[72]. É um pouco neste enquadramento de um desiderato de "sustentabilidade" que situamos o encontro de Natal de 2014 que o papa Francisco teve com os cardeais e colaboradores da Cúria romana. Na ocasião o papa fez uma reflexão sobre a imagem da Igreja como o Corpo Místico de Cristo, que requer diversidade de membros e de funções. «Faz-nos bem pensar na Cúria Romana como um pequeno modelo da Igreja, isto é, como um "corpo" que procura, séria e diariamente, ser mais vivo, mais saudável, mais harmonioso e mais unido em si mesmo e com Cristo»[73]. Daqui decorre a necessidade de a Cúria, tal como a Igreja — cada cristão, cúria, comunidade, congregação, paróquia e movimento eclesial — necessitar de manter uma relação vital, pessoal, autêntica, sólida, consistente com Cristo. «A Cúria é chamada a melhorar, a melhorar sempre, crescendo em comunhão, santidade e sabedoria para realizar plenamente a sua missão. No entanto ela, como qualquer corpo, como todo o corpo humano, está sujeita também às doenças, ao mau funcionamento, à enfermidade. E aqui gostava de mencionar algumas destas prováveis doenças, doenças curiais: as doenças mais habituais na nossa vida de Cúria. São doenças e tentações que enfraquecem o nosso serviço ao Senhor. Creio que nos ajudará ter o "catálogo" das doenças – na esteira dos Padres do deserto, que faziam tais catálogos – de que falamos hoje»[74].

E o papa apresenta-nos quinze "*doenças curiais*". Exemplifiquemos, com a primeira. «A doença de sentir-se "imortal", "imune" ou mesmo "indispensável", descuidando os controlos habitualmente necessários. Uma Cúria que não se autocrítica, não se actualiza, nem procura melhorar é um corpo enfermo. [...] É a doença do rico insensato do Evangelho, que pensava viver eternamente (Lc 12, 13-21), e também daqueles que se transformam em patrões, sentindo-se superiores a todos e não ao serviço de todos. Tal doença deriva muitas vezes da patologia do *poder*, do "complexo dos Eleitos", do *narcisismo* que se apaixona pela própria imagem e não vê a imagem de Deus gravada no rosto dos outros, especialmente dos mais frágeis e necessitados»[75].

De imediato se nos apresentam características determinantes nos paradigmas socioculturais da *igreja imperial* e da *sociedade de corte* e o menosprezo do paradigma da *igreja dos pobres*.

A análise poderia prosseguir pelas restantes catorze "doenças curiais". O *paradigma da igreja dos pobres* não está imune a estas doenças, mas nele são cerca de metade das encontradas nos outros dois paradigmas. Atente, por exemplo, em mais duas doenças — «A doença da *rivalidade* e da *vanglória*. Quando a aparência, as cores das vestes e as insígnias de honra se tornam o objectivo primário da vida, esquecendo as palavras de São Paulo: "Nada façais por ambição, nem por vaidade; mas, com humildade, considerai os outros superiores a vós próprios, não tendo cada um em vista os próprios interesses, mas todos e cada um exactamente os interesses dos outros" (Flp 2, 3-4)»; ou a última das doenças deste catálogo, «a doença do *lucro mundano*, dos *exibicionismos*, quando o apóstolo transforma o seu serviço em *poder*, e o seu poder em mercadoria para obter lucros mundanos ou mais poder. É a doença das pessoas que procuram insaciavelmente multiplicar o seu poder e, para isso, são capazes de caluniar, difamar e desacreditar os outros».[76]

Digamos que nos tempos presentes, os "terrenos" dos *paradigmas imperial e da sociedade de corte* estão muito mais contaminados que os do *paradigma da Igreja dos pobres*, e são passíveis de ser uma apreciável fonte de doenças e de epidemias. Daí ser necessário recordar as palavras com que o papa Francisco concluiu esta sua intervenção: «Irmãos, naturalmente todas estas doenças e tentações são um perigo para todo o cristão e para cada cúria, comunidade, congregação, paróquia, movimento eclesial, e podem atingir seja a nível individual seja comunitário. É preciso deixar claro que o único que pode curar qualquer uma destas doenças é o Espírito

Santo, a alma do Corpo Místico de Cristo [...] É Ele o promotor da harmonia. [...] A cura é fruto também da consciencialização da doença e da decisão pessoal e comunitária de se curar suportando, com paciência e perseverança, o tratamento».

Um percurso de misericórdia

Foi tendo por horizonte a necessidade desta cura que, no Natal de 2015, o papa Francisco propõe à Igreja um *Catálogo das virtudes necessárias*. «É deste *"voltar ao essencial"* que vos quero falar hoje, nos inícios da peregrinação do Ano Santo da Misericórdia, aberto pela Igreja há poucos dias e que constitui para ela e para todos nós um forte apelo à gratidão, à conversão, à renovação, à penitência e à reconciliação. [...] É um elenco em acróstico[77] que toma por base de análise precisamente a palavra *"misericórdia"*, fazendo dela o nosso guia e o nosso farol».[78] E *voltar ao essencial* significa avaliar a consciência que temos de nós mesmos, de Deus, do próximo, do *sensus Ecclesiae e do sensus fidei*, em suma, é voltar ao Evangelho.

São pois doze os "antibióticos" que o papa nos propõe, sempre por associação de dois "princípios activos": **M**issionariedade e pastoreação; **I**doneidade e sagácia; e**S**piritualidade e humanidade; **E**xemplaridade e fidelidade; **R**acionalidade e amabilidade; **I**nocuidade e determinação; **C**aridade e verdade; h**O**nestidade e maturidade; **R**espeito e humildade; **D**adivoso e atento; **I**mpavidez e prontidão; fi**A**bilidade e sobriedade.

Explicitemos algumas considerações do papa sobre uma ou outra destas virtudes. Sobre as do terceiro grupo disse: «A espiritualidade é a coluna sustentáculo de qualquer serviço na Igreja e na vida cristã. É aquilo que nutre toda a nossa actividade, sustenta-a e protege-a da fragilidade humana e das tentações diárias. A humanidade é o que encarna a veridicidade da nossa fé. Quem renúncia à sua humanidade, renuncia a tudo. É a humanidade que nos torna diferentes das máquinas e dos robôs que não sentem nem se comovem. Quando temos dificuldade em chorar a sério ou rir com paixão, então começou o nosso declínio e o nosso processo de transformação de "homens" noutra coisa qualquer». Sobre as virtudes do ponto nº 8, iniciadas em italiano pela letra O (*onestà*), enfatizou: «A honestidade é a rectidão, a coerência e o agir com absoluta sinceridade connosco mesmos e com Deus. Quem é honesto não age rectamente apenas sob o olhar do supervisor ou do superior; o honesto não teme ser apanhado de surpresa, porque nunca engana a quem se fia dele. O honesto nunca domina sobre as pessoas ou sobre as coisas que lhe foram confiadas em administração, como o "servo mau" (Mt 24, 48). A honestidade é a base sobre a qual assentam todas as outras qualidades. Maturidade é o esforço para alcançar a harmonia entre as nossas capacidades físicas, psíquicas e espirituais. É a meta e o bom êxito dum processo de desenvolvimento que não termina jamais nem depende da idade que temos». E vamos concluir com duas das últimas virtudes a que o papa se refere: «A humildade, por sua vez, é a virtude dos santos e das pessoas cheias de Deus, que quanto mais sobem de importância tanto mais cresce nelas a consciência de nada serem e de nada poderem fazer sem a graça de Deus (cf. Jo 15, 8). [...] A sobriedade é prudência, simplicidade, essencialidade, equilíbrio e temperança. A sobriedade é contemplar o mundo com os olhos de Deus e com o olhar dos pobres e do lado dos pobres. A sobriedade é um estilo de vida, que indica o primado do outro como princípio hierárquico e manifesta a existência como solicitude e serviço aos outros. Quem é sóbrio é uma pessoa coerente e essencial em tudo, porque sabe reduzir, recuperar, reciclar, reparar e viver com o sentido de medida»[79].

Todas estas virtudes estão enquadradas pelo "*super-remédio espiritual*", a misericórdia, que se «tornou viva e visível e atingiu o seu clímax em Jesus». «A arquitrave que suporta a vida da Igreja é a misericórdia. Toda a sua acção pastoral deveria estar envolvida pela ternura com que se dirige aos crentes; no anúncio e testemunho que oferece ao mundo, nada pode ser desprovido de misericórdia. A credibilidade da Igreja passa pela estrada do amor misericordioso e compassivo. [...] É determinante para a Igreja e para a credibilidade do seu anúncio que viva e testemunhe, ela mesma, a misericórdia. A sua linguagem e os seus gestos, para penetrarem no coração das pessoas e desafiá-las a encontrar novamente a estrada para regressar ao Pai, devem irradiar misericórdia. [...] Portanto, para sermos capazes de misericórdia, devemos primeiro pôr-nos à escuta da Palavra de Deus. Isso significa recuperar o valor do silêncio, para meditar a Palavra que nos é dirigida. Deste modo, é possível contemplar a misericórdia de Deus e assumi-la como próprio estilo de vida».[80]

E as palavras do papa remetem-nos, uma vez mais, para um aprofundamento do *paradigma da igreja dos pobres*, no amor, no perdão, na fraternidade: «É meu vivo desejo que o povo cristão reflicta, durante o Jubileu, sobre as obras de misericórdia corporal e espiritual. Será uma maneira de acordar a nossa consciência, muitas vezes adormecida perante o drama da pobreza, e de entrar cada vez mais no coração do Evangelho, onde os pobres são os privilegiados da misericórdia divina»[81].

Em ordem a uma teologia ecuménica

Comecemos por recordar que a alegria do Evangelho sentem-na, cheios de admiração, os primeiros que se convertem no Pentecostes, ao ouvir «cada um na sua própria *língua*» (At 2, 6) a pregação dos Apóstolos. Foi assim no começo da descida do Espírito Santo. Os tempos correram e já se tornam notórias as dificuldades desta caminhada de inculturação. Um bom exemplo foi a cristianização dos povos eslavos. «Desde 836, os dois irmãos Metódio e Constantino, originários de Tessalónica, cidade rodeada de eslavos, estavam em acção na Morávia. Tinham aprendido a língua eslava na infância e faziam parte do escol intelectual de Bizâncio. Enviados em missão pelo patriarca Fócio, obtiveram êxitos apreciáveis na Morávia, porque celebravam a liturgia não em latim como os Francos, nem em grego como os outros bizantinos, mas em eslavo — que ainda era na época uma língua de camponeses, sem literatura. Contrariando deliberadamente a prática bizantina de então, o orgulho linguístico e as pretensões imperiais, os dois irmãos arvoraram-se em paladinos da igualdade fundamental de todos os povos perante Deus, bem como da liberdade dos países e seus monarcas, ligados unicamente pelo parentesco espiritual dos príncipes europeus. [...] Quando Constantino e Metódio, a caminho de Constantinopla, onde iam pedir ajuda, fizeram alto em Veneza, o papa Adriano II convidou-os de facto para o visitarem em Roma e tomou-os sob sua protecção contra a oposição dos bispos bávaros e francos orientais e contra os representantes da "tradição das três línguas", que só queriam admitir na liturgia as "três línguas sagradas", o hebreu, o grego e o latim. Constantino, gravemente doente, professou em Roma, adoptou o nome de Cirilo e morreu pouco depois. [...] Cirilo e Metódio merecem sem dúvida o título de "mestres e apóstolos dos Eslavos". [...] Lançaram os alicerces de uma "*ecúmena*" eslava específica»[82].

«NÃO HAVERÁ PAZ no mundo sem teologia do pluralismo religioso». Este *slogan* provém do "Fórum Mundial de Teologia e Libertação", em ordem a tornar possível uma *Aliança de Civilizações e de Religiões* para o bem comum da humanidade. O teólogo espanhol naturalizado nicaraguense José María Vigil, responsável pela Associação Ecuménica de Teólogos/as para a América Latina, explanou as suas ideias numa entrevista registada na *internet*: «As religiões não dialogam; coexistem simplesmente». Daí advogar a necessidade de as religiões reflectirem para poder superar o bloqueio que actualmente as paralisa, isto é, "teologizar" sobre o significado da pluralidade de religiões. E mais afirma: «O grande problema ou obstáculo para as religiões se falarem, dialogarem, se unirem ... não é externo, mas sim interno. É ideológico, teológico, epistemológico até».[83]

E Vigil explicita os seus argumentos: «Mesmo que duas religiões estejam em boa vizinhança, com frequência não dialogam, nem podem dialogar. Podem se levar bem e, no máximo, como se viu claramente em Assis, podem se convocar para rezar juntas em uma mesma cidade, mas em separado, e fazer depois uma fotografia todas juntas, mas só até aí. Diálogo religioso mesmo — perguntarem-se mutuamente a respeito do que pensam de si e das outras, tentar encontrar os elementos "homeomórficos" (que têm uma função semelhante) em cada uma delas e que talvez compartilham, se estudarem mutuamente, se perguntarem sobre o que poderiam e deveriam fazer juntas para animar a humanidade a se superar e a superar o momento actual —, isso, infelizmente, não está sendo feito. Estão paralisadas»[84].

Um dos grandes obstáculos reside no «complexo de superioridade, na convicção de ter a verdade total e não poderem apreender nada das outras, a consciência de serem cada uma "a única religião verdadeira" ou "a melhor", ou aquela à qual todas as outras devem vir a se converter [...] e superar aquele "modelo de verdade" objectivista, metafísico, fixista, de verdades eternas "claras e distintas"».[85] Recordemos a reflexão de Juan Masiá Clavel explanada no Capítulo 4, ao relatar a sua experiência vivencial: «É mais fácil o encontro inter-religioso e intercultural a nível prático do que a nível teórico».

E Vigil enfatiza que «a paz não é só a ausência de guerra ... A paz não é um conceito negativo, mas extremamente positivo. Poderíamos dizer que a paz seria o *shalom* (judeu), ou o *shalam* (árabe), que não são conceitos negativos. Pelo contrário, são conceitos de plenitude: a paz é o resumo de todos os bens salvíficos».[86] Daí que este teólogo tenha afirmado: «Não haverá diálogo entre as religiões, sem uma visão pluralista». Esta perspectiva recorda-nos a "configuração de todos os saberes", de todas as áreas científicas, que nos levou para além do racional e a recuperar o cultural. Ou o holismo enriquecido que abordámos no Capítulo 10.

No que ao cristianismo diz respeito, o caminho do *paradigma ecuménico* implica um atenuar a intensidade do *paradigma imperial*. A Igreja carece da *harmonia* da fé em Cristo, mas não tanto da *unidade* da fé, que levou a um reforço do dogma e da infalibilidade. Mas carece ainda com mais empenho do esbater o *paradigma da sociedade de corte*, no caminho que o papa Francisco abriu para a Igreja Católica. E carece de canalizar os esforços de uma tal transformação no incremento do *paradigma da igreja dos pobres*, do serviço, da bondade e da caridade, em ordem a ir ao encontro dos marginalizados. José Mattoso bem o enfatiza: «A bondade pode ser praticada numa concepção laical, laicista mesmo. Não precisa de ter nenhum sobrenatural por trás. Mas o cristão tem essa propensão, se a cultivar. E tem o exemplo de Jesus Cristo que leva isso a um extremo que o Homem, só por si, não alcança». E quando questionado sobre se a *bondade* pode ser um ética comum entre crentes e não-crentes, responde: «Sim. Quando falo em Jesus Cristo, falo da minha concepção de Jesus Cristo. Pode haver colaboração entre um crente e um não crente na vivência da bondade».[87]

LANCEMOS AGORA o nosso olhar sobre a riqueza que algumas outras religiões podem aportar à visão religiosa da pessoa humana e da criação. Comecemos pelo taoísmo chinês. «O Taoísmo ajuda-nos a ser conscientes de que, assim como no próprio Taoísmo, o *Tao*, o *Fundamento Divino* ou o *Absoluto* de toda religião pode ser chamado de "Tudo". Além disso, o próprio universo ou cosmos em que vivemos pode ser chamado de "tudo", um todo que, de facto, foi-se dando vitalmente por meio do processo do "Tudo em tudo". Nesse processo, o Tao sai *ad extra* do seu modo *ad intra* eterno, para dar nascimento a toda a criação, particularmente aos seres humanos. O propósito do Tao *ad extra* é encher toda a criação com o próprio Tao. Assim como o Tao dá vida a todas as coisas e as leva à fruição, assim também o fazem os Fundamentos Divinos em outras religiões. Em outras palavras: o processo do Tao *ad intra*, do Tao *ad extra* e do cumprimento do Tao "ad extra" pode-nos ajudar a repensar em uma jornada semelhante dos Fundamentos Divinos, de três etapas, nas outras religiões»[88].

Prosseguindo na mesma senda, «o Taoísmo ajuda-nos a ser conscientes da grande importância de estar em *harmonia* uns com os outros. [...] "O Caminho (Tao) nunca está muito longe. Obtendo-o, as pessoas podem viver. O Caminho nunca se interrompe. Confiando nele, as pessoas tornam-se harmoniosas". Como sabemos, o mais alto ideal da cultura chinesa inspirada no Tao é a harmonia. [...] Aparentemente, a existência de todas as coisas está sujeita a um processo de *mudança* e, no entanto, dentro desse processo de mudança, há um Tao contrastante e imutável, comparável a outros Fundamentos Divinos. Portanto, o Tao, como conceito já testado pelo tempo para a eterna norma do mundo, pode inspirar outras religiões a seguir confiadamente os seus próprios Fundamentos Divinos pelo bem de toda a humanidade e do planeta Terra»[89].

A religião *hindu* também nos aporta uma visão holística e a harmonia religiosa. «Cada religião, cultura e língua tem o seu lugar no mundo. Cada tradição faz parte de toda a herança humana. A vida é ampla, e deveríamos passá-la sem obstáculos. O *pluralismo religioso* traz riqueza e beleza para a vida humana. Ele proporciona uma cultura adequada, em que cada tradição pode preservar as suas características únicas e poder agir, reagir, crescer e se desenvolver. Ele também detém a chave para a resolução dos conflitos religiosos. A *regra de ouro* é a base comum de todas as religiões. Para o diálogo entre as religiões e as culturas do mundo, um pré-requisito é a abertura de mentalidade. Isso exige o respeito por si mesmo e pelos outros e a coragem de enfrentar as diferenças. [...] Todas as religiões, juntas, expressam só uma pequena porção da Verdade infinita. [...] Os tesouros latentes de cada tradição religiosa devem ser manifestados para o benefício de todos»[90].

E o que é a "regra de ouro"? «Foram principalmente as religiões e as filosofias que concretizaram e sistematizaram esses parâmetros, e pode-se descobrir os traços comuns presentes na ética das várias religiões e filosofias. Um dos pequenos exemplos dessa constante nas religiões é a chamada "regra de ouro", que perpassa os fundamentos das grandes tradições religiosas mundiais:

> *Hinduísmo*: "Não se deve agir em relação ao outro de um modo que seja desagradável para si mesmo: é esta a essência da moralidade." Mahabharata XIII 114,8
>
> *Jainismo*: "Os seres humanos deveriam ser indiferentes às coisas mundanas e tratar todas as criaturas do mundo como eles mesmos desejariam ser tratados." Sutrakritanga I. 11.33
>
> *Religiões Chinesas*: "O que tu mesmo não queres, não faças a outras pessoas." Confúcio, Diálogos 15,23
>
> *Budismo*: "Um estado que não é agradável ou aprazível para mim também não será para ele; e como posso impor ao outro um estado que não é agradável ou aprazível para mim?" Samyutta Nikaya V,353.35-342.2
>
> *Judaísmo*: "Não faças aos outros o que não queres que eles façam a ti." Rabi Hillel, Sabbat 31 a
>
> *Cristianismo*: "Tudo aquilo que quereis que os homens façam a vós, fazei-o vós mesmos a eles." Mateus 7,12; Lucas 6, 31
>
> *Islamismo*: "Ninguém é crente enquanto não desejar a seu irmão o que deseja para si mesmo." Quarenta Hadithe de an--Nawawi, 13»[91].

LÉON DIOUF, padre diocesano da arquidiocese de Dakar, explana alguns princípios de base para uma teologia do pluralismo religioso. Enfatiza ser «importante reconhecer a complementaridade mútua das tradições religiosas, pela qual, de uma interacção dinâmica entre duas tradições religiosas, resulta um enriquecimento recíproco». Sem dúvida que há religiões que em si não comportam uma concepção de *transcendência*, e para quais esta perspectiva pode ser um enriquecimento. Enfatiza que «a plenitude escatológica do Reino de Deus é a realização final comum de todas as religiões». E «no diálogo inter-religioso, o intercâmbio deve ser feito com base na igualdade entre os fiéis das diversas tradições religiosas», pelo que concepções tal como a de que fora de uma dada Igreja não há salvação, não são caminho para um *paradigma ecuménico e inter-religioso*. Realça, e bem, que «as religiões são também obras humanas e culturais», o que nos leva a reconhecer diferenças significativas entre culturas ocidentais e orientais, a respeito da oposição dos contrários ou da sua complementaridade.[92] «Ninguém pode servir a dois senhores: ou não gostará de um deles e estimará o outro, ou se dedicará a um e desprezará o outro. Não podeis servir a Deus e ao dinheiro» (Mt 6, 24). Será que esta asserção é apenas cultural e será sempre possível conciliar o serviço a Deus e ao dinheiro, ou uma tal complementaridade depende da quantidade de dinheiro? Quiçá a solução possa estar no *uso* em alternativa à acção, como referimos no Capítulo 7. Mas é em larga medida uma utopia, como Jesus bem nos avisou e o que acima referimos sobre os mercados financeiros cada vez mais o demonstra.

«Jesus não diz que uma metade da vida, a material e a económica, pertence à esfera de César e a outra metade, a espiritual e religiosa, à esfera de Deus. A sua mensagem é outra: se entramos no reino, não devemos consentir que nenhum César sacrifique o que só a Deus pertence: os famintos do mundo, os subsarianos abandonados que chegam nas barcaças, os "sem papéis" das nossas cidades. Que nenhum César conte connosco. [...] A exegese moderna não deixa lugar a dúvidas. Para Jesus, em primeiro lugar, está a *vida*, não a religião. [...] O que Deus quer é isto: uma vida mais humana para todos, desde já, e a sua plenitude, a vida eterna. Por isso nunca se pode dar a nenhum César o que é de Deus: a vida e a dignidade dos seus filhos»[93]. Em larga medida, essa vida é o foco do *paradigma da igreja dos pobres*.

Em Setembro de 2003 houve grupo de estudiosos das religiões da Ásia, da Europa e dos Estados Unidos que se encontraram na Universidade de Birmingham, em Inglaterra, e concluíram pela necessidade de todas as religiões do mundo reconhecerem a sua validade mútua e desistirem de afirmar que uma religião é "a primeira e a única" ou a "melhor". Alertam-nos ainda para o facto de «reivindicações de verdade absoluta poderem ser facilmente exploradas para incitar o ódio e a violência religiosos». E mais: «As religiões do mundo afirmam uma realidade/verdade última que é conceitualizada de formas diferentes. Embora a realidade/verdade última esteja além do alcance da completa compreensão humana, ela encontrou uma expressão em diversas formas nas religiões do mundo»[94].

EM SUMA, não basta que as religiões sejam um travão ao conflito e ao confronto, é preciso que sejam um motor eficaz em favor da paz! A exortação apostólica do papa Francisco "*A Alegria do Evangelho*" parece-nos encaminhar neste sentido, se generalizada para além das religiões cristãs, quando proclama: «Este Povo de Deus encarna-se nos povos da Terra, cada um dos quais tem a sua cultura própria. A noção de *cultura* é um instrumento precioso para compreender as diversas expressões da vida cristã que existem no povo de Deus. Trata-se do estilo de vida que uma determinada sociedade possui, da forma peculiar que têm os seus membros de se relacionar entre si, com as outras criaturas e com Deus. Assim entendida, a cultura abrange a totalidade da vida dum povo. [...] O ser humano está sempre culturalmente situado: "natureza e cultura encontram-se intimamente ligadas". A graça supõe a cultura, e o dom de Deus encarna-se na cultura de quem o recebe»[95].

Esta exortação apostólica prossegue no mesmo diapasão, quando afirma: «Se for bem entendida, a diversidade cultural não ameaça a unidade da Igreja. É o Espírito Santo, enviado pelo Pai e o Filho, que transforma os nossos corações e nos torna capazes de entrar na comunhão perfeita com a Santíssima Trindade, onde tudo encontra a sua unidade. [...] É verdade que algumas culturas estiveram ligadas à pregação do Evangelho e ao desenvolvimento do pensamento cristão, mas a mensagem revelada não se identifica com nenhuma delas e possui um conteúdo transcultural. [...] A mensagem que anunciamos sempre apresenta alguma roupagem cultural, mas às vezes, na Igreja, caímos na vaidosa sacralização cada um da sua cultura, o que pode mostrar mais fanatismo do que autêntico ardor evangelizador. [...] Não podemos pretender que todos os povos dos vários continentes, ao exprimir a fé cristã, imitem as modalidades adoptadas pelos povos europeus num determinado momento da história, porque a fé não se confina aos limites de compreensão e expressão de uma cultura. É indiscutível que uma única cultura não esgota o mistério da redenção de Cristo»[96].

O que será o cristianismo do futuro? Numa espécie de testamento, o teólogo Karl Rahner aponta para uma vigência de um ecumenismo interno: «1) O cristianismo voltará a ser formado por pequenas comunidades, mas vivendo com maior entusiasmo e simplicidade a sua fé; 2) A adesão à crença não acontecerá por pressão sociológica, mas por um caminho pessoal, livre, maturado e esclarecido; 3) O cristianismo perderá relevância política e estratégia, mas reganhará espaço para afirmar o santo poder do coração».[97]

Se a crise da modernidade também abarca a religião nas sociedades desenvolvidas do Ocidente, «há, contudo, algo que os crentes não podem esquecer. Deus não está em crise. Essa Realidade suprema para que apontam as religiões, com nomes diferentes, continua viva e operante»[98].

O caminho da esperança

Longa será a caminhada em direcção a um *paradigma ecuménico e inter-religioso* por parte das religiões. Sem dúvida, haverá questões internas a equacionar e debater no seio das diferentes religiões. Mas um verdadeiro paradigma só se estabelece num contexto cultural. Julgo que se torna agora mais claro para os nossos leitores o relevo que, ao longo desta 1ª Parte, demos aos *paradigmas socioculturais* do cristianismo no decurso dos diversos contextos históricos.

Uma tal caminhada terá de ser sempre guiada pela *esperança*. E o papa bem o enfatiza em "Laudato Sí", fazendo apelo a uma notável sugestão dos bispos do Japão: «Sentir cada criatura que canta o hino da sua existência é viver jubilosamente no amor de Deus e na esperança»[99]. «Manter desperta a esperança significa não se contentar com qualquer coisa, não desesperar dos seres humanos, não perder nunca o anseio de "vida eterna" para todos, não deixar de procurar, de acreditar de confiar. Ainda que o não saibam, os que assim vivem estão a esperar a vinda de Deus." [...] Uma pessoa que mantém acesa a lâmpada da esperança é uma pessoa eternamente insatisfeita, que nunca está totalmente contente consigo mesma nem com o mundo em que vive. Por isso, precisamente se vê comprometida onde se está a lutar por uma vida melhor e mais liberta. Estes são os crentes "prudentes" [plenos da virtude de *sobriedade*] de que a nossa sociedade tanto precisa. Pessoas de esperança incansável. Homens e mulheres que sabem que o crescimento do nível de vida não é a última que apaziguará o ser humano. Crentes que lutam por um mundo mais humano, mas que sabem que nunca será pelo desenvolvimento dos nossos esforços, mas sim por dádiva d'Aquele em quem encontraremos um dia a plenitude»[100].

Em ordem a sermos mais inspirados neste caminhada, recorramos mais uma vez a Pagola, quando escreve: «O episódio do tributo a César é iluminador. A resposta de Jesus diz: "Dai a César o que é de César e a Deus o que é de Deus". É um anacronismo erróneo ver nestas palavras uma separação entre política e religião" como se a primeira se ocupasse dos problemas terrenos e a segunda só dos problemas espirituais. O sentido é outro. Perguntam a Jesus pelos direitos de César, mas ele responde recordando os direitos de Deus, pelos quais ninguém tinha perguntado. A moeda imperial tem a imagem de César, mas o ser humano é a imagem de Deus, e a sua dignidade não deve ser submetida a nenhum César»[101].

Não diremos que aquele entendimento sobre a separação entre política e religião seja realmente um "anacronismo erróneo", pois nos situa no *paradigma imperial* e teve uma enorme influência no desenvolvimento da Europa e das suas culturas. Não obstante, o sentido que Pagola lhe confere, *enriquece* em muito o primeiro dos sentidos e move a Igreja do *paradigma imperial* para o *paradigma da igreja dos pobres*, onde se encontra o núcleo, a essência, da dimensão religiosa. É sempre nesta direcção que deve ser percorrido o caminho que pode levar as Igrejas a um pleno *paradigma ecuménico* em ordem a servir os famintos de pão, de trabalho, de caridade, de bondade, de paz, de compaixão, de verdade e mesmo de Sentido Último da vida.

Notas

[1] Humanizar periferias para salvar cidades, *Expresso*, 11 de Abril de 2015, caderno de economia, p. 26.
[2] KÜNG, H. – *Cristianismo. Essência e história,* pp. 708-709.
[3] *Id.*, p. 710.
[4] DALY, Herman E. – *Beyond Growth*, Beacon Press, Boston, 1996, p. 68; agradeço ao meu colega Winchil Vaz a indicação desta obra.
[5] *Id.*, pp. 40-42.
[6] LAWN, Philip A. – A theoretical foundation to support the Index of Sustainable Economic Welfare (ISEW), Genuine Progress Indicator (GPI), and other related indexes, *Ecological Economics*, 44 (2003) 105-118; *ISEW= consumo privado + consumo público sem incluir gastos com a segurança – consumo público e privado com a segurança nacional + investimentos + valor dos serviços domésticos – custos ambientais – depreciação do capital natural.*

[7] Termo proposto pelo sociólogo americano LESTER F. WARD em 1903, intimamente ligado à noção de patriarcado. Porém, não se refere apenas ao privilégio dos homens, mas também à forma como as experiências masculinas são consideradas como as experiências de todos os seres humanos e tidas como uma norma universal tanto para homens quanto para mulheres, sem dar o reconhecimento completo e igualitário à sabedoria e experiência feminina. A tendência quase universal de se reduzir a raça humana ao termo "o homem" é um exemplo excludente que ilustra um comportamento androcêntrico. Em http://pt.wikipedia.org/wiki/Androcentrismo; acesso 25 de Abril de 2015.
[8] MARUJO, A. – *Diálogos com Deus em Fundo*, p. 313.
[9] KÜNG, H. – *Cristianismo. Essência e história*, pp. 716, 717.
[10] *Id.*, p. 718.
[11] *Id.*, p. 725.
[12] *Id.*, p. 732; itálicos nossos.
[13] *Id.*, pp. 732, 733.
[14] PAGOLA, J. A. – *O Caminho Aberto por Jesus. Mateus*, p. 205.
[15] *Id.*, pp. 171, 172.
[16] *Id.*, p. 245.
[17] *Id.*, pp. 203, 204.
[18] MARUJO, A. – *Diálogos com Deus em Fundo*, entrevista a JOSÉ MATTOSO em 22 de Abril de 2012; pp. 330, 331.
[19] FUKUYAMA, F. – *Ordem Política e Decadência Política*, pp. 16-21.
[20] *Id.*, pp. 21, 22.
[21] *Id.*, p. 22.
[22] DIRLMEIER, U. – Idade Média Arcaica e Alta Idade Média (séculos VI a XIII), p. 47.
[23] FUKUYAMA, F. – *Ordem Política e Decadência Política*, p. 23.
[24] GONÇALVES-MAIA, Raquel – *Causurum Cognitio. O Conhecimento das Causas: a escola de Rafael Sanzio*, Editora Livraria da Física, São Paulo, 2015, p. 186.
[25] FUKUYAMA, F. – *Ordem Política e Decadência Política*, pp. 39, 40; itálico nosso.
[26] *Id.*, p. 40.
[27] *Id.*, p. 50.
[28] MARUJO, A. – *Diálogos com Deus em Fundo*, p. 328.
[29] BEAUD, Michel –*O desequilíbrio do Mundo. Da Terra, dos Homens e do Capitalismo*, Terramar, Lisboa, 2007, p. 49.
[30] *Id.*, p. 112.
[31] *Id.*, p. 116.
[32] *Id.*, p. 113.
[33] STIGLITZ, Joseph E. – A secreta tomada de poder pelas grandes empresas, *Expresso*, 16 de Maio de 2015, caderno economia, p. 38
[34] *Id.*.
[35] BEAUD, M. – *O desequilíbrio do Mundo*, p. 151.
[36] *Id.*, p. 130.
[37] Recensão à obra de Piketty em http://www.publico.pt/economia/noticia/thomas-piketty-e-o-capital-no-seculo-xxi-1636132; acesso a 5 de Maio de 2015.
[38] *Id.*.
[39] PIKETTY, T. – *O capital no Século XXI*, p. 393.
[40] *Id.*, pp. 405, 406.
[41] *Id.*, p. 393.
[42] *Id.*, pp. 438, 439.
[43] *Id.*, p. 439.
[44] *Id.*, p. 440.

[45] AVILLEZ FIGUEIREDO, M. – O que disse Thomas Piketty, *Expresso*, 1 de Maio de 2015, 1º caderno, p. 34.
[46] FUKUYAMA, F. – *Ordem Política e Decadência Política*, pp. 53, 54.
[47] PIKETTY, T. – *O capital no Século XXI*, p. 886, itálico nosso.
[48] *Id.*, p. 883.
[49] *Id.*, p. 884.
[50] Discurso do papa Francisco no encontro com os trabalhadores na visita pastoral a Cagliari, em https://w2.vatican.va/content/francesco/pt/speeches/2013/september/documents/papa-francesco_20130922_lavoratori-cagliari.html; acesso em 6 de Maio de 2015.
[51] Em http://www.ppur.org/produit/726/9782889151127/De%20la%20grande%20 Guerre%20a%20la%20crise%20permanente%20; acesso em 25 de Junho de 2015, tradução nossa.
[52] Em http://www.noticiasaominuto.com/tech/405332/e-inevitavel-a-coexistencia-entre-robos-e-humanos; acesso em 13 de Junho de 2015.
[53] DUQUE, João – De que iremos nós viver?, *Expresso*, 6 de Junho de 2015, caderno de economia, p. 14.
[54] NICOLAU SANTOS, *Expresso*, 13 de Junho de 2015, caderno de economia, p. 5.
[55] DUQUE, J. – De que iremos nós viver?
[56] *Id..*
[57] Em http://www.publico.pt/economia/noticia/4-revolucao-industrial-com-perda-de-5-milhoes-de-empregos-debatida-em-davos-1720750 ; acesso em Fevereiro de 2016.
[58] Entrevista a Francis Fukuyama, "A Europa consegue sobreviver a uma saída grega?", *A Revista do Expresso*, 18 de Julho de 2015, pp. 48-53.
[59] *Id..*
[60] FRANCISCO, papa – *Laudato Si. Sobre o cuidado da casa comum*, Paulus Editora, Lisboa, 2015, nº 54.
[61] *Id.*, nº13.
[62] *Id.*, nº 22.
[63] *Id.*, nºs 28, 31 e 185.
[64] *Id.*, nº 47; itálico nosso.
[65] *Id.*, nº 123.
[66] *Id.*, nº 150.
[67] *Id.*, nº 63.
[68] *Id.*, nº 162.
[69] *Id.*, nº 217.
[70] *Id.*, nº 233.
[71] *Id.*, nºs 7 e 9.
[72] *Id.*, nº 218.
[73] "A Cúria Romana e o Corpo de Cristo", discurso do papa Francisco a 22 de Dezembro de 2014, em http://w2.vatican.va/content/francesco/pt/speeches/2014/december/documents/papa-francesco_20141222_curia-romana.html .
[74] *Id..*
[75] *Id.*; itálicos nossos.
[76] *Id.*; itálicos nossos.
[77] No conjunto das dozes virtudes que o papa Francisco apresenta em língua italiana, as letras iniciais formam a palavra **misericórdia**.
[78] Discurso de Natal do papa Francisco proferido a 21 de dezembro de 2015; texto em http://br.radiovaticana.va/news/2015/12/21/catálogo_das_virtudes_necessárias_texto_integral/1195837.
[79] *Id..*

[80] Em http://w2.vatican.va/content/francesco/pt/bulls/documents/papa-francesco_bolla_20150411_misericordiae-vultus.html .
[81] *Id..*
[82] KÜNG, H. – *Cristianismo. Essência e história*, pp. 232, 233.
[83] "Não haverá paz no mundo sem teologia do pluralismo religioso", entrevista com JOSÉ MARÍA VIGIL em http://www.ihu.unisinos.br/entrevistas/39485-nao-havera-paz-no-mundo-sem-teologia-do-pluralismo-religioso-entrevista-especial-com-jose-maria-vigil ; acesso em 1 de Maio de 2015.
[84] *Id..*
[85] *Id..*
[86] *Id..*
[87] António Marujo, "Diálogos com Deus em Fundo", pp. 333, 334.
[88] CHENG WAI-LEUNG, John – A contribuição do Taoísmo à paz das religiões, em http://www.ihu.unisinos.br/noticias/noticias-arquivadas/39356-a-contribuicao-do-taoismo-a-paz-das-religioes; acesso em 1 de Maio de 2015.
[89] *Id.*; itálicos nossos.
[90] SESHAGIRI RAO, K. L. – Harmonia religiosa: a visão holística hindu, em http://www.ihu.unisinos.br/noticias/noticias-arquivadas/39246-harmonia-religiosa-a-visao-holistica-hindu; acesso em 1 de Maio de 2015.
[91] "A 'regra de ouro' nas religiões mundiais", em http://www.ihu.unisinos.br/noticias/noticias-anteriores/24096-a-%60regra-de-ouro%60-nas-religioes-mundiais; acesso em 1 de Maio de 2015.
[92] DIOUF, Léon – Princípios de base para uma teologia do pluralismo religioso, em http://www.ihu.unisinos.br/noticias/noticias-arquivadas/39169-principios-de-base-para-uma-teologia-do-pluralismo-religioso; acesso em1 de Maio de 2015.
[93] PAGOLA, J. A. – *O Caminho Aberto por Jesus. Mateus,* pp. 214-216.
[94] Em http://www.ihu.unisinos.br/noticias/noticias-arquivadas/39145-principios-basicos-do-pluralismo-religioso; acesso em 15 de Maio de 2015.
[95] FRANCISCO, papa – *A Alegria do Evangelho*, Edições Paulinas, Prior Velho, 2013, nº 115, p. 82.
[96] *Id.*, nºs 117 e 118, pp. 83-85.
[97] TOLENTINO MENDONÇA, J. – O cristianismo está a morrer?, *Que Coisas são as Nuvens*, p. 136.
[98] PAGOLA, J. A. – *O Caminho Aberto por Jesus. Mateus*, p. 210.
[99] FRANCISCO – *Laudato Sí*, nº 85.
[100] PAGOLA, J. A. – *O Caminho Aberto por Jesus. Mateus,* pp. 240, 241.
[101] *Id.*, p. 218.

www.ingramcontent.com/pod-product-compliance
Lightning Source LLC
Chambersburg PA
CBHW050831230426
43667CB00012B/1951